WHY I WRITE

GEORGE
Orwell

WHY I WRITE
나는 왜 쓰는가

조지 오웰 에세이 | 이한중 옮김

차례

스파이크	7
교수형	21
코끼리를 쏘다	30
서점의 추억	42
스페인의 비밀을 누설한다	51
나는 왜 독립노동당에 가입했는가	64
마라케시	68
좌든 우든 나의 조국	78
영국, 당신의 영국	88
웰스, 히틀러 그리고 세계국가	128
스페인내전을 돌이켜본다	139
시와 마이크	172
나 좋을 대로	185
민족주의 비망록	188
당신과 원자탄	220

과학이란 무엇인가?	227
문학 예방	233
행락지	255
"물속의 달"	263
정치와 영어	268
두꺼비 단상斷想	292
브레이 주임신부를 위한 한마디	299
어느 서평자의 고백	307
나는 왜 쓰는가	314
작가의 수입	327
정치 대 문학:『걸리버 여행기』에 대하여	332
가난한 자들은 어떻게 죽는가	363
리어, 톨스토이 그리고 어릿광대	380
정말, 정말 좋았지	408
작가와 리바이어던	476
간디에 대한 소견	488

조지 오웰 연보	502
옮긴이의 말	515

일러두기

— 이 책은 오웰이 썼던 수많은 에세이 가운데 옮긴이가 31편을 뽑아 쓰인 순서대로 엮은 것입니다.
— 각 에세이의 제목 페이지 아래쪽에 해당 글이 쓰인 시기와 발표 매체, 당시 오웰의 근황에 대한 설명을 덧붙였습니다.
— 대부분의 각주는 옮긴이가 독자의 이해를 돕기 위해 단 것이며, 오웰이 직접 쓴 경우엔 각주 끝에 (저자 원주)라고 표시해두었습니다.

스파이크

「The Spike」. 1931년 4월 문학잡지 〈뉴 아델피〉에 게재. 문학적인 에세이로선 처음으로 지면에 실린 글이다. 사립 명문교 이튼을 졸업한 뒤 대학 진학을 포기한 오웰이 식민지 버마에서의 5년간(1922~1927)의 경찰 생활을 접고, 밑바닥 생활을 하며 작가 수업을 하다 지면에 본격적으로 글을 쓰기 시작하던 무렵의 에세이다. 이 글은 나중에 줄이고 고쳐져 그의 첫 책 『파리와 런던의 밑바닥 생활』의 27장과 35장에 실렸다. '스파이크'는 구빈원에 딸린 부랑자(노숙자)를 위한 임시 무료 수용소를 일컫는 속어인데, 간결한 번역어가 마땅찮고 강렬한 어감을 살리기 위해 본래 발음대로 적는다.

늦은 오후였다. 우리들 마흔아홉 명은(마흔여덟은 남자고 하나는 여자였다) 스파이크(부랑자 임시숙소)가 열릴 때까지 대기소인 풀밭에 누워 기다렸다. 너무 피곤해서 말들이 별로 없었다. 지칠 대로 지쳐 뻗어버린 우리는 지저분한 얼굴에 사제로 만든 담배만 삐죽 내물고 있을 뿐이었다. 머리 위로는 꽃 흐드러진 밤나무 가지가 드리워져 있었고, 그 위로는 맑은 하늘에 커다란 양털구름이 거의 움직임 없이 떠 있었다. 그 아래 풀밭에 흩어져 있는 우리는 도시의 거무죽죽한 쓰레기 같았다. 우리는 풍경을 더럽히는 존재였다. 바닷가에 흩어져 있는 정어리 통조림이나 종이봉투처럼.

그나마 하는 얘기는 주로 이 스파이크의 '부랑자 감독Tramp Major'에 대한 것이었다. 그는 모두가 동의하는 마왕이었고, 포악한 폭군이었으며, 고함과 모독과 가혹을 일삼는 빌어먹을 녀석이었다. 그가 가까이 있으면 그들은 자기 영혼을 제 것이라 말할 수 없을 만치 주눅이 들었고, 부랑자들 중에 말대꾸를 하다 한밤중에 쫓겨난 이가 한둘이 아니었다. 제대로 몸수색이라도 할 일이 있으면 그는 상대를 거꾸로 매달아 털다시피 했다. 담배를 피우다 걸리면 어떤 후환이 있을지 몰랐으며, 돈을 가지고 들어갔다 발각되면(금품 소지는 불법이었다) 신의 가호를 바라는 수밖에 없었다.

내 수중엔 8페니가 있었다. "아이구 이 사람아, 큰일 나." 부랑자 생활을 오래 한 이들이 조언을 해주었다. "가지고 들어가지 말게. 스파이크에 8페니 들고 들어갔다 걸리면 일주일은 살아야 돼!"

그래서 나는 울타리 아래에 돈을 묻어야 했다. 부싯돌 한 무더기로 자리를 표시해두었다. 이윽고 우리는 성냥과 담배를 따로 챙기기 시작했다. 대부분의 스파이크에선 담배도 반입 금지여서 정문에서 내놓는 게 원칙이었다. 우리는 그것들을 양말 속에 숨겼다. 양말을 신지 않는 20퍼센트 정도는 담배를 신발 속에, 심지어 발가락 밑에 숨겨 들어가야 했다. 발목 둘레에다 밀반입품을 잔뜩 채워 넣은 우리를 누가 봤으면 코끼리피부병[1]에 걸린 줄 알았을지도 모르겠다. 하지만 아무리 지독한 부랑자 감독이라 할지라도 무릎 아래는 뒤지지 않는 게 불문율이었는데 결국엔 딱 한 사람만 걸렸다. 스코티scotty라는 키 작은 털보로, 글래스고 출신이 런던 사투리를 흉내 내는 듯한 묘한 악센트를 구사하는 부랑자였다. 그는 엉뚱한 순간에 양말에서 담배꽁초가 든 깡통이 떨어지는 바람에 압수를 당하고 말았던 것이다.

　6시에 정문이 활짝 열리자 우리는 발을 질질 끌며 안으로 들어갔다. 정문에서 직원 하나가 우리 이름과 이런저런 사항을 기입하더니 우리의 소지품을 받아 챙겼다. 단 한 명이던 여자는 구빈원workhouse으로 보내졌고, 남은 우리는 스파이크로 갔다. 그곳은 음산하고 싸늘하고 회벽으로 된 건물로, 욕실과 식당 하나 그리고 100개 정도의 돌로 만든 골방으로 이루어져 있었다. 그 무시무시한 부랑자 감독은 현관에서 우리를 맞이하더니 욕실로 몰고 가 옷을 벗게 하고 검사를 했다. 그는 마흔쯤 된 퉁명스럽고 군인 같은 사람으로, 부랑자들에게 연못가로 몰고 간 양떼를 대하는 것 이상의 예의를 차리지 않았다. 사람들

---

[1] elephantiasis. 다리 등의 피부와 피하조직이 비정상적으로 부풀어 올라 다리 등의 신체 부위가 그야말로 코끼리 다리처럼 엄청나게 굵어지는 병. 상피병象皮病이라고도 한다.

을 이리저리 밀치고 면박을 주던 그는 나한테 다가와서는 얼굴을 유심히 들여다보더니 이렇게 말하는 것이었다.

"당신은 젠틀맨인가?"

"그런 것 같습니다." 내가 말했다.

그는 다시 나를 오래 쳐다봤다. "팔자 한번 억세게 사납소, 나리." 그가 말했다. "거참 사나운 팔자로군." 그때부터 그는 나에게 경의에 가까운 배려를 작심한 듯했다.

욕실의 풍경은 역겨웠다. 우리들 속옷의 꼴사나운 비밀이 다 드러났다. 때가 시커멓고, 해어지고 기운 데, 단추 대신 실로 묶은 데, 몇 번이나 덧대 기운 데투성이였던 것이다. 실내는 어느새 김이 모락거리는 알몸 한 무리로 북적였다. 부랑자들의 땀내와 스파이크 특유의 대변 냄새 비슷한 악취는 막상막하였다. 일부는 목욕은 됐다며 땟국이 번들번들한 '발싸개'만 씻었다. 우리에게는 각자 3분씩 씻을 시간이 주어졌고, 우리 모두가 함께 써야 하는 롤러 타월은 기름기가 배어 미끈미끈한 것 여섯 개뿐이었다.

목욕을 마친 뒤 우리는 옷을 다 내주고 구빈원 입소자용 셔츠를 입었다. 회색 무명천으로 된 잠옷 상의 비슷한 것으로, 허벅지 한가운데까지 내려오는 옷이었다. 이윽고 우리는 식당으로 따라가 합판으로 만든 식탁에 차려진 저녁을 먹었다. 아침이든 점심이든 저녁이든 언제나 똑같은 스파이크 특유의 음식—빵 반 파운드, 마가린 한 조각, 그리고 차라고 부르는 것 한 컵이었다. 먹으나 마나 한 형편없는 음식을 삼키는 데에는 5분이면 충분했다. 이어서 부랑자 감독은 한 사람당 무명 담요 3개씩을 주더니, 밤을 보낼 각자의 골방으로 우리를 몰았다. 저녁 7시가 되자 밖에서 문을 잠갔고, 우린 열두 시간 동안 갇혀 있어야 했다.

골방은 가로세로 8피트 5피트고, 벽 위쪽에 창살 달린 조그만 창 말고는 조명기구가 없었다. 벌레는 없었고 침대 틀과 밀짚 매트리스가 있었으니, 우리에겐 제법 호사였다. 다른 스파이크에서는 딱딱한 나무 침상 아니면 맨바닥에서 베개 대신 외투를 말아 베고 자는 경우가 많았던 것이다. 나는 독방에다 침대도 있으니 하룻밤 푹 잘 수 있겠다는 기대를 했다. 하지만 그럴 수가 없었다. 스파이크엔 반드시 무언가 잘못된 게 있기 마련이며, 이곳 특유의 결함은 추위라는 걸 나는 당장 알 수 있었다. 5월이 시작된 터라, 계절에 대한 경의의 표시로(봄의 신들에게 바치는 약간의 희생인 모양이었다) 당국에서 스팀을 차단했던 것이다. 무명 담요들은 거의 소용이 없었다. 그러니 반쯤 얼어붙은 듯 깬 채 동이 트기를 기다리며 이리 뒤척 저리 뒤척 하다 보면 잠드는 시간은 10분이 될까 말까 했다.

스파이크에선 언제나 그랬듯이, 나는 결국 겨우 곤히 잠들자마자 일어나야 했다. 부랑자 감독은 쿵쾅거리며 복도를 다니면서 문을 따고 당장 일어나라고 소리를 질렀다. 그러자 복도는 금세 궁상스러운 셔츠 차림의 군상들로 꽉 찼다. 아침에 우리가 쓸 수 있는 물은 욕조 하나 분량뿐이었고 먼저 오는 사람 차지였던 것이다. 내가 갔을 때는 이미 부랑자 스무 명이 세수를 하고 있었다. 나는 물에 뜬 시커먼 때를 흘긋 한번 보자마자 그날은 그냥 지저분한 채 지내기로 했다.

이어서 우리는 서둘러 자기 옷을 입고 식당으로 가서는 아침을 삼켰다. 빵은 평소보다 훨씬 나빴다. 군대식 심성을 가진 백치 같은 부랑자 감독이 밤새 빵을 조각조각 썰어놓는 바람에 배에서 선원들이 먹는 비스킷처럼 딱딱해져버린 것이었다. 하지만 춥고 잠 못 이룬 밤 뒤에 마시는 차는 반가웠다. 차, 더 정확히 말해 차라고 잘못 부르는 그것 없이 부랑자들이 살 수나 있을지 모를 일이다. 그것은 그들의 양식이요 약이며, 모든 불행에 대한 만병통치약인 것이다. 그것이나마 매일 반 갤런쯤 홀짝일 수 없다면, 그들이 자신의 존재를 견딜 수 없으리라 나는 확신한다.

 아침식사 후 우리는 다시 옷을 벗고 건강검진을 받아야 했다. 천연두에 대한 예방책의 하나였다. 의사가 오기까지는 45분이 걸렸으니, 자기 주변을 둘러보며 우리가 어떤 꼴인지를 볼 시간은 충분했다. 가관이었다. 우리는 복도에서 상의를 홀랑 벗은 채 두 줄로 서서 떨고 있었다. 높은 창으로 스며든 푸르스름하고 차가운 빛이 무자비하도록 선명하게 우리를 비추었다. 배만 불룩한 변변찮은 똥개들 같다는 느낌은 보지 않고서는 상상할 수 없으리라. 머리는 난발이고, 얼굴은 수염과 주름이 가득하고, 가슴은 푹 꺼지고, 발은 평발이고, 근육은 축 처진 것이, 온갖 기형과 몰골들이 다 모인 듯했다. 게다가 모두가 축 늘어져 있었고 혈색도 희한했다(부랑자들은 모두 볕에 그을려서 본디 혈색이 어떤지 알기 어려웠던 것이다). 그중에 두세 명은 내 기억 속에 변함없이 남아 있다. 75세인 올드 '대디Daddy'는 탈장대를 차고 있었고, 충혈된 눈에 물기가 축축했다. 성긴 수염에 볼이 푹 꺼진 깡마른 한 사람은 아주 오래된 그림에 나오는 나사로의 송장 같기만 했다. 한 정신박약자는 왔다갔다하느라 바지가 자꾸 내려가 완전 알몸이 되는 게 좋은지 부끄러운

지 연방 히죽거렸다. 하지만 우리들 중 그들보다 나은 이는 별로 없었다. 건장하다 할 만한 이는 열 명도 되지 않았고, 절반은 병원에 가 있어야 옳지 싶었다.

일요일이라 우리는 주말이 끝나도록 스파이크에 계속 있어야 했다. 의사가 돌아가자마자 식당으로 이동했고, 다 들어가고 나니 문이 닫혔다. 회벽에 돌바닥인 식당은, 가구라고는 합판 식탁에 벤치뿐이고 냄새는 감옥 같은 게 말할 수 없이 썰렁했다. 창은 너무 높아서 아무도 밖을 내다볼 수 없었고, 장식물이라곤 잘못을 범한 이용자를 엄벌에 처한다고 위협하는 '수칙'뿐이었다. 우리는 식당을 가득 메우고 있어 누구를 밀치지 않고는 팔꿈치를 움직일 수도 없었다. 이제 아침 8시인데 갇혀 있는 게 벌써 지겨워졌다. 할 얘기라곤 길거리 생활과 좋고 나쁜 스파이크가 어딘지, 인심이 좋거나 나쁜 지역 정보, 그리고 경찰과 구세군의 부정에 대한 시시한 잡담뿐이었다. 부랑자들 사이의 대화는 그런 주제를 벗어나는 법이 거의 없다. 말하자면 그들은 '공장shop' 얘기만 하는 것이다. 그들 사이엔 대화라고 할 만한 게 없다. 우선 배가 고프기 때문에 영혼 문제를 생각할 여유가 없는 것이다. 세상은 그들에게 너무 거창한 주제다. 다음 끼니가 확실한 경우가 거의 없기 때문에 생각할 수 있는 건 다음 끼니뿐이다.

그렇게 두 시간이 겨우 지나갔다. 나이를 너무 먹어 정신이 오락가락하는 올드 대디는 조용히 앉아 있었는데, 등은 활처럼 굽었고 충혈된 눈에서 물이 천천히 뚝뚝 떨어졌다. 모자를 쓰고 자는 이상한 버릇으로 악명 높은 나이 많고 지저분한 부랑자 조지는, 길에서 잃어버린 빵 꾸러미가 아깝다며 투덜거렸다. 우리 중에 제일 체격이 좋은 거지인 빌은 스파이크에 들어온 지 열두 시간이 지났는데도 맥주 냄새가 풍기는 건장한 걸인으로, 구걸했던 얘기, 술집에서 얼마까지 마셔봤다는 얘기, 자신을 경찰에 일러바쳐 7일을 살게 했다는 목사 얘기를 했다. 전직 어부였던 노퍽 출신의 두 청년 윌리엄과 프레드는 배신당한 뒤 눈발을 헤매다 죽은 불쌍한 여인 벨라에 대한 슬픈 노래 Unhappy Bella를 불렀다. 정신박약자는 언제인가 자기한테 금화 257파운드를 줬다는 상상의 신사 얘기를 하며 침을 줄줄 흘렸다. 그런 따분한 얘기들을 하며, 또 따분한 음담패설을 하며 시간은 또 흘러갔다. 스코티 말고는 모두가 담배를 피웠다. 담배를 압수당해 혼자만 담배 없이 있는 그를 보기가 너무 딱해서 나는 담배 말아 피울 재료를 그에게 좀 주었다. 우리는 부랑자 감독의 발소리가 들릴 때마다 어린 학생들처럼 숨겨가며 담배를 피웠다. 담배는 묵인해주되 공식적으론 금지였던 것이다.

이 음산한 방에서 부랑자들 대부분은 연이어 열 시간을 있어야 했다. 그걸 어떻게 견딜 수 있는지는 상상하기 힘들다. 나는 따분함이야말로 부랑자 최대의 적이라고 생각하게 되었다. 그것은 허기나 불편보다도, 심지어 언제나 남 보기 망신스럽다는 느낌보다도 더한 것이지 싶다. 무지한 사람이라고 해서 온종일 아무 할 일 없이 가두어둔다는 건 어리석고도 잔인한 짓이다. 개를 통 속에 가둬놓고 묶어두는 일이나 마찬가지인 것이다. 감금을 견딜 수 있는 건, 자기 안에 위안거리가 있는 배운 사람들뿐이다. 거의 대부분이 무학인 부랑자들은 빈곤에 대해서도, 아무 영문도 모르고 의지할 데도 없이 당할 뿐이다. 그런 그들이니 열 시간 동안 불편한 의자에 꼼짝없이 앉혀놓으면 뭘 하며 시간을 때워야 할지 알 길이 없다. 그러니 생각나는 게 있다 한들 불행을 푸념하거나 일자리를 갈망하는 것밖에 없다. 그들에겐 무위無爲의 끔찍스러움을 견딜 자산이 없는 것이다. 때문에 삶의 너무나 많은 부분을 아무 일도 안 하면서 보내야 하는 그들로선 따분함으로 인한 고통이 더 큰 법이다.

나는 그들보다 훨씬 운이 좋았다. 10시에 부랑자 감독이 오더니 스파이크에서 가장 부러움을 사는 일을 할 사람으로 나를 지목한 것이었다. 그것은 구빈원 부엌일을 돕는 것으로, 딱히 할 일이 없었기에 나는 자리를 슬쩍 피해 감자를 보관하는 광에 숨어 있었다. 그곳엔 나 말고도 일요일 아침 예배가 싫어서 몰래 빠져나온 구빈원 소속 빈민들이 좀 있었다. 또 그곳엔 난롯불도 있었고, 편히 앉을 만한 궤짝도 있었고, 〈패밀리 헤럴드〉 지난 호들도 있었으며, 구빈원 도서실에서 가져온 '래플스'[2] 추리소설도 한 권 있었다. 스파이크에 있다 가니 거긴 천국이었다.

나는 또 구빈원 식탁에서 점심을 먹었는데, 내가 여태 먹어본 최고의 식사 중 하나였다. 부랑자는 스파이크 안에서든 밖에서든 그런 식사를 1년에 두 번 다시 구경하기 힘들다. 구빈원 빈민들은 내게 자신들은 일요일이면 배가 터지도록 먹고 나머지 엿새 동안은 굶고 지낸다고 했다. 식사가 끝나자 주방장은 내게 설거지를 하고 남은 음식을 버리라고 했다. 음식 쓰레기는 깜짝 놀랄 정도였다. 쇠고기로 만든 굉장한 요리들, 그리

---

2 Raffles. 셜록 홈스 시리즈로 유명한 코난 도일의 매제인 어니스트 호눙Ernest Hornung(1866~1921)이 유행시킨 추리소설 시리즈의 주인공. 홈스와는 여러 면에서 반대인, 이를테면 젠틀맨이면서 도둑인 인물이다.

고 들통 몇 개 분량의 빵과 채소가 쓰레기처럼 내버려진 채 다 우려낸 찻잎으로 더럽혀져 있었던 것이다. 내가 좋은 음식으로 넘쳐나도록 채워 넣은 쓰레기통은 다섯 개나 되었다. 내가 그러는 동안 나의 동료 부랑자들은 200야드 떨어진 스파이크에 앉아 여느 때와 똑같은 빵과 차로, 그리고 잘하면 일요일이라 특별히 나오는 차가운 삶은 감자 두 개로 배를 반쯤 채우고 있었을 것이다. 남은 음식을 부랑자들에게 주지 않고 버리는 건 고의적인 방침인 듯했다.

3시에 나는 구빈원 부엌을 떠나 스파이크로 돌아갔다. 이젠 그 바글바글하고 불편한 방에서의 따분함이 못 견딜 정도였다. 담배도 더 피울 수 없었다. 부랑자의 담배란 게 길에서 주운 꽁초뿐인데, 풀 뜯는 짐승이 그러하듯, 풀밭 같은 보도步道에서 멀리 떨어져 있으면 부랑자는 굶주릴 수밖에 없는 것이다. 시간을 때우기 위해 나는 부랑자 중에 좀 잘난 체하는 사람과 얘기를 나눠보았다. 그는 칼라와 넥타이 차림의 젊은 목수로, 연장 한 벌이 없어서 떠돌이 생활을 하게 됐다는 이였다. 그는 다른 부랑자들과는 늘 거리를 좀 두었고, 스스로를 떠돌이 막일꾼이라기보다는 자유인에 가까운 사람으로 여겼다. 그는 문학적인 취향도 있어서 떠돌이 생활 내내 스콧[3]의 소설 한 권을 지니고 다녔다. 그는 내게 자신은 울타리 밑이나 짚가리 뒤에서 자는 게 더 좋으며, 배고픔만 아니었다면 절대 스파이크에 오지 않았을 거라고 했다. 그는 남부 해안 일대에서 낮에는 구걸을 하고 밤에는 이동 탈의차에서 자는 생활을 한 번에 몇 주씩 했다.

---

3 Walter Scott(1771~1832). 『아이반호』 등의 소설로 영국뿐 아니라 국제적으로도 명성을 누린 스코틀랜드계 소설가.

우리는 떠돌이 생활에 대해 얘기를 나눴다. 그는 부랑자를 하루 열네 시간씩 스파이크에 있도록 하고, 나머지 열 시간은 길을 걸으며 경찰을 피해 다니게 하는 체제를 비판했다. 그는 또 자기 사례, 즉 3파운드어치의 연장 세트가 없어 6개월 동안 생활보호 대상자 생활을 해야 했던 얘기도 해주었다. 말이 되는 일이냐고 그는 말했다.

　나는 구빈원 부엌에서 버려지는 음식 쓰레기 얘기를 해주고 내 생각이 어떤지를 말해주었다. 내 말에 그는 당장 어조가 바뀌었다. 나는 내가 모든 영국 노동자 속에 잠들어 있는 주인 근성을 자극한 걸 알았다. 비록 다른 부랑자들과 함께 굶주려온 처지이지만, 그는 음식을 부랑자에게 주지 않고 버려야 하는 이유를 바로 알았던 것이다. 그는 제법 엄하게 타이르듯 내게 말했다.

　"그렇게 해야만 되는 거요." 그가 말했다. "이런 데를 너무 좋게 만들어놓으면 온 나라의 쓰레기들이 다 몰려들게 돼요. 그런 쓰레기들을 떼어놓으려면 음식이 나빠야만 되고요. 여기 이 부랑자들은 너무 게을러서 일을 하려고 안 하지. 다들 그래서 저 꼴이 된 거라니까. 그런 사람들 격려해줄 것 없어요. 다 쓰레기니까."

　나는 그렇지 않다며 반대론을 펴려고 했으나 그는 들을 생각이 없었다. 그는 같은 말만 되풀이했다.

　"저런 부랑자들 동정할 것 없어요. 다 쓰레기니까. 저 사람들을 당신이나 나 같은 사람하고 같은 기준으로 판단할 것도 없고. 다 쓰레기라니까, 쓰레기."

　그가 동료 부랑자들과 자신을 용케도 분리시키는 게 흥미로웠다. 그는 6개월 동안 떠돌이 생활을 했지만, 하느님 보시기에 자신은 부랑자가 아니라고 넌지시 말하는 것 같았다. 그의 몸은 스파이크에 있을지 몰라도 정신만은 멀리까지 날아올라 중산층의 순전한 정기 속에 있는 셈이었다.

시곗바늘은 고문을 하듯 느릿느릿 기어갔다. 우리는 너무 따분한 나머지 이젠 얘기도 할 수 없었다. 들리는 소리라곤 욕설과 긴 하품뿐이었다. 시계만 쳐다보던 시선을 억지로 거두고 한평생은 지났다 싶어 다시 보면 바늘은 고작 3분을 움직였을 뿐이었다. 권태로움이 우리 영혼의 움직임을 찬 양고기 비계처럼 막아버렸다. 때문에 우리는 뼈까지 아파왔다. 시곗바늘은 4시에서 멈춰 서버린 듯했고, 저녁식사는 6시까지 기다려야 했다. 우리를 들여다보듯 찾아온 달 아래엔 주목할 만한 게 아무것도 남아 있지 않았다.

마침내 6시가 되자 부랑자 감독과 그의 조수가 저녁을 가지고 나타났다. 하품만 하던 부랑자들은 끼니때가 되자 사자처럼 원기 왕성해졌다. 하지만 음식은 참담할 정도로 실망스러웠다. 아침에도 충분히 형편없던 빵은 이젠 아예 먹을 수가 없었다. 너무 딱딱해서 아무리 턱이 튼튼한 사람이라도 변변한 잇자국 한번 내기 어려울 정도였다. 나이가 많은 사람들은 저녁을 거의 먹지 못했고, 대부분 허기졌지만 자기 몫을 다 비운 이는 없었다. 식사를 마치자 곧바로 담요를 지급받은 우리는 다시 텅 비고 싸늘한 골방으로 몰이를 당했다.

그로부터 열세 시간이 지났다. 7시에 깨워진 우리는 욕실로 달려가 터무니없이 모자라는 물을 다툰 다음, 빵과 차를 삼켰다. 이제 우리가 스파이크에서 보내야 하는 시간은 다 채웠다.

하지만 우리는 의사에게 한 번 더 검진을 받을 때까지 나갈 수 없었다. 당국에선 천연두가 부랑자들을 통해 퍼지는 걸 끔찍스럽게 여겼던 것이다. 이번에는 의사를 두 시간 동안 기다렸고, 결국 우리는 10시가 되어서야 그곳을 벗어날 수 있었다.

드디어 때가 되어 우리는 뜰 밖으로 나갈 수 있었다. 음산하고 악취 진동하는 스파이크에 있다 밖으로 나오니, 모든 게 어찌나 환하고 바람 냄새는 또 어찌나 향기롭던지! 부랑자 감독이 압수했던 소지품 꾸러미를 각자에게 돌려주고 점심으로 먹을 빵 한 덩이와 치즈를 나눠주자, 우리는 다시 길을 나섰다. 스파이크의 외관과 그 규율을 어서 벗어나려고 서둘러 떠났다. 한동안 자유를 누릴 때가 온 것이었다. 하루 낮 이틀 밤을 허비하고 난 우리는 여덟 시간 정도 기분 전환도 하고, 길에서 담배꽁초도 줍고, 구걸도 하고, 일거리도 찾아볼 터였다. 그리고 10마일이나 15마일, 아니면 20마일 정도 가야 다음 스파이크에 당도할 것이고, 거기서 게임이 새로 시작될 것이었다.

나는 묻어둔 8페니를 파내어 노비Nobby와 함께 길을 떠났다. 그는 작업화 한 켤레를 여벌로 가지고 다니며 직업소개소란 소개소는 전부 찾아다니는, 점잖으며 늘 풀이 죽어 있는 부랑자였다. 함께 있던 동료들은 동으로 서로, 남으로 북으로, 매트리스 속의 벌레처럼 흩어졌다. 정신박약자만 스파이크 정문에서 어정거리다 부랑자 감독한테 쫓겨나고 말았다.

노비와 나는 크로이든Croydon을 향해 출발했다. 길은 조용했다. 차도 안 다니고, 꽃이 만발한 밤나무는 거대한 밀랍 초 같았다. 모든 게 너무 고요하고 너무 향긋해서, 몇 분 전만 해도 한 무리의 포로들과 함께 역한 하수구 냄새와 비누 냄새 진동하는 곳에 바글바글 갇혀 있었다는 게 실감 나지 않았다. 나머지는 다 사라졌고, 이제 우리 둘만 길에 나선 부랑자 같다는 느낌이었다.

그때 뒤에서 서둘러 다가오는 발소리가 나더니 누가 내 팔을 두드렸다. 키 작은 스코티였다. 그가 숨을 헐떡이며 우릴 쫓아온 것이었다. 그는 호주머니에서 녹슨 깡통 갑 하나를 꺼내며 사람 좋은 미소를 지었다. 신세 진 걸 갚으려는 사람의 표정 같았다.

"자 이거, 친구." 그가 다정하게 말했다. "자네한테 담배를 좀 빚졌잖아. 어제 나한테 선심을 썼지. 아침에 나올 때 부랑자 감독이 내 담배꽁초 갑을 돌려주더라구. 친절은 베풀면 돌아온다니까. 자 여기 있네."

그러면서 그는 내 손에 눅눅하고, 다 썩어빠지고, 구질구질한 담배꽁초 4개를 쥐여주는 것이었다.

교수형

「A Hanging」. 1931년 8월 〈뉴 아델피〉지에 게재. 식민지 버마의 경찰 간부로 있던 시절의 경험을 바탕으로 쓴 작품으로, 오웰의 간결하면서도 인상적인 스케치가 돋보이는 유명한 에세이 중 하나다. 오웰은 같은 해 가을에 첫 소설 『버마 시절』을 집필하기 시작한다.

버마였고, 비가 추적추적 내리는 아침이었다. 누런 양철판처럼 희부연 빛줄기 하나가 높은 담벼락 너머 형무소 안마당에 비스듬히 걸쳐 있었다. 우리는 철창이 이중으로 된 작은 짐승 우리 같은 헛간이 줄지어 있는, 사형수 감방들 앞에 대기하고 있었다. 감방 하나는 가로세로 10피트 정도의 크기에, 판자로 만든 침상과 마실 물이 든 단지 말고는 아무것도 없었다. 그중에는 안쪽 철창 가에 갈색 피부의 남자들이 담요를 두른 채 말없이 쪼그려 앉아 있는 방들이 있었다. 그들은 사형수로, 1~2주 안에 교수형에 처해지게 되어 있었다.

그중 하나가 감방에서 끌려나왔다. 힌두인[1]인 그는 꼬챙이처럼 마른 몸에 머리는 삭발을 했고 눈빛은 흐릿하게 젖어 있었다. 그는 숱 많고 두툼한 콧수염을 길렀는데, 몸집에 비해 터무니없이 커서 마치 영화에 나오는 코미디 배우의 수염 같았다. 키가 큰 인도인[2] 간수 여섯 명이 그를 감시하는 동시에 교수대로 데려갈 준비를 하고 있었다. 둘은 총에 착검을 한 채 서 있었고, 나머지는 힌두인 죄수에게 수갑을 채우고 사슬을 수갑 사이로 통과시켜 자기네 혁대에 고정시킨 뒤 그의 팔을 옆구리와 함께 단단히 묶었다. 그들은 그의 곁에 바싹 붙어 있었고, 줄곧 그가 정말 곁에 있는지 확인이라도 하듯 조심스레 손을 얹고 있었다. 마치 아직 살아 있어 물로 뛰어들지도 모를 물고기를 다루는 사람들 같았다. 하지만 그는 무슨 일이 벌어지고 있는지 거의 모르기라도 하듯 오랏줄에 맥없이 팔을 맡긴

---

1 Hindu. 인도 북부 지역에 거주하는, 주로 힌두교인인 사람.
2 버마는 대영제국의 식민지인 '인도'제국의 관할이었다.

채 아무 저항도 없이 서 있었다.

  8시 정각이 되자 집합 나팔 소리가 먼 막사에서 습한 공기를 타고 고적하고 여리게 들려왔다. 우리와는 따로 서 있던 형무소장은 시무룩하니 지팡이로 자갈을 찌르고 있다가 그 소리에 고개를 들었다. 그는 군의관으로, 칫솔 같은 회색빛 콧수염에 목소리가 걸걸한 사람이었다. "이런, 이런, 어서 서둘러, 프란시스." 그가 안달을 했다. "저 사람 지금쯤 벌써 죽었어야지. 아직 준비 안 됐나?"

  간수장인 프란시스는 하얀 훈련복에 안경을 쓴 뚱뚱한 드라비다인[3]이었다. "예, 예, 나리." 그가 검은 손을 흔들어가며 씩씩하게 대답했다. "준비 다 잘 마쳤습니다요. 집행인이 기다리고 있고요. 그럼 진행하도록 하겠습니다요."

  "그럼 속보로 해. 이게 끝나야 재소자들 아침을 먹일 거 아냐."

  우린 교수대를 향해 나아가기 시작했다. 간수 둘은 죄수 양쪽에서 총을 어깨에 걸고 행진하고, 다른 둘은 뒤에 바짝 붙어 팔과 어깨를 미는 듯 떠받치는 듯 잡고 걸었다. 치안판사 등 나머지 우리 일행이 그 뒤를 따랐다. 그런데 10야드쯤 갔을까, 아무 명령도 주의도 없이 갑자기 행진이 딱 멈춰버렸다. 황당한 일이 벌어졌기 때문이었다. 도대체 어디서 왔는지 개 한 마리가 안마당에 떡 나타난 것이다. 녀석은 우리들 사이를 마구 뛰어다니며 연이어 세차게 짖어대더니, 많은 인간들이 한데 모여 있는 게 너무 반갑다는 듯 온몸을 신나게 흔들어대며 우리 주위를 펄쩍펄쩍 뛰어다녔다. 에어데일과 떠돌이 잡종 개가

---

3 Dravidian. 인도 남부 지역에 거주하는 민족. 북부인에 비해 피부색이 많이 짙다.

섞인 덩치 크고 털이 긴 개였다. 녀석은 한동안 우리 주변을 껑충껑충 돌다가 누가 제지하기도 전에 갑자기 죄수에게 달려들어 펄쩍 뛰어오르더니 얼굴을 핥으려고 했다. 우리는 모두 너무 놀라 개를 미처 붙들 생각도 못 하고 아연히 서 있기만 할 뿐이었다.

"누가 저런 망할 놈의 개를 여기다 들여놨어?" 소장이 화가 나서 말했다. "아무나 어서 잡아!"

간수 하나가 죄수 곁을 떠나 개를 어설프게 쫓아갔으나, 녀석은 모든 걸 놀이로 받아들인듯 그의 손길을 피해가며 춤을 추듯 펄펄 뛰었다. 어린 유라시아계 간수 하나가 자갈돌을 한 움큼 집고는 그것을 던져 개를 쫓으려고 했으나, 녀석은 전부 잽싸게 피하더니 다시 우리한테 다가오는 것이었다. 녀석이 요란하게 짖는 소리가 형무소 담벼락 안에 메아리쳤다. 간수 두 사람에게 붙들려 있는 죄수는 이것도 교수형의 한 절차냐는 듯 무심히 바라볼 뿐이었다. 이윽고 누가 겨우 개를 붙들기까지 몇 분이 걸렸다. 우리는 내 손수건을 개목걸이 사이에 건 다음 다시 행진을 시작했다. 녀석은 계속해서 버티며 낑낑댔다.

교수대까지는 40야드 정도가 남았다. 나는 바로 앞에 걸어가는 죄수의 갈색 등을 지켜보았다. 그는 팔이 묶여 있어 어색하긴 했으나 저벅저벅 잘 걸었다. 절대 무릎을 펴지 않고 까닥까닥 걷는 인도인 특유의 걸음이었다. 걸을 때마다 근육이 매끈하게 제자리로 미끄러졌고, 두피에 바싹 붙어 있는 짧은 머리털이 아래위로 춤을 추었고, 젖은 자갈땅엔 맨발 자국이 절로 생겨나듯 찍혔다. 그리고 한 번, 어깨를 한쪽씩 붙든 사람들이 있는데도, 그는 도중에 있는 물웅덩이를 피하느라 살짝 옆으로 비켜 갔다.

 이상한 일이지만, 바로 그 순간까지 나는 건강하고 의식 있는 사람의 목숨을 끊어버린다는 게 어떤 의미인지 전혀 알지 못하고 있었다. 그러다 죄수가 웅덩이를 피하느라 몸을 비키는 것을 보는 순간, 한창 물이 오른 생명의 숨줄을 뚝 끊어버리는 일의 불가사의함을, 말할 수 없는 부당함을 알아본 것이었다. 그는 죽어가는 사람이 아니었다. 우리가 살아 있듯 멀쩡히 살아 있는 사람이었다. 그의 모든 신체 기관은 미련스러우면서도 장엄하게 살아 움직이고 있었다―내장은 음식물을 소화하고, 피부는 재생하고, 손톱은 자라고, 조직은 계속 생성되고 있었던 것이다. 그가 교수대 발판에 설 때에도, 10분의 1초 만에 허공을 가르며 아래로 쑥 떨어질 때에도, 그의 손톱은 자라나고 있을 터였다. 그의 눈은 누런 자갈과 잿빛 담장을 보았고, 그의 뇌는 여전히 기억과 예측과 추론을 했다―그는 웅덩이에 대해서도 추론을 했던 것이다. 그와 우리는 같은 세상을 함께 걷고, 보고, 듣고, 느끼고, 이해하는 한 무리의 사람들이었다. 그리고 2분 뒤면 덜컹하는 소리와 함께 우리 중 하나가 죽어 없어질 터였다. 그리하여 사람 하나가 사라질 것이고, 세상은 그만큼 누추해질 것이었다.

 교수대는 형무소 중앙 안마당과는 따로 떨어진 작은 터에 있었다. 키가 크고 가시가 많은 잡초들이 우거져 있는 곳이었다. 교수대는 뒷벽이 없고 천장은 판자로 된, 마치 헛간을 닮은 벽돌 구조물로, 판자 위엔 두 개의 기둥과 그것을 잇는 가로대가 있고 가로대에는 밧줄이 매달려 있었다. 교수형 집행인은 머리가 희끗한 재소자였고, 하얀 죄수복을 입고서 자신만이 다루는 장치 옆에 서 있었다. 우리가 들어서자 그는 비굴하게 웅크리며 우리를 맞이했다. 프란시스가 한마디 하자 죄수를 더 단단히 붙들고 있던 간수 둘이 밀듯 인도하듯 그를 교수대로 데려가서는 계단 오르는 것을 어정쩡하니 도왔다. 그러자 집행인이 올라가더니 죄수의 목에 밧줄을 걸었다.

우리는 5야드 떨어진 곳에 서서 기다렸다. 간수들은 원을 그리듯 교수대를 둘러서 있었다. 죄수는 목에 올가미가 고정된 순간부터 자신의 신에게 외치기 시작했다. "람! 람! 람! 람!" 하며 고음으로 반복하는 이 외침에는 도움을 청하는 기도나 절규처럼 급박함과 두려움이 있는 게 아니라, 종소리 같은 안정감과 리듬감이 있었다. 개는 그 소리에 화답하듯 낑낑거렸다. 여전히 교수대에 서 있던 집행인은 밀가루 부대를 닮은 작은 무명 자루를 꺼내더니 죄수의 얼굴에 씌웠다. 하지만 천에 가로막혀도 그 소리는 계속해서 이어졌다. "람! 람! 람! 람! 람!"

이윽고 집행인은 아래로 내려와 손잡이를 잡고 섰다. 몇 분이 흘러간 것만 같았다. 자루에 걸러진 죄수의 꾸준한 외침은 한순간도 흐트러짐 없이 "람! 람! 람!" 계속됐다. 고개를 가슴에 처박고 있던 형무소장이 지팡이로 땅바닥을 천천히 쑤시기 시작했다. 그는 죄수의 외침을 일정한 숫자만큼(50번 아니면 100번) 용납하기로 하고 수를 헤아리고 있는 것인지도 몰랐다. 인도인들의 낯빛이 상한 커피처럼 잿빛으로 변해갔고, 총검 한두 개가 흔들흔들하기 시작했다. 우리는 올가미와 자루를 쓰고 교수대 발판에 올라서 있는 사람을 바라보며 그의 외침을 듣고 있었다. 소리 한 번이 연장된 목숨 1초였다. 우리는 모두 같은 생각을 하고 있었다. 제발 어서 죽여버려. 그냥 끝내라구. 저놈의 징글맞은 소리 그만 듣게!

갑자기 소장이 작심을 했다. 그는 고개를 치켜들고는 지팡이를 휙 휘두르며 사납게 소리쳤다. "찰로!"[4]

철컹 소리가 나더니 갑자기 고요해졌다. 죄수는 시야에서 사라져버렸고 흔들리는 밧줄만 보일 뿐이었다. 나는 개를 놓아주었다. 그러자 녀석은 바로 교수대 뒤편으로 돌진하더니 딱 멈춰 선 채 몇 번을 짖다가 뜰 한구석으로 물러가 잡초 사이에 서서는 두려운 눈으로 우릴 쳐다봤다. 우리는 교수대 뒤편으로 돌아가 죄수의 시신을 확인했다. 발끝이 아래로 쭉 뻗어 있는 그는 돌처럼 생명 없이 매달린 채 천천히 돌고 있었다.

소장은 지팡이를 뻗어 시신의 맨살을 찔러보았다. 시신이 슬쩍 흔들렸다. "'제대로' 됐다." 소장은 그렇게 말하고는 교수대 밖으로 나와 긴 한숨을 내쉬었다. 시무룩한 기색이 어느새 걷혀 있었다. 그는 손목시계를 흘끗 바라보았다. "8시 8분. 오늘 아침에 할 건 다 했다. 휴우."

간수들은 총에서 칼을 빼내고는 행진을 했다. 개는 차분해져서 자신이 잘못한 걸 의식했는지 그들 뒤를 슬그머니 따라갔다. 우리는 교수대가 있는 뜰을 벗어나 사형수 감방들 앞을 지나 형무소 중앙 마당으로 갔다. 재소자들은 곤봉 찬 간수들의 명령하에 벌써 아침 끼니를 타고 있었다. 양철 그릇을 하나씩 들고 줄줄이 앉아 있는 그들 사이로, 들통을 든 간수 둘이 지나가며 밥을 퍼주고 있었다. 제법 가정적이고 명랑해 보이는 광경이었다. 방금 교수형이 집행된 것치고는. 우리는 업무를 마

---

4 인도 말로 "가자!"란 뜻.

친 것에 엄청난 안도감을 느꼈다. 노래라도 부르거나, 느닷없이 마구 달리거나, 낄낄거리기라도 하고픈 충동을 느꼈다. 우리는 갑자기 모두가 흥겹게 재잘거리기 시작했다.

내 옆에서 걷던 유라시아계 소년은 우리가 온 쪽으로 고갯짓을 하며 아는 체하는 미소를 짓고서 말했다. "아십니까요, 나리? 우리 친구가(죽은 사람을 가리키는 말이었다) 항소가 기각됐다는 말을 듣고 감방 바닥에다 오줌을 쌌다는 것 말입니다. 겁을 먹은 겁죠. 자, 나리, 제 담배 하나 태워보십쇼. 제가 새로 산 은제 담뱃갑 멋지지 않습니까요, 나리? 행상한테 2루피 8아나를 주고 샀는데, 고급스러운 유러피언 스타일입죠."

여럿이 껄껄 웃었다. 무엇 때문에 웃는지 확실히 아는 사람은 없는 것 같았지만.

프란시스는 소장 옆에서 걸으며 수다를 떨었다. "자, 나리, 모든 게 더없이 만족스럽게 끝났습니다요. 전부 획! 하면서 다 끝나버린 것 같습니다요. 항상 그런 건 아닙죠. 암, 절대 안 그렇습죠! 저는 의사가 교수대 밑으로 가서 죄수의 다리를 당겨보고 죽었는지 확인해야만 하는 경우도 여러 번 봤습죠. 얼마나 찝찝한 일입니까요!"

"안 죽고 꿈틀꿈틀할 때 말이지, 음? 그거 고약하지." 소장이 말했다.

"예, 나리, 그런데 놈들이 뻗댈 때는 더 고약합죠! 우리가 데리러 갔을 때 감방 철창에 떡 붙어 있는 녀석도 다 있었습죠. 녀석을 떼어놓느라고 간수 여섯이 들러붙어야 했다고 하면 못 믿으실 겁니다요, 나리. 다리 하나에 셋씩 붙어야 했지 뭡니까요. 나중엔 달래기까지 했습죠. '이 친구야. 자네가 지금 우리한테 얼마나 애를 먹이고 있는지 생각 좀 해보게나!' 그런데 녀석이 들으려고 해야지요! 아이고, 정말 골치 아픈 녀석이었습니다요!"

나는 제법 큰 소리로 웃고 있었다. 모두가 껄껄 웃고 있었다. 소장마저 사람 좋은 미소를 지었다. "모두 나가서 한잔하자구." 그가 꽤 다정하게 말했다. "차에 위스키 한 병이 있어. 그거 다 비워버리자구."

우리는 이중으로 된 형무소 정문을 지나 길에 들어섰다. "다리를 붙들고 끌어내야 했다니!" 버마인 치안판사가 갑자기 외치더니 큰 소리로 키득거렸다. 우리 모두 다시 껄껄 웃기 시작했다. 그 순간엔 프란시스가 말한 일화가 너무 재밌다 싶었던 것이다. 우리는 원주민과 유럽인을 가릴 것 없이 모두 어울려 제법 의좋게 한잔했다. 죽은 자는 100야드쯤 떨어져 있었다.

코끼리를 쏘다

「Shooting an Elephant」. 1936년 가을 〈뉴 라이팅〉지에 게재. 「교수형」과 더불어 버마 시절의 경험을 바탕으로 쓴 글이며, 사후에 출간된 에세이집의 제목으로 선정되었을 만큼 유명한 작품이다. 1936년은 오웰이 에세이 「나는 왜 쓰는가」에서 "1936년부터 내가 쓴 심각한 작품은 어느 한 줄이건 직간접적으로 전체주의에 '맞서고' 내가 아는 민주적 사회주의를 '지지하는' 것들이다"라고 할 만큼 그의 작가 인생에서 중요한 해였다. 같은 해 6월에 결혼한 그는 작은 시골 마을에서 가게를 하고 텃밭을 일구며 집필에 열중했는데, 1월부터 3월까지는 한 진보단체의 의뢰를 받아 잉글랜드 북부 노동자들의 열악한 생활을 취재했고, 12월에는 이 르포 원고를 완성하자마자 스페인내전에 참전하러 떠났다. 이 원고는 오웰이 스페인에서 싸우던 이듬해에 『위건 부두로 가는 길』이란 책으로 발간되어 이전에 출간한 네 권을 다 합친 것보다 널리 읽혔다.

남부 버마의 몰멩¹에서 나는 많은 사람들의 미움을 받았다. 살아오면서 남들에게 미움을 받을 만큼 내가 중요해진 건 그때가 처음이었다. 나는 막연하고 사소한 반유럽 정서가 상당히 독한 그 도시에 배속된 경찰관²이었다. 누구도 소요를 일으킬 배짱은 없었으나, 유럽 여성이 혼자 시장에라도 다니면 옷에다 비틀³즙을 뱉는 사람은 있을 정도였다. 나는 경찰이라 손쉬운 표적이 되었고, 안전하다 싶으면 누군가가 꼭 골탕을 먹였다. 축구장에서 날렵한 버마인이 내 발을 걸면 심판은(역시 버마인이었다) 딴 데를 쳐다봤고, 관중은 포복절도를 했다. 그런 일이 한두 번이 아니었다. 결국 어디서나 마주치는 청년들의 조롱 띤 노란 얼굴들은(안전할 만큼 멀어지면 야유하는 소리가 들려왔다) 내 신경을 몹시 자극했다. 특히 젊은 승려들이 제일 고약했다. 시내엔 승려가 수천 명은 있었는데, 길모퉁이에 서서 유럽인들을 조롱하는 것 말고는 할 일이 없는 사람들 같았다.

이 모든 것들이 당혹스럽고 언짢았다. 왜냐하면 그 무렵 나는 제국주의가 사악한 것이니 어서 직장을 때려치우고 그로부터 멀어질수록 좋다는 생각을 이미 하고 있었던 것이다. 때문에 나는 이론적으로는(물론 남몰래 그랬다) 전적으로 버마인들 편이었고, 그들의 압제자인 영국인들을 전적으로 적대시했다. 내가 하고 있던 일에 대해서는, 내가 설명할 수 있는 그 어떤 정도보다 지독하게 혐오했다. 그런 일을 하다 보면 제국의 추

---

1 Moulmein. 지금은 '몰라마잉'이라 하며 버마에서 세 번째로 큰 도시로 인구가 30만이다. 1826년부터 1852년까지 영국령 버마의 첫 수도였다.
2 Sub-Divisional Police Officer. 지금의 인도 경찰 조직으로 볼 때 3~5개의 읍·면·동을 관할하는 경찰 간부.
3 betel. 동남아 사람들이 즐겨 먹는 약용 덩굴식물. 말린 잎과 견과를 씹어 먹는다.

악한 짓거리들을 지근거리에서 보게 된다. 악취 지독한 철창에 처박혀 있는 불쌍한 죄수들, 장기 재소자들의 겁먹은 얼굴, 대나무로 매질을 당한 사람들의 터진 엉덩이. 이 모든 게 견딜 수 없는 죄책감으로 나를 짓눌렀다. 하지만 난 그럴싸한 내 나름의 관점을 전혀 갖추지 못했다. 나는 아직 어린 데다 부실한 교육을 받았고, 동양에 가 있는 영국인이라면 누구나 그랬듯 내 문제를 철저히 함구한 채 혼자 해결해야 했던 것이다. 심지어 나는 대영제국이 저물어가고 있다는 것도 몰랐고, 그것을 대체해가는 신생 제국들보다는 영국이 훨씬 낫다는 건 더더욱 몰랐다. 내가 알았던 것이라곤 섬기던 제국에 대한 나의 증오와, 도무지 일을 할 수 없게 만들려던 악독하고 자그만 인간들에 대한 나의 분노 사이에 내가 끼어 있다는 사실뿐이었다. 마음 한편으로 나는 영국의 지배를, 납작 엎드린 민족들의 의지를 영영 억누르는 거역 불가능한 압제라 생각했다. 그런가 하면 다른 한편으로는 총검으로 승려들의 배때기를 푹 쑤시는 것보다 이 세상에 더 기쁠 일이 없겠다고 생각하기도 했다. 그런 식의 감정은 제국주의의 정상적인 부산물이다. 사실인지 아닌지는 인도에 사는 영국인 관리 아무에게나(근무 중이 아닐 때) 물어보면 될 것이다.

그러던 어느 날 우회적으로 깨우침을 주는 일이 벌어졌다. 그 자체로는 사소한 사건이었지만, 제국주의의 본질을(달리 말해 전제적인 지배의 진짜 동기를) 이전보다 더 잘 간파할 수 있게 해준 일이었다. 아침 일찍 시내 다른 경찰서의 고참 경위가 내게 덜컥 전화를 하더니 코끼리 한 마리가 시장을 쑥대밭으로 만들고 있다고 했다. 그러니 부디 와서 어떻게 좀 해주십사 하는 것이었다. 나는 내가 무엇을 해줄 수 있는지 몰랐지만, 무슨 일이 벌어지고 있는지 보고 싶어 조랑말에 올라타고 그곳으로 향했다. 소총도 챙겼는데, 케케묵은 윈체스터 44구경이라 코끼리를 잡기에는 너무 빈약했지만 그 소리는 위협용으로 쓸 만하다 싶었다. 도중에 여러 버마인들이 나를 지체시키며 코끼리의 소행에 대해 얘기해주었다. 물론 그것은 야생 코끼리는 아니었고, '발정기'를 맞은 길든 코끼리였다. 길든 코끼리가 다 그렇듯 녀석은 '발정기'가 닥치자 묶여 있었는데, 전날 밤 사슬을 끊고 탈출한 것이었다. 발정 난 코끼리를 다룰 수 있는 유일한 사람인 조련사는 녀석을 잡으러 나섰지만 엉뚱한 방향으로 가는 바람에 그곳에서 열두 시간은 걸리는 곳에 있었고, 아침에 녀석이 갑자기 시내에 다시 나타난 것이었다. 무기가 없는 버마인 주민들은 녀석이 나타나자 속수무책이었다. 녀석은 이미 누군가의 대나무 오두막을 부쉈고, 소 한 마리를 죽였으며, 과일 노점 몇 군데를 덮쳐 진열품들을 먹어치웠다. 뿐만 아니라 시 당국의 쓰레기차와 마주쳤을 때 운전사가 뛰어내려 줄행랑을 치자 차를 뒤집어엎고는 마구 짓밟기도 했다.

코끼리가 목격된 동네에 가보니 전화를 건 버마인 경위와 인도인 순경 몇몇이 나를 기다리고 있었다. 아주 가난한 동네로, 가파른 비탈 전역에 야자 잎으로 이엉을 올린 허름한 대나무 오두막들이 미로처럼 얽혀 있었다. 장마가 시작될 무렵의 흐리고 후터분한 아침이었던 것 같다. 우리는 코끼리가 어디로 갔는지 사람들에게 물어보기 시작했는데, 대개 그렇듯 확실한 정보를 얻는 데는 실패했다. 동양에서는 언제나 그랬다. 언제나 조금 떨어져 있으면 얘기가 분명한 것 같다가도 사건 현장에 가까워질수록 모호해지는 것이다. 코끼리가 어느 쪽으로 갔다는 사람들이 있는가 하면, 다른 쪽으로 갔다고 하는 사람들이 있고, 코끼리 얘긴 금시초문이라고 하는 사람들도 있었다. 내가 모든 게 다 지어낸 얘기가 아닌가 하는 쪽으로 마음을 굳혀갈 무렵, 좀 떨어진 곳에서 크게 외치는 소리가 들렸다. "저리 가, 얘들아! 당장 저리 가!" 하는 몹시 놀라서 내지르는 소리였다. 한 노파가 손에 회초리를 들고 오두막 모퉁이를 돌아오며 발가벗은 아이들 한 무리를 쫓고 있었다. 이어서 더 많은 여인들이 혀를 차고 탄성을 지르며 나타났다. 아이들이 봐선 안 되는 무언가가 있는 게 분명했다. 나는 그 오두막 뒤로 가보았고, 진흙탕에 뻗어 있는 한 남자의 시신을 발견했다. 인도인인 그는 피부가 검은 드라비다인 쿨리[4]로, 거의 벗은 몸이었고 사망한 지 몇 분밖에 안 된 듯한 상태였다. 사람들은 코끼리가 갑자기 오두막 모퉁이를 돌아와 그를 덮치더니 코로 붙들고는 등을 밟아 진창에 처박아버렸다고 했다. 우기의 질퍽질퍽한 땅에, 그의 몸은 깊이 1피트에 길이 몇 야드는 되는 참호를 만들어놓고 있었다. 그는 팔을 쭉 뻗은 채 엎드려 있었고, 고개는 한쪽으로 홱 틀어져 있었다. 얼굴은 진흙투성이였고, 눈은 번쩍 뜨고 있었다. 이는 훤히 드러나 있는 게 견디기 힘들었을 고통을 대변해주고 있었다. (덧붙여 말하자면, 죽은 자가 평화로워 보인다는 소리는 내게 하지 마시기 바란다. 내가 본 시신들은 대부분 흉측했으니.) 거대한 짐승의 발굽에 의한 마찰로 그의 등껍질은 토끼 가죽 벗겨지듯 깨끗이 일어나 있었다. 나는 사망자를

---

[4] 옛 인도와 중국 출신의 미숙련 노동자.

보자마자 가까이 있는 친구의 집으로 전령(傳令)을 보내 코끼리용 소총을 빌려 오도록 했다. 조랑말은 일찌감치 돌려보냈다. 녀석이 코끼리 냄새를 맡고 두려움에 미쳐 날뛰다 날 내동댕이치게 하고 싶지는 않았던 것이다.

전령은 몇 분 뒤에 총과 탄약통 다섯 개를 들고 왔다. 그사이 버마인 몇 사람이 우리한테 오더니 코끼리가 불과 몇백 야드 거리의 밭에 있다고 했다. 내가 그쪽으로 움직이기 시작하자 사실상 그 동네 인구 전체가 집에서 몰려나와 나를 따라왔다. 큰 총을 본 그들은 내가 코끼리를 쏠 거라며 모두 흥분해서 소리쳤다. 그들은 코끼리가 자기네 집을 대놓고 부술 때는 대단한 관심을 보이지 않았지만, 이제 코끼리가 총에 맞을 거라고 하니 달라졌다. 영국인 군중이라도 그랬을 것처럼, 이 일은 그들에게도 제법 재미있는 사건이었다. 더구나 그들에게는 고기 생각도 있었던 것이다. 나는 어딘가 마음이 편치 않았다. 우선 나는 코끼리를 쏠 생각이 없었으며(필요하면 스스로를 방어하기 위해 총을 빌려 오라 했을 뿐이었다) 자기 뒤를 따라오는 군중이 있다는 건 언제나 당혹스러운 일이다. 나는 비탈 아래로 저벅저벅 걸어갔다. 총을 어깨에 걸친 데다 뒤로는 계속해서 늘기만 하는 군중이 서로 밀치며 졸졸 따라오니, 내 모습은 내가 느끼기에도 바보스러웠다. 오두막들이 얽혀 있는 동네를 다 벗어나 비탈 맨 아래까지 가니 자갈길이 나오고, 그 너머로 진창이 된 황량한 밭이 1000야드는 펼쳐져 있었다. 아직 갈지 않은 밭은 우기가 막 시작되어 흠뻑 젖어 있었고, 여기저기 거친 풀들이 자라 있었다. 코끼리는 길에서 80야드쯤 떨어진 곳에 있었고, 왼쪽 옆구리를 우리 쪽으로 향하고 있었다. 녀석은 군중이 다가오는 것에 조금도 관심이 없었다. 풀을 한 다발씩 뜯어 무릎에 쳐서 닦은 다음 입에 쑤셔 넣기만 하고 있었다.

나는 이미 길에 멈춰 서 있었다. 나는 코끼리를 보자마자 쏴서는 안 된다는 걸 완벽하리만큼 확실히 알았다. 멀쩡한 코끼리를 쏜다는 건 심각한 문제이며(거대하고 값진 기계장치를 파괴하는 것에 비할 만한 일이다) 피할 수 있다면 분명히 피해야 하는 일이었다. 게다가 멀리서 보니 평화롭게 풀을 뜯는 코끼리는 소보다도 위험스러워 보이지 않았다. 그때 나는 '발정기'의 발작은 이미 지나가버렸다고 생각했고 지금도 그렇게 생각한다. 그렇다면 녀석은 위험하지 않게 그저 배회할 것이고, 조련사가 돌아와서 데려가면 그만일 터였다. 더욱이 나는 녀석을 쏘고 싶은 마음이 조금도 없었다. 그래서 나는 좀 지켜보며 녀석이 다시 난폭해지지는 않는다는 걸 확인한 뒤 집으로 돌아가기로 했다.

그런데 그 순간, 나는 돌아서다 나를 따라온 군중을 흘낏 보고 말았다. 막대한 인파였다. 적어도 2000명은 되고 계속해서 불어나고 있었다. 그들은 길 양쪽을 다 막고 길게 늘어서 있었다. 빛깔 요란한 옷들 위로 길게 이어져 있는 노란 얼굴들의 물결이 보였다. 모두 코끼리한테 총을 쏠 것이라 확실히 믿고서 제법 흥이 나 좋아하는 표정이었다. 마치 마술사의 묘기가 시작되기를 기다리고 있는 사람들 같았다. 그들은 날 좋아하지 않았지만 마술의 소총을 든 나는 잠시 봐줄 만했던 것이다. 그때 나는 내가 결국엔 코끼리를 쏴야 한다는 걸 문득 깨달았다. 사람들이 내가 그러리라 기대하고 있었으니 그래야만 했던 것이다. 나는 2000명의 의지가 나를 거역할 수 없게 밀어붙이고 있다는 느낌을 받았다. 그리고 손에 소총을 들고 서 있는 그 순간 나는 백인의 동양 지배가 공허하고 부질없다는 것을 처음으로 이해하게 되었다. 여기 무장하지 않은 원주민 군중 앞에 총을 들고 서 있는 백인인 나는 겉보기엔 작품의 주연이었지만, 실은 뒤에 있는 노란 얼굴들의 의지에 이리저리 밀려다니는 바보 같은 꼭두각시였던 것이다. 그 순간 나는 알게 되었다. 백인이 폭군이 되면 폭력을 휘두르고 말고는 자기 마음이지만, 백인 나라라는 상투적 이미지에 들어맞는 가식적인 꼭두각시가 되고 만다는 것을 말이다. 언제나 '원주민'에게 강한 인상을 심어주기 위해 안달하고, 그래서 위기가 닥칠 때마다 '원주민'이 예상하는 바대로 행동해야만 하는 게 그의 지배 조건이기 때문이다. 그는 가면을 쓰고, 그의 얼굴은 가면에 맞춰져간다. 그러니 나는 코끼리를 쏴야 했다. 나는 소총 심부름을 시킬 때부터 이미 그럴 것이라 알린 셈이었다. 백인 나라는 백인 나라답게 행동해야 한다. 단호하고, 생각이 분명하고, 확실히 행동하는 것처럼 보여야 하는 것이다. 2000명이 졸졸 따라오는 가운데 총을 들고 여기까지 왔다가 아무것도 안 하고 슬그머니 물러나 버린다—그런 건 있을 수 없는 일이었다. 군중들이 날 비웃을 터였다. 나의 모든 생활은, 동양에 있는 모든 백인의 삶은 비웃음을 사지 않기 위한 기나긴 투쟁이었다.

하지만 난 코끼리를 쏘고 싶지 않았다. 나는 코끼리가 정신이 팔린 할머니 같은 태도로 풀 다발을 제 무릎에 터는 모습을 지켜보았다. 그런 존재를 쏜다는 건 살인처럼 꺼림칙한 일이었다. 그 나이에 나는 짐승을 죽이는 것에 대해 결벽적이진 않았지만, 코끼리는 쏘아본 적도 없었고 그러고 싶었던 적도 없었다. (아무튼 '큰' 짐승을 죽인다는 건 언제나 더 불쾌한 일이다.) 더구나 코끼리 주인 생각도 해야 했다. 코끼리는 살아 있으면 적어도 100파운드 가치가 있지만, 죽으면 상아값(아마 5파운드 정도)만 건질 수 있을 뿐이었다. 하지만 나는 신속히 행동해야 했다. 나는 우리가 동네에 도착했을 때 거기 있었던, 경험 있어 보이는 버마인들 몇몇에게 코끼리가 어떻게 행동했는지 물었다. 그들의 대답은 한결같았다. 내버려두면 본체만체했지만 너무 가까이 가면 덤벼들 수 있다는 것이었다.

그로써 내가 할 바는 명명백백해졌다. 나는 코끼리 가까이, 아마도 20야드 거리 이내까지는 다가가서 코끼리의 행동을 확인해야 했다. 코끼리가 덤벼들면 쏴야 할 것이고, 날 본체만체하면 조련사가 올 때까지 내버려둬도 좋을 것이었다. 그러나 난 내가 그렇게 하지 않을 것임도 알았다. 나는 소총 사격 실력이 별로였고, 땅이 너무 질어서 밭에 들어가면 발이 쑥쑥 빠질 터였다. 그러니 코끼리가 덤벼들고 내가 맞히지 못하면, 나는 스팀롤러[5] 밑에 깔린 두꺼비 신세가 될 가능성이 다분했다. 하지만 그 순간에도 나는 내 목숨 걱정을 하는 게 아니라 내 뒤에서 주의 깊게 지켜보는 노란 얼굴들만 의식하고 있었다. 그 많은 군중이 날 지켜보고 있는 그 순간, 혼자 있었다면 느꼈을 법한 일반적인 의미의 두려움을 느끼지는 않았다. 백인은 '원주민' 앞에서 두려움을 보여선 안 되기에 대개 두려움을 느낄 수 없게 된다. 그때 나한테 든 유일한 생각은 일이 잘못되면 2000명의 버마인이 지켜보는 가운데 내가 쫓기다 붙들려 짓밟

---

5 steam-roller. 거대한 롤러가 달린 도로 건설용 증기 압착 차량.

혀서, 비탈 위에 있는 인도인처럼 이를 싱긋 드러낸 송장 신세가 되고 만다는 것이었다. 만일 그런 일이 벌어진다면 웃는 사람들이 분명 있을 터였다. 절대 그럴 순 없었다. 대안이 하나 있었다. 나는 탄약통을 탄창에 밀어 넣고 길에 바로 엎드려 정조준을 하는 쪽을 택했다.

군중이 점점 잠잠해지더니 깊고 낮고 즐거운 한숨 소리가 들렸다. 극장에서 드디어 커튼이 올라가기를 기다리는 수많은 사람들이 동시에 내는 소리 같았다. 마침내 그들은 자기들 몫의 작은 재미를 맛보게 될 터였다. 소총은 십자선 가늠쇠가 달린 근사한 독일제였다. 그때 나는 코끼리를 쏠 때는 표적의 양쪽 귓구멍을 잇는 상상의 막대가 있다고 생각하고 쏴야 한다는 것을 몰랐다. 코끼리가 옆으로 서 있었으니 귓구멍을 바로 겨냥해서 쏴야 했다. 그런데 나는 뇌가 더 앞쪽에 있으리라 생각하고는 그보다 몇 인치 앞을 겨누었다.

방아쇠를 당겼을 때, 총성이 크게 들리지도 않았고 반동이 느껴지지도 않았다(명중했다는 뜻이었다). 대신에 군중이 좋아서 날뛰며 외치는 소리가 들렸다. 총알이 표적에 닿기까지의 시간보다 짧은 순간이었을 테지만, 코끼리한테 알 수 없는 엄청난 변화가 일어났다는 걸 느낄 수 있었던 모양이다. 코끼리는 움직이지도 쓰러지지도 않았다. 그러나 몸의 모든 선이 변해 있었다. 당장 쓰러지진 않았어도 총탄의 엄청난 충격에 마비가 된 듯, 느닷없는 일격에 몸이 오그라들고 엄청나게 늙어버린 느낌이었다. 꽤 오래 그 상태로 있더니(아마도 5초쯤 됐을 것이다) 코끼리는 결국 풀썩 무릎을 꿇었다. 입에선 침이 흘렀다. 너무나 노쇠한 기운이 코끼리를 압도해버린 것 같았다. 수천 년은 산 존재가 아닌가 싶을 정도였다. 나는 같은 자리에다 다시 총을 발사했다. 두 번째 일격에 코끼리는 쓰러지는 게 아니라 천천히 필사적으로 일어서더니 다리를 떨고 고개를 떨어뜨리며 겨우 몸을 폈다. 나는 세 번째 탄알을 쏘았다. 이게 결정타였다. 코끼리의 온몸이 흔들리며 마지막 남은 힘이 다리에서 빠져나가는 게 보이는 듯했다. 코끼리는 쓰러지면서 잠시 다시 일어서는 듯 보였다. 뒷다리는 무너졌지만 코를 나무처럼 하늘로 뻗는 모습이 거대한 바위가 위로 솟구치는 듯했다. 코끼리는 처음이자 마지막으로 트럼펫 소리 같은 울음을 토했다. 그러고는 배를 내 쪽으로 향하며 쓰러졌다. 쿵 하는 소리가 내가 엎드려 있는 땅까지 흔드는 듯했다.

나는 일어섰다. 버마인들은 이미 나를 지나쳐 진창으로 달려가고 있었다. 코끼리가 다시 일어나지 않을 건 분명했지만 죽은 건 아니었다. 아주 규칙적으로 길게 그르렁거리며 헐떡일 때마다 거대하고 불룩한 옆구리가 고통스레 오르내렸다. 입은 헤벌어져 있어 옅은 분홍빛인 목구멍 깊은 곳이 보일 정도였다. 나는 코끼리가 죽을 때까지 오래 기다렸다. 하지만 호흡은 더 약해지지 않았다. 결국 나는 남은 두 발을 심장이 있지 싶은 부분에 발사했다. 빨간 벨벳처럼 진한 피가 쏟아져 나왔지만 그래도 죽지 않았다. 총을 맞을 때 몸을 꿈틀하지도 않았고, 고통스러운 호흡은 쉬지 않고 이어졌다. 나는 그 불쾌한 숨소리를 끝내야 한다고 생각했다. 그 거대한 짐승이 움직일 힘도 죽을 힘도 없이 그 자리에 쓰러져 있는 꼴을 보는 것도, 그 목숨을 어서 끊어버릴 수 없는 것도 몹시 불쾌한 노릇이었다. 나는 내 작은 소총을 가져오라고 해서 코끼리의 심장과 목에다 한

발씩 쏘아 넣었다. 아무 효과도 없는 듯했다. 고통스러운 헐떡임은 시계 초침이 움직이듯 꾸준히 이어졌다.

결국 나는 더 이상 견딜 수 없어 자리를 떠버렸다. 죽기까지 반 시간이 걸렸다는 이야기는 나중에 들었다. 버마인들은 내가 가기도 전부터 칼과 바구니를 들고 나타났다. 정오 무렵엔 코끼리가 거의 뼈만 남았다는 얘기도 들었다.

물론 그 후 코끼리 사살에 대해 왈가왈부하는 소리가 끝도 없이 이어졌다. 주인은 몹시 화를 냈지만 인도인일 뿐이니 아무것도 할 수 없었다. 더구나 나는 법적으로 정당한 행위를 한 것이었다. 미친 코끼리는 주인이 제대로 못 다스릴 경우 미친 개처럼 죽어야 했던 것이다. 유럽인들 사이에선 의견이 갈렸다. 나이 든 사람들은 내가 옳았다고 했고, 젊은 사람들은 쿨리를 죽였다고 코끼리를 쏘는 건 터무니없는 짓이라고 했다. 코끼리는 그 어떤 드라비다 쿨리보다 가치가 있다는 것이었다. 그래서 나중에 나는 그 쿨리가 코끼리 때문에 죽은 걸 큰 다행으로 알게 되었다. 덕분에 나는 법적으로 정당할 수 있었고, 코끼리를 쏠 핑계가 충분했던 것이다. 나는 내가 코끼리를 쏜 게 순전히 바보처럼 보이지 않으려고 한 짓이었다는 걸 알아차린 사람이 있을까 하는 생각을 종종 하곤 했다.

서점의 추억

「Bookshop Memories」. 1936년 11월 〈포트나이틀리〉지에 게재. 오웰은 1934년 11월부터 1936년 1월까지 런던의 '북러버스 코너Booklovers' Corner'라는 헌책방에서 파트타임 직원으로 일한 바 있다. 당시의 경험을 살려 쓴 소설 『엽란을 날려라』가 1936년 4월 출간되었고, 이 에세이에 소개된 풍경은 소설에서도 1장 첫머리부터 특유의 독설과 유머가 돋보이는 문체로 세밀하게 펼쳐진다.

헌책방에서 일하던 때 주로 느낀 것은 정말 책을 좋아하는 사람은 드물다는 점이었다(일해보지 않으면 매력적인 노신사들이 송아지 가죽으로 장정한 고서들을 마냥 열독하고 있는 천국 같은 곳으로 상상하기 쉽다). 우리 서점은 예외적으로 흥미로운 책들을 많이 소장하고 있었으나, 손님들 중에 10분의 1이나마 그 진가를 알았을까 싶다. 초판 밝히는 속물들이 문학 애호가들보다 훨씬 흔했고, 싼 교과서값을 더 깎으려는 동양 학생들이 그보다 더 흔했으며, 막연히 조카 생일 선물이라도 구하러 들르는 여성들이 제일 흔했다.

우리 가게에 오는 사람들 중 상당수는, 어딜 가나 성가신 존재이겠지만 서점에 와서 특별한 기회를 누리려고 하는 부류였다. 이를테면 "아픈 사람 줄 책"을 원한다거나(아주 흔한 요구다), 1897년에 읽은 너무 좋은 책인데 찾아줄 수 있겠느냐고 물어보는 친애하는 노부인들이 그들이다. 안타깝게도 후자에 속하는 노부인은 제목도 저자명도 내용도 기억하지 못하지만, 표지가 빨간색이었다는 건 확실히 기억한다. 그런데 그들 말고도 어느 헌책방에나 자주 출몰하는, 성가시기로 유명한 유형이 둘 있다. 하나는 묵은 식빵 껍질 냄새가 나는 쇠약한 사람이 매일같이, 어떤 때는 하루에 몇 번씩 찾아와 무가치한 책들을 팔려고 하는 경우다. 또 하나는 살 의향이 조금도 없으면서 책을 대량으로 주문하는 경우다. 우리 가게에선 물건을 외상으로 팔진 않았으나, 나중에 가져가겠다는 사람들을 위해 책을 따로 남겨두거나 필요하면 주문을 해주기는 했다. 그런데 우리를 통해 책을 주문한 사람들 중에 다시 오는 사람은 절반이 되지 않았다. 나는 처음엔 도무지 이해할 수 없었다. 무슨 생각으로 그러나 싶었던 것이다. 그들은 서점에 찾아와 꽤 귀하고 비싼 책을 요구하며 구하게 되면 꼭 남겨두라고 우리에게 몇 번이나 다짐하고 간 뒤, 다시는 나타나지 않았다. 물론 그들 중 상당수는 틀림없는 편집증 환자였다. 그들은 자기 이야기를 아주 거창하게 하곤 했다. 또 집을 나서면서 어떻게 돈을 깜빡 두고 왔는지를 설명하기 위해 대단히 기발한 얘기를 지어내곤 했는데, 많은 경우 스스로 그 얘기를 믿고 있었다고 나는 확신한다. 런던 같은 도시에서는 딱히 병원에 가야 할 정도는 아닌 정신이상자들이 길에 나다니는 경우가 언제나 많고, 그들은 종종 서점 쪽으로 발길을 옮겼다. 왜냐하면 서점은 돈을 전혀 쓰지 않고도 오랫동안 서성일 수 있는 몇 안 되는 곳 중 하나이기 때문이다. 일을 하다 보면 그런 사람을 거의 단번에 알아볼 수 있게 된다. 거창한 얘기를 아무리 해도 그들에겐 시대착오적이고 겉도는 구석이 있는 것이다. 우리는 명백한 편집증 환자를 대할 때면 그가 요구하는 책을 따로 빼놓았다가 그가 나가자마자 서가에 다시 꽂곤 하는 경우가 아주 많았다. 그들 중 누구도 값을 치르지 않고 책을 가져가려 한 건 아니라는 걸 나는 알고 있었다. 단지 그들은 주문하는 것만으로 충분했던 것이다. 그건 그들에게 정말 돈을 쓰고 있다는 환상을 준 게 아닌가 싶다.

대부분의 헌책방과 마찬가지로 우리는 다양한 부수 상품을 취급했다. 이를테면 우리는 중고 타자기를 팔았고 소인된 우표도 팔았다. 우표 수집가들은 물고기를 연상시키는 별나고 조용한 부류로, 연령층은 다양하되 남성들뿐이었다. 여성들은 색이 알록달록한 종잇조각을 앨범에다 붙여두는 일의 독특한 매력을 모르는 것 같았다. 우리는 또 일본의 대지진을 예언했다고 주장하는 누군가가 엮어 만든 점성술 운세도運勢圖를 6페니에 팔기도 했다. 그것을 우리는 봉투에 봉인한 상태로 팔았는데, 나는 한 번도 열어본 적이 없지만 사 간 사람들이 다시 와서 운세도가 얼마나 '정확'한지 말해주는 경우가 제법 많았다. (어떤 운세도든 당신은 이성에게 대단히 매력적이며 관대한 것이 결정적인 흠이라고 한다면, 분명코 '정확'해 보일 것이다.) 우리는 어린이책을, 그것도 주로 '재고품'을 많이 취급했다. 요즘 어린이책들은 좀 참담한 편이며, 통틀어 볼 때 더욱 그렇다. 개인적으로 나는 아이들에게 『피터 팬』을 주느니 페트로니우스 아르비테르[1]의 책을 주겠다. 그래도 배리[2]는 나중에 그를 모방한 이들에 비하면 남자답고 건전해 보일 정도다. 크리스마스 때 우리는 크리스마스카드와 달력을 팔며 열띤 열흘을 보냈다. 카드와 달력을 판다는 건 피곤한 일이지만 시즌 동안은 잘되는 장사다. 나로서는 기독교인의 감성을 이용해먹는 거침없는 상혼을 목격하는 재미도 있었다. 크리스마스카드 회사의 외판원은 6월부터 벌써 카탈로그를 들고 나타나곤 했다. 그들의 청구서에 적힌 문구 중의 하나는 지금도 기억난다. "2다스. 토끼들과 함께 있는 아기 예수."

하지만 우리의 제일 중요한 부수 상품은 '대여문고lending library'였다. 모두 소설인 500~600권의 장서를 '예치금 없이 2페니'에 빌려주는 흔한 방식이었다. 그런데 그런 책을 좋아하

---

[1] Petronius Arbiter(27?~66?). 로마제국 네로 시대의 조신(궁정 신하)으로, 풍자소설 『사티리콘』을 쓴 것으로 알려져 있다. 『사티리콘』은 전직 검투사인 주인공이 애인인 미소년과 관련하여 겪는 불운을 다룬 이야기로 일부만이 남아 있으며, 동성애를 포함한 성 묘사가 많다.

[2] J. M. Barrie(1860~1937). 연극으로 먼저 히트한 『피터 팬』의 저자.

는 책 도둑들이 어찌나 많던지! 한 서점에서 2페니에 빌린 책의 딱지를 떼고 다른 서점에다 1실링에 파는 것은 이 세상에서 제일 쉬운 범죄다. 그럼에도 서점 주인들은 예치금을 요구함으로써 손님을 쫓아버리기보다는 어느 정도의 책을 도둑맞는 게 (우린 한 달에 보통 여남은 권을 잃었다) 대개 더 이익임을 알게 된다.

우리 서점은 햄스테드와 캠든타운[3] 바로 접경에 있었기 때문에 준남작에서부터 버스 차장에 이르기까지 온갖 유형의 손님이 빈번히 드나들었다. 아마 우리 대여문고 회원들은 런던 독서 대중의 그럴싸한 단면이었을 것이다. 그러니 우리 문고 저자들 가운데 가장 잘 '나간' 작가를 언급할 만할 터이다. 프리스틀리? 헤밍웨이? 월폴? 우드하우스?[4] 아니다. 에셀 M. 델이 1위요, 워윅 디핑이 아깝게 2위요, 3위는 제프리 파놀[5] 정도이지 싶다. 델의 소설은 물론 여성들만 보는데, 한 많은 노처녀나 담배 가게의 뚱뚱한 부인네만이 아니라 의외로 모든 부류, 모든 연령층의 여성들이 즐겨 찾는다. 남성들이 소설을 읽지 않는 건 아니지만, 그들이 아예 피하는 소설 장르들이 있는 건 사실이다. 거칠게 말해서 '평균치' 소설이랄 만한 것들은 여성을 위해서만 존재하는 듯하다(영국 소설의 표준처럼 되어버린 평

---

3 Hampstead는 현재 런던시 캠든 자치구의 일부로 문화예술 분야와 관련이 많으며, 세계 최고의 부촌으로 유명하다. Camden Town은 런던시 캠든 자치구의 중심가로 대중음악, 대안문화와 관련이 많다.

4 J. B. Priestley(1894~1984)는 27편의 장편을 비롯한 많은 작품을 쓴 영국 소설가, Hugh Walpole(1884~1941)은 장편만 36편을 쓴 영국의 1920~30년대 베스트셀러 소설가, P. G. Wodehouse(1881~1975)는 유머러스한 장편과 단편을 많이 남긴 영국 소설가다.

5 E. M. Dell은 연애소설, Warwick Deeping은 역사소설과 복고풍 낭만소설, Jeffery Farnol은 역사 낭만소설로 인기를 누렸다.

범하고 좋으면서 나쁜, '골즈워디[6]에다 물 타기' 식인 것들을 말한다). 남성들은 존경할 만하다 싶은 소설이나 추리소설을 보는데, 그들의 추리소설 소비량만은 엄청나다. 우리 회원 한 사람은 내가 아는 바로는 1년 내내 추리소설을 매주 네댓 권씩 읽었는데, 다른 서점 문고에서 빌려 보는 숫자를 뺀 게 그 정도였다. 나로서는 그가 그렇게나 읽으면서도 같은 책은 절대 다시 고르지 않는다는 사실이 더 놀라웠다. 그런 나부랭이들을 그렇게 많이 섭렵해도 어떻게든 기억에 다 남는 모양이었다(1년 동안 읽은 페이지를 계산해보니 4분의 3에이커를 덮을 면적이었다). 그는 제목이나 저자명을 기억하진 못했지만, 책을 슬쩍 들여다보기만 하면 '이미 본' 것인지를 알았다.

대여문고를 운영해보면 사람들의 그런 척하는 취향 말고 진짜 취향을 알게 된다. 한 가지 놀라운 것은 영국 '고전' 소설가들의 인기가 완전히 끝났다는 점이다. 디킨스나 새커리, 제인 오스틴, 트롤로프[7] 같은 이들은 일반 대여문고에 넣어보나 마나다. 아무도 고르지 않기 때문이다. 사람들은 19세기 소설은 보기만 해도 "어휴 그건 '옛날' 거잖아요"라며 당장 피해버린다. 하지만 디킨스를 '파는' 건 셰익스피어의 경우가 그렇듯 언제나 꽤 쉬운 일이다. 디킨스는 사람들이 언제나 읽을 '의향

---

[6] John Galsworthy(1867~1933). 영국의 소설가, 극작가. 1932년에 노벨문학상을 수상했으며, 사실주의적 사회소설로 유명하다. 오웰은 『위건 부두로 가는 길』(1937)에서 골즈워디를 간단히 변절하는 위선적인 진보 지식인이자 감상주의자의 전형이라며 비판한다. 그런 점들을 참고로 할 때 여기서 '골즈워디'란 감상적 사실주의에 대한 조롱이라 할 수 있다.

[7] Anthony Trollope(1815~1882). 빅토리아 시대(1837~1901)에 가장 성공하고 존경받은 작가 중 하나. 만년에 명성이 좀 사그라졌으나 20세기 중반에 다시 평단의 존경을 받았다. 시인 오든Auden(1907~1973)은 그에 대해 "돈이 무언지 가장 잘 아는 소설가이며 그에 비하면 발자크도 낭만적이다"라는 말을 했다.

이 있는' 작가 중 하나로, 성경과 마찬가지로 간접적으로만 안다. 모세가 파피루스 바구니 안에서 발견됐고 하느님의 '뒷모습'을 봤다는 걸 들어서 알듯, 빌 사이크스가 강도였고 미코버 씨[8]가 대머리였다는 걸 들어서 아는 것이다. 대단히 주목할 만한 다른 사실 하나는 미국 책이 점점 인기가 없어져간다는 점이다. 그리고 또 하나 놀라운 건 단편소설이 인기가 없다는 점이다(출판업자들은 이 문제로 2~3년에 한 번씩은 안달복달을 한다). 문고지기에게 책을 하나 골라달라고 하는 유형의 사람들은, 우리 문고의 한 독일인 고객이 그러는 것처럼 거의 항상 "단편소설은 원치 않고요" 혹은 "짧은 이야기는 바라지 않아요"라는 말부터 시작한다. 왜냐고 물으면 단편은 이야기마다 인물들이 바뀌기 때문에 적응하는 게 고역이라고 설명하곤 한다. 때문에 첫 장章 이후론 더 이상의 생각을 요구하지 않는 장편에 '빠져드는' 게 좋다는 것이다. 여기서 나는 독자들보다는 작가들이 더 문제라고 생각한다. 오늘날 영국과 미국의 단편소설은 대부분 철저히 무기력하고 무가치한 것이, 대부분의 장편보다 그 정도가 훨씬 더하다. 하지만 정말 이야기가 '되는' 단편소설은 인기가 있으니, 장편만큼 단편도 인기가 좋은 D. H. 로런스의 경우를 보라.

그렇다면 나는 '전문' 서적상이 되고 싶은 것일까? 내 고용주가 잘 대해줬고 서점에서 일하는 게 좋은 날도 있었지만, 대체로 '아니'라고 해야겠다.

---

[8] Bill Sykes는 디킨스 소설 『올리버 트위스트』(1838)에 등장하는 악당 중의 악당. Mr. Micawber는 디킨스 소설 『데이비드 코퍼필드』(1850)에 나오는 인물로, 빚 때문에 감옥까지 간 디킨스의 아버지가 모델이며, 가난해도 미래는 낫겠지 하는 낙관으로 사는 사람의 전형으로 묘사된다.

가게 터가 좋고 자본금이 웬만큼 있을 경우, 교육받은 사람이라면 누구나 서점을 해서 소박하지만 안정된 생활을 할 수 있어야 한다. '희귀' 서적 분야에 뛰어들지 않는 한, 서점 일은 배우기 어렵지 않으며 책의 내용에 대해 좀 아는 바가 있다면 출발이 아주 유리하다.(대부분의 서적상들은 책 내용을 잘 모른다. 어느 정도인지를 알려면 그들이 필요한 책을 광고하는 업계 신문을 보면 된다. 만일 보즈웰의 『쇠퇴와 몰락』[9]에 대한 광고를 못 봤더라도, T. S. 엘리엇의 『플로스강의 물방앗간』[10] 광고는 꼭 보게 될 것이다.) 또한 이 장사는 어느 정도 이상은 천박해질 수 없는 인도적인 사업이다. 독점 기업연합은 식료품 잡화상과 우유 배달 점포를 찍어눌러 퇴출시켜버릴 수 있겠지만, 영세 독립 서적상은 절대 그렇게 할 수 없을 것이다. 하지만 일하는 시간은 대단히 길다. 나야 파트타임 종업원일 뿐이었지만 내 고용주는 매주 70시간씩 근무했는데, 책을 사러 멀리까지 끊임없이 다니느라 가게에 없는 시간을 뺀 게 그 정도였다. 게다가 근무 환경이 건강에 별로 좋지 않다. 서점은 겨울이면 대개 지독히도 추운데, 너무 따뜻하면 창에 김이 서리게 되고 서적상은 창이 깨끗해야 먹고 살기 때문이다. 그리고 책은 지금까지 만들어진 그 어떤 물건보다도 더 많고 고약한 먼지를 뿜어내며, 책머리만큼 왕파리가

---

[9] 『쇠퇴와 몰락Decline and Fall』은 유명 소설가 에블린 워Evelyn Waugh(1903~1966)의 대표작 중 하나로 제목을 역사가 에드워드 기번Edward Gibbon의 『로마제국 쇠망사』에서 따왔다. James Boswell(1740~1795)은 당대 최고의 문사文士였던 새뮤얼 존슨Samuel Johnson(1709~1784)의 전기 『새뮤얼 존슨의 생애』를 쓴 사람으로 유명하다. 문학사상 가장 유명한 전기라는 평을 받기도 한 이 책이 얼마나 훌륭했던지, '보즈웰'은 '남의 언행을 헌신적으로 숭배하고 기록하는 사람'을 뜻하는 단어가 되었다.

[10] 『플로스강의 물방앗간』(1860)은 여성 소설가 조지 엘리엇George Eliot(1819~1880)의 유명 소설.

죽을 장소로 선호하는 곳은 없다.

하지만 내가 서점 일을 평생 하고 싶지는 않은 진짜 이유는 그 일을 하는 동안 내가 책에 대한 애정을 잃었기 때문이다. 서적상은 책에 대해 거짓말을 해야 하는데, 그러다 보면 책이 싫어지게 된다. 더 나쁜 건 언제나 책 먼지를 털고 책을 이리저리 옮겨야만 한다는 점이다. 내가 책을 정말 사랑한 적이 있긴 했다. 덧붙이자면 적어도 50년이 넘은 책의 모습과 냄새와 감촉을 사랑했던 것이다. 그리고 시골에서 경매로 책을 1실링에 한 무더기씩 사는 기쁨도 대단했다. 오래된 뜻밖의 책들을 그런 식의 묶음으로 얻는 데는 묘한 흥취가 있다. 별로 유명하지 않은 18세기 시인, 옛날 지명地名사전, 표지가 독특한 잊힌 소설, 장정이 된 1860년대 여성지 같은 것들을 만나게 되는 것이다. 부담 없이 뭘 읽고 싶을 때(이를테면 목욕할 때나 너무 피곤해 잠이 오지 않는 늦은 밤이나 점심을 기다리는 15분 정도의 애매한 시간 동안)에는 〈걸스 오운 페이퍼〉의 지난 호만 한 게 없다. 그러던 내가 서점에서 일하게 되자마자 책을 더는 사지 않게 되어 버렸던 것이다. 한 번에 5000권, 만 권씩 보다 보니 책이란 게 시시했고 지긋지긋하기까지 했다. 요즘은 가끔씩만 책을 사고, 그것도 읽고는 싶은데 빌려 볼 수 없는 것만을 산다. 그리고 시시한 건 절대 사지 않는다. 묵은 종이의 달큰한 냄새는 더 이상 내 마음을 끌지 못한다. 편집증 환자 같은 손님들과 죽은 왕파리들이 너무 쉽게 연상되기 때문이다.

스페인의 비밀을 누설한다

「Spilling the Spanish Beans」 1937년 7월과 9월 〈뉴 잉글리시 위클리〉지에 게재. 오웰이 파시스트 세력에 맞서 싸우기 위해 1936년 12월 POUM(마르크스주의 통일노동자당) 소속 민병대의 일원으로 스페인내전에 참가했다가 파시스트들에게 부상당하고 공산주의자들에게 배신당한 뒤, 1937년 6월 프랑스로 탈출하여 귀국한 직후에 발표한 에세이다. 이 무렵 그는 이 체험을 생생히 기록한 르포 『카탈로니아 찬가』를 집필하기 시작했고, 책은 한 출판사로부터 거절당한 뒤 이듬해 4월에 출간되었다. 「보리밭을 흔드는 바람」(2006)으로 칸영화제 황금종려상을 받은 바 있는 켄 로치 감독의 영화 「랜드 앤 프리덤」(1995)의 모태가 오웰의 이 르포라는 것은 널리 알려진 사실이다.

1

 스페인내전은 아마도 1914~1918년의 대전大戰 이후 그 어떤 사건보다 풍성한 거짓을 낳았을 것이다. 〈데일리 메일〉[1]지 기자들이 보는 앞에서 수녀들이 대대적으로 강간당하고 십자가 처형을 당했다고도 하지만, 제일 큰 해악을 끼친 게 과연 친親파시스트 신문들인지는 의심스러운 일이다. 영국 대중이 투쟁의 진상을 파악하지 못하도록 훨씬 더 교묘한 왜곡 수법으로 방해를 한 건 〈뉴스 크로니클〉이나 〈데일리 워커〉 같은 좌파 신문들이기 때문이다.

 이들 신문이 그토록 주도면밀하게 흐려버린 사실은 스페인 정부가(준자치적인 카탈로니아 정부도 포함해서) 파시스트보다는 혁명을 훨씬 더 두려워한다는 점이었다.[2] 이제는 전쟁이 모종의 타협으로 끝날 게 거의 확실하다. 게다가 손가락 하나 까딱하지 않고 빌바오[3]를 내줘버린 정부가 과연 꼭 이기겠다는 의지를 갖고 있기나 한 건지 의심할 만한 근거도 있다. 그런가 하면 정부가 자체 혁명 세력을 분쇄하는 데는 너무 철저하다는 것에는 의심할 여지가 없다. 얼마 전부터는 공포정치가 자행되어왔다. 정당에 대한 탄압, 언론에 대한 숨 막힐 듯한 검열, 끊

---

1 영국의 보수 일간지. 1896년 여성 독자층을 겨냥해 창간했고 이 당시 파시스트 정당을 지지했으며, 지금은 두 번째로 많이 팔리는 신문이다.
2 스페인내전(1936~1939)은 좌파인 공화파가 선거로 왕정을 무너뜨리고 세운 제2공화국 정부에 대하여 우파인 군부가 쿠데타를 일으키면서 시작됐고, 결국 반군인 군부가 승리하여 1975년까지 프란시스코 프랑코의 독재가 이어졌다. 카탈로니아는 스페인 동북부 끝에 있는 지방으로 주도가 바르셀로나이며, 본래 사회주의 및 무정부주의 세력의 중심지였다. 분리주의 운동으로 1932년에 자치 정부를 세웠으나 우파의 반격으로 혼란이 끊이지 않았다.
3 역시 분리주의 운동이 강했던 스페인 북부 바스크 지방에서 가장 큰 도시.

임없는 첩보활동, 재판 없는 대량 투옥이 벌어지고 있었던 것이다. 내가 6월 말에 바르셀로나를 떠나올 때 감옥은 그야말로 미어터졌다. 일반 감옥은 수용 인원을 초과한 지 오래여서 수감자들은 빈 가게를 비롯해 임시 감옥으로 쓰일 만한 곳 어디로든 마구 처넣어졌다. 그런데 특히 주목할 점은 지금 투옥되어 있는 사람들이 파시스트가 아니라 혁명운동가라는 사실이다. 그들은 식견이 너무 '오른쪽'이어서가 아니라 너무 '왼쪽'이어서 갇혀 있다. 그리고 그들을 그곳에 가둔 데 책임이 있는 이들은 가빈[4]이 덧신을 신고도 이름만 들어도 부르르 떠는 무시무시한 혁명가들, 바로 공산주의자들인 것이다.

그 와중에도 프랑코와의 전쟁은 계속됐다. 그러나 최전선의 참호에서 싸우는 불쌍한 사람들이 아닌 이상, 이 전쟁을 진짜 전쟁으로 여기는 이는 공화국 정부 내에선 아무도 없었다. 진짜 싸움은 혁명과 반혁명 세력 간의 대결인 것이다. 다시 말해 1936년에 쟁취했던 작은 것에 헛되이 매달리는 노동자들, 그리고 그것을 그들에게서 너무나 성공적으로 탈환하고 있는 자유주의와 공산주의 연합 세력 사이의 싸움인 것이다. 공산주의가 이제는 반혁명 세력이 되었다는 사실을 따라잡은 사람이 아직도 영국에 거의 없다는 건 안타까운 일이다. 지금 공산주의자들은 어디서나 부르주아 개량주의[5] 세력과 동맹을 맺고 있으며, 혁명적 성향을 보이는 정당이 있으면 강력한 모든 수단을 동원하여 분쇄하거나 비방하고 있는데도 말이다. 그래서 우파

---

[4] J. L. Garvin(1868~1947). 영국의 언론인이자 저술가. 진보 매체인 〈옵저버〉지의 편집국장을 오래 지냈다.

[5] (social) reformism. 혁명보다는 점진적인 변화를 통한 사회변혁을 꾀하는 사회주의 운동.

지식인들로부터 악랄한 '빨갱이'라며 맹공을 당하는 공산주의자들이 실은 그들과 이해가 맞아떨어지는 어이없는 광경이 펼쳐지고 있는 것이다. 그러니 윈덤 루이스[6] 씨 같은 사람들은 적어도 당분간은 공산주의자들을 사랑해야만 한다. 스페인에서 공산주의와 자유주의 연합 세력은 거의 완벽한 승리를 거두고 있다. 1936년에 노동자들이 제힘으로 쟁취한 것들 중 견고하게 남아 있는 것은 하나도 없다. 예외가 있다면 몇 개의 집단농장과 작년에 농민들이 장악한 약간의 땅 정도다. 하지만 농민들은 더 이상 달랠 필요가 없어질 때 아마도 희생당하고 말 것이다. 어쩌다 이 지경이 되었는지 알려면 내전의 기원을 돌이켜 봐야 한다.

프랑코의 권력 장악 시도는 외세의 침략에 준하는 군사 반란이었으며, 때문에 대중의 지지를 크게 받지 못했다는 점에서 (이후로는 지지를 얻으려고 계속 애쓰고 있다) 히틀러나 무솔리니와 달랐다. 그리고 프랑코의 주된 지지자들은 일부 대기업 외에, 땅 가진 귀족계급과 비대하고 기생적인 교회 조직이었다. 이런 유형의 반란은 확실히 다른 어떤 점에서도 의견을 같이하지 않는 다양한 반발 세력들을 줄 세우게 마련이다. 이를테면 농민과 노동자는 봉건제와 성직자 세력을 증오한다. 그런가 하면 '자유주의적' 부르주아는 보다 현대적인 형태의 파시즘에는 전혀 반대하지 않지만 적어도 파시즘이라 불리는 것은 증오한다. '자유주의적' 부르주아는 자신의 이해관계가 막히는 지점까지만 진정으로 자유주의적이다. 그들은 "능력에 따른 지위"

---

[6] Wyndham Lewis(1882~1957). 영국의 화가이자 작가. 스페인내전을 배경으로 한 유명한 소설 『사랑에 대한 복수』(1937)를 통해 스페인 내 공산주의 활동을 강하게 비판했다.

⁷란 말이 뜻하는 정도의 진보를 지지하는 것이다. 확실히 그들은, 노동자와 농민이 너무 가난해서 상품을 사지 못하고, 산업계는 주교들의 의상비를 대느라 막대한 세금을 부담하고, 짭짤한 자리는 전부 공작 서자의 애인인 미소년에게 돌아가는 봉건사회에선 발전할 기회가 없다. 그래서 프랑코처럼 노골적인 반동 세력에 맞서다 보니, 실은 철천지원수지간인 노동자와 부르주아가 어깨를 나란히 하고 싸우는 상황이 한동안 벌어지고 있는 것이다. 이 불편한 동맹은 '대중'전선으로 알려져 있다(공산주의 언론에서는 민주적인 어감이 그럴싸한 '인민'전선이란 말을 쓴다).⁸ 이는 머리 둘 달린 돼지 괴물만큼이나 활력과 생존권을 갖춘 조합이다.

   심각한 비상사태가 벌어질 경우, 대중전선에 내재된 모순은 절로 모습을 내보이게 되어 있다. 노동자도 부르주아도 파시즘에 맞서 싸우긴 하되, 둘이 같은 것을 위해 싸우는 건 아닌 까닭이다. 다시 말해 부르주아는 부르주아 민주주의, 즉 자본주의를 위해 싸우며, 노동자는 문제를 이해하는 한 사회주의를 위해 싸우는 것이다. 혁명 초기에 스페인 노동자들은 문제를 아주 잘 인식하고 있었다. 파시즘이 패하는 지역에서 그들은 저항 병력을 몰아내는 데 만족하지 않았다. 지역위원회, 노동자 민병대, 경찰력 등등을 이용하여 땅과 공장을 장악하고 투박하나마 노동자 정부의 기초를 세우기까지 했다. 하지만 그들

---

7 "La carri re ouverte aux talents." 나폴레옹이 남긴 말이며, 가문이나 재산보다는 능력에 따라 발탁된 사람들이 지배하는 엘리트 사회체제를 요약하는 말로 자주 인용된다.
8 우리는 대중전선Popular Front 및 대중군Popular Army을 따로 구별하지 않고 뭉뚱그려 인민전선 및 인민군이라 부르지만, 이 에세이에서는 구분하기로 한다.

은 공화국 정부를 명목상으로만 통제하는 실수를 범하고 말았다(아마도 가장 활발한 혁명 세력이었던 무정부주의자들이 모든 의회를 불신한 탓이었을 것이다). 그리고 사람이 이래저래 많이 바뀌긴 했어도 정부 인사들이 계속해서 거의 같은 부르주아 개량주의 성향을 보이기도 했다. 이게 처음에는 문제가 될 것 같지 않았다. 정부가 거의 무력한 데다(카탈로니아에선 특히 그랬다) 부르주아는 납작 엎드려 있거나 일부러 노동자로 위장해야 할 정도였다(내가 지난 12월 스페인에 도착했을 때만 해도 여전히 그랬다). 그러다 나중에 권력이 무정부주의자들의 손에서 빠져나가 공산주의자와 우파 사회주의자들에게로 넘어가자, 정부는 다시 영향력을 발휘할 수 있었고, 부르주아는 은신처에서 나왔으며, 이전의 빈부격차는 거의 바뀌지 않고 재현되었다. 그 뒤로는 군사적인 긴급사태 때문에 불가피한 경우 몇 번을 제외하면 모든 게 처음 몇 달 동안의 혁명이 이루어낸 성과를 무효로 만들어버리는 쪽으로 움직였다. 사례가 많지만 딱 하나만 들어보면, 정말 민주적으로 조직되어 장교와 사병이 같은 급료를 받고 완전히 평등하게 한데 섞여 지내던 노동자 민병대가 해체되고, 최대한 일반 부르주아 군대를 모델로 조직되어 장교의 특권이 대단하고 급료도 엄청나게 차이가 나는 등등의 대중군(이 역시 공산주의자들의 전문용어로는 '인민군'이다)으로 대체됐다는 것이다. 말할 것도 없이 이는 군사적인 필요성 때문이라는 발표와 함께 이루어졌고, 적어도 단기간 동안은 군사적인 효율성에 도움이 될 게 거의 확실하기도 했다. 그러나 이러한 변화의 목적은 명백히 평등주의에 타격을 가하는 것이었다. 같은 정책이 모든 부문에서 이어지더니, 전쟁과 혁명이 발발한 지 고작

1년 만에 결국 이룬 것이란 사실상 일반 부르주아 국가였으며 거기다 '현상 유지'를 위한 공포정치가 더해졌다.

외국의 개입 없이 싸웠더라면 사태가 이 지경에 이르지는 않았을 것이다. 하지만 공화국 정부의 군사적 약세 때문에 외세의 개입은 불가피했다. 프랑코의 외국인 용병들에 맞서 정부는 러시아에 원조를 요청할 수밖에 없었고, 러시아가 제공한 무기는 양이 크게 과장된 것임에도(나는 스페인에서 처음 3개월 동안 러시아 무기는 기관총 딱 한 자루밖에 보지 못했다) 러시아 무기가 도착했다는 사실만으로 공산주의자들은 득세할 수 있었다. 우선, 러시아의 비행기와 총 그리고 국제여단[9](모두가 공산주의자인 것은 아니었으나 공산주의자들의 통제하에 있었다)의 우수한 전투력이 공산주의자들의 위상을 크게 높여주었다. 하지만 더 중요한 것은 무기를 공공연히 대준 나라는 러시아와 멕시코뿐이었기에, 러시아는 무기를 대고 돈만 번 게 아니라 조건도 강요할 수 있었다는 점이다. 조건이란 거칠게 말하자면 "혁명을 분쇄하라, 아니면 무기는 끝이다"라는 것이었다. 러시아가 이런 태도를 취한 까닭에 대해서는 러시아가 혁명을 선동하는 인상을 줄 경우 프랑스와 소련의 공조협정(영국과의 동맹도 희망 사항이다)[10]이 위태로워지기 때문이라는 게 일반적인 해석이다. 또한 스페인에서 진정한 혁명이 일어날 경우 러시아에 원치 않는 메아리가 울려 퍼지리라는 우려를 하는 것일 수도 있다. 물론 공산주의자들은 러시아 정부가 직접적인 압력을 행

---

9   스페인 공화국을 돕기 위해 몰려든 외국인들로 이루어진 공화군 부대. 총 50여 개국에서 3만여 명이 참전한 것으로 추정된다.

10 나치의 침략을 막기 위해 1935년에 체결한 상호협정.

사한 적이 전혀 없다고 부인한다. 하지만 그게 사실이라 해도 달라질 건 거의 없다. 모든 나라의 공산주의 정당들이 러시아의 방침을 따른다고 볼 수 있기 때문이다. 게다가 스페인 공산당, 그들이 통제하는 우파 사회주의자들, 그리고 전 세계의 공산주의 언론들은 이미 어마어마하며 점점 더 막강해져가는 영향력을 반혁명 세력 편에 서서 행사하고 있다.

2

 이 글의 전반부에서, 나는 스페인 정부 입장에서 볼 때 진짜 싸움은 혁명과 반혁명 세력 사이에서 벌어지고 있다고 했다. 그리고 정부가 프랑코에게 지지 않으려고 몹시 애를 쓰긴 하되, 전쟁이 터지면서 일어난 혁명적인 변화를 돌이키기 위해 훨씬 더 애를 태웠다고 했다.
 이런 말을 하면 어떤 공산주의자든 오해거나 악의적인 거짓말이라며 받아들이지 않을 것이다. 그들은 혁명이 일어난 적이 없기 때문에 스페인 정부가 혁명을 분쇄한다는 말은 난센스이며, 지금 우리가 할 일은 파시즘을 꺾고 민주주의를 방어하는 것이라 말할 것이다. 바로 이 맥락에서 공산주의자들의 반혁명 선전이 과연 어떤 식으로 작용하는지 알아보는 게 대단히 중요하다. 공산당 세력이 아직 작고 비교적 약한 영국에서는 아무 상관이 없는 일이라고 생각한다면 오산이다. 우리는 영국이 소련과 동맹을 맺는다면 그게 어떤 상관이 있는 일인지 당장 알게 될 것이다. 아니면 더 이를 수도 있으니, 자본가들도 언젠가부터 공산주의가 자신들에게 도움이 된다는 것을 점점 깨달아 감에 따라 공산당의 영향력은 커지게 마련인 까닭이다(실제로 눈에 띄게 커져가고 있기도 하다).

    대체로 봐서, 공산주의자들의 선전은 파시즘에 대하여 꽤 실질적인 공포를 심어줌으로써 사람들을 겁주는 방식에 의존하고 있다. 그리고 파시즘이 자본주의와는 아무 상관이 없는 것인 척하는 방법도 쓴다(말보다는 암시적으로 그렇게 한다). 파시즘은 정신병원 하나 가득한 살인광들을 갑자기 풀어놓았을 때나 벌어질 수 있는 무의미한 악행이요 일탈이요 '집단 사디즘'이라는 식이다. 그들은 파시즘을 그런 식으로 비춤으로써, 적어도 당분간은 혁명적인 움직임을 자극하지 않으면서 파시즘에 반하는 여론을 조성할 수 있다. 부르주아 '민주주의', 즉 자본주의로 파시즘에 맞설 수 있다는 것이다. 단, 그러는 동안 파시즘이나 부르주아 '민주주의'나 그게 그거라고 지적하는 말썽꾼을 제거해야 한다. 처음에는 그런 사람을 비현실적인 몽상가라 부르기 시작한다. 그가 문제를 혼동하고 있다고, 반파시스트 세력을 분열시킨다고, 지금은 혁명에 대한 미사여구나 늘어놓고 있을 때가 아니라고, 지금은 우리가 '무엇'을 위해 싸우는지를 너무 따질 게 아니라 함께 파시즘에 맞서 싸울 때라고 하는 것이다. 그래도 그가 입 다물기를 거부하면 나중에는 어조를 바꾸어 그를 배신자라 부르기 시작한다. 더 정확히 말하자면 트로츠키주의자라 부르는 것이다.

    그렇다면 트로츠키주의자란 무엇인가? 이 끔찍한 명칭은 영국에서는 이제 막 쓰이기 시작하고 있다(지금 이 순간 스페인에선 트로츠키주의자란 소문만 나도 재판 없이 감방으로 끌려 들어가 무한정 갇혀 있을 수 있다). 하지만 앞으로는 더 자주 듣게 될 말이다. '트로츠키주의자'(또는 '트로츠키 파시스트')란 말은 대체로 좌파 세력을 분열시키기 위해 매우 혁명적인 자세로 위장한 파시스트를 지칭한다. 그런데 이 말이 지닌 독특한 힘은 그것이 세 가지 뜻을 가질 수 있다는 사실에서 비롯된다. 즉 트로츠키주의자는, 트로츠키처럼 세계혁명을 바라는 사람일 수도, 트로츠키가 우두머리인 실제 조직의 일원일 수도(정확한 용례는 이 경우 하나뿐이다), 이미 언급한 위장 파시스트일 수도 있다. 그런데 이 세 가지는 멋대로 어느 하나를 다른 하나에 겹쳐 놓을 수가 있다. 달리 말해 첫 번째 뜻의 경우 두 번째 뜻을 포함할 수도 포함하지 않을 수도 있고, 두 번째 뜻의 경우엔 거의 항상 세 번째 뜻을 동반하게 된다. 그래서 '누구누구가 세계혁명에 대해 호의적으로 얘기했다면, 그는 트로츠키주의자이며, 따라서 그는 파시스트다'라는 등식이 성립되는 것이다. 스페인에서, 그리고 어느 정도 영국에서도, 혁명적인 사회주의를 공언하고 다닌다면(즉 몇 해 전까지 공산당이 공언하던 바를 말하고 다닌다면) '누구든' 프랑코나 히틀러를 위해 암약하는 자라는 의심을 받게 된다.

  이러한 혐의를 씌우는 것은 대단히 미묘한 문제다. 경우에 따라 사실일 수도 있기 때문이다. 파시스트 스파이라면 아마도 혁명가인 척 위장을 할 것이다. 스페인에선 견해가 공산당보다 왼쪽이면 머지않아 트로츠키주의자로, 아니면 적어도 배신자로 판명이 나게 되어 있다. 전쟁 초기, 거칠게 말해 영국의 독립노동당ILP에 해당하는 공산당 야당인 통일노동자당POUM은 인정받은 정당으로서 카탈로니아 정부의 각료 자리를 차지하기도 했다. 그러다 결국은 정부에서 축출되고 트로츠키주의로 비난받더니, 급기야 모든 당원이 경찰에 걸리기만 하면 감옥에 끌려갈 수 있는 단체로 탄압당하게 되었다.

생디칼리스트[11]들은 몇 개월 전만 해도 공산주의자들의 '충실한 협력자'로 불렸다. 그러다 그들 역시 정부에서 축출당했고, 그리 충실하지 않았던 것으로 비치더니, 이제는 배신자가 되는 과정을 거치고 있다. 그다음은 좌파 사회주의자들 차례일 것이다. 좌파 사회주의자로서 총리를 지낸 카바예로[12]는 1937년 5월까지만 해도 공산당 언론의 우상이었지만, 지금은 트로츠키주의자이자 '인민의 적'으로서 이미 쫓겨나 암흑 속에 내쳐지는 신세가 되고 말았다. 이런 식의 게임이 이어지고 있는 것이다. 게임의 논리적 귀결은 모든 야당과 신문이 탄압당하고 모든 주요 반대자는 감옥으로 가는 체제다. 물론 그런 체제야말로 파시즘일 것이다. 그것은 프랑코가 강요하는 파시즘과 같지는 않을 것이고, 어쩌면 쟁취할 가치를 느낄 만큼 프랑코의 파시즘보다는 낫기도 하겠지만, '그래도' 파시즘은 파시즘일 것이다. 단, 공산주의자들과 자유주의자들이 함께 운영하는 체제인 만큼 다른 무엇으로 불릴 뿐이겠지만.

그건 그렇고, 전쟁에서 이길 수는 있을까? 공산주의자들의 영향력이 혁명적 혼란을 막는 쪽으로 행사됨에 따라, 러시아의 원조와는 별개로 군사적인 역량이 커진 감은 있다. 1936년 8월

---

11 노동자 연합 세력이 직접행동이나 총파업 같은 방법을 통해 생산 및 분배 수단을 장악하고자 하는 혁명운동인 생디칼리슴주의자.

12 F. L. Caballero(1869~1946). 사회당과 노동자총연합의 지도자로서 내전 당시 공화국 총리를 지낸 바 있으며, 파리에서 망명 생활을 하다 생을 마감했다.

부터 10월까지는 무정부주의자들이 정부를 구했다면, 10월 이후로는 공산주의자들이 구했다. 그런가 하면 그들은 방어를 조직화하는 과정에서 스페인 내부의 열정을 죽이는 데 성공했다. 그들은 징병제를 가능케 하는가 하면 필수적인 것으로 만들기도 했다. 이미 금년 1월 초에 자발적인 모병이 사실상 없어졌다는 건 의미심장한 일이다. 혁명군은 때로는 열정으로 이기기도 하지만, 징집군은 무기로만 이길 수 있다. 그리고 프랑스가 개입하지 않는 한, 아니면 독일과 이탈리아가 스페인의 식민지들을 낚아채고 곤경에 처한 프랑코를 내버려두기로 하지 않는 한, 정부군이 군사력에서 우위를 점할 가능성은 없어 보인다. 전반적으로 정부가 궁지에 몰릴 가능성이 다분해 보인다.

  그렇다면 정부는 꼭 이겨야겠다는 의지가 있는가? 지려고 하지 않는다는 건 확실하다. 그런가 하면 확실한 승리, 즉 프랑코가 망명하고 독일군과 이탈리아군이 바다로 내몰리는 상황이 올 경우 곤란한 문제들이 생긴다. 그중에 몇 가지는 너무 명백해 보이기에 언급할 필요가 있겠다. 확실한 증거는 없고 현상을 보며 판단할 수밖에 없지만, 나는 지금 정부가 노리고 있는 것은 지금 상태로 전시 상황을 유지하는 타협안이라고 생각한다. 모든 예언은 빗나가게 마련이니 내 예언도 빗나가고 말 것이다. 하지만 나는 전쟁이 꽤 빨리 끝나거나 여러 해를 끈다 하더라도 스페인이 어떤 식으로든 분단되고 말 것이라는 발언을 하고 싶다. 물론 그런 타협을 어느 한쪽에서든, 혹은 양쪽 모두에서든 승리라고 주장할 것이다.

  내가 이 글에서 말한 모든 것은 스페인에서, 심지어는 프랑스에서도 쉽게 들을 수 있는 소리다. 그런데 영국에선 스페인내전에 대한 관심이 그토록 대단함에도 스페인 정부 막후에서 벌어지고 있는 엄청난 갈등에 대해 들어본 사람이 너무 없다. 물론 이것은 우연이 아니다. 스페인의 상황을 이해하지 못하도록 방해하는 엄연히 고의적인 음모가 있기 때문이다(구체적인 사례들을 들 수도 있다). 양식 있게 행동해야 할 사람들이, 스페인의 진실을 이야기하면 파시스트 선전에 이용될 것이라는 이유로 모르는 척하고 있는 것이다.

그런 비겁이 어떤 결과를 낳을지 예상하기는 어렵지 않다. 스페인내전의 진상 보도를 접할 수 있었다면, 영국 대중은 진짜 파시즘이 무엇이며 그것에 어떻게 맞서 싸울지 알 기회를 가질 수 있었을 것이다. 그런데 지금, 〈뉴스 크로니클〉에서 그리는 파시즘은 경제공황 속에 블림프 대령[13] 스타일의 살인광들이 기분 나쁜 소리를 내며 설쳐대는 식이고 그것이 그 어느 때보다 더 단단히 굳어져버렸다. 이렇게 우리는 '파시즘에 맞서는' 대전에(1914년 전쟁은 '군국주의에 맞서는' 것이었다) 한발 더 다가서게 되었으며, 그 덕분에 파시즘의 영국식 변종은 당장이라도 우리의 목을 스치고 지나가버릴 수 있게 되었다.[14]

---

13 1930년대에 인기를 끈 신문 연재만화의 주인공. 나이 많고 거만하고 반동적인 초강경 국수주의자다.
14 오웰은 스페인내전에서 목에 총알이 스치고 지나가는 총상을 입은 바 있다.

나는 왜 독립노동당에 가입했는가

「Why I Joined the Independent Labour Party」, 1938년 6월 〈뉴 리더〉지에 게재. 오웰은 2차대전 초기인 이듬해 말에 독립노동당의 비현실적 평화주의와 당 노선에 대한 강요에 불만을 품고 탈당한다. 독립노동당은 2차대전 후인 1947년에 국회의원 세 사람이 노동당으로 옮겨 간 뒤, 1975년 결국 해산되고 만다.

먼저 개인적인 입장에서 접근하는 게 아마도 가장 솔직한 일일 것이다.

나는 작가다. 모든 작가는 '정치에 거리를 두려는' 충동을 느낀다. 평화롭게 책을 쓸 수 있도록 내버려두기를 바라는 것이다. 하지만 불행히도 그런 이상은 기업형 슈퍼마켓들의 틈바구니 속에서 살아남기를 바라는 구멍가게 주인들의 꿈보다도 실현 불가능한 것이 되어가고 있다.

우선 언론 자유의 시대가 저물어가고 있다. 영국에서 언론의 자유는 언제나 일종의 사기였다. 마지막 순간에는 언제나 돈이 의견을 지배한다. 그런가 하면 자신이 하고 싶은 말을 할 법적 권리가 있는 한 별난 작가가 빠져나갈 구멍은 언제나 있기도 하다. 지난 몇 해 동안 나는 자본주의에 반대하는 책들을 쓰면서도 자본가계급으로 하여금 매주 몇 파운드의 대가를 지불하도록 하는 생활을 어찌어찌 할 수 있었다. 하지만 이런 상태가 영원히 지속될 것이라고 나 자신을 속일 수는 없다. 우리는 이탈리아와 독일에서 언론의 자유가 어떻게 되었는지 보았으며, 그런 일은 조만간 여기서도 벌어질 것이다. 때는 다가오고 있다. 당장 내년도 아니고 어쩌면 10~20년 뒤도 아니겠지만 때가 다가오는 것만큼은 분명하다. 모든 작가가 완전히 침묵하는 쪽을 택하거나, 아니면 소수의 특권층이 요구하는 마약만 만들어낼 때가 올 것이다.

나는 그런 상황에 맞서 싸워야 한다. 그것은 내가 아주까리기름[1]이나 고무 곤봉이나 강제수용소에 맞서 싸우는 것과 매한

---

[1] castor oil. 무솔리니 치하 이탈리아 파시스트들의 위협 수단으로 쓰여, 무솔리니의 권력은 '몽둥이와 아주까리기름'으로 뒷받침됐다는 말이 있다. 하제下劑로 쓰이는 이 기름을 반대자

가지 일이다. 그리고 길게 볼 때 언론의 자유를 감히 허용할 체제는 사회주의 체제밖에 없다. 파시즘이 승리한다면 나는 작가로서는 끝이다. 즉, 내가 가진 유일하게 쓸 만한 능력이 끝이라는 것이다. 그것만으로도 내가 사회주의 정당에 가입할 이유는 충분할 것이다.

개인적인 입장을 먼저 얘기했는데, 그런 사정만 있는 건 물론 아니다.

생각 있는 사람이라면 누구나 지금 우리 사회와 같은 곳에 살면서 변화를 바라지 않을 수 없다. 지난 10년 동안 나는 자본주의 사회의 본성이 무엇인지 어느 정도 이해할 수 있게 되었다. 나는 버마에서 영국 제국주의가 어떤 식으로 작동하는지 목격했고, 영국에 와서는 빈곤과 실업이 어떤 결과를 가져오는지 어느 정도 알 수 있었다. 나로서는 그런 시스템에 맞서 싸운다는 게, 주로 독서 대중에게 영향을 끼쳤으면 하는 책들을 쓰는 것이었다. 물론 나는 계속해서 그렇게 하겠지만, 지금 같은 시기에는 책을 쓰는 것만으로는 충분치 않다. 사태의 진전이 점점 빨라지고 있으며, 한때는 한 세대 뒤의 위험 같아 보이던 것들이 우리를 정면으로 노려보고 있기 때문이다. 이제는 적극적인 사회주의자가 되어야 한다. 사회주의에 공감하는 데 그쳐서도 안 되고, 언제나 활발한 적들의 술수에 놀아나서도 안 된다.

그러면 왜 독립노동당인가?

독립노동당은 내가 보기에 사회주의라 할 만한 무엇을 지향하는 유일한(아무튼 고려 대상이 될 만큼 큰 유일한) 영국 정당이

들에게 많이 먹이면 죽지는 않지만 몹시 설사를 하여 굴욕감을 느끼게 하는 효과를 거두었다고 한다.

기 때문이다.

그렇다고 내가 노동당에 대한 신뢰를 전부 잃었다는 건 아니다. 내가 가장 열렬히 바라는 바는 노동당이 다음 총선거에서 확실한 다수 의석을 차지하는 것이다. 하지만 우리는 노동당의 역사가 어떠했는지를 안다. 그리고 지금 이 순간의 끔찍한 유혹, 즉 제국주의 전쟁을 준비하기 위해 모든 원칙을 배 밖으로 던져버리고 싶은 유혹이 어떤 것인지 안다. 지금은 박해를 당하는 한이 있더라도 사회주의 원칙을 타협하지 않을 것이라는 믿음을 주는 일군의 사람들이 꼭 필요한 때다.

나는 독립노동당이 제국주의 전쟁이나 영국적 형태로 나타날 파시즘에 맞서 바른 노선을 견지할 수 있는 유일한 정당이라 믿는다. 지금 독립노동당은 어떤 경제적 이해관계에 따른 지지를 받는 것도 아니고, 여러 방면으로부터 체계적인 비방을 받고 있다. 그러니 받을 수 있는 도움은 다 받을 필요가 있으며, 거기엔 내가 줄 수 있는 어떠한 도움도 포함될 것이다.

마지막으로, 나는 스페인에서 독립노동당 파견대와 함께 행동했다. 나는 그때나 그 이후로나 통일노동자당이 내세우고 독립노동당이 지지한 방침에 전부 동조할 수는 없었지만, 사태의 전반적 진전을 보면 그들이 정당했음을 알 수 있다. 나는 스페인에서의 경험을 통해 그저 부정적이기만 할 뿐인 '반파시즘'이 얼마나 치명적으로 위험한지를 절감할 수 있었다. 스페인에서 상황의 본질을 파악하게 되자, 나는 독립노동당이 가입할 만한 유일한 영국 정당임을, 그리고 적어도 자본주의적 민주주의란 이름의 속임수에 넘어갈 일은 없을 거라는 확신을 갖고 가입할 수 있는 유일한 당임을 깨달았다.

마라케시

「Marrakech」. 1939년 봄에 집필해 같은 해 12월 〈뉴 라이팅〉지에 게재한 글. 1938년 7월에 폐결핵이 심하게 도져 한 달 이상 요양원 신세를 진 오웰은, 따뜻한 기후에서 겨울을 나는 게 좋다는 의사의 권고에 따라 지인에게 돈을 빌려 아내와 함께 9월 초에 모로코로 떠난다. 그는 1939년 3월에 귀국할 때까지 마라케시에서 유년 시절에 대한 향수와 전운戰雲 감도는 시대 분위기에 대한 불안을 반영한 소설 『숨 쉬러 나가다』를 완성하고, 같은 해 6월에 출간한다.

시신이 지나갈 때 레스토랑 테이블의 파리들은 구름처럼 몰려가더니 몇 분 뒤에 돌아왔다.

운구 행렬 한 무리가(모두 성인 남자들과 소년들뿐이고 여자는 없었다) 곡소리를 내며, 석류 무더기와 택시와 낙타가 붐비는 장터 사이사이를 요리조리 빠져나가고 있었다. 파리들의 입장에서 정말 끌리는 것은, 이곳에서는 시신을 관에 넣는 법 없이 그냥 넝마에 싸서 투박한 나무 들것에 싣고는 친구 넷이서 어깨에 져 나른다는 점이다. 친구들은 장지葬地에 가면 기다란 구멍을 1~2피트 깊이로 파고는 시신을 부려놓고서, 깨진 벽돌 같은 말라빠지고 덩어리진 약간의 흙으로 덮어버린다. 묘석도, 이름표도, 아무 식별 표지도 없다. 장지는 버려진 집터처럼 황량한 흙무더기 언덕일 뿐이다. 그리고 한두 달 뒤면 자기 친척을 어디다 묻었는지도 확신하기 어려워진다.

이런 도시에서(인구 20만 중에 적어도 2만은 말 그대로 가진 게 걸치고 있는 누더기뿐이다) 걸어다니면서 사람들이 어떻게 사는지 또 얼마나 쉽게 죽는지를 보면, 과연 내가 인간들 사이를 걷고 있는 게 맞는가 하는 느낌을 항상 갖게 된다. 모든 식민제국은 실제로 그런 사실의 기반 위에 서 있다. 사람들 얼굴색이 짙으며, 그 숫자가 워낙 많다는 것이다! 그들도 과연 우리와 같은 인간인가? 그들에게도 이름이란 게 있는가? 아니면 벌이나 산호충만큼만 개별적인, 서로 구별되지 않는 갈색의 존재에 불과한가? 그들은 흙에서 나서 몇 년 동안 땀 흘리고 굶주리다 폐기장의 이름 없는 흙더미 속으로 돌아가 묻히며, 그들이 왔다 갔다는 것을 알아주는 사람도 없다. 더구나 무덤 자체도 얼마 뒤면 금세 보통 흙으로 돌아가버린다. 산책을 하며 선인장 사이를 빠져나가다가 좀 울퉁불퉁한 데가 있을 경우, 튀어나온 부분들이 어느 정도 규칙적이면 발밑에 해골이 있다는 뜻이다.

나는 공원에서 가젤 한 마리에게 먹이를 주고 있었다.
가젤은 살아 있는 동안에도 먹음직해 보이는 거의 유일한 동물이 아닐까 싶다. 가젤의 뒷다리 부위를 보고 있노라면 민트 소스 생각을 하지 않기가 어렵다. 먹이를 받아먹던 가젤은 내가 그런 생각을 하고 있는 걸 아는 것 같았다. 내가 내미는 빵은 먹으면서도 확실히 나를 좋아하는 것 같지는 않았으니까. 녀석은 빵을 재빨리 물어뜯고는 고개를 숙여 나를 들이받을 듯하다가, 다시 한 입을 뜯어 먹고는 또 들이받을 태세를 취했다. 녀석은 나를 쫓아버려도 빵은 아무튼 허공에 그대로 매달려 있겠거니 생각하는 듯했다.
그때 가까운 길에서 작업을 하고 있던 아랍인 인부 하나가 묵직한 곡괭이를 내려놓더니 쭈뼛쭈뼛 내 쪽으로 다가왔다. 그는 자못 놀랍다는 듯 가젤을 보다 빵을 보고, 빵을 보다 가젤을 보았다. 말은 안 해도 생전 처음 보는 광경이라는 듯한 표정이었다. 마침내 그는 쑥스러운 듯 프랑스어로 한마디 했다.
"그 빵은 '나도' 먹을 수 있는데."
내가 한 조각을 떼어주니 그는 고마워하며 받아 누더기 속 은밀한 곳에 챙겨두는 것이었다. 그는 시 당국의 직원이었다.

유대인 거리를 지나다니노라면 중세의 게토(유대인 강제 거주 지구)가 어떠했을지 어느 정도 짐작할 수 있다. 이곳 유대인들은 무어인들[1]의 통치 아래서 특정 지구에서만 땅을 소유하는 게 허락되었고, 여러 세기 동안 그런 취급을 당하다 보니 인구 과밀에 대해서는 더 이상 개의치 않게 되었다. 길거리는 폭이 6피트도 한참 안 되는 곳이 많고, 집들은 창이 아예 없으며, 눈병 앓는 아이들이 믿기지 않을 만큼 많이, 가히 파리 떼처럼 몰려다닌다. 길 한가운데에는 으레 오줌물이 작은 강을 이루어 흐른다.

시장에는 하나같이 검고 긴 의상에 검고 조그만 빵모자 차림을 한 수많은 유대인 가족들이 파리가 잔뜩 꼬이는 동굴 같은 컴컴한 구멍가게에서 일을 하고 있다. 어느 목수는 선사시대의 물건 같은 선반 앞에 다리를 꼬고 앉아 번개처럼 빠르게 의자 다리를 돌리고 있다. 그는 오른손으로 선반을 돌리고 왼발로 끌의 방향을 잡는데, 평생 그런 자세로 앉아 있다 보니 왼쪽 다리가 아예 휘어져 있다. 그의 곁에는 여섯 살배기 손자가 벌써부터 간단한 일감을 맡아 처리하느라 앉아 있다.

구리 세공인의 구멍가게 앞을 막 지나갈 때였다. 내가 담뱃불을 댕기고 있는 걸 누군가가 알아보았다. 순간, 사방의 시커먼 구멍들에서 유대인들이 마구 몰려나왔다. 상당수는 긴 수염이 허연 할아버지들이었고, 하나같이 담배를 달라고 아우성이었다. 심지어 어느 구멍가게 뒤편에서는 맹인 하나가 담배 얘기를 듣고서 손을 휘저으며 느릿느릿 다가오기도 했다. 내 담배는 약 1분 만에 한 갑이 다 비어버렸다. 내가 알기론 그들 중 누구도 하루 열두 시간 이하로 일하는 사람이 없으며, 모두가

---

1 Moor. 지금의 북서아프리카에 주로 거주하고 있는 회교 민족으로 아랍계와 베르베르족이 섞여 형성되었다. 8세기에 이슬람교로 개종한 뒤 스페인을 침공하여 15세기까지 안달루시아 지역에 문명을 이루기도 했다.

담배를 자기들로선 누릴 수 없는 사치라 여기고 있다.

유대인들은 농업을 제외하면 아랍인들과 다를 바 없는 일들을 하며 자급자족적인 공동체를 이루고 산다. 과일장수, 옹기장이, 은 세공인, 대장장이, 푸주한, 가죽장이, 재봉사, 물지게꾼, 걸인, 짐꾼—아무튼 어딜 둘러보나 유대인뿐이다. 1만 3000명이나 되는 인구가 전부 몇 에이커 안 되는 구역에 몰려 사니 그럴 만도 하다. 히틀러가 여기엔 없는 게 다행이다. 이리로 오는 중이긴 하지만 말이다. 유대인에 대해 흔히들 하는 험담은 아랍인들뿐 아니라 형편 좋지 않은 유럽인들에게서도 듣게 된다.

"그 인간들이 내 일자리를 뺏어다가 유대인한테 줘버렸다니까요. 유대인들이 그래요! 이 나라를 진짜 지배하는 건 유대인이라니까요. 돈은 그 사람들이 다 가지고 있어요. 은행이고 재정이고 뭐고 다 주무르지요."

나는 이렇게 말한다. "하지만 사실 일반적인 유대인들은 시간당 1페니밖에 못 받고 일하는 노동자들 아닌가요?"

"아, 그건 쇼일 뿐이에요! 알고 보면 전부 돈놀이하는 사람들이지. 유대인들이 얼마나 교활한데."

수백 년 전에 변변한 끼니 한번 마련할 만큼의 마술도 못 부리던 불쌍한 여인네들을 마녀라며 태워 죽였을 때도 그런 식이었다.

노동으로 먹고사는 사람들은 누구나 대체로 눈에 잘 안 띄며, 중요한 일을 할수록 눈에 덜 띄는 경향이 있다. 그래도 피부색 하얀 사람들은 훨씬 나은 편이다. 북유럽에서는 밭 가는 사람을 보면 한 번 더 눈길을 주기가 쉽다. 그에 비해 더운 나라에서는, 예컨대 지브롤터 해협 남쪽이나 수에즈 운하 동쪽의 더운 나라에서는 그런 사람이 아예 눈에 안 들어올 가능성이 많다. 나는 그런 현상에 몇 번이나 주목한 바 있다. 열대의 풍경에선 이상하게 사람만 빼놓고 모든 게 눈에 잘 들어온다. 말라붙은 땅도, 석류도, 야자수도, 먼 산도 눈에 잘 뜨인다. 그러나 밭에서 괭이질하고 있는 농부만은 꼭 놓치게 된다. 그것은 그의 피부색이 흙색과 같으며, 그래서 보는 재미가 훨씬 덜하기 때문인지도 모른다.

아시아와 아프리카의 굶주리는 나라들이 관광휴양지가 되어가는 건 바로 그래서다. 아무리 싸도 불황이 횡행하는 곳에 놀러 갈 사람은 없을 것이다. 하지만 사람들 피부가 갈색인 곳에서는 빈곤이 눈에 들어오지 않는 것이다. 프랑스인에게 모로코는 무엇을 의미하는가? 오렌지나무 숲이나 식민기구의 일자리다. 영국인에겐? 낙타, 성곽, 야자수, 프랑스 외인부대, 놋쇠 쟁반, 도적 떼다. 그러니 여기서 몇 년을 살아도 인구의 9할은 다 침식된 토양에서 얼마 안 되는 먹을거리를 짜내느라 늘 허리가 부러지도록 노동에 시달려야 하는 게 현실이란 걸 전혀 모를 수도 있는 것이다.

모로코는 땅이 대부분 너무 척박해서 야생동물치고 산토끼보다 큰 건 살 수가 없을 정도다. 한때는 숲으로 뒤덮여 있던 광대한 지역들이 나무 없는 황무지로 변해버렸고, 토질은 거의 깨진 벽돌처럼 되어버렸다. 그럼에도 상당 부분은 경작이 이루어지고 있으며, 그만큼 엄청난 노동력을 요한다. 모든 걸 손으로 하기 때문이다. 여자들은 L자 뒤집어놓은 모양으로 허리를 접은 채 길게 늘어서서 밭을 건너가며 손으로 가시투성이의 잡초를 뽑는다. 농부들은 꼴 먹일 알팔파 풀을 베어내는 게 아니라 줄기를 일일이 잡아당겨 뽑음으로써 1~2인치라도 더 모으려 한다. 쟁기는 형편없이 약해 보이는 나무로 만든 것이어서 어깨에 걸치고 다닐 수 있으며, 밑에는 땅을 4인치 정도의 깊이로 팔 수 있는 투박한 쇠 스파이크 하나만 달려 있다. 가축의 힘으로 팔 수 있을 정도로만 만들어진 것이다. 이 쟁기는 소 한 마리와 당나귀 한 마리를 함께 묶어놓고 끄는 게 보통이다. 당나귀 두 마리로는 힘이 부치고, 소 두 마리는 먹이기가 벅차기 때문이다. 이곳 농민들은 써레가 없기 때문에 쟁기로 땅을 여러 번 다른 방향으로 갈아 거친 고랑들을 만든 다음, 괭이로 밭 전체를 작고 기다란 여러 개의 구역으로 나누어 물을 가둘 수 있게 한다. 드물게 많은 비가 온 뒤의 하루나 이틀 정도를 제외하면 물은 충분한 법이 없다. 밭 가장자리에는 수로가 있는데, 지하수를 한 방울이라도 얻기 위해 30~40피트씩 파 들어가곤 한다.

매일 오후 아주 나이 많은 여인들이 장작을 한 짐씩 지고서 내가 살고 있는 집 앞길로 줄지어 지나간다. 그들은 하나같이 나이와 햇볕에 미라처럼 바짝 말랐으며, 예외 없이 아주 작다. 원시적인 생활을 하는 사회에서는 여인들이 일정 나이가 되면 어린아이만 하게 오그라드는 게 보통인지도 모른다. 하루는 4피트도 될 리 없는 불쌍한 노파가 어마어마한 나무 짐을 지고 내 앞을 기어가듯 하는 것이었다. 나는 그녀를 불러 세우고서 5수짜리 동전 한 닢을 쥐여주었다(반 페니도 안 되는 돈이었다). 그녀는 거의 비명에 가까운 고음의 탄성을 질렀는데, 고마움도 있지만 놀라움이 더 큰 소리였다. 그녀 입장에서 보자면, 나는 그녀를 알아봄으로써 거의 자연의 법칙을 거스른 셈이었지 싶다. 그녀는 노파로서의, 짐 나르는 짐승과 다를 바 없는 자기 신분을 받아들이고 있었던 것이다. 여기서는 가족이 어딜 갈 때면 아버지와 장성한 아들이 당나귀를 타고 앞서가고, 나이 많은 여자는 짐을 지고 걸어서 따라가는 게 보통이다.

그런데 정말 이상한 것은 그들이 잘 보이지 않는다는 점이다. 몇 주 동안 매일 언제나 같은 시간에 노년의 여성들이 장작을 지고서 줄지어 집 앞을 절뚝절뚝 지나갔건만, 그리고 그 모습이 내 눈에 분명히 비치었건만, 나는 사실 그들을 봤다고 할 수가 없다. 내가 본 건 장작이 지나가는 행렬이었다. 내가 우연히 행렬을 뒤따라가다가 묘하게 들썩거리는 장작더미에 시선이 끌려 그 아래에 있는 인간을 주목하게 된 건 그날이 처음이었다. 그리고 그때 처음으로 그 가련한 흙빛의 육신들이 내 눈에 들어왔던 것이다. 엄청난 무게에 짓눌려 반으로 접혀버린, 뼈와 가죽만 남다시피 오그라든 육신들 말이다. 그에 비해 짐을 너무 많이 진 당나귀들을 보고 내가 격분한 건 모로코 땅을 밟은 지 5분도 안 되어서였지 싶다. 확실히 당나귀들은 끔찍한 취급을 당한다. 모로코의 당나귀는 세인트버나드종의 개보다 클까 말까 한 정도이면서 영국 군대 같으면 성인 정도 키의 노새한테도 지나치다고 싶을 만큼의 짐을 지며, 무거운 길마 자체를 몇 주씩이나 아예 벗지 못할 때가 많다. 그런데 특히나 가여운 건 당나귀가 이 세상에서 제일 순종적인 짐승이어서 주인을 개처럼 잘 따라다니며 굴레나 고삐가 필요하지도 않다는 점이다. 10여 년을 헌신하다 갑자기 털썩 쓰러져 죽으면 주인은 당장 당나귀를 고랑에 밀어 넣어버리고, 마을 개들은 당나귀의 체온이 채 식기도 전에 내장까지 다 발라버린다.

그런 생각을 하면 피가 끓을 듯하건만, 인간의 곤경 때문에 그러는 경우는 잘 없다. 나는 지금 사실에 대한 논평을 하는 게 아니라 사실을 지적하는 것일 뿐이다. 옆집에 사는 피부색 짙은 사람들은 잘 보이지 않는다. 때문에 등이 다 벗겨진 당나귀를 보고서 안쓰러워할 수 있지만, 장작더미 밑에 웅크린 노파가 눈에 띄기라도 하는 건 우발적인 사고에 가까운 것이다.

황새가 북쪽으로 날아갈 때 흑인들은 남쪽으로 행진을 했다. 흙먼지를 뿌옇게 일으키는 보병과 포병, 그리고 또 보병의 긴 행렬이었다. 4000~5000명은 되는 이 행렬은 군화 저벅이는 소리와 쇠바퀴 철거덕거리는 소리를 내며 길을 돌아나가고 있었다.

그들은 아프리카에서 가장 검은 흑인인 세네갈인들로, 목 어느 부분부터 머리털이 있는지 잘 구분이 안 될 때가 있을 정도로 대단히 검다. 그들의 뛰어난 신체는 조잡하게 흉내 낸 카키색 군복 안에 감춰져 있었고, 그들의 발은 나무토막 같아 보이는 군화 속에 찌부러져 있었으며, 철모는 하나같이 몇 치수는 작아 보였다. 날은 무더웠고 그들은 오랫동안 행군을 한 모습이었다. 그들은 또 배낭에 짓눌려 주저앉을 듯했고, 묘하게 여려 보이는 검은 얼굴엔 땀이 번들거렸다.

행렬이 지나갈 때 아주 어린 흑인 하나가 돌아보다 나와 눈이 마주쳤다. 그런데 그가 내게 던진 표정은 익히 예상할 만한 그런 표정이 전혀 아니었다. 적대적이지도, 경멸적이지도, 부루퉁하지도, 탐색적이지도 않았다. 그것은 수줍어하며 눈이 휘둥그레지는, 기실 깊은 존경심이 드러나는 흑인의 표정이었다. 나는 그게 어떤 것인지 알았다. 프랑스 시민이며 그래서 숲에서 끌려와 바닥 청소나 하고 기지촌에서 매독에나 걸리게 될 이 불우한 소년은 정작 하얀 피부 앞에서 존경의 감정을 내보였다. 그는 백인종이 자신의 주인이라 배웠으며 아직도 그렇게 믿고 있는 것이다.

그러나 흑인 군대의 행군을 보면 어떤 백인이든 품게 되는 생각이 하나 있다(그리고 이 점에 있어선 자칭 사회주의자도 전혀 다를 바 없다). '우리가 언제까지 저들을 골려먹을 수 있을까? 얼마나 있으면 저들이 총구를 다른 방향으로 돌릴까?'

정말 알 수 없는 노릇이었다. 그곳에 있는 백인이라면 누구나 마음 한구석으로 그런 생각을 했다. 내가 그랬고, 다른 구경꾼들이 그랬고, 땀 흘리는 말에 올라탄 장교들이 그랬고, 그들과 함께 행군하는 백인 하사관들이 그랬다. 그것은 우리 모두가 알지만 약아서 말은 안 하는 그런 유의 비밀이었다. 모르는 건 흑인들뿐이었다. 무장한 자들이 1~2마일 줄을 지어 평화롭게 흐르듯 걸어가는 모습이 마치 소 떼가 긴 행렬을 이루어 가는 광경 같았다. 그리고 그들 위에 반대 방향으로 유유히 떠가는 크고 하얀 새들은 종잇조각처럼 반짝였다.

좌든 우든 나의 조국

「My Country Right or Left」. 1940년 가을 〈폴리오스 오브 뉴 라이팅〉지에 게재. 1939년 9월 2차대전 발발 이후, 건강 때문에 나라에 아무 도움이 되지 못해 한동안 좌절하여 실의에 빠져 있던 오웰이 자신의 애국심과 좌파로서의 입장을 화해시키려는 시도로 모처럼 쓴 에세이다.

일반적인 믿음과는 반대로, 과거는 현재보다 특별히 대단한 게 아니다. 과거가 더 극적으로 보일 수 있는 건, 여러 해에 걸쳐 따로 일어난 일들이 돌이켜볼 때 하나로 압축되며, 우리의 기억 중에 원래 그대로의 진정한 모습으로 다가오는 것은 극소수이기 때문이다. 1914~1918년의 전쟁이 지금의 전쟁엔 부족한 웅장하고 대서사시적인 분위기를 띠는 것은 주로 그 뒤에 있었던 책이나 영화나 회상 때문이다.

그런데 그 전쟁 당시를 살았던 사람이라면, 그리고 나중에 덧붙은 것과 진짜 기억을 분리할 수 있는 사람이라면, 당시에 자신의 마음을 뒤흔들었던 게 대개는 큰 사건이 아니었다는 점을 알게 된다. 나는 예컨대 '마른강 전투'[1]가 당대의 일반 대중에게, 나중에 덧붙은 멜로드라마적 분위기를 드리웠다고 생각지는 않는다. 나로서는 몇 해가 지나도록 '마른강 전투'라는 말 자체를 들어본 기억이 없는 것이다. 독일군이 파리 외곽 22마일 지점까지 와 있었고(벨기에에서 저지른 만행이 있었기에 그만큼 왔다는 것만으로도 무시무시했다) 무슨 이유인지 되돌아갔다는 것만 알았을 뿐이다. 전쟁이 시작됐을 때 나는 열한 살이었다. 내 기억을 정직하게 가려내고 나중에 알게 된 것을 무시한다면, 전쟁 내내 그 무엇보다 나의 심금을 절절히 울린 일은 몇 해 이전에 있었던 타이타닉호 침몰 사건이었다. 전쟁에 비한다면야 사소한 참사일 뿐이겠지만, 이 사건은 온 세계에 충격을 주었고, 그 충격이 전쟁 당시까지도 가시지 않았던 것이다. 나

---

[1] The Battle of the Marne. 1차대전 발발 직후인 1914년 9월에 파리로 진격하려는 독일군에 맞서 프랑스-영국 연합군이 싸워 이긴 전투. 그 결과 서부전선에서 4년 동안의 기나긴 참호전이 시작되었다.

는 아침 식탁에서 그 끔찍한 사건의 기사를 낱낱이 읽던 소리를 지금도 기억하고 있다(그 시절엔 신문을 큰 소리로 읽는 관습이 있었다). 내 기억에 그 무시무시한 이야기들 중 가장 인상적이었던 것은, 마지막 순간에 타이타닉호가 갑자기 곤추서서 뱃머리부터 가라앉기 시작했고, 그래서 사람들이 300피트 이상 공중에 뜬 채 배꼬리에 매달려 있다 심연으로 곤두박질했다는 것이었다. 지금도 그 장면을 떠올리면 어디서 뚝 떨어질 때의 서늘한 느낌이 뱃속에 밀려오는 듯하다. 하지만 전쟁에선 어떤 사건도 내게 그런 느낌을 불러일으키지 못했던 것이다.

전쟁 발발 당시의 일 가운데 내 기억에 생생한 게 세 가지 있는데, 사소하고 좀 엉뚱해서 나중에 일어난 일들의 영향을 전혀 받지 않는 것들이다. 하나는 7월 말에 등장한, '독일 황제'를 다룬 만화다(분노의 대상이던 '카이저'[2]란 명칭은 조금 뒤에 유행하기 시작했다). 전쟁의 소용돌이에 곧 휘말릴지 모르는 상황에서도 사람들은 왕족을 웃음거리로 만드는 일에 다소 충격을 받았다("그래도 그 양반 대단한 미남인데 그래!"). 다른 하나는 우리가 있던 작은 시골 소도시의 말을 군대에서 전부 징발했을 때, 장터에서 한 마부가 여러 해 동안 자신을 위해 일해준 말이 끌려가는 것을 보며 울음을 터뜨리던 모습이다. 또 하나는 런던에서 막 도착한 석간신문을 손에 넣기 위해 앞다투어 기차로 뛰어오르던 한 무리의 청년들이다. 나는 프랑스 전선에서 이미 맹렬하게 벌어지고 있었던 끔찍한 전투들의 이름보다는 그 연둣빛 신문 더미를, 그리고 그 청년들의 높은 칼라와 꽉 끼는 바

---

2   Kaiser. 독일어로 '황제'라는 뜻.

지와 중산모를 훨씬 더 잘 기억하고 있다.

전쟁 중기의 일로 주로 기억나는 것은 포병들의 딱 벌어진 어깨와 불룩한 종아리와 짤랑거리는 박차다(나는 보병보다는 포병의 군복을 훨씬 더 좋아했다). 전쟁 말기의 일로는 무엇이 제일 기억에 남는지 솔직히 말해보라고 한다면, 나는 간단히 '마가린'이라고 대답할 것이다.[3] 이는 위胃를 통하지 않고는 전쟁의 영향을 거의 느끼지 못했던 1917년 무렵 어린아이들의 고약한 이기심이 어떤 것인지를 단적으로 보여주는 사례. 학교 도서관에는 거대한 서부전선 지도가 이젤에 붙어 있었고, 지그재그로 꽂혀 있는 압정들 사이로 빨간 비단실이 이어져 있었다. 이따금 그 실은 반 인치쯤 이쪽저쪽으로 옮겨지곤 했는데, 한번 옮겨질 때마다 시체가 피라미드처럼 쌓인다는 뜻이었다. 하지만 나는 아무 관심도 없었다. 나는 지능이 평균 이상인 아이들이 모인 학교에 있었지만, 어떤 큰 사건도 중대한 의미를 띠고 우리에게 다가온 적은 없었던 것으로 기억한다. 예를 들어 러시아혁명은 어쩌다가 러시아에 투자를 한 부모를 둔 몇몇 아이들을 제외하고는 우리에게 아무런 인상도 남기지 못했다. 어린 우리들 사이에서는 전쟁이 끝나기 한참 전에 평화주의적 반발이 시작되었다. 예컨대 학군단OTC[4] 열병식 때 감히 꾸물거리거나 전쟁에 아무 관심도 보이지 않는 게 계몽의 증표였던 것이다. 전쟁에서 막 돌아온 젊은 장교들은 자신들의 끔찍한 경험 때문에 완고해졌고, 그 경험이 무의미할 뿐인 더 어린 세대

---

3 인조버터인 마가린은 천대를 당하다 1차대전으로 버터 공급이 부족해지자 소비가 크게 늘어났다.

4 Officers' Training Corps. 지금의 대학 학군단ROTC과 비슷한 학내 군사훈련 조직.

의 태도에 염증을 느꼈기에, 우리의 유약함에 대해 설교를 하곤 했다. 물론 그들은 우리가 이해할 수 있는 논리를 전혀 내놓지 못했다. 그저 전쟁은 '좋은 것'이라느니, 우릴 '씩씩하게 만들어준다'느니, '튼튼하게 해준다'느니 하는 소리만 짖어댈 뿐이었다. 우린 그들을 조용히 조롱하기만 했다. 우리의 편협한 평화주의는 강력한 해군을 보유한 안전한 나라 특유의 것이었다. 전쟁이 난 후로 몇 해 동안, '계몽'된 서클에서는 군사 문제에 대해 조금이라도 아는 게 있거나 관심을 보여도, 심지어 총의 어느 쪽으로 탄알이 나오는지를 아는 정도이기만 해도 의심을 받았다. 1914~1918년은 무의미한 대학살로 무시될 뿐이었고, 그때 목숨을 잃은 사람들조차도 어떤 식으로든 책임이 있는 것으로 인식되었다. 나는 "아빠는 전쟁 때 뭘 했어요?"라고 묻는 모병 포스터를 생각하면(아이의 질문에 아빠는 부끄러워 어쩔 줄을 모른다), 그리고 바로 그 포스터에 꾀여 입대했다가 나중에 '양심적 병역거부자'가 아니었다며 자식들한테 무시당하던 사람들을 생각하면 지금도 헛웃음이 나온다.

하지만 죽은 자들은 결국 나름의 설욕을 하게 된다. 전쟁이 점점 과거사가 되어감에 따라 '너무 어릴 뿐'이었던 우리 세대의 경우 자신들이 놓쳐버린 경험이 얼마나 엄청난 것들이었는지를 의식하게 되었고, 그런 경험을 놓쳤기 때문에 진정한 남자가 되지 못했다고 느끼게 된 것이다. 나는 1922~1927년을 주로 나보다 좀 더 나이가 많고 전쟁을 경험했던 남자들 속에서 보냈다. 그들은 진저리를 치면서도 전쟁 이야기를 끝도 없이 했는데, 물론 점점 더 커져가는 향수를 느끼는 것이기도 했다. 그런 향수는 영국의 전쟁 서적들에 너무나 선명하게 드러나 있다. 게다가 평화주의적 반발은 한때의 유행에 불과했고, '너무 어릴 뿐'이었던 우리들도 모두 전쟁을 대비한 훈련을 받았다. 영국 중산층 대부분은 요람에서부터 전쟁 훈련을 받는데, 기술보다는 도덕적으로 그렇다는 얘기다. 내 기억에 남아 있는 가장 오래된 정치 슬로건은 "우리는 8척을(드레드노트[5] 8척을 말한다) 원하며 기다릴 수 없다"이다. 일곱 살 때 나는 해군소년단의 일원으로서, 모자에 "HMS 인빈서블"[6]이라 수놓인 해군복을 입고 다녔다. 사립학교에서 학군단에 편입되기 전에 이미 예비학교에서 생도단 소속이었다.[7] 나는 열 살 때 이후로 이따금 소총을 휴대하곤 했는데, 그냥 전쟁뿐만이 아니라 특별한 종류의 전쟁에 대비한 것이기도 했다. 말하자면 총과 대포가 광적인 소음을 쏟아내는 전쟁, 신호에 맞춰 일제히 참호 밖으로 뛰쳐나와(다급히 모래주머니를 짚고 나오느라 손톱이 부러지도록 말이다) 진흙탕과 철조망을 헤치고는 빗발치는 기관총탄 속으로 돌진하는 그런 전쟁 말이다. 나는 내 또래 사람들이 스페인내전에 매혹됐던 이유 중 하나는 그것이 대전大戰과 아주 비슷하다는 데 있음을 확신한다. 어느 시점에 프랑코는 전쟁을 현대전 수준으로 끌어올릴 만큼 많은 비행기를 긁어모을 수 있었고, 그게 전환점이 되었다. 하지만 그 외의 것들에서는,

---

[5] dreadnought는 1906년에 영국에서 건조하여 세계적으로 유행이 된 대형 전함이다. 1차 대전 직전, 당시 자유주의적이던 정부는 이 전함을 6척에서 4척으로 줄이고자 했으나, 8척으로 오히려 늘려야 한다는 보수파의 슬로건이 인기를 누리게 되었고, 이로써 독일과의 군비경쟁이 가속화되어 1차대전 발발의 한 원인이 되었다.

[6] HMS Invincible. 1906년에 세계 최초로 드레드노트형 대전함으로 건조된 영국 해군 전함. '인빈서블'은 '무적'이란 뜻이고, 'HMSHis/Her Majesty's Ship'는 영국 왕립해군 소속의 배라는 뜻.

[7] 우리식으로 말하자면, 영국의 사립학교public school는 중고등 과정이고 예비학교preparatory school는 초중등 과정이다.

1914~1918년 전쟁의 조잡한 복사판일 뿐이었다. 참호와 포격, 기습, 저격수, 진창, 철조망, 이, 그리고 정체停滯가 주를 이루는 정적靜的 전쟁이었던 것이다. 1937년 초 내가 있던 아라곤 전방의 일부 지역은 1915년 프랑스의 어느 조용한 후방과 아주 비슷했을 것이다. 우선 대포부터 부족했다. 그리고 아주 드물게 우에스카 시내와 외곽의 모든 총들이 동시에 사격을 해댄다 해도 천둥소리가 가라앉을 때 나는 정도의 밋밋한 소음만 단속적으로 들릴 뿐이었다. 프랑코의 6인치 포는 제법 큰 소리를 냈지만, 한 번에 여남은 번 이상 울린 적이 없었다. 나는 흔히 말하듯 '노한' 대포 소리를 처음 들었을 때 적이 실망하고 말았다. 내 감각이 20년 동안 기다려왔던 우람하고 저렁저렁한 포효와는 너무 달랐던 것이다.

지금의 전쟁이 다가오고 있다는 걸 내가 처음으로 확실히 느낀 게 어느 해였는지는 잘 모르겠다. 물론 1936년 이후로는 백치가 아닌 이상 누구나 느낀 바이긴 했다. 아무튼 다가오는 전쟁은 나에겐 여러 해 동안 악몽이었고, 나는 이따금 그것에 반대하는 연설을 하거나 팸플릿을 쓰기도 했다. 그러다 독소불가침조약이 발표되기 전날 밤, 나는 전쟁이 시작된 꿈을 꾸었다. 프로이트적인 내면의 의미가 무엇이건 간에, 그것은 이따금 자신에게 자기감정의 실체를 드러내주는 그런 꿈이었다. 꿈은 내게 두 가지를 가르쳐주었다. 하나는 오랫동안 두려워하던 전쟁이 결국 시작되면 오히려 마음을 놓게 될 것이라는 점이었고, 또 하나는 내가 애국심이 있어 우리 편에 반기를 들지 않고 전쟁을 지지할 것이며 가능하면 참전하여 싸우기까지 할 것이라는 점이었다. 잠에서 깨어나 아래층에 내려가보니 리벤트로프가 모스크바로 날아갔음을 알리는 신문이 와 있었다.[8] 바야흐로 전쟁이 다가오고 있었고, 나는 체임벌린[9] 정부라 할지라도 충성을 바칠 수밖에 없을 터였다. 물론 그런 충성이야 제스처에 불과했고 지금도 여전히 그럴 뿐임은 말할 것도 없다. 내가 아는 거의 모든 사람들이 그랬듯, 정부는 내게 어떤 자리도, 일개 사무원이나 이등병의 자리조차도 주지 않으려 했다. 그러나 그 때문에 내 마음이 바뀌는 건 아니다. 더구나 그런 마음은 조만간 어떤 식으로든 이용될 수밖에 없을 것이다.

내가 전쟁을 지지하는 이유를 스스로 옹호해야만 한다면, 나는 충분히 그럴 수 있다고 믿는다. 히틀러에게 저항하느냐 아니면 굴복하느냐의 선택에선 딱히 다른 대안이 없는 것이다. 아울러 사회주의자 입장에서 나는 저항하는 게 낫다고 말할 수밖에 없다. 아무튼 나는 스페인에서 공화파가 저항하는 것, 중국인이 일본에 저항하는 것 등등에 대하여 굴복하는 게 낫다는 주장 중에 말이 되는 경우를 본 적이 없다. 하지만 나는 그런 사실들이 내 행동의 감성적 바탕인 척하고 싶지 않다. 그날 밤 꿈을 통해 내가 알게 된 것은, 중산층에게 주입되어온 애국주의가 마침내 효과를 본다는 것이었으며, 영국이 심각한 궁지에 빠지면 나로서는 애국주의에 반기를 드는 게 불가능하다는 점이었다. 단, 여기서 오해는 없도록 하자. 애국주의는 보수주의와는 아무 상관이 없다. 애국주의는 변하고 있되 신비롭게도

---

[8] 독일 외상 리벤트로프Ribbentrop는 1939년 8월 21일에 소련으로 초대되어 23일에 소련 외상 몰로토프Molotov와 상호불가침조약에 서명을 했다.

[9] Neville Chamberlain(1869~1940). 보수당 정치인으로 1937년부터 2차대전 초기인 1940년까지 총리를 지냈다. 독일에 대해 소극적인 자세를 보이다 뒤늦게 선전포고를 했고, 결국 자리를 처칠에게 넘겨주고 말았다.

똑같이 느껴지는 무엇에 대한 헌신이다. 이를테면 백군 출신으로 볼셰비키가 된 사람의 러시아에 대한 헌신 같은 것이다. 체임벌린의 영국에 충성하는 동시에 내일의 영국에 충성한다는 건, 그것이 일상적인 현상임을 모른다면 불가능해 보일지 모른다. 혁명만이 영국을 구할 수 있음은 수년간 명백한 것으로 인식되어왔다. 그런데 혁명은 지금 시작됐으며, 우리가 히틀러를 막아낼 수만 있다면 꽤 빠르게 진전될 수 있을지 모른다. 계속 버틸 수만 있다면, 우리는 2년, 잘하면 1년 안에 앞일을 전혀 예상하지 못하는 백치라도 깜짝 놀랄 변화를 목격하게 될 것이다. 나는 런던의 도랑에 핏물이 흘러야 할 것이라고 감히 말하겠다. 좋다. 필요하다면 그러라고 하자. 하지만 리츠 호텔이 시민 혁명군의 숙소로 이용된다 하더라도, 나는 그 오래전부터 온갖 이유로 사랑하라고 배워온 영국이 어떻게든 존속하리라 생각할 것이다.

나는 군국주의적 분위기 속에서 자랐고, 그 뒤로는 날마다 나팔 소리를 들으며 따분한 5년을 보냈다. 그래서인지 지금까지도 국가가 울려 퍼질 때 일어서서 부동자세를 취하지 않으면 왠지 신성모독이라도 범하는 기분이다. 물론 유치하긴 하지만, 나는 너무 '계몽'되어서 가장 일상적인 정서도 이해하지 못하는 좌파 지식인처럼 되느니 그런 식의 훈육을 받는 게 낫다고 생각한다. 정작 혁명의 순간이 다가왔을 때 움찔하며 물러서는 이들은 국기를 보고 '한 번도' 가슴이 두근거려본 적이 없는 바로 그 사람들인 것이다. 존 콘퍼드가 죽기 얼마 전에 쓴 시(「우에스카의 폭풍 전야」)와 헨리 뉴볼트 경의 "오늘 밤 클로즈에 숨가쁜 침묵 있으리"[10]를 비교해보라. 기술적인 차이야 시대의 문제일 뿐이니 무시해버린다면, 두 시의 정서가 거의 같다는 것을 알 수 있을 것이다. 국제여단의 일원으로 영웅적인 죽음을 맞이한 젊은 공산주의자는 뼛속까지 어쩔 수 없는 사립학교 출신이었다. 그에게 있어 충성의 대상은 바뀌었을지언정 정서만은 그대로였다. 이로써 입증할 수 있는 바는 무엇일까? 블림프 대령의 뼈에 살을 붙여 사회주의자를 만들어낼 수도 있다는 점, 어떤 유의 충성심이 다른 유의 것으로 변모할 수도 있다는 점, 어수룩한 좌파들이 아무리 싫어한다 해도 애국주의와 군사적 가치를 필요로 하는 사람들이 있으며 그것을 대체할 만한 것이 아직 발견되지 않았다는 점 정도일 것이다.

---

10 R. J. Cornford(1915~1936)는 사립학교인 스토Stowe와 케임브리지 대학 출신의 시인. 언급된 시의 원제는 'Full moon at Tierz: Before the Storming of Huesca'로, 마지막 행이 "우리가 미래다. 최후의 결전에 나서자"이다. Sir H. J. Newbolt(1862~1938)는 사립학교 클리프턴Clifton과 옥스퍼드 대학 출신의 시인. 언급된 구절은 원제가 'Vita Lampada'인 시의 첫 행으로, 1차대전 선전용으로 유명했다. 미래의 용사가 클리프턴 학교의 유명 경기장인 클로즈Close에서 크리켓 시합을 하며 극기력을 키우는 모습을 묘사한다.

영국, 당신의 영국

「England Your England」 일부가 '지배계급'이란 제목으로 1940년 12월 〈호라이즌〉지에 게재되었다. 제목은 1차대전 당시 지배계급의 자기파괴적 심리를 그린 D. H. 로런스의 단편소설 「영국, 나의 영국England, My England」(1922)에서 따온 것으로 보인다. 또한 이 글은 1941년 2월에 한 권의 책으로 발간된 바 있는 장문의 에세이 「사자와 유니콘The Lion and the Unicorn: Socialism and the English Genius」의 세 부분 중 1부이며, 단독 에세이로서 여러 선집에 실린 바 있기도 하다. 본 에세이집에서는 분량상의 제약에 따라, 2부와 3부는 제외하고 이 에세이만을 소개하기로 한다.

1

지금 이 글을 쓰고 있는 동안 대단히 문명화된 인간들이 내 머리 위로 날아다니며 나를 죽이려 하고 있다.

그들은 개인적으로 나에게 무슨 원한이 있는 게 아니며, 나 또한 마찬가지다. 그들은 흔히 말하듯 "자기 임무를 수행할 뿐"인 것이다. 나는 그들 대부분이 사생활에서는 살인을 저지른다는 건 꿈도 못 꿀 선량하고 준법정신 투철한 시민임을 의심치 않는다. 반면에 그들 중 하나가 폭탄을 잘 떨어뜨려 나를 산산조각 내는 데 성공하더라도, 그가 그 때문에 특별히 잠을 못 이룰 리도 없을 것이다. 그는 조국을 위해 일하고 있는 것이며, 그것은 그를 죄책감으로부터 해방시켜주는 힘을 갖는다.

애국주의, 즉 국민적 충심이 갖는 압도적 힘을 인식하지 못하는 한, 오늘의 세계를 제대로 볼 수는 없다. 애국주의는 상황에 따라 무력해질 수도 있고, 문명의 어느 단계에서는 존재하지 않을 수도 있다. 하지만 '긍정적'인 힘으로서 그에 필적할 만한 것은 없다. 기독교와 국제 사회주의는 애국주의에 비하면 지푸라기처럼 연약하다. 히틀러와 무솔리니가 그들의 나라에서 권좌에 오른 가장 큰 비결은, 그들은 이 사실을 파악했고 그들의 적들은 그러지 못했다는 데 있다.

그리고 국가와 국가의 차이가 관점의 실질적인 차이에서 비롯된다는 점을 인정해야 한다. 최근까지만 해도 모든 인류를 서로 아주 비슷한 존재로 보는 게 마땅하다는 믿음이 있었는데, 눈이 있는 사람이라면 실제로는 사람들의 평균적인 행동

방식이 나라별로 엄청나게 다르다는 사실을 알 것이다. 한 나라에서 일어날 수 있는 일이 다른 나라에서는 일어날 리 없는 것일 수 있다. 예컨대 히틀러의 '6월 숙청'[1] 같은 일은 영국에서는 일어날 수 없다. 그리고 서구 민족들 기준으로 볼 때, 영국인은 대단히 차별점이 많은 민족이다. 이에 대해서는, 거의 모든 외국인이 우리만의 생활 방식에 대해 느끼는 혐오감으로 보건대 암묵적으로 인정하는 분위기가 있다. 유럽인들 중에 영국에서의 생활을 견딜 수 있는 이는 얼마 없으며, 미국인들조차도 영국보다는 유럽 대륙을 더 편하게 느끼는 경우가 많다.

 외국에 있다가 영국에 돌아와보면, 공기부터 다르다는 것을 당장 느낀다. 도착한 지 단 몇 분 만에, 수십 가지 자잘한 것들이 공모하여 그런 느낌이 들도록 만든다. 맥주는 더 쓰고, 동전은 더 무겁고, 풀은 더 파랗고, 광고는 더 노골적이다. 대도시의 군중은 얼굴이 조금씩 얽었고 치아가 부실하고 거동이 점잖은 게 유럽 대륙의 군중과는 확연히 다르다. 이윽고 영국의 방대함에 빠져들고 나면, 나라 전체가 단일하고 차별적인 성격을 갖는다는 느낌을 한동안 잊어버리게 된다. 민족이란 게 정말 있기나 한가? 우리는 4600만이라는 제각기 다른 개인이 아닌가? 그리고 우리들 각자는 얼마나 다양하고 복잡한가! 그런데 랭커서 지역 공업지대의 나막신 달가닥거리는 소리, '그레이트노스 도로'를 오가는 화물차들, 직업소개소 앞에 줄지어 있는 사람들, 소호에 있는 주점들의 핀볼 기계, 가을 아침 자전거를 타고 안개를 가르며 성찬례에 참석하러 가는 노부인들 — 이

---

[1] June Purge. 1934년 6월 히틀러가 나치 돌격대SA 대장 에른스트 룀Ernst Röhm(1887~1934)을 비롯한 라이벌들을 제거한 사건.

모든 것들이 유일하지는 않으나 영국적 풍모를 보여주는 '고유한' 단편들이다. 그렇다면 복잡하게 뒤섞인 것들 중에서 패턴을 어떻게 찾아낼 수 있을까?

하지만 외국인들과 이야기를 해보거나 외국의 책 혹은 신문을 읽어보라. 당장 같은 생각으로 되돌아가게 된다. 그렇다. 영국 문명에는 차별적이고 알아보기 쉬운 무언가가 분명히 있다. 그것은 스페인의 그것 못지않게 개성적인 문화다. 그것은 물기 없는 아침식사와 음울한 일요일, 매연 자욱한 도시와 구불구불한 길, 초록빛 들판과 빨간 우체통 같은 것들과 어떻게든 밀접한 관련이 있다. 그것에는 나름의 정취도 있다. 더욱이 그것은 연속적이고, 미래와 과거까지 이어져 있으며, 생명체의 경우처럼 변함없는 무언가를 가지고 있다. 1940년의 영국은 1840년의 영국과 어떤 공통점이 있을까? 그렇다면 당신은, 당신 어머니가 벽난로 선반에 둔 사진 속 다섯 살 때의 당신과 어떤 공통점이 있는가? 동일인이라는 것 말고는 아무것도 없다.

그리고 무엇보다 그것은 '당신'의 문명이요, 당신 '자신'이다. 당신이 아무리 혐오하거나 조롱해도, 그것을 떠나서 결코 오랫동안 행복하지는 못할 것이다. 선하든 악하든 그것은 당신의 것이며 당신은 그것에 속한다. 그리고 이승에 있는 한 당신은 그것이 당신에게 남긴 흔적으로부터 결코 자유로울 수 없다.

한편 영국은 세계의 다른 어느 곳과도 마찬가지로 변하고 있다. 또한 다른 모든 것과 마찬가지로 특정 방향으로만 변할 수 있으며, 그 방향은 어느 정도까지 예견할 수 있다. 그렇다고 미래가 확정적이라는 것은 아니며, 어떤 대안은 가능하고 또 어떤 건 그렇지 않다는 뜻일 뿐이다. 씨앗 한 알은 자랄 수도 있고 자라지 않을 수도 있지만, 아무튼 순무 씨앗이 당근으로 자랄 수는 없는 노릇이다. 그러므로 무엇보다 중요한 것은, 지금 전개되고 있는 엄청난 사건들에 대해 영국이 어떤 '역할'을 할 수 있는지를 추측하기 전에, 영국이란 것이 과연 '무엇'인지를 생각해보는 일일 것이다.

2

  국민성은 꼬집어 말하기 쉬운 게 아니며, 그렇게 한다 해도 나중에 알고 보면 사소한 것으로 밝혀지거나 그 특성들끼리 서로 아무 상관이 없어 보이는 경우가 많다. 스페인 사람들은 동물을 잔인하게 다루고, 이탈리아 사람들은 귀가 먹먹하도록 시끄럽게 굴지 않고선 아무것도 못 하며, 중국 사람들은 도박에 중독되어 있다고들 한다. 이런 말들이야 확실히 그 자체로는 별 의미가 없다. 그렇긴 하지만 그 무엇도 원인 없는 건 없으니, 영국 사람들이 치아가 나쁘다는 것도 영국인 삶의 한 단면을 말해줄 수 있는 것이다.
  영국에 대한 일반화 중에 거의 모든 평자들이 받아들일 만한 것 몇 가지를 들어보고자 한다. 하나는 영국인들이 예술적인 재능은 별로 없다는 점이다. 영국인은 독일인이나 이탈리아인처럼 음악을 좋아하지도 않으며, 회화나 조각은 프랑스에서와는 달리 영국에서 번성해본 적이 없다. 또 하나는 유럽을 기준으로 할 때 영국인들이 별로 지적이지 않다는 점이다. 영국인은 추상적인 사고에 공포를 느끼며, 철학이나 체계적인

'세계관'의 필요성을 못 느낀다. 이는 그들 스스로 자부하듯 그들이 '실용적'이어서 그런 것도 아니다. 영국인들이 능률을 얼마나 중시하지 않는지는 그들의 도시계획이나 수도 공급 방식, 시대에 뒤떨어진 자질구레한 모든 것에 고집스럽게 집착하는 태도, 분석을 허용치 않는 철자법, 그리고 산수책 편집자들만 알 수 있는 도량형 체계를 보기만 해도 알 수 있다. 그런가 하면 그들은 생각 없이 행동하는 능력을 갖고 있다. 세계적으로 손꼽히는 영국인의 위선은(이를테면 제국에 대한 양면적인 태도가 그렇다) 그런 능력과 밀접한 관련이 있다. 영국인은 또 막중한 위기의 순간에 온 나라가 갑자기 일치단결하여 모종의 직감에 따라 행동할 줄 아는데, 이 직감이란 공식화되진 않았어도 거의 모두가 이해할 수 있는 하나의 행동 수칙이나 마찬가지다. 히틀러가 독일인에 대하여 만들어낸 '몽유병 민족'이란 말은 영국인에게 칭했으면 더 어울렸을 표현이다. 물론 몽유병 환자라 불리는 게 자랑할 만한 일이어서 그렇다는 건 아니다.

그런가 하면 흔히 언급되지는 않아도 대단히 눈에 잘 띄는 영국인의 버금가는 특징 하나를 언급할 필요가 있으니, 바로 꽃을 아주 좋아한다는 점이다. 이는 외국에 있다가 영국에 도착할 때, 특히 남부 유럽에 있다 올 때 제일 먼저 눈에 띄는 것 중 하나다. 그렇다면 그건 영국인의 예술에 대한 무관심과 모순되는 특징이 아닌가? 딱히 그렇지도 않은 게, 꽃을 사랑하는 것은 미학적인 취미가 전혀 없는 사람들에게서도 흔히 발견되는 정서인 까닭이다. 한편 그런 태도는 영국인의 또 다른 특징 하나와 관련이 깊은데, 우리 생활에서 워낙 큰 부분을 차지하고 있어 잘 눈에 띄지 않는 이 특징은 취미와 여가활동, 즉 '사생활'에 대한 중독이다. 우리는 꽃을 사랑하는 민족인 동시에 우표 수집가와 비둘기 애호가의, 아마추어 목수와 쿠폰 수집광의, 다트 애호가와 낱말 퍼즐광의 민족이기도 하다. 정말 고유한 문화는 전부, 많은 사람들이 공유하고 있지만 공식적이지는 않은 것들이 중심이 된다. 이를테면 펍[2]이나 축구 경기, 뒤뜰, 난롯가, '근사한 차 한잔'이 그렇다. 개인의 자유에 대한 믿음은 19세기의 경우와 거의 마찬가지로 남아 있다. 단, 그것은 이윤 때문에 남을 착취할 권리인 경제적 자유와는 아무 상관이 없다. 그것은 자기 집을 갖고, 여가 시간에 자기가 좋아하는 것을 하고, 누가 위에서 정해주는 게 아니라 자기가 오락거리를 택하는 자유를 말한다. 영국인의 귀에 가장 거슬리는 이름은 아마 노지 파커[3]일 것이다. 물론 순전히 사적인 이런 자유조차도 이제는 실종된 대의인 게 분명하다. 오늘의 다른 모든 민족들과 마찬가지로, 영국인 역시 숫자로 분류되고, 꼬리표가 붙고, 징집당하고, '조정'[4]당하는 과정에 있기 때문이다. 단, 영국인들의 충동은 다른 쪽으로 끌리는 만큼, 그들에 대한 조직화는 특성에 맞게 수정될 것이다. 영국인에겐 전당대회도, 청년단 운동도, 색깔 있는 셔츠[5]도, 유대인 사냥도, '자발적' 시위도 어울

---

2 pub. 'public house'의 준말. 바와 라운지public room가 있는 술집으로 간단한 식사도 제공한다. 이 책에서는 경우에 따라 '주점'으로 적기도 한다.

3 Nosey Parker. 남의 일에 사사건건 간섭을 잘하는 사람을 'nosey-parker'라 한다.

4 coordination. 나치가 모든 것을 표준화하고 모든 반대 세력을 제거하는 전체주의 체제를 구축하는 과정에서 사용한 용어 'Gleichschaltung'의 영어 번역어.

5 나치 돌격대는 갈색 셔츠를 입은 것으로 유명하며, 영국의 경우엔 파시스트 당원들이 검은 셔츠를 입고는 했다.

리지 않는다. 게슈타포(나치 비밀경찰)가 통할 리 만무한 건 말할 것도 없다.

하지만 어떤 사회든 서민들은 어느 정도 기존 질서를 '거스르며' 살아야 한다. 영국의 진정한 대중문화는 표면 바로 밑에서 진행되고 비공식적이며 당국의 눈살을 좀 찌푸리게 하는 무엇이다. 서민들, 특히 대도시에 사는 평범한 사람들을 볼 때 바로 눈에 띄는 것 하나는 청교도적이지 않다는 점이다. 그들은 고질적인 도박꾼이고, 벌이가 허락하는 선까지 한껏 맥주를 마시고, 음담패설을 너무 좋아하며, 아마도 이 세상에서 상스러운 말을 가장 잘할 것이다. 그들은 황당하고 위선적인 법이 있어도(주류 판매 허가법이니 복권법이니 하는 것들이 특히 그렇다) 그런 취향을 충족하며 살아야 하는데, 그런 법이란 온갖 사람을 다 간섭하려고 고안되지만 실은 온갖 일이 다 일어날 수 있게 해주는 장치이기도 하다. 또한 서민들은 분명한 종교적 신념 없이 살며, 여러 세기 동안 그래왔다. 영국 국교회는 서민들을 진정으로 장악해본 적이 없는 지주계급의 보호구역에 불과했으며, 비국교도 중 일부 종파들이 소수에게만 영향을 끼쳤을 뿐이다. 그러나 서민들은 그리스도의 이름은 거의 잊어먹고서도 기독교 정서의 기미는 깊이 간직하고 있다. 유럽의 신흥종교로서 영국 지식인들에게 감염된 세력 숭배는 아직 서민들에겐 접근하지 못했다. 그들은 아직 무력 외교란 것을 접해본 적도 없었다. 일본이나 이탈리아의 신문들이 설파하는 '현실주의'는 그들에겐 소름 끼치는 소리일 것이다. 싸구려 문구점 창가에 진열돼 있는 채색 엽서들은 영국의 정신에 대해 많은 것을 알려준다. 그것들은 영국인들이 무의식중에 스스로를 표현한 일종의 일기다. 거기엔 영국인의 구식 관점, 여러 등급의 속물근성, 외설과 위선, 지나친 점잖음, 너무 도덕적인 인생관이 전부 반영되어 있다.

영국 문명에서 점잖음gentleness은 아마도 가장 두드러진 특징일 것이다. 이 점은 영국 땅에 발을 내딛는 순간부터 당장 분명해진다. 영국은 버스 차장이 온순하고 경찰이 권총을 휴대하지 않는 땅이다. 백인들이 사는 나라치고 사람들을 인도 밖으로 밀쳐내기가 영국만큼 쉬운 데는 없다. 그리고 이와 짝을 이루는 특징 하나는, 유럽의 평자들이 늘 '방종'이나 위선이라 말하는 것으로, 전쟁과 군국주의를 혐오하는 태도다. 이 특징은 역사적으로 뿌리가 깊은 것이며, 노동계급 못지않게 하류 중산층에서도 강하게 나타난다. 또한 이 특징은 계속되는 전쟁으로 흔들리긴 했지만 없어지진 않았다. '빨간 코트'를 착용하던 옛 영국 군인들이 길거리에서 야유를 당하거나 평판 좋은 펍의 주인들은 군인들의 입장을 허용하지 않는 게 보통이던 때를 기억하는 사람들이 아직도 꽤 많다. 평화 시에는 실업자가 200만이나 되어도 극히 적은 상비군 숫자를 채우기가 어렵다(상비군은 시골 상류층과 특정 중산층이 장교가 되고 농장 인부와 빈민가 프롤레타리아가 사병이 되는 조직이다). 때문에 일반 대중은 군사적인 지식이나 전통을 가지고 있지 않으며, 그래서 전쟁에 대한 태도가 언제나 방어적이다. 어떤 정치인도 대중에게 점령지나 군사적 '영광'을 약속함으로써 권좌에 오를 수는 없었으며, 어떤 증오의 찬가도 그들의 마음을 끌지 못했다. 지난번 전쟁에서 병사들이 직접 지어서 부른 노래들은 원한에 찬 게 아니라 유머가 있고 짐짓 패배주의자인 체하는 것들이었다.[6] 그들이 적이라 칭한 유일한 대상은 부대 주임상사였다.

영국에서는 모든 애국주의적 과시와 허세를, 이를테면 애국 가요인 「대영제국이여 지배하라」 같은 것들을 나서서 하는 사람이 극소수다. 서민들의 애국주의는 요란하지 않으며, 그런 의식 자체가 없기까지 하다. 그들이 기억하는 역사적 사건들 중에는 군대가 거둔 승전의 이름 하나조차 없다. 영국 문학에는 다른 나라 문학들과 마찬가지로 전쟁시가 아주 많지만, 그중에 인기 있다 할 만한 것들이 언제나 참사나 후퇴를 다루고 있다는 점에 주목할 필요가 있다. 말하자면 트라팔가르 해전이나 워털루 전투에 대한 인기 시는 없는 것이다. 이를테면 존 무어 경의 부대가 코루나에서 해상으로 탈출하기 직전에 벌인 필사적인 후방 지연작전이(던커크에서처럼 말이다!)[7] 눈부신 승전보다 더 끌리는 것이다. 영국에서 가장 감동적인 전쟁시는 엉뚱한 방향으로 돌격한 기병 여단을 다룬 것이다.[8] 그리고 지난번 전쟁의 경우, 일반 대중의 기억 속에는 몽스Mons, 이프르Ypres, 갈리폴리Gallipoli, 파스샹달Passchendaele이라는 네 개의 이름이 각인

---

6   일례로 이런 노래가 있다.
    "빌어먹을 군대엔 들어가고 싶지 않아.
    전쟁에 나가고 싶지도 않아.
    더 이상 떠돌고 싶지는 않아.
    그냥 집에 있는 게 좋겠어.
    창녀의 벌이로 살면서 말야."
    하지만 그들이 싸움마저 그런 정신으로 한 건 아니었다.(저자 원주)

7   코루나Corunna 전투(1809)는 영국·스페인·포르투갈이 나폴레옹과 벌인 반도전쟁(1807~1814) 중 스페인의 코루나에서 벌어진 전투로, 영국군 지휘관인 존 무어 경Sir John Moore(1761~1809)은 퇴각 중에 치명상을 입었으나 끝내 전투를 승리로 이끌고 전사했다. 던커크Dunkirk는 2차대전 중 연합군 병력 33만 명이 독일군의 화력에 밀려 해상 후퇴한(1940) 프랑스의 됭케르크Dunkerque를 말한다.

8   크리미아 전쟁(1853~1856) 당시 많은 사상자를 낸 돌격전에 대해 앨프리드 테니슨Alfred Tennyson(1809~1892)이 쓴 애국시 「경기병 여단의 돌격The Charge of the Light Brigade」(1854)을 말한다.

되었는데 하나같이 대참사가 일어난 곳이다. 독일군을 마침내 격파한 큰 전투들의 이름은 일반 대중에게 아예 알려져 있지 않다.

영국의 반군국주의 정서를 외국의 평자들이 역겨워하는 것은, 그런 정서가 대영제국의 존재는 모르는 체하기 때문이다. 그런 태도를 순전히 위선으로 보는 그들은 이렇게 생각하는 것이다. 아무튼 영국은 막강한 해군력으로 지구 땅의 4분의 1을 차지했다. 그러면서 어찌 감히 돌아서서는 전쟁이 나쁘다는 소리를 할 수 있는가?

영국인들이 대영제국에 대해 위선적인 것은 확실한 사실이다. 노동계급에서 이 위선은 대영제국이 존재한다는 것조차 알지 못하는 형태로 나타난다. 하지만 그들이 국내의 육군인 상비군을 싫어하는 건 더없이 정당한 본능이다. 해군은 사람을 비교적 적게 쓰며, 국내 정치에 직접적인 영향을 줄 수 없는 대외용 무력 수단인 것이다. 군사독재야 어디나 있는 일이지만, 해군의 독재 같은 건 없다. 계급과 거의 무관하게 영국인들 대부분이 가장 깊이 혐오하는 것은 뻐기듯 걷는 장교 타입이나, 박차 짤랑거리는 소리나, 군화 저벅거리는 소리다. 히틀러란 이름이 들려오기 수십 년 전, 영국에서 '프로시아'라는 말은 지금의 '나치' 못지않게 의미심장한 것이었다. 그런 정서가 워낙 강했기 때문에, 지난 100년 동안 영국군 장교들은 평화 상태일 경우, 근무할 때 외에는 언제나 민간인 차림으로 다녔던 것이다.

한 나라의 사회 분위기는 군사 퍼레이드의 걸음걸이로 신속하면서도 제법 정확하게 감지할 수 있다. 군사 퍼레이드는 사실 일종의 의식儀式적 춤이며, 인생철학을 어느 정도 나타내주는 발레 같은 것이다. 이를테면 거위걸음[9]은 이 세상에서 가장 소름 끼치는 광경으로, 급강하 폭격기보다 훨씬 더 끔찍하다. 그것은 적나라한 힘에 대한 노골적인 긍정이다. 거기엔 다분히 의식적이고 의도적으로 누군가의 얼굴을 군홧발로 짓밟는다는 상상이 담겨 있다. 그것은 본질적으로 추악함을 내포하고 있다. 말하자면 약자에게 인상을 쓰는 깡패처럼 "그래 내 얼굴 험한 줄 안다, 어디 똑바로 쳐다볼 수 있으면 봐봐" 하고 말하는 식이다. 그렇다면 영국에선 왜 거위걸음을 써먹지 않을까? 그런 것들을 도입한다면 너무 좋아할 군 장교들이 얼마든지 있다는 건 하늘이 안다. 그런데도 거위걸음을 써먹을 수 없는 건 길거리에서 사람들이 비웃을 것이기 때문이다. 군사적인 과시는 일정 국면을 넘어서서 사람들이 군대를 감히 비웃을 수 없는 나라에서나 가능한 일이다. 이탈리아인들은 이탈리아가 확실히 독일의 통제하에 있었던 시기에 거위걸음을 받아들였는데, 누구나 예상할 수 있었듯이 그들은 독일인들보다는 거위걸음에 능하지 못하다. 비시[10] 정부는 만일 살아남는다면 프랑스 군대에 남은 것에다 좀 더 엄격한 열병 규율을 도입할 수밖에 없을 것이다. 영국군의 경우 열병이 18세기의 기억으로 가득하여 엄격하고 복잡하지만 과장된 모습을 보이진 않는다. 행진은 단지 격식을 갖춘 걸음일 뿐이다. 그런 걸음은 확실히 칼이 지배하는 사회에 속하는 것인데, 그렇다고 칼을 칼집에서 빼선 안

---

9 goose-step. 나치 독일군의 군사 퍼레이드에서처럼 무릎을 쫙쫙 펴면서 힘차고 근엄하게 걷는 걸음.
10 Vichy. 2차대전 중 프랑스 임시정부(1940~1944)가 있었던 프랑스 중부 도시.

되는 것이다.

그런가 하면 영국 문명의 점잖음은 야만성과 시대착오와도 뒤섞여 있다. 우리의 형법은 런던 타워의 머스킷총만큼이나 구식이다. 나치 돌격대에 비견할 만한 전형적인 인간상을 영국에서 찾는다면 19세기의 사고방식에 뿌리박은 채 가혹한 판결을 남발하는, 퉁퉁하고 늙은 악당 판사일 것이다. 영국에선 아직도 사람들이 목매달려 죽으며, 끈이 아홉 개 달린 채찍으로 매질을 당한다. 이 두 형벌은 잔혹한 만큼 부도덕하기도 한데, 그렇다고 대대적인 궐기가 일어난 적은 없다. 사람들은 거의 날씨를 받아들이듯 그런 형벌들을 (그리고 다트무어 교도소와 소년원을) 받아들인다. 그런 것들이 불변의 것으로 상정된 '법'의 일부라는 것이다.

여기서 우리는 지극히 중요한 영국적 특성을 만나게 된다. 그것은 입헌정치와 적법성에 대한 존경심으로, '법'을 국가와 개인 위에 있는 무엇, 물론 가혹하고 불합리하지만 아무튼 '청렴'하긴 한 무엇으로 믿는 태도다.

법이 정당한 것인 줄 알고 있는 사람이 있다는 말을 하려는 게 아니다. 부자를 위한 법과 빈자를 위한 법이 따로 있다는 건 누구나 안다. 하지만 그런 사실이 함축하는 바는 누구도 받아들이지 않는다. 그리고 모두가 법이 그 자체로 존중되는 것을 당연시하며, 그렇지 않으면 흥분한다. "날 잡아넣을 순 없어, 내가 잘못한 게 있어야지"라거나 "나한텐 못 그럴걸, 그건 불법이니까"라는 태도가 영국 사회의 한 분위기인 것이다. 사회의 공공연한 적들에게도 이런 정서는 다른 누구 못지않게 강하다. 우리는 그런 현상을 윌프레드 매카트니의 『벽에도 입이 있다』나 짐 펠런의 『교도소 여행』 같은 감옥 관련 책에서 볼 수 있다. 양심적 병역거부자 재판에서 벌어지는 엄숙한 백치행위에서도, 저명한 마르크스주의자 교수들이 이런저런 것을 "영국 사법제도의 과실"이라 지적하며 신문에 투고하는 글에서도 볼 수 있다. 누구나 내심으로는 법이 불공정하게 집행될 수 있고, 그럴 수밖에 없으며, 대체로 그렇게 되리라 믿고 있다. 하지만 법 같은 건 없고 힘만이 존재할 뿐이라 믿는 전체주의적 발상은 아직 뿌리를 내린 바 없다. 그런 생각은 지식인들도 이론으로만 받아들일 뿐이다.

모든 허상은 절반의 진실이 될 수 있으며, 가면 때문에 얼굴 표정이 바뀔 수도 있다. 민주주의가 전체주의와 '똑같다'거나 '똑같이 나쁘다'고 하는 익숙한 주장들은 그런 사실을 전혀 고려하지 않는다. 그런 주장들은 전부 결국엔 빵 반 덩어리는 빵이 없는 것과 같다고 하는 것이다. 영국에선 정의니 자유니 객관적 진실이니 하는 개념들을 아직도 믿고 있다. 그것들은 허상일지 모르나 대단히 강력한 힘을 지닌 허상이다. 그런 것들에 대한 믿음이 행동에 영향을 끼치며, 그 때문에 국민 생활이 달라지는 것이다. 증거가 필요하다면 주변을 둘러보면 된다. 경찰봉이 어디 있고, 아주까리기름이 어디 있는가? 칼은 여전히 칼집 안에 있으며, 그러는 동안은 부패가 일정 수준을 넘어서지 못한다. 예컨대 영국의 선거제도는 거의 대놓고 벌이는 사기다. 너무 빤한 여러 가지 방법으로, 선거구는 돈 가진 계급의 이익을 위해 마음대로 변경된다. 하지만 대중의 마음에 엄청난 변화가 일어나지 않는 한, 선거제도가 완전히 부패하는 법은 없다. 투표소에서 권총 든 사람들이 어디다 표를 찍으라고 말하는 경우도, 표 집계를 엉뚱하게 하는 일도, 공공연한 뇌물 수수도 없다. 심지어는 위선도 강력한 안전장치가 된다. 교수형을 좋아하는 가혹한 판사는 주홍빛 법복을 입고 말털 가발을 쓴 악독한 늙은이에, 다이너마이트가 아니고선 지금 몇 세기를 살고 있는지 깨우쳐줄 수 없는 사람이지만, 적어도 책에 있는 대로 법을 해석할 수 있고 어떤 경우에도 뇌물을 받지 않는, 영국의 상징적 인간상 중 하나인 것이다. 그는 현실과 허상을, 민주주의와 특권을, 협잡과 품위를, 미묘한 타협의 연결고리를 묘하게 섞어놓은 하나의 상징이다. 그리고 국가는 그런 상징으로써 익숙한 모양새를 유지한다.

3

지금까지 나는 마치 4500만의 사람들을 한 단위로 취급할 수 있다는 듯 '민족'이니 '영국'이니 '대영제국'이니 하는 말을 사용했다. 하지만 영국은 부자와 빈자라는 두 민족으로 나뉘는 것으로 유명하지 않은가? 연소득 10만 파운드인 사람들과 주급 1파운드인 사람들 사이에 무슨 공통점이 있다는 듯 감히 말할 수 있는 사람이 있을까? 웨일스나 스코틀랜드 독자들만 해도 내가 '브리튼'보다는 '잉글랜드'란 표현을 자주 써서 불쾌했을지 모른다.[11] 영연방(브리튼)을 그냥 잉글랜드라고 하면, 전 국민이 런던과 수도권 몇 개 주에만 살고 있으며 서쪽과 북쪽엔

---

11 앞에서는 번역어로 구별할 수 없어 '영국'으로만 적었지만, 여기서는 영연방으로서의 '브리튼'과 본래는 연방의 일원인 '잉글랜드'를 구별할 필요가 있어 원어 발음대로 적는다.

고유문화가 없다는 말처럼 들릴 수 있기 때문이다.

 이 문제는 작은 문제를 먼저 고려해볼 때 더 분명해진다. 이른바 영연방의 여러 민족들 각각이 서로 많이 다르다고 느끼는 건 분명한 사실이다. 이를테면 스코틀랜드인은 누가 자기를 잉글랜드인이라고 하면 고마워하지 않는다. 이 점에서 영연방 제도諸島를 잉글랜드, 브리튼, 그레이트브리튼, 브리티시 아일스(제도), 유나이티드 킹덤, 그리고 기분이 아주 좋을 땐 알비언Albion이란 고대의 명칭까지 여섯 개나 되는 이름으로 부를 때 우리가 느끼는 망설임이 어떤 것인지 알 수 있다. 우리가 보기엔 잉글랜드의 북부와 남부만 해도 차이가 확연하다. 그러나 그런 차이들은 어느 두 영국인이 유럽인과 마주치는 순간 당장 사라져버리고 만다. 미국인이 아닌 이상 외국인이 잉글랜드인과 스코틀랜드인을, 아니면 잉글랜드인과 아일랜드인이라도 구별하는 경우는 대단히 드물다. 프랑스인의 경우 브르타뉴인과 오베르뉴인은 아주 다른 존재 같으며, 마르세유의 악센트는 파리에서 상투적으로 써먹는 우스갯거리다. 하지만 프랑스를 한 덩어리, 단일 문명으로 인식하여 '프랑스' 또는 '프랑스인'이란 말을 쓰는데, 그 또한 사실인 것이다. 우리의 경우도 마찬가지다. 밖에서 보면 런던 토박이와 요크셔인도 강력한 친연성이 있어 보이는 것이다.

 그리고 밖에서 한 나라를 보면 부자와 빈자의 차이도 다소 줄어 보인다. 영국이 부의 분배가 불평등한 나라라는 건 의심할 여지가 없는 사실이다. 영국의 빈부 차는 유럽의 다른 어느 나라보다 심하며, 사실을 확인하려면 가장 가까운 길거리를 내려다보기만 하면 된다. 경제적으로 볼 때 영국은 서넛까지는 아니어도 확실히 두 나라로는 나뉜다. 하지만 그러면서도 절대 다수의 사람들은 자신들이 단일 국민이라 '느끼며' 외국인보다는 자기들끼리 더 닮았다고 의식한다. 애국주의는 대체로 계급 간 반목보다 강하며, 어떤 유의 국제주의보다 언제나 강하다. 1920년의 잠시 한때('러시아 불간섭'[12] 운동)를 제외하면 영국 노동계급이 국제적으로 생각하거나 행동한 적은 없다. 그들은 또 스페인의 동지들이 서서히 질식사당하는 것을 2년 반 동안 지켜보면서도 지원을 위한 단 한 번의 파업조차 한 적이 없다.[13] 하지만 자기 나라가(너필드 경과 몬터규 노먼 씨[14]의 나라가) 위험에 처했을 때 그들의 태도는 사뭇 달랐다. 영국이 침공당할지도 모른다고 예상되던 순간, 앤서니 이든[15]은 라디오에 출연해 '지역 민방위대' 지원을 호소했다. 그는 단 24시간 만에 25만 명을 모집했고, 그 뒤 한 달 동안 100만 명을 더 모았다. 이 수치와 이를테면 양심적 병역거부자의 숫자를 비교해보면, 기존의 충성심이 새로운 것에 비해 얼마나 강한지를 알 수 있다.

영국에서 애국주의는 계층에 따라 다른 형태를 띠지만, 거의 모든 계층을 서로 이어주는 연결고리 노릇도 한다. 애국주의의 영향으로부터 진정 자유로운 사람은 유럽화된 지식인들뿐이다. 긍정적 정서로서의 애국주의는 상류층보다는 중산층에

12　Hands Off Russia. 소비에트 러시아의 폴란드 침공에 대해 영국이 개입하려 하자 노동계가 총파업을 단행하기로 함으로써 정부를 긴장시킨 사건.

13　돈으로 어느 정도 도움을 준 건 사실이다. 하지만 여러 스페인 원조 모금운동으로 걷힌 액수는 같은 기간 축구 도박 매상고의 5퍼센트가 못 될 것이다.(저자 원주)

14　Nuffield 경은 영국에 대량생산 방식을 처음 도입한 모리스 자동차회사의 창업자로서 자작 작위를 받은 윌리엄 모리스William Morris(1877~1963)이며, Montagu Norman(1871~1950)은 오랫동안 영국은행 총재를 지낸 은행가로서 남작 작위를 받았다.

15　Anthony Eden(1897~1977). 영국 외상과 총리를 지낸 보수 정치인.

서 더 강한데(예컨대 저렴한 사립학교가 비싼 사립학교에 비해 애국주의를 표명하는 데 더 치우쳐 있다) 그렇다고 부자가 확실히 매국노인 경우는 극소수일 것이다. 노동계급의 경우엔 애국주의가 뿌리 깊긴 하지만 의식적이지는 않다. 노동자는 국기를 볼 때 가슴 설레지 않는다. 하지만 영국의 유명한 '섬나라 근성'과 '외국인 혐오증'은 부르주아보다 노동계급에서 훨씬 강하게 나타난다. 어떤 나라든 가난한 사람들이 부자보다 더 민족주의적이지만, 영국의 노동계급은 외국의 방식을 혐오하기로 유명하다. 그들은 할 수 없이 외국에서 몇 년을 살게 되더라도 외국 음식에 적응하거나 외국어를 배우려고 하질 않는다. 노동계급 출신인 영국인은 거의 모두가 외래어 발음을 정확하게 하는 게 남자답지 못한 일이라 여긴다. 1914~1918년 전쟁 동안 영국의 노동계급은 좀처럼 경험하기 힘들 정도로 외국인들과 많이 접촉하게 되었다. 그리고 그 결과는 그들이 모든 유럽인에 대한 혐오감을 되살려 귀국했다는 것뿐이었다(단, 그들이 용기를 높이 샀던 독일인에 대해서만은 예외였다). 그들은 프랑스 땅에 4년을 있었지만 와인에 맛 들일 줄도 몰랐다. 영국인들의 섬나라 근성은, 즉 외국인을 진지하게 받아들이길 거부하는 것은 때로 아주 비싼 대가를 치러야 하는 어리석은 태도다. 하지만 그런 태도는 영국인 특유의 신비로운 분위기를 형성하는 데 한몫을 하며, 그것을 해체하고자 했던 지식인들은 대개 도움을 주기보다는 해를 끼쳤다. 영국인의 기질 중에 관광객을 거부하는 것과 침략자를 물리치는 것은 본질적으로 같은 성향인 것이다.

여기서 우리는 내가 바로 앞 장章 첫머리에서 되는대로 지적한 듯한 영국인의 두 가지 특징으로 되돌아가볼 필요가 있다. 하나는 예술적인 역량이 부족하다는 점이다. 그런데 이 말은 영국인들이 유럽 문화권 밖에 있다는 뜻이 될 수도 있다. 영국인이 상당한 재능을 보인 예술이 하나 있으며, 문학이 바로 그것이기 때문이다. 그런데 문학은 국경을 넘어갈 수 없는 유일한 예술이기도 하다. 문학, 특히 시는, 또 그중에서도 서정시는 일종의 가족끼리만 통하는 농담 같은 것이다. 말이 통하는 사람들끼리가 아니면 거의 무가치하기 때문이다. 셰익스피어를 제외한다면, 영국 최고의 시인들이 유럽에서는 이름조차도 알려지지 않은 경우가 많다. 널리 읽히는 시인이라 해봐야 바이런과 오스카 와일드 정도인데, 전자는 엉뚱한 이유로 동경의 대상이 되고 후자는 영국인의 위선에 희생됐다는 이유로 연민의 대상이 되었다.[16] 이와 더불어 거론되는 것은, 그다지 분명치는 않으나 철학적인 능력이 부족하다는 점이다. 즉, 거의 모든 영국인들이 체계적인 사고의 필요성을, 심지어 논리를 사용하는 것 자체에 대한 필요성을 별로 못 느낀다는 것이다.

국민적 결속은 '세계관'을 어느 정도 대신하는 것이기도 하다. 애국주의는 거의 보편적이며 부자들도 그 영향을 어느 정도는 받기 때문에, 늑대 만난 소 떼처럼 갑자기 온 나라가 한꺼번에 이리저리 휘둘릴 수 있다. 프랑스는 재앙을 만나 확실히 그런 때가 있었다.[17] 전쟁을 어떻게 받아들여야 할지 몰라 8개

---

16 G. G. Byron(1788~1824)은 작품보다는 사생활, 특히 여성 편력이 세간의 관심을 끌곤 했다. Oscar Wilde(1854~1900)는 당대 최고의 명사였으나 동성애 혐의로 징역살이를 한 뒤 영연방을 떠나 살았다.
17 프랑스가 2차대전 초기 독일의 침략으로 영토의 일부를 점령당하던 1940년 6월쯤을 말한다.

월 동안 우왕좌왕한 끝에 프랑스인들은 갑자기 무얼 해야 할지 깨달았다. 일단 던커크(됭케르크)에서 군대를 빼낸 다음 침략을 막는 것이었다. 이는 거인이 깨어나는 것과도 같았다. 어서! 위험해요! 블레셋인들이 당신 앞에 들이닥쳤어요, 삼손! 그러자 재빨리 일치단결하던 그들이었지만—아, 금세 다시 잠들어버리고 말았던 것이다. 분열된 나라였다면 바로 그럴 때 엄청난 반전운동이라도 일어났을 것이다. 하지만 그렇다고 영국인들이 언제나 직감에 따라 '올바른' 선택을 할 것이라 말할 수 있을까? 전혀 그렇지 않다. 직감에 따라 '똑같은' 선택을 할 것이라 말할 수 있을 뿐이다. 이를테면 1931년 총선거에서 우리는 모두 일치단결하여 일을 그르쳤다.[18] 우리는 가다라의 돼지 떼처럼 한결같은 마음이었다.[19] 그러나 솔직히 나는 과연 우리가 우리 뜻과는 반대로 비탈 아래로 떠밀렸다고 말할 수 있는지 의심스럽다.

그렇다면 영국의 민주주의는 이따금 그래 보이는 것보다는 엉터리라 말하기 어려울 것이다. 외국인 평자는 엄청난 빈부 차, 부당한 선거제도, 신문과 라디오와 교육에 대한 지배계급의 통제만을 보고서 영국의 민주주의가 독재를 점잖게 부르는 말일 뿐이라고 결론짓는다. 하지만 이는 지도자와 추종자 사이에 유감스럽긴 하지만 엄연히 존재하는 적잖은 합의를 무시하는 판단이다. 아무리 인정하고 싶지 않다 해도, 1931년부

---

18 대공황 와중에 치러졌던 이 선거에서 위기 대응에 실패한 노동당 정부에 대하여 보수당이 압승을 거두었다.
19 마태복음 8:28. 가다라 지방에서 귀신 들린 사람 둘이 예수를 만났을 때, 귀신들의 청에 따라 예수가 귀신들을 돼지에게 들여보내자 돼지 떼가 모두 바다로 뛰어들었다.

터 1940년까지 거국내각[20]은 영국인 대부분의 의지를 반영했던 게 거의 확실하다. 이 정부는 빈민가와 실업과 비겁한 외교정책을 용인했다. 하지만 그것은 여론이기도 했다. 당시는 불황이었고, 그런 시대가 낳은 지도자들은 범재(凡才)들이었다.

수천 명 좌파들의 홍보에도 불구하고, 대부분의 영국인들이 체임벌린의 외교정책[21]을 지지했음은 거의 확실하다. 게다가 체임벌린의 마음속에서는 분명 일반인들과 다를 바 없는 갈등이 벌어지고 있었을 것이다. 그의 적들은 그에 대해 영국을 히틀러에게 팔아먹을 음모를 꾸미는 음흉하고도 교활한 모사꾼이라고 단언했지만, 그보다는 자신의 아주 어두운 식견에 따라 최선을 다한 어리석은 노인네에 불과했을 가능성이 훨씬 높다. 그렇지 않고서는 그의 정책에 나타난 모순들을, 그가 자신에게 열려 있던 방도들 중 어느 하나도 선뜻 택하지 못한 사실을 설명하기 어렵다. 영국인 대부분과 마찬가지로 그는 평화의 대가도 전쟁의 대가도 치르고 싶지 않았던 것이다. 더구나 서로 완전히 모순되는 정책들에 대하여 여론은 내내 그를 지지했다. 여론은 그가 뮌헨에 갈 때에도, 러시아와 협정을 맺으려고 할 때에도, 폴란드에 안전보장을 약속할 때에도, 또 그 약속을 존중할 때에도, 그리고 전쟁을 미적지근하게 수행할 때에도, 내내 그의 편이었다. 여론은 정책의 결과가 분명해졌을 때에야 비로소 그에게 등을 돌리기 시작했다. 달리 말해 7년 동안의 혼

---

20 National Government. 1931년 영국 총선 이후 다수당인 보수당, 노동당, 자유당 위주로 구성된 연합 정부.
21 체임벌린은 총리로 있으면서 유화적인 외교정책을 펼쳤으며, 특히 뮌헨협정(1938)으로 독일에 체코슬로바키아의 상당 부분을 양보했다.

수상태 끝에 스스로 등을 돌린 셈이었다. 뒤이어 사람들은 당장 자기들 기분에 더 가까운 지도자, 처칠을 택했다. 처칠은 적어도 싸우지 않고는 전쟁에서 이길 수 없다는 걸 이해할 수 있는 사람이었다. 그들은 나중에는 어쩌면 사회주의 국가만이 효과적으로 싸울 수 있다는 것을 이해할 수 있는 다른 지도자를 택할지도 모른다.

그렇다면 지금까지 한 얘기들이 영국은 진정한 민주주의 국가라는 뜻인가? 아니다. 〈데일리 텔레그래프〉[22]지 독자라도 순순히 받아들일 수 없는 소리다.

영국은 하늘 아래 가장 계급 착취가 심한 나라다. 영국은 속물근성과 특권의 나라이며, 주로 늙고 어리석은 이들이 지배하는 나라다. 단, 영국에 대해선 어떤 평가를 하든 나름의 정서적 일체감을 고려해야 한다. 막중한 위기의 순간에 거의 모든 국민이 함께 느끼고 행동하는 성향이 있다는 것이다. 유럽에서 영국은 자국민 수십만을 추방하거나 강제수용소에 보내지 않아도 되는 유일한 대국이다. 전쟁이 시작된 지 1년이 지난 지금 이 순간에도 정부를 욕하고, 적을 칭찬하고, 항복을 요구하는 신문들과 팸플릿들이 거의 아무런 간섭 없이 길거리에서 버젓이 팔리고 있다. 이는 언론 자유에 대한 존중이라기보다는 그 정도야 별일 아니라는 단순한 인식에서 비롯된 현상이다. 〈피스 뉴스〉[23] 같은 신문은 팔도록 놔둬도 위험할 게 없다. 국민의 95퍼센트는 읽을 생각도 안 할 게 뻔하기 때문이다. 영국

---

22 1855년에 창간된 보수 일간지로, 지금도 많은 독자를 확보하고 있다.
23 1936년에 창간된 평화주의 잡지로, 1961년까지 반전평화운동 단체인 '평화서약연합PPU'의 기관지였다.

이란 나라는 보이지 않는 사슬로 단단히 결속돼 있다. 평상시에는 지배계급이 도둑질도 하고, 관리도 엉망으로 하고, 사사건건 방해도 하고, 우리를 진창에 밀어 넣기도 한다. 그러나 여론이 지배계급 인사들에게 확실히 전달되도록 하면, 즉 그들이 일반의 정서를 무시하지 못하도록 밑에서 힘차게 잡아당기면, 그들도 반응하지 않기가 어렵다. 지배계급을 뭉뚱그려 '친파시스트'라 비난하는 좌파 저술가들은 지나치게 단순하게 보고 있는 것이다. 심지어 우리를 지금의 국면으로 몰고 온 핵심적인 정치인 파당 중에도 과연 '고의적인' 반역자가 있었는지는 의심스럽다. 영국에서 그런 종류의 부패는 거의 발생하지 않는다. 그보다는 거의 대부분이 자기기만에 가까운, 말하자면 왼손이 하는 일을 오른손이 모르는 식인 것이다. 게다가 의식하지 못하고 하는 일이기 때문에 제한적이기도 하다. 그런 현상을 가장 분명히 목격할 수 있는 분야가 영국 언론이다. 영국의 언론은 정직한가, 부정직한가? 평상시엔 대단히 부정직하다. 지명도 있는 모든 신문이 광고로 먹고사는데, 광고주들이 기사에 간접적인 검열을 행사하기 때문이다. 그렇지만 나는 현금을 들고 가서 간단히 매수해버릴 수 있는 신문이 영국에 하나라도 있다고는 생각지 않는다. 프랑스 제3공화국[24] 시절엔 극소수를 제외한 거의 모든 신문이 치즈 팔리듯 버젓이 유통됐던 것으로 유명하다. 영국에선 공인이 '공공연히' 부패를 일삼는 경우가 없었다. 협잡꾼이 부정부패로 물러나는 일이 벌어질 만큼 판이 타락하지 않은 것이다.

---

24 프랑스 제3공화국은 나폴레옹 3세가 보불전쟁에서 패배함으로써 제2제정이 끝난 1870년부터 독일의 침공으로 임시정부인 비시 정부가 수립된 1940년까지의 시기를 말한다.

영국은, 자주 인용되는 셰익스피어의 구절처럼 보배 같은 섬은 아니지만, 그렇다고 괴벨스 박사[25]의 묘사처럼 지옥인 것도 아니다. 그보다는 어떤 집안을, 상당히 고루한 빅토리아 시대의 집안을 닮았다고 할 수 있다. 골칫덩이가 많진 않아도 찬장마다 해골이 넘쳐나는 집안 말이다. 이 집안에는 비굴하게 아첨을 떨어야 하는 부자 친척도, 끔찍이 들러붙는 가난뱅이 친척도 있으며, 집안의 수입원에 대해 함구한다는 단단한 공모가 있다. 또 젊은 사람들은 대체로 좌절을 겪고, 실권은 대부분 무책임한 삼촌들이나 몸져누운 숙모들 손에 있다. 그래도, 집안은 집안이다. 나름의 언어가 있고, 공통의 기억이 있으며, 적이 다가오면 단결한다. 엉뚱한 식구들이 살림을 주무르는 집안—영국을 한마디로 표현한다면 그게 가장 비슷하지 않을까 싶다.

4

워털루 전투가 이튼 학교의 운동장에서 이긴 싸움이라면,[26] 그 뒤에 있었던 모든 전쟁의 개전開戰 전투들은 이튼의 운동장에서 진 것이라 할 수 있다. 지난 70여 년 동안 영국인의 삶에 나타난 두드러진 현상 하나는 지배계급의 능력이 크게 쇠퇴했다는 점이다.

---

25 Joseph Goebbels(1897~1945). 히틀러의 최측근이었던 문학박사 출신의 나치 선전장관. 히틀러 사망 하루 뒤 아내와 여섯 명의 어린 자식들을 데리고 자살했다.
26 영국과 프러시아가 연합하여 나폴레옹의 백일천하를 끝낸 워털루 전투(1815)를 이끈 영국군 사령관 웰링턴Wellington(1769~1852) 공작은, 아일랜드 명문가 출신으로 이튼을 졸업했다.

1920년부터 1940년까지는 그런 쇠퇴가 거의 화학반응의 속도로 일어났다. 하지만 내가 글을 쓰고 있는 이 시점에도 지배계급에 대해 이야기한다는 게 가능하다. 날은 두 번 갈았는데 손잡이는 세 번 간 칼처럼, 영국 사회의 상층 주변부는 아직도 거의 19세기 중반 때 못지않은 특권을 누리고 있기 때문이다. 1832년 이후로 토지를 소유한 귀족들은 점차 권력을 잃었지만, 사라지거나 화석이 된 게 아니라 그들을 대체한 상인, 제조업자, 금융업자와 통혼을 했고, 이들을 금세 자기들의 판박이로 만들어버렸다. 부유한 선주船主나 방직공장주는 지방의 대지주로서 알리바이를 만들어내는 동안 자제들을 사립학교에 보내 필요한 매너를 배우도록 했다(사립학교는 꼭 그런 목적으로 만들어졌다). 영국은 계속해서 졸부들로 충원된 귀족의 지배를 받았다. 자수성가한 사람들이 가진 에너지를, 그리고 그들이 아무튼 공직이란 전통을 가진 계급을 돈으로 사들였다는 점을 고려해볼 때, 그런 식으로 유능한 지배자들이 배출될 수 있으리라는 기대를 했는지도 모를 일이다.

그럼에도 불구하고 어찌 된 일인지 지배계급은 능력과 대담성, 그리고 냉혹성마저 잃으며 쇠퇴했고, 급기야 이든이나 핼리팩스[27] 같은 답답하고 따분한 이들이 탁월한 재능을 가진 사람으로 주목받을 수 있는 때가 온 것이다. 볼드윈[28]에 대해 말하자면 답답하고 따분하다는 표현도 과찬일 것이다. 그는 허공에 있는 구멍 같은 존재였다. 19세기에 영국의 내정 문제를 잘

---

27 둘 다 영국 외상을 지낸 보수당 정치인.
28 Stanley Baldwin(1867~1947). 총리를 세 번이나 지낸 보수당 정치인.

못 다룬 게 꽤 심각한 일이었다면, 1931년부터 1939년까지의 외교정책은 세계적으로도 경이롭다 할 만했다. 왜인가? 대체 무슨 일이 벌어졌던 것인가? 결정적인 순간마다 영국의 모든 정치인들이 그렇게 어김없이 직감으로 일을 그르친 건 대체 무엇 때문이었는가?

근본적인 사실 하나는, 부유층의 지위 전체가 정당화될 근거를 잃은 지 오래라는 점이다. 그들은 방대한 제국과 세계적인 금융 네트워크의 한복판에 앉아 이자와 이윤을 거둬들였고, 어딘지 모를 곳에다 썼다. 대영제국 안에서의 삶은 여러 면에서 바깥에서의 삶보다 나았다고 해도 좋았다. 제국은 아직 미개발 상태였고, 인도는 중세에 잠들어 있었고, 자치령들은 비어 있었고, 외국인들은 철저히 차단됐고, 잉글랜드 내에도 빈민가와 실업이 만연해 있었다. 오직 시골에 저택이 있는 50만의 사람들만이 기존 체제로부터 혜택을 받았다. 게다가 소기업들이 합병을 통해 대형화되는 추세에 따라 부유층은 갈수록 할 일이 없어져 한낱 '소유주'가 되어갔고, 일은 급여를 받는 관리자와 기술자가 대신 해주게 되었다. 그리하여 영국에선 이미 오래 전에 기능을 완전히 상실한 계층이 되고 만 그들은 어디로 투자되는지 거의 모르는 돈으로 먹고사는, 〈태틀러〉[29]지나 〈바이스탠더〉지 같은 데서 사진을 볼 수 있는 '유한계급'이다(그들은 언제나 사람들이 자기들 사진을 보고 싶어 하는 줄 안다). 이들의 존재는 어느 기준으로 봐도 정당화될 수 없었다. 그들은 그야말로 기생충이었으며, 개한테 벼룩이 그런 것만큼도 사회에 도움

---

29 1709년에 문학잡지로 창간되었다가 1901년 상류층의 호화 생활을 주로 다루는 잡지로 재창간되어 지금까지 발간되고 있다.

이 되지 않는 존재였다.

1920년엔 이 모든 걸 많은 사람들이 알았다. 1930년엔 수백만이 알았다. 하지만 영국의 지배계급은 자신들의 유용성이 다했다는 사실을 스스로 인정할 수가 없었다. 만일 그랬다면 그들은 스스로 물러나야 했을 것이다. 그들로서는 그냥 도적 떼로 돌변해버리는 게 불가능했다. 이를테면 미국의 백만장자들처럼 알면서도 부당한 특권에 집착하고 뇌물과 최루탄으로 반대파를 찍어 누를 수는 없었던 것이다. 결국 그들은 어떤 전통을 가진 계층에 속해 있었고, 필요하다면 조국을 위해 몸 바칠 의무를 으뜸가는 계율로 삼는 사립학교에 다녔다. 그들은 실은 동포들을 약탈해 먹고산다고 하더라도 스스로 진정한 애국자라 '느껴야만' 했다. 그들의 탈출구는 딱 하나뿐이었으니 ― 바로 어리석어지는 것이었다. 그들은 더 나아질 수 있다는 사실을 '도무지' 이해하지 못하게 됨으로써 사회를 기존의 양상대로 유지할 수 있었다. 쉬운 일이 아니지만 그럴 수 있었던 것은, 주로 눈을 과거에 고정시키고 주변에서 일어나는 변화에 관심을 갖지 않은 덕분이었다.

이로써 설명이 되는 게 영국에는 많다. 예컨대 가짜 봉건주의를 유지하는 동안 정작 생생한 일꾼들은 땅을 떠나는 바람에 시골 생활이 피폐해진 현상이 설명된다. 지난 세기 80년대부터 거의 바뀐 게 없는 사립학교들의 고착성도, 거듭거듭 세계를 놀라게 하는 군사적 무능도 설명이 된다. 지난 세기 50년대 이후 영국이 참전한 모든 전쟁은 일련의 참사로 시작되었으며, 나중에 상황을 타개한 것은 비교적 사회적 지위가 낮은 사람들이었다. 귀족계급 출신인 고위 지휘관들은 현대전에 대처할 능력이 없었는데, 그러자면 세상이 변하고 있다는 걸 스스로 인정해야 하기 때문이었다. 그들은 언제나 케케묵은 방식과 무기에 매달렸고, 그것은 매 전쟁을 지난 전쟁의 복사판으로 볼 줄밖에 모르는 까닭이었다. 그들은 보어전쟁을 앞두고 줄루전쟁에 대비했고, 1914년 전쟁을 앞두고선 보어전쟁에 대비했으며, 이번 전쟁을 앞두고선 1914년 전쟁에 대비했다. 지금 이 순간에도 영국에선 수십만의 사나이들이 총검 훈련을 받고 있는데, 총검이란 통조림을 딸 때 말고는 아무짝에도 쓸모없는 무기다. 해군이, 그리고 나중엔 공군도 일반 육군보다 더 유능해졌다는 것은 주목할 만한 일이다. 그런데 해군은 부분적으로만 지배계급의 영향을 받으며, 공군은 거의 받지 않는다.

영국 지배계급의 방식이 평화 시에는 스스로에게 어지간히 도움이 되었다는 건 인정해 마땅하다. 국민들이 분명히 그들을 너그럽게 봐주었던 것이다. 영국은 아무리 짜임새가 엉성하다 할지라도 아무튼 계급투쟁으로 분열되거나 비밀경찰이 출몰하지는 않았다. 대영제국은 비슷한 크기의 어떤 지역보다도 평화로웠다. 지구 육지의 4분의 1 가까이 되는 방대한 지역을 통틀어 무장한 사람들은 발칸반도의 어느 소국에 필요할 법한 숫자보다 적었다. 지배를 받는 입장에서, 그리고 자유주의적이고 '부정적'인 관점으로 그들을 보자면, 영국의 지배계급은 나름의 장점이 있었다. 그들은 진짜 현대인인 나치나 파시스트보다는 나았던 것이다. 하지만 심각한 외침이라도 있을 경우엔 그들이 아무 도움이 안 될 것임은 오래전부터 분명했다.

그들은 나치즘이나 파시즘을 이해하지 못했기 때문에 그것들에 맞서 싸울 수 없었다. 또한 공산주의가 서구 유럽에서 만

만찮은 세력이 되었다 해도 맞서 싸울 수 없었다. 파시즘을 이해하자면 사회주의 이론을 공부해야 했는데, 그러면 그들이 덕 보고 사는 경제체제가 부당하고 비효율적이고 케케묵은 것임을 깨달을 수밖에 없기 때문이다. 하지만 그런 점이야말로 그들이 절대 직시하지 않도록 단련해온 대상이었다. 그들은 1914년의 기병대 장군들이 기관총을 대하듯 파시즘을 대했다. 그냥 무시해버렸던 것이다. 여러 해 동안 침략과 학살이 벌어지자 그들은 딱 한 가지 사실만을 이해했고, 그것은 히틀러와 무솔리니가 공산주의에 적대적이라는 점이었다. 그러니 그 둘은 영국에서 배당금을 거둬들이는 계층에겐 우호적일 게 분명하다는 것이 그들의 판단이었다. 스페인 공화국 정부에 식량을 조달해주던 영국 선박들이 이탈리아 공군에게 폭격을 당하자 보수당 의원들이 좋아서 어쩔 줄 모르던 웃지 못할 가관이 벌어진 것도 그 때문이다. 파시즘이 위험하다는 걸 이해하기 시작했을 때에도, 그들은 파시즘의 혁명적인 본성을, 파시즘이 일으킬 수 있는 엄청난 군사 도발을, 파시즘이 이용할 수 있는 갖가지 전술을 도무지 이해하지 못했다. 스페인내전 당시, 6페니짜리 사회주의 팸플릿 하나에서 얻을 수 있는 정도의 정치 지식을 가진 사람은 누구나 프랑코가 이긴다면 영국이 막대한 전략적 피해를 볼 것임을 알고 있었다. 그런데도 전쟁 연구에 평생을 바친 장군들과 제독들은 그런 사실을 이해할 수가 없었다. 이런 정치적 무지는 내각 각료, 대사와 영사, 판사와 치안판사, 그리고 경찰에 이르는 영국의 공직자들에게서 두루 발견되는 공통된 특징이다. '빨갱이'를 잡아들이는 경찰은 '빨갱이'가 설파하는 이론을 이해하지 못한다. 그걸 이해한다면 부유층의 보디가드 노릇을 하는 자신의 처지가 스스로 덜 달가울 것이다. 새로운 경제이론과 지하정당의 계보에 대해서도 무지하니, 첩보 능력도 절망적인 수준이라 볼 수 있을 것이다.

영국의 지배계급이 파시즘을 자기네 편으로 본 것은 완전히 틀린 생각은 아니었다. 유대인이 아닌 이상 부자라면 누구나 공산주의나 민주적 사회주의보다는 파시즘을 덜 두려워하는 게 사실이다. 이 점을 결코 잊어서는 안 된다. 독일과 이탈리아의 거의 모든 선전이 그런 점을 은폐하고 있기 때문이다. 사이먼이나 호어[30]나 체임벌린과 같은 이들의 본능은 히틀러와 협정을 맺는 것이었다. 하지만 그러자면 대영제국을 쪼개고 자국민들을 반노예로 팔아먹는 수밖에 없는데, 여기서 내가 앞서 말한 영국인 고유의 특성, 즉 뿌리 깊은 국민적 유대감이 개입된다. 정말 부패한 계층이라면 프랑스의 경우처럼 주저 없이 그런 매국 행위를 저질러버렸을 것이다. 하지만 영국은 그 정도는 아니었다. '우리를 정복한 이들에게 충성할 의무'를 비굴하게 호소할 만한 정치인을 영국의 공직자들 사이에서 찾아보기는 힘들다. 체임벌린 같은 사람들은 자신들의 수입과 원칙 사이를 우왕좌왕하면서 그 둘 중에서도 최악의 것들만을 취할 줄밖에 몰랐던 것이다.

영국의 지배계급이 언제나 '도덕적'으론 꽤 건전하다는 것을 보여주는 점 하나는 전시에 기꺼이 목숨을 바치려고 한다는 사실이다. 최근에 플랑드르에서 있었던 작전에서도 여러 공

---

[30] John Simon(1873~1954)은 자유당에서 출발하여 1차대전 초부터 2차대전 말까지 내각의 고위직을 두루 거치며 보수당 인사가 된 인물. Sir Samuel Hoare(1880~1959) 역시 1920년대부터 1940년대까지 고위직을 두루 거친 보수당 인사다.

작이니 백작이니 하는 이들이 목숨을 내놓았다. 그런 일은 그들이 종종 욕을 먹다시피 자기들밖에 모르는 불한당이라면 일어날 수 없는 일이다. 중요한 건 그들의 동기를 오해하지 않는 것이다. 아니면 그들의 행동을 예측할 수 없다. 그들에게서 예상할 수 있는 건 반역이나 드러나는 비겁함이 아니라, 어리석음과 무의식적인 방해, 그리고 어김없이 일을 그르치는 직감인 것이다. 그들이 사악한 것은, 혹은 아주 사악하기만 한 것은 아니다. 그저 배울 줄을 모르는 것뿐이다. 돈과 권력이 없어져야만 그들 중 젊은 세대가 자신이 몇 세기를 살고 있는지 이해하기 시작할 것이다.

5

두 전쟁 사이 제국의 침체 상태는 모든 영국인에게 영향을 끼쳤는데, 특별히 직접적인 영향을 받은 것은 중산층의 두 그룹이었다. 하나는 군인이자 제국주의자로서 흔히 블림프란 별명으로 불리는 이들이며, 또 하나는 좌파 지식인들이다. 외견상 적대적인 타입이자 상징적인 반대 세력으로 보이는 이 두 그룹(목은 황소처럼 굵고 뇌는 공룡처럼 작으며 수입이 반으로 준 대령과, 이마는 볼록하고 목은 꽃줄기처럼 가는 교양인)은 심적으로는 서로 이어져 있으며 언제나 상호작용을 하는 관계다. 아무튼 거의 한집안 출신이라 해도 좋은 관계인 것이다.

블림프 계급은 30년 전에 이미 활력을 잃어가고 있었다. 키플링이 찬미했던 중산층 집안들, 즉 그 자제들이 육군과 해군의 장교가 되어 유콘강부터 이라와디강까지[31] 세계 각지의 온갖 황야로 몰려다녔던 교양 없고 숫자는 많은 그 집안들은 1914년 이전부터 줄어들고 있었다. 그들을 죽인 것은 통신의 발달이었다. 점점 좁아지는, 정부의 통제가 갈수록 심해지는 세상에서 개개인의 역량이 발휘될 기회는 한 해가 다르게 줄어들었다. 클라이브나 넬슨, 니컬슨, 고든 같은 사람들은 현대화된 대영제국에서는 설 곳이 없었다. 1920년 무렵 식민제국은 모두 철저히 본국 정부의 통제하에 들어갔다. 짙은 신사복에 검은 중절모 차림으로 왼팔에 곱게 접은 우산을 걸고 다니는, 뜻이야 좋지만 지나치게 문명화된 사람들이 말라야와 나이지리아, 몸바사와 만달레이에 주재하는 관리들에게 자신들의 꽉 막힌 인생관을 강요하고 있었던 것이다. 한때 제국을 건설했던 이들은 점점 서류 더미와 형식주의에 묻혀 사무원의 지위로 격하되고 말았다. 그리하여 1920년대 초에는, 시원시원하던 시절에 관리가 되었다가 새로운 변화에 속수무책으로 당하게 된 나이 든 사람들을 제국 각지에서 볼 수 있게 되었다. 그리고 그 이후론 기백 있는 젊은이들을 제국 행정으로 끌어들이는 게 거의 불가능해졌다. 관계官界의 현실은 재계에도 그대로 적용되었다. 독점 대기업들이 소상인들을 마구 집어삼키자, 젊은 사람들이 인도제국으로 진출하여 대담하게 사업을 벌이는 대신 봄베이나 싱가포르에 자리 하나를 얻는 쪽을 택한 것이다. 그리고 봄베이나 싱가포르에서의 생활은 런던보다 따분하면서 안전했다. 중산층의 경우 주로 집안 전통 때문에 제국주의적 정

---

31 각각 캐나다 북서부에서 알래스카를 거쳐 베링해로 흐르는 강과 버마에서 벵골만으로 흐르는 강.

서가 강하게 남아 있었지만, 제국을 경영하는 일은 매력을 잃고 말았다. 유능한 사람치고 피할 수 있는데도 수에즈 운하 동쪽으로 진출하는 경우는 거의 없었다.

그런가 하면 1930년대에 제국주의와 영국인의 사기가 전반적으로 약화된 데에는 부분적으로 좌파 지식인들의 역할이 있었는데, 그 자체가 제국의 정체停滯에서 비롯된 일이라고 할 만했다.

이제는 지식인이면서 어떤 의미에서든 '좌파'가 아닌 경우는 없다는 사실을 언급할 필요가 있다. 아마도 마지막 우파 지식인은 T. E. 로런스[32]였을 것이다. 1930년경부터 '지식인'이라 칭할 만한 사람이면 누구나 기존 질서에 대한 만성적인 불만 속에 살았다. 그럴 수밖에 없었던 게, 사회가 그들을 미처 수용하지 못했던 것이다. 더 이상의 발전도 없고 그렇다고 해체되지도 않는 정체된 제국에서, 그리고 우매함이라는 자산밖에 가진 게 없는 이들이 지배하는 영국에서, '똑똑한' 사람은 수상쩍은 사람이었다. T. S. 엘리엇의 시나 카를 마르크스의 이론을 이해할 수 있는 머리를 가진 사람에게, 윗사람들은 절대 중요한 일을 맡기지 않았다. 그러니 지식인들은 문예비평과 좌파 정당에서만 제 역할을 찾을 수 있었던 것이다.

영국 좌파 지식인들의 정서는 몇 개의 주간지와 월간지를 통해 살펴볼 수 있다. 이들 신문을 보면 당장 두드러지는 것은 대체로 부정적이고 불만 가득한 태도와, 언제나 건설적인 제안이라곤 없다는 사실이다. 권력을 잡아본 적도 없고 그걸 바라

---

32 영화 「아라비아의 로렌스」(1962)의 실존 인물로 유명한 육군 장교로서(1888~1935) 오스만튀르크 치하의 아랍 지역에서 연락장교 노릇을 했다.

지도 않는 사람들의 무책임한 트집 잡기 말고는 볼거리가 별로 없는 것이다. 또 하나 두드러진 특징은 사상의 세계에 살며 물리적인 현실과는 접촉이 별로 없는 사람들의 정서적 피상성이다. 좌파 지식인들 다수가 1935년까진 맥없는 평화주의자였고, 1935년부터 1939년까진 독일과의 전쟁에 대해서도 반대의 목소리를 높이다가 전쟁이 시작되자 금세 조용해졌다. 스페인내전 당시 가장 '반파시스트'적이었던 사람들이 지금은 가장 패배주의적이라는 건, 꼭 그렇진 않지만 대체로 맞는 말이다. 그리고 여기서 우리는 영국 지식인들 다수에 대한 아주 중요한 사실 하나를 발견해낼 수 있다. 근본적으로 자기 나라의 공통문화와 단절되어 있다는 것이다.

   영국 지식인들의 생각은 아무튼 유럽화되어 있다. 그들은 음식은 파리식을 즐기고 의견은 모스크바식을 즐긴다. 자국에 대한 전반적인 애국심에 있어서, 그들은 반체제 사상의 섬을 형성한다. 영국은 아마도 지식인들이 자국을 수치스러워하는 유일한 대국일 것이다. 좌파 지식인 사회에는 영국인이라는 것을 조금은 부끄러워하며, 영국의 관습은 경마에서부터 소기름 푸딩에 이르기까지 무엇이든 비웃어주는 걸 의무로 여기는 정서가 항상 존재한다. 영국의 지식인들 대부분이 헌금함을 슬쩍하는 것보다 애국가를 부동자세로 서서 듣는 걸 더 창피한 일로 여긴다는 건, 이상하긴 해도 의심할 바 없는 사실이다. 중대한 시기 내내 많은 좌파 지식인들은 때로는 물러빠진 평화주의자로서의, 때로는 열렬한 친소親蘇파로서(동시에 언제나 반영파로서)의 전망을 퍼뜨리고자 애쓰면서 영국인의 사기를 갉아먹었다. 그게 얼마나 큰 영향을 끼쳤는지에 대해서는 의문의 여지가 있으나, 영향을 끼친 건 분명한 사실이다. 영국인들이 여러 해 동안 실질적인 사기 저하로 고충을 겪었다면, 그리하여 파시스트 국가들이 영국인은 '나태'해졌으니 전쟁을 일으켜도 무방하다고 판단했다면, 좌파의 지적인 방해 행위에 어느 정도 책임이 있다. 좌파 언론인 〈뉴 스테이츠먼〉과 〈뉴스 크로니클〉도 뮌헨협정에 반대하며 목소리를 높이긴 했지만, 그것이 가능하도록 일정하게 기여한 측면도 있다. 10년 동안 체계적으로 블림프 사냥을 한 결과 많은 블림프들이 타격을 입기도 했거니와, 젊고 똑똑한 사람들이 군대에 들어가는 경우도 그전보다 더 드물어졌다. 제국이 정체된 만큼 중산층의 군인 계급이 쇠퇴하기도 했지만, 깊이 없는 좌파주의의 확산이 그런 경향을 가속화한 면도 있다.

지난 10년 동안 영국 지식인들이 보인 특별한 태도, 즉 순전히 '부정적'이고 반블림프적이기만 한 면모는 지배계급의 어리석음에서 비롯된 부산물인 게 분명하다. 사회가 그들을 수용할 수 없었으니, 그들로선 자국에 대한 헌신이 '좋든 싫든' 필요한 일이란 인식을 가질 수 없었다. 블림프도 교양인도 애국주의와 지성의 분리를 자연법칙처럼 당연시했다. 그래서 애국자라면 〈블랙우드 매거진〉을 읽으며 자신이 '똑똑하지 않은' 것을 하느님께 감사한다는 말을 공공연히 하게 되고, 지식인이라면 국기를 비웃으며 신체적인 용기를 야만스러운 것으로 보게 되는 것이다. 하지만 이런 터무니없는 습속은 지속될 수 없을 게 뻔하다. 무엇이든 기계적으로 조롱하는 블룸즈버리[33]의 교양인은 이제 기병대 대령처럼 케케묵은 존재가 되어버렸다. 현대 국가는 두 부류 중 어느 쪽도 배출해선 안 된다. 애국주의와 지성은 다시 결합해야 할 것이다. 우리는 그런 일이 가능토록 할 대단히 독특한 전쟁을 치르고 있는 것이다.

6

지난 20년 동안 영국에서 있었던 중요한 변화 가운데 하나는 중산층이 아래위로 확대됐다는 점이다. 이는 사회를 자본가와 프롤레타리아와 프티부르주아(소규모 자산가)로 분류하던 예전의 방식을 쓸모없게 만들 정도로 광범위하게 진행되었다.

영국은 부동산과 금융에 대한 지배력이 극소수에게 집중된 나라다. 지금의 영국에선 옷, 가구, 잘하면 집 외에는 무언가를 '소유'하고 있는 사람이 별로 없다. 농민은 사라진 지 오래고, 독립 상점주는 궤멸되어가고 있으며, 소기업가는 점점 줄어들고 있다. 그런가 하면 현대의 산업은 워낙 복잡해져서 급여를 꽤 받는 다수의 관리자, 영업자, 공학자, 화학자, 기술자 없이는 돌아가지 않게 되어 있다. 또 그 때문에 의사, 변호사, 교사, 예술가 등의 전문가 계급이 생겨나게 되었다. 그리하여 자본주의가 발달할수록 한때의 예상처럼 중산층이 소멸되는 게 아니라 확산되는 경향이 나타난 것이다.

그런데 이보다 더 중요한 것은 중산층의 사고방식과 습성이 노동계급으로 확산되는 일이다. 영국의 노동계급은 이제 거의

---

33 Bloomsbury. 20세기 초 영향력 있는 지식인들이 많이 살던 런던의 거주지로 출판사가 많은 곳이기도 하다.

모든 면에서 30년 전에 비해 형편이 좋아졌다. 이는 부분적으로는 노동조합의 공로이고, 어느 정도는 자연과학의 발전 덕분이다. 한 나라의 생활수준이, 그에 상응하는 실질임금의 상승 없이 소폭이나마 올라간다는 건 늘 가능한 일이 아니다. 단, 문명은 어느 정도는 제 힘으로 스스로를 일으킬 수 있다. 사회가 아무리 부당하게 조직되어 있어도, 어떤 종류의 재화는 반드시 공동으로 소유하기 때문에 특정 기술의 발전은 전체에게 혜택을 줄 가능성이 높다. 이를테면 백만장자는 남들에게는 어두운 동시에 자신에게만 길이 밝아지도록 할 수는 없다. 문명화된 나라의 시민들 거의 대부분은 이제 반듯한 도로와 병균 없는 식수, 경찰의 보호, 무료 도서관, 그리고 어느 정도의 무상교육까지도 누리게 되었다. 영국의 공교육은 재정이 열악했음에도 불구하고 향상되었으며, 거기엔 교사들의 헌신적인 노력과 독서 습관의 엄청난 확산이 큰 역할을 했다. 이제 점점 부자와 빈자가 같은 책을 읽고, 같은 영화를 보고, 같은 라디오 프로그램을 듣게 되고 있다. 아울러 두 계층의 생활 방식 차이는 값싼 옷의 대량생산과 주택문제의 개선으로 줄어들고 있다. 겉모양만 놓고 보면, 부자와 빈자의 옷은 특히 여성의 경우에는 30년 전, 혹은 불과 15년 전에 비해 차이가 크게 줄어들었다. 주택문제의 경우, 영국에는 문명의 오점인 빈민가가 여전히 있으나, 지난 10년 동안 주로 지역 당국에 의해 많은 신축이 이루어졌다. 욕실과 전기 조명을 갖춘 지금의 공영주택은 증권 중개인의 저택에 비해 작긴 해도, 농장 인부의 시골집과는 달리, 적어도 그와 같은 종류의 집이라고는 할 수 있다. 공영주택에서 자란 사람은 빈민가에서 자란 사람에 비해 확실히, 눈에 띄게 중산층의 관점과 더 가까울 것이다.

  이 모든 현상의 효과는 사람들의 태도가 대체로 부드러워지는 것이다. 그리고 현대의 산업화 방식에 따라 사람들이 근육 쓸 일이 줄어들어 일과가 끝나도 에너지가 꽤 많이 남는다는 사실 때문에 더욱 그런 경향이 나타난다. 경공업에 종사하는 많은 노동자들이 의사나 식료품 장수보다도 육체노동을 덜 한다. 취향, 습성, 태도, 그리고 관점에서 노동계급과 중산층은 서로 비슷해져가고 있다. 부당한 차별은 남아 있지만 실질적인 차이는 줄어들고 있다. 칼라 없는 옷에 면도를 하지 않고 중노동으로 근육이 뒤틀린 구식의 '프롤레타리아'는 아직도 존재하지만, 잉글랜드 북부의 중공업 지구에서만 두드러질 뿐 숫자가 계속해서 줄어들고 있다.

  1918년 이후로 영국에선 전에 없던 현상이 나타나기 시작했다. 그것은 사회계층이 불분명한 사람들의 출현이었다. 1910년에는 영연방의 어떤 인간이라 할지라도 옷과 태도와 악센트만으로 당장 그의 '위치'를 알 수 있었다. 하지만 이제는 그럴 수가 없다. 특히 값싼 자동차의 생산과 산업의 남하南下로 개발된 새로운 거주 지구에선 더욱 그렇다. 미래 영국의 모습은 경공업 지구와 주요 간선도로 주변에서 그 단초를 찾을 수 있을 것이다. 슬라우Slough, 대거넘Dagenham, 바닛Barnet, 레치워스Letchworth, 헤이스Hayes 같은 곳에선(달리 말해 대도시 외곽 어디서나) 옛 양상이 점점 새로운 무엇으로 변해가고 있다. 유리와 벽돌로 이루어진 광대하고 새로운 황야에서는, 오래된 도시의 경우처럼 빈민가와 대저택이, 아니면 시골의 경우처럼 영주의 저택과 궁상맞은 시골집이 날카로운 대조를 이루는 모습을 찾아볼 수 없다. 소득은 단계적으로 차이가 나지만, 콘크리트 도로를 따라 지은 편리한 아파트와 공영주택에서, 벗고 있으면 모두가 평등한 수영장에서, 그 수준은 다를지언정 생활양식은 별 차이가 나지 않는다. 이는 통조림 음식과 〈픽처 포스트〉[34]지, 라디오와 내연기관을 중심으로 한 다소 불안정하고 세련되지 못한 생활이다. 그것은 또 아이들이 마그네토에 대해서는 익히 잘 알아도 성경에 대해선 전혀 모르는 채로 자라는 문명이기도 하다. 그런 문명에 속하는 사람들은 현대 세계를 가장 편하게 여기고 누구보다 현대화되어 있는, 기술자, 고소득 숙련 노동자, 비행사, 정비사, 라디오 전문가, 영화제작자, 대중적 언론인, 공업화학자들이다. 그들은 예전의 계급 구분을 무너뜨리는, 쉽게 규정할 수 없는 계층인 것이다.

　이번 전쟁은 우리가 패배하지 않는 한 기존의 계급 특권을 대부분 없애버릴 것이다. 그런 특권이 유지되기를 바라는 사람들은 하루같이 줄어들고 있다. 양상이 바뀐다고 해서 영국에서의 삶이 특유의 향취를 잃지나 않을까 하고 두려워할 필요는 없다. 런던 광역권 내의 신도시들은 꽤 조야하긴 하지만, 그 정도야 거대한 변화와 함께 흔히 발생하는 일이다. 전쟁의 결과로 영국이 어떤 식으로 변모하든, 내가 앞서 말한 특징들의 색조를 깊이 띤 모습일 것이다. 보다 러시아적이거나 독일적인 모습이기를 바라는 지식인들은 실망할 수도 있다. 점잖음도, 위선도, 사려 깊지 못함도, 법에 대한 숭상도, 제복에 대한 혐오도, 소기름 푸딩과 안개 자욱한 하늘과 마찬가지로 계속 남아

34　1938년부터 1957년까지 발간된 사진 보도 위주의 잡지. 영국의 〈라이프〉지라 할 만큼 인기를 누렸다.

있을 것이기 때문이다. 하나의 민족문화를 파괴하는 데는 장기간 외적의 지배를 받는 것과 같은 정도의 엄청난 재앙이 필요하다. 증권거래소는 헐릴 수 있고, 말이 끄는 쟁기는 트랙터로 대체될 수 있고, 시골의 대저택은 아이들의 방학 캠프로 바뀔 수 있고, 이튼과 해로의 라이벌전은 잊힐 수 있다. 하지만 그래도 영국은 영국일 것이다. 그것은 과거와 미래로 이어져 있는, 그리고 모든 생명체가 그러하듯 알아볼 수 없을 정도로 변모해도 여전히 같은 존재로 살아남을 힘이 있는, 불멸의 동물과도 같을 것이다.

웰스, 히틀러 그리고 세계국가

「Wells, Hitler and the World State」 1941년 8월 〈호라이즌〉지에 게재. 오웰은 웰스의 영향을 꽤 받았으며 친분이 있었으나 단호하게 비판하는 입장에 서기도 했다. 같은 달에 오웰은 BBC에 입사하여 1943년 11월에 퇴사하기까지 2년여 동안 풀타임으로 라디오방송 프로듀서 일을 하게 된다.

"3월이나 4월쯤 영국에 어마어마하고 결정적인 폭격이 가해질 거라는 게 똑똑한 척하는 사람들의 말이다. …… 그것과 히틀러가 무슨 상관이 있는지 나는 도무지 모르겠다. 약해지고 분산된 그의 군사력은 이제, 그리스와 아프리카에서 진가를 판명받기 전 이탈리아의 그것보다 별로 낫지 않을 것이다."

"독일의 공군력은 크게 소모됐다. 더구나 시대에 뒤떨어졌으며, 일급의 전사들 대부분이 죽거나 사기를 잃었거나 지친 상태다."

"1914년에 호엔촐레른 왕가의 군대는 세계 최고였다. 그러나 베를린에서 소리 빽빽 지르는 작은 정신이상자 뒤에는 그런 게 전혀 없다. …… 그런데도 우리의 군사 '전문가들'은 대기 중인 유령 얘기를 한다. 그들의 상상 속에서, 그것은 완벽한 장비와 불굴의 기강을 갖추고 있다. 때로는 스페인과 북아프리카에 결정적인 '타격'을 입히거나, 그런 다음 발칸반도를 거쳐 다뉴브강에서 앙카라로, 페르시아로, 인도로 진격하거나, '러시아를 분쇄'하거나, 알프스의 브레너 고개를 넘어 이탈리아로 '쏟아져' 들어가기도 한다. 그런데 몇 주가 지나도 유령은 그 어떤 짓도 하지 않는다. 명확한 이유는 하나뿐이다. 그만한 유령이 존재하지 않는 것이다. 유령이 보유하고 있다는 부실한 총기와 탄약은 대부분 압수당해, 영국을 침공하겠다는 히틀러의 어리석은 시늉에 허비돼 버린 게 분명하다. 그리고 유령이 날림으로 세운 기강은, 전격전이 더 통하지 않고 전쟁의 피해가 자신들한테도 돌아온 다는 것을 서서히 깨달아감에 따라 시들해지고 있다."

지금까지 인용한 부분들은 〈계간 기갑부대〉에서 따온 게 아니다. H. G. 웰스[1] 씨가 올 초부터 신문에 연재한 글들을 『신세계 가이드Guide to the New World』란 제목의 책으로 묶어낸 것 중의 일부다. 그가 이 글들을 쓴 이후 독일군은 발칸반도를 손에 넣고 키레나이카[2]를 다시 점령했으며, 원하는 때에 언제든 터키나 스페인을 거쳐 진격할 수 있는 상태에서, 러시아 침공을 감행했다. 그런 군사행동이 어떤 결과를 낳을지 나로선 모를 일이나, 독일 군부의 무시 못 할 참모들이 3개월 안에 끝낼 자신이 없었다면 그런 작전을 구사하지 않았으리란 점은 지적할 만하다고 본다. 독일군이 악령이라느니, 장비가 부실하다느니, 사기가 떨어지고 있다느니 하는 등등의 이야기는 이제 그만들 좀 했으면 좋겠다.

"베를린에서 소리 빽빽 지르는 작은 정신이상자"에 대항하여 웰스가 가진 것은 무엇인가? '세계국가World State'에 대한 그 시시하고 장황한 이야기, 아울러 미수에 그치고 만 정의이자 반전체주의 성향의 기본 인권인 '생키 선언'[3]이다. 요즘 공군력에 대한 세계연방 차원의 통제에 각별한 관심을 보이는 것만

---

[1] H. G. Wells(1866~1946). 쥘 베른과 함께 SF 문학의 아버지로 불리는 영국 작가. 『타임머신』 등 숱한 유명작을 남겼으며, 사회주의자이자 평화주의자임을 자처했다.

[2] Cyrenaica. 북아프리카 리비아의 동부 지방으로 2차대전 당시의 격전지. 고대 그리스 식민지였다가 이집트, 로마, 아랍, 오스만튀르크, 이탈리아의 지배를 차례로 받았다.

[3] Sankey Declaration. 대법관을 지낸 바 있는 생키 경의 옹호 아래 웰스가 초안을 작성하고 협의를 거쳐 1940년에 펴낸 인권선언문.

제외하면, 그것은 그가 지난 40년 동안 줄기차게 (또 언제나 그토록 명확한 것도 이해하지 못하는 인간들이 있다는 게 너무 황당하다는 투로) 설파해온 것과 다를 바 없는 복음이다.

  공군력을 세계연방 차원에서 통제할 필요가 있다는 발언이 무슨 소용인가? 문제는 결국 어떻게 그럴 수 있느냐다. 세계국가가 바람직하다고 지적하는 건 무슨 소용인가? 중요한 건 5대 군사대국[4] 중 어느 하나도 따르지 않을 것이라는 점이다. 지난 수십 년 동안 지각 있는 사람들 모두 웰스 씨가 하는 말에 기본적으로 공감해왔다. 그러나 지각 있는 사람들은 아무 힘도 없으며, 기질적으로 스스로를 희생시킬 마음이 전혀 없는 경우가 너무 많다. 히틀러는 미치광이 범죄자인 동시에, 수백만의 군사와 수천의 비행기와 수만의 탱크를 가지고 있다. 그런 그를 위해서 많은 국민이 지난 6년 동안 기꺼이 과로를 해왔으며 앞으로도 2년은 더 싸울 용의가 있는 모양이다. 그에 반해 웰스 씨가 제창하는 상식적이고 본질적으로 쾌락주의적인 세계관을 위해 한 파인트의 피를 기꺼이 흘릴 인간은 거의 없는 것이다. 세계 재건에 대해서, 심지어 평화에 대해서 얘기라도 할 수 있으려면, 먼저 히틀러부터 제거해야 한다. 나치의 그것과 굳이 같을 필요는 없다 해도, 적어도 '계몽'되고 쾌락주의적인 사람들이 용납하지 못할지도 모를 에너지를 만들어내야 한다는 것이다. 지난 한 해 동안 영국이 무너지지 않도록 해준 게 무엇인가? 부분적으로 보다 나은 미래에 대한 막연한 관념이 작용했다는 데에는 의심의 여지가 없지만, 주된 것은 애국심이

---

[4] 연합국 3강인 미국, 영국, 소련, 그리고 추축국 2강인 독일, 일본을 지칭하는 듯하다.

라는 원초적인 감정이었다. 그것은 영어권 민족들의 뿌리 깊은 정서, 즉 자신들이 외국인들보다 우월하다는 감정이다. 지난 20년 동안 영국 좌파 지식인들의 주된 목표는 그런 감정을 타파하는 것이었는데, 만일 그들이 성공했다면 우리는 지금 이 순간 나치 친위대원들이 거리를 순찰하고 있는 꼴을 보고 있을지도 모른다. 마찬가지로, 왜 러시아인들은 독일의 침략에 맞서 호랑이처럼 싸우는가? 아마 부분적으론 유토피아 사회주의라는 반쯤 잊힌 이상 때문이겠지만, 주로 스탈린이 살짝만 바뀐 형태로 부활시킨 '신성 러시아'('조국의 신성한 땅' 등등)를 지키기 위해서다. 세계를 실제로 형성해가는 에너지는 민족적 자존심, 지도자에 대한 숭배, 종교적 신앙심, 전쟁에 대한 사랑과 같은 감정에서 솟아나는 법이다. 그런데 진보적 지식인들은 그런 감정들을 시대착오적인 것으로 여기고 무시해버린다. 뿐만 아니라 자기 내면에서도 그것들을 너무 철저히 파괴한 나머지 행동할 힘을 다 잃어버린 것이다.

히틀러를 '적그리스도' 혹은 반대로 '성령'이라고 하는 사람들이, 그를 심각히 여기지 않고 코믹오페라에 나오는 인물 정도로만 간주하며 장장 10년씩이나 버틴 지식인들보다는 진실을 이해하는 쪽에 더 가깝다. 지식인들의 그런 생각이 실제로 반영하는 바는 결국 영국인이 지정학적으로 안전한 환경에서 산다는 것이다. '레프트 북클럽'은 본질적으로 '스코틀랜드 야드'의 산물이었으며, 그건 '평화서약연합'이 해군의 산물인 것과 매한가지이다.[5] 지난 10년 동안 발전한 것 하나는, 역사와

---

5   'Left Book Club'은 1936년에 만들어진 진보단체이자 독서클럽으로, 매달 책 한 권을 선정하여 회원들에게 싼값으로 배포했다. 오웰이 르포 『위건 부두로 가는 길』(1937)을 쓴 것도

정치평론을 결합한 확대된 형태의 팸플릿이라 할 수 있는 '정치 서적'이 중요한 문학 형식의 하나로 등장했다는 점이다. 그런데 이 계열의 주요 작가들(트로츠키, 라우슈닝, 로젠베르크, 실로네, 보르케나우, 쾨슬러⁶ 등) 중에 영국인은 한 명도 없다. 그리고 이들 대부분이 이런저런 과격파 정당을 떠났으며, 전체주의를 지근거리에서 지켜보았고, 추방과 박해의 의미를 아는 사람들이다. 전쟁이 터질 때까지 히틀러가 하찮은 정신이상자이며 독일군 탱크는 골판지로 만들어졌다고 유행처럼 믿었던 곳은 영어권 나라들뿐이었다. 내가 앞서 인용한 부분들을 통해 알 수 있듯, 웰스 씨는 지금도 그런 식의 얘기를 믿고 있다. 나는 폭격도 독일군의 그리스 진공도 그의 견해를 바꿔놓지 못했다고 생각한다. 그와 히틀러의 힘에 대한 이해 사이에는 일생 동안 길러져온 사고 습관이 가로놓여 있기 때문이다.

웰스 씨는 디킨스와 마찬가지로 중산층 중에서도 군대와는 별 상관이 없는 집안 출신이다. 때문에 우레 같은 포성도, 잘랑거리는 박차 소리도, 오래된 깃발이 펄럭이며 지나갈 때 목

이 북클럽의 의뢰로 이루어진 일이었다. 'Scotland Yard'는 런던 경찰청 수사본부의 별칭으로, 탐정소설에 자주 등장하여 국제적으로 유명해졌다. 'Peace Pledge Union'은 1934년에 결성되어 큰 성공을 거둔 반전평화운동 단체. 영국 해군이 강해서 외침을 당할 걱정이 없기에 반전평화운동이 가능한 것처럼, 런던 경찰이 유능해서 우파의 테러를 염려하지 않아도 되기에 좌파 북클럽의 활동이 가능하다는 뜻으로 보인다.

6 Hermann Rauschning(1887~1982)은 나치의 일원이었다가 탈당하고 미국으로 망명한 보수·반동주의자. Alfred Rosenberg(1893~1946)는 러시아 태생으로 반혁명운동을 하다가 독일로 이주하여 노동당의 초기 활동가로 일하다 히틀러를 만났고, 나치의 이론을 개발하는 중책을 맡았으며, 나중엔 전범으로 처형되었다. Ignazio Silone(1900~1978)는 이탈리아 사회당과 공산당의 리더로 활동하다 스탈린주의에 반대하는 운동을 펼친 인물. Franz Borkenau(1900~1957)는 오스트리아 태생의 작가로, 독일 공산당원으로 활동하다 나치 반대운동에 앞장섰으며, 전체주의 이론의 선구자로도 유명하다. Arthur Koestler(1905~1983)는 헝가리 태생의 작가로, 독일 공산당에 입당했다 환멸을 느끼고 탈퇴한 뒤 반전체주의 소설로 유명한 『한낮의 어둠』(1940)으로 국제적인 명사가 되었다.

이 메는 것도 그와는 아무 상관이 없다. 그는 삶에서 싸움, 사냥, 무모한 모험과 관련이 있는 것들을 극도로 혐오했으며, 그런 면모는 그의 모든 초기 저작들에서 말馬에 반대하는 맹렬한 선전들을 통해 상징적으로 드러난다. 그의 책 『역사 개괄』에서 가장 큰 악한은 군인 모험가인 나폴레옹이다. 그가 지난 40년 동안 쓴 거의 대부분의 책에서 같은 생각이 되풀이되고 있다는 걸 알 수 있는데, 그것은 계획된 세계국가를 위해 애쓰는 과학자와 무질서한 과거를 부활시키려는 반동분자가 이른바 대립하고 있다는 것이다. 그의 소설에서, 유토피아에서, 에세이에서, 영화에서, 팸플릿에서, 대립론은 언제나 거의 같은 식으로 등장한다. 한편에는 과학과 질서, 진보, 국제주의, 비행기, 철강, 콘크리트, 위생이 있다. 그리고 다른 한편에는 전쟁과 국수주의, 종교, 군주제, 농부, 그리스어 교수, 시인, 말馬이 있다. 그가 보는 역사는 과학적인 인간이 낭만적인 인간에게 거둔 승리의 연속이다. 주술사 대신 과학자가 통제하는 '합리적'이고 계획된 형태의 사회가 조만간 보편화될 것이라는 그의 견해는 아마도 옳을 것이다. 그러나 그렇게 보는 것과 그런 사회가 코앞에 닥쳤다고 하는 건 다른 문제다. 그런 맥락에서 러시아혁명 당시 웰스와 처칠 사이에 있었던 흥미로운 논쟁은 아직도 얼마간 유효하다. 웰스는 처칠에 대해, 볼셰비키가 피에 흠뻑 젖은 괴물이라는 식의 선전을 실은 스스로도 믿지 않으며, 그저 볼셰비키가 상식과 과학적 통제의 시대를 열게 되면 자신 같은 선동가가 설 자리는 없을 것임을 두려워할 뿐이라고 비난했다. 하지만 볼셰비키에 대한 처칠의 판단은 웰스의 그것보다 과녁에 더 가까웠다. 초기의 볼셰비키는 어떤 식으로 작정하고 보

134

느냐에 따라 천사일 수도 마귀일 수도 있었지만, 아무튼 합리적인 사람들은 아니었던 것이다. 그들은 웰스의 유토피아가 아닌 '성인聖人의 지배'를 도입했으며, 그것은 영국 역사가 경험했던 '성인의 지배'처럼 마녀재판으로 흥이 난 군사독재였다.[7] 같은 오해가 나치에 대한 웰스의 태도에서 역전된 형태로 다시 나타난다. 그가 보기에 히틀러는 역사상의 모든 군벌과 주술사가 하나로 결집된 인간이다. 따라서 히틀러는 불합리 그 자체이고, 과거의 망령이며, 이제 곧 사라질 수밖에 없는 존재라는 게 웰스의 주장이다. 그러나 안타깝게도 과학은 곧 상식이라는 등식이 꼭 성립하는 것은 아니다. 인류의 문명화에 이바지할 것으로 기대를 모았으나 실제로는 폭탄을 떨어뜨리는 용도 외에는 쓰인 바가 거의 없는 비행기가 단적인 예다. 지금의 독일은 영국보다 훨씬 더 과학적이면서 훨씬 더 야만적이다. 웰스가 상상했으며 이루기 위해 노력했던 많은 것들이 나치 독일에 엄연히 존재한다. 질서, 계획, 국가적 과학 장려, 철강, 콘크리트, 비행기 등이 전부 거기 있으나, 석기시대에나 어울릴 사고방식에 복무하고 있다. 과학이 미신의 편에서 싸우고 있는 것이다. 하지만 웰스가 그런 사실을 받아들인다는 것은 확실히 불가능하다. 그의 저작들의 바탕이 되는 세계관과 상충되기 때문이다. 따라서 군벌과 주술사는 '꼭' 실패해야 하며, 나팔 소리에 가슴이 뛰지 않는 19세기 자유주의자 입장에서의 상식이

---

[7] '성인의 지배Rule of the Saints'란 그리스도 재림 이전에 네 왕국 또는 제국(아시리아, 페르시아, 마케도니아, 로마)이 세상을 지배할 것이라는 구약 다니엘서의 예언, 그리고 최후의 심판 때 제5왕국이 도래하여 성인들이 세상을 다스릴 것이라는 신약 요한계시록의 해석을 신봉하는 이들의 이상을 말한다. 영국에서는 의회파와 왕당파가 격렬히 대립하던 17세기 내전 당시, '제5왕국파Fifth Monarchists'라 불리는 사람들이 크롬웰의 편에 서서 속된 인간의 치세가 곧 끝날 것이라는 믿음 아래 급진적인 개혁을 주도한 바 있다.

지배하는 세계국가가 '꼭' 승리해야 하는 것이다. 배신과 패배주의의 문제를 제쳐두면, 히틀러는 위험한 존재일 '수가' 없다. 그가 결국 승리한다는 건 스튜어트 왕가의 복고처럼, 역사적으로 불가능한 역전일 터이기 때문이다.[8]

그런데 내 또래인 사람이 H. G. 웰스를 흠잡는다는 건 일종의 존속살인과도 같은 일이 아닌가? 이번 세기가 시작될 무렵 태어난 지적인 사람이라면 어떤 면에서 웰스의 작품이라고 해도 좋을 것이다. 일개 작가가, 특히 작품에 대한 반응이 당장 나타나는 '대중적인' 작가 한 사람이 얼마나 많은 영향을 끼칠 수 있는지는 의문이지만, 내가 보기에 1900년부터 1920년까지 영어로 책을 쓴 사람 중에 그만큼 어린 세대에게 큰 영향을 끼친 이는 없는 것 같다. 웰스라는 사람이 존재하지 않았다면, 우리 모두의 정신과 그에 따른 물리적 세계는 지금과는 확연히 달랐을 것이다. 웰스를 지금과 같은 피상적이고 부적절한 사상가로 만든 것은 사고방식의 획일성, 즉 그를 '에드워드 시대(1901~1910)'의 탁월한 선지자인 듯 보이게 한, 그 편향적 상상력이었다. 웰스가 젊었을 때는 과학과 반동의 대립이 틀린 게 아니었다. 사회를 지배하는 주체가 옹졸하고 극도로 호기심 없는 사람들, 탐욕스러운 사업가들, 아둔한 시골 대지주들, 주교들, 정치인들이었고, 그들은 호라티우스는 인용할 줄 알아도 대수代數에 대해서는 들어본 적이 없는 이들이었던 것이다. 과학은 어딘가 좀 남우세스러운 것이었고, 신앙은 필수적인 것이었다. 전통주의, 우둔함, 속물근성, 애국심, 미신, 전쟁 애호는

---

8 1688년 명예혁명으로 퇴위당한 스튜어트 왕가의 제임스 2세는 프랑스와 아일랜드를 떠돌며 재기를 노렸으나 결국 실패하고 말았다.

모두 같은 편에 속해 있는 듯했다. 때문에 그 반대의 관점을 제시해줄 누군가가 필요했다. 돌이켜보건대 1900년대에 어린 소년이 H. G. 웰스를 알게 된다는 건 경이로운 체험이었다. 당시 세계는 현학자와 성직자, 골프 치는 사람의 세상이었고, 미래의 고용주는 '성공 아니면 실패'라고 훈계하고, 부모는 자식의 성적인 발달을 체계적으로 왜곡하고, 아둔한 교사들은 상투적인 라틴어 인용구를 들이대며 바보스럽게 히죽거리던 세상이었다. 그런 시대에 다른 행성과 바다 밑에 사는 존재들에 대해 이야기해줄 수 있었던, 미래가 훌륭한 양반들이 상상하는 것과는 다르리란 걸 알았던 놀라운 사람이 있었던 것이다. 비행기라는 게 기술적으로 실현 가능한 것이 되기 10년도 전에, 웰스는 얼마 안 돼 인류가 날아다닐 수 있으리란 걸 알았다. 그것은 그 자신이 날 수 있기를 바랐기 때문이며, 그래서 연구가 그 방향으로 진행되리라 확신했던 것이다. 그런데 내가 어렸을 때는 라이트 형제가 실제로 그들의 기계를 지면 위로 59초 동안이나 들어올렸는데도, 하느님이 우리를 날게 해줄 작정이었으면 처음부터 날개를 달아줬을 것이라는 생각이 일반적으로 받아들여지던 시절이었다. 그러던 때라 웰스는 1914년까지만 해도 대체로 진정한 선지자였다. 신세계에 대한 그의 비전은 물리적으로 상세한 부분에서도 놀라울 정도로 많이 실현되었다.

그러나 그는 19세기에, 그리고 비군사적 국가와 계급에 속한 사람이었으므로, 그의 마음속에 여우 사냥을 하는 토리당원들[9]

---

9 Tories. 명예혁명에 반대하고 제임스 2세를 옹호하여 조직한 정당(Tory) 사람들. 토리당은 자유주의적인 휘그Whig당과 대립했고, 1832년에는 보수당으로 개명했다. 민주·개혁 세력에 반하여 전통적인 정치·사회조직을 옹호하는 보수주의자를 토리라 부르기도 한다.

로 상징되어 있는 구세계의 어마어마한 힘을 도무지 이해할 수 없었다. 그는 전에도 그랬듯이 지금도, 민족주의와 편협한 신앙과 봉건적 충성이 그가 온건하다고 말하려는 것보다 훨씬 더 강력한 힘이라는 사실을 이해하지 못하고 있다. 그들이 암흑시대에서 현재로 당당히 걸어 들어온 유령 같은 존재라면, 그들을 달래 과거로 돌려보내기 위해서는 적어도 강력한 마법이 필요하다. 파시즘을 가장 잘 이해한 것으로 보이는 사람들은 그 치하에서 고초를 겪었거나, 자기 안에 파시스트적 기질이 있는 이들이다. 『강철군화』는 투박하긴 하지만, 거의 30년 전에 쓰였어도 『멋진 신세계』나 『다가올 것들의 양상』보다 미래를 더 제대로 예견하고 있다.[10] 웰스 당대의 사람 중에 그를 바로잡을 수 있을 만한 작가를 하나 꼽아야 한다면, 키플링을 들 수 있을 것이다. 그는 완력과 군사적 '영광'의 사악한 목소리에 귀를 막지 않았다. 키플링이라면 히틀러에 대한 자신의 태도가 어떻든 간에 사람의 마음을 움직이는 그의 힘을 이해했을 것이며, 아마 스탈린에 대해서도 그랬을 것이다.[11] 웰스는 현대 세계를 이해하기에는 너무 온건하다. 그의 가장 큰 업적인 일련의 하위 중산층 소설들은 이전의 전쟁 때(1차대전) 갑자기 끊어져버렸다. 그리고 1920년 이후로 그는 종이용龍 죽이기에 재능을 허비하고 말았다. 하기야 허비할 재능이 있다는 것만 해도 어딘가.

---

10 『강철군화』(1908)는 잭 런던의 소설, 『멋진 신세계』(1932)는 올더스 헉슬리의 소설. 『다가올 것들의 양상The Shape of Things to Come』(1933)은 웰스의 공상과학소설로, 1933년부터 2106년까지의 미래를 예측하고 있으며, 웰스는 이 소설에서 인류 문제의 해결책으로 '세계국가' 신조를 강조하고 있다.

11 『정글북』(1894) 등으로 유명한 키플링(1865~1936)은 웰스보다 10년 일찍 세상을 떠났다.

스페인내전을 돌이켜본다

「Looking Back on the Spanish War」. 1942년 가을에 집필하여 1943년 여름에 그 일부를 〈뉴 로드〉지에 게재한 글. 2차대전 중이던 이 무렵 오웰은 BBC 국제방송 부문의 인도 담당 프로듀서로서 문학 관련 라디오 프로그램을 제작하고, 스페인내전 당시 민병대원으로 참전했던 경험을 살려 민방위대인 '홈 가드Home Guard'의 하사관으로 활동하기도 한다.

1

무엇보다 먼저 떠오르는 기억은 소리, 냄새, 그리고 사물의 표면 같은 물리적인 것들이다.

스페인내전에 대하여 내 기억에 가장 생생히 되살아나는 게 전선으로 파견되기 전 일주일 동안 받았던 이른바 훈련인 것은 묘한 일이다. 바르셀로나에 있는 거대한 기병대 병영에는 찬 바람이 술술 들어오는 마구간과 자갈 마당, 세면장의 얼음처럼 차가운 펌프, 형편없지만 금속 잔에 따라주는 와인 덕분에 참아줄 만한 식사, 바지 차림으로 장작을 패는 민병대 여성, 그리고 아침 점호가 있었다. 영국인인 나의 무미건조한 이름은 울림이 있는 스페인 이름들 사이에서 일종의 코믹한 간주곡 같았다. 마누엘 곤살레스, 페드로 아길라르, 라몬 페네요사, 로케 바야스테르, 하이메 도메네츠, 세바스티안 빌트론, 라몬 누보 보시. 내가 유독 이 이름들을 언급하는 건 하나같이 얼굴이 기억나는 사람들이기 때문이다. 인간쓰레기일 뿐이었지만 지금은 의심할 여지 없이 훌륭한 팔랑헤[1] 당원이 되어 있을 두 사람 외에는, 아마 모두 죽었을 것이다. 둘은 확실히 죽은 것으로 알고 있다. 제일 나이 많은 이가 25세쯤이었고, 제일 어린 사람은 16세였다.

전쟁 체험 중에 빠질 수 없는 것 하나는 사람한테서 풍겨 나오는 지독한 냄새를 결코 피할 수 없다는 점이다. 변소는 전쟁 문학에서 지나칠 정도로 써먹은 소재이긴 하지만, 우리 병영의

---

[1] Falange. 1933년에 프리모 데 리베라(1903~1936)가 조직한 파시스트 정당으로, 프랑코 정권(1939~1975) 치하의 유일한 합법 정당이었다.

간이 변소는 스페인내전에 대한 내 나름의 환상을 깨는 역할을 했기에 간단히 언급하기로 한다. 쪼그려 앉아 볼일을 봐야 하는 이 남유럽식 변소는 상태가 아무리 좋다 해도 역겨웠지만, 매끈매끈한 돌로 만든 것이라 아주 미끄러워서, 미끄러져 넘어지는 일이 없도록 조심하는 데만 집중하다 보면 일을 볼 수 있던 것이 장점이었다. 더구나 이 변소는 통풍이 전혀 안 되었다. 다른 역겨운 기억들도 많지만, 나는 변소 덕분에 처음으로 다음과 같은 생각을 할 수 있었고, 그 생각을 자주 곱씹었다. '그렇다. 파시즘에 맞서 민주주의를 수호하는 '명분' 있는 싸움을 위해 여기 모인 우리 혁명군 전사들. 하지만 우리 생활의 사소한 부분들은 부르주아 군대는 고사하고 감옥의 경우와 다를 바 없이 지저분하고 비천하다.' 이런 인상을 강화한 건 그 밖에도 많았다. 이를테면 참호 생활의 따분함과 동물적 허기, 남은 음식을 둘러싼 추잡한 음모, 수면 부족에 시달리는 사람들끼리 걸핏하면 벌이는 쩨쩨한 다툼 같은 것들 말이다.

군대 생활의 본질적인 공포는(군인이 되어본 사람이라면 군대 생활의 본질적 공포라는 게 무엇인지 알 것이다) 어떤 성격의 전쟁에서 싸우게 되었느냐에 따라 달라지는 것이 아니다. 예를 들어 군기 같은 것은 어떤 군대든 궁극적으로는 마찬가지다. 명령은 복종해야 하고 필요하면 처벌로써 강요되며, 장교와 사병의 관계는 상급자와 하급자의 관계일 수밖에 없다. 『서부전선 이상 없다』[2] 같은 책들에 나오는 전쟁 묘사는 대체로 정확하다. 총탄은 맞으면 아프고, 시체는 썩어 악취를 풍기고, 총격전이

---

2 『All Quiet on the Western Front』(1929). 1차대전에 참전했던 독일 작가 레마르크 Remarque(1898~1970)의 반전소설.

벌어지면 너무 무서워 바지를 적시기도 한다. 어떤 군대가 만들어지게 된 사회적 배경이 그 군대의 훈련과 전술과 전반적인 능력에 영향을 끼치며, 정의의 편이라는 의식이 사기를 북돋우는 것도 사실이다. 물론 그런 의식은 참전 군인들보다는 민간인들에게 더 큰 영향을 미치긴 한다. (사람들은 전선 가까이 있는 군인들이 대개는 너무 배고프거나 두렵거나 추워서, 혹은 무엇보다도 너무 피곤해서 전쟁의 정치적 기원 따위는 개의치 않게 된다는 것을 잊어버린다.) 하지만 자연의 법칙이 '적'군이라고 해서 유보되지 않는 것은 '백'군의 경우와 마찬가지다. 이는 이고 폭탄은 폭탄이다. 전쟁의 대의명분이 어쩌다 옳은 것이라 해도 말이다.

그렇다면 이토록 뻔한 사실을 왜 굳이 지적해야 하는가? 영국과 미국의 많은 지식인들이 당시에 그것을 몰랐고, 지금도 모르는 게 분명하기 때문이다. 지금 우리의 기억만으로는 충분하지 못하니 약간 거슬러 올라가 〈뉴 매스〉나 〈데일리 워커〉의 신문철을 들춰내어, 당시의 우리 좌파들이 퍼뜨리던 낭만적인 전쟁 예찬론을 찾아보라. 하나같이 얼마나 진부하고 상투적인가! 상상력이라곤 없는 그 무감각이란! 마드리드의 폭격을 대하는 런던의 태평스러움은 또 어떤가! 지금 나는 우파 역선전逆宣傳 전문가나 런[3], 가빈 같은 부류들에 대해 왈가왈부하는 게 아니다. 그들은 거론할 가치조차 없다. 그보다 내가 언급하고자 하는 이들은, 몇몇 이름만 바꾸면 1918년의 〈데일리 메일〉지에 딱 들어맞는 얘기를 들먹이며 지난 20년 동안 전쟁의 '영

---

3 Arnold Lunn(1888~1974). 영국의 유명한 스키어, 등산가, 작가. 감리교 신자였으나 가톨릭으로 개종한 뒤, 스페인내전 당시에 우파를 적극 옹호했다.

광'에, 잔학행위에, 애국심에, 심지어 신체적인 용기에 조롱과 야유를 퍼부어온 사람들이다. 영국의 지식인들이 전념한 게 하나 있다면, 전쟁의 정체를 폭로하는 것, 달리 말해 전쟁은 온통 시체와 변소뿐이며 어떤 긍정적인 결과도 낳지 못한다는 이론을 설파하는 것이었다. 그런데 같은 사람들이 1933년엔 경우에 따라 조국을 위해 싸울 수도 있다는 사람을 동정하듯 비웃었고, 1937년엔 갓 부상을 입은 전사가 전쟁터로 돌려보내달라고 애원했다는 〈뉴 매스〉의 기사가 과장인 것 같다는 사람을 트로츠키 파시스트라 비난했던 것이다. 그리고 좌파 지식인들은 '전쟁은 지옥'이라는 입장에서 '전쟁은 영광'이라며 입장을 바꾸면서 모순을 느끼지 않았을 뿐만 아니라 중간 단계를 거치지도 않았다. 나중에 그들 중 상당수는 마찬가지로 극단적인 전환을 몇 번이나 감행했다. 지식층의 중핵이라 할 만한 이들 중 상당수가 1935년엔 '왕과 조국'[4] 선언을 인정했고, 1937년엔 독일에 대한 '강경 노선'을 열광적으로 외쳤으며, 1940년엔 '인민회의'[5]를 지지했고, 지금은 '제2전선'[6]을 요구하고 있다.

오늘날 일반 대중의 견해가 왔다갔다하는 묘한 현상은, 말하자면 수도꼭지 열리고 닫히듯 정서가 돌변하는 것은 신문과 라

---

4 옥스퍼드 대학교 학생회에서 주도한 반전평화운동으로, '왕과 조국', 즉 영국 정부의 전쟁을 돕지 않겠다고 한 선언.

5 People's Convention. 영국 공산주의자들 중 일부가 노동당과 노조에 수립하자고 제안한 인민정부. 당시 정부에 대해 소련을 반대하고 전쟁으로 이익을 보는 세력과 부자들만을 위한 집단이라 비판하고 대항 세력을 만들자는 운동이었으나, 노동당과 공산당의 반대로 좌절되었다.

6 Second Front. 스탈린이 1942년부터 독일의 러시아 압박을 완화하기 위해 처칠과 루스벨트에게 요구한 유럽 대륙 또 하나의 전선(주 전선은 유럽 동·남·북부를 아우르는 동부전선). 영국과 미국은 끝까지 반대하다 1944년 노르망디 상륙작전을 시작으로 제2전선을 허용했다.

디오의 최면 탓이다. 한편 지식인들의 경우는 상당 부분 돈과 한낱 신체적 안전 때문이 아닌가 싶다. 그들은 상황에 따라 '주전主戰' 쪽이 되기도 하고 '반전' 쪽이 되기도 하는데, 어느 쪽이든 그들의 머릿속에는 전쟁에 대한 실제적인 그림이 없다. 물론 그들은 스페인내전에 대해 열광하면서, 사람들이 죽어가고 있으며 죽는다는 게 불쾌한 일이란 건 알았다. 하지만 스페인 공화군 장병의 전쟁 체험은 아무튼 품위가 떨어지는 게 아니라고 생각했다. 웬일인지 이 전쟁의 변소는 악취가 덜 나고, 군기는 덜 짜증스럽다고 본 것이다. 그들이 정말 그렇게 믿었는지는 〈뉴 스테이츠먼〉을 슬쩍 들여다보기만 해도 알 수 있다. 그리고 그것과 쏙 빼닮은 허튼소리가 작금의 붉은 군대에 대해 쓰이고 있는 것이다. 우리는 너무 문명화되어 명백한 사실을 잘 이해하지 못하는 경향이 있다. 진실은 아주 단순한 것이기 때문이다. 살아남으려면 종종 싸워야만 하고, 싸우자면 자신을 더럽혀야 한다. 전쟁은 악이며, 차악次惡인 경우도 흔히 있다. 칼을 드는 자는 칼로 망하며, 칼을 들지 않는 자는 악취 진동하는 병으로 망하는 것이다. 이런 케케묵은 소리를 굳이 쓸 필요가 있다는 사실 자체가, 그간 임대소득이나 이자로 먹고사는 이들의 자본주의가 우릴 어떻게 만들었는지 알 수 있게 해준다.

2

조금 전에 언급한 것과 관련하여 잔학행위에 대한 부가 설명을 해야겠다.

스페인내전에서의 잔학행위에 대하여 내가 가진 직접적인 증거는 별로 없다. 내가 아는 것은 공화파가 저지른 잔학행위가 좀 있는가 하면, 파시스트가 저지른 건(또 지금도 저지르고 있는 건) 훨씬 많다는 점이다. 그런데 당시에도 그랬고, 그 이후로도 줄곧 인상적이었던 것은, 잔학행위를 믿고 안 믿고 하는 것이 순전히 정치적인 편향에 따라 좌우된다는 사실이다. 모두가 증거 조사에는 전혀 신경 쓰지 않고, 적의 잔학행위는 믿으면서 자기편의 것은 믿지 않는 것이다. 최근에 나는 1918년부터 지금까지 있었던 잔학행위를 표로 만들어본 적이 있다. 결과는 잔학행위가 어디에서도 발생하지 않은 해가 없고, 같은 얘기를 좌파와 우파가 일제히 믿은 경우도 거의 없다는 것이었다. 게다가 더 이상한 건, 정치적 풍경이 바뀌기만 하면 상황이 언제든 갑자기 역전될 수 있으며 어제 확실한 사실로 입증된 만행이 오늘은 터무니없는 거짓말이 되어버릴 수 있다는 점이었다.

지금의 전쟁에서 우리는 우리의 '잔학행위 캠페인'이 대부분 전쟁 시작 전에 이루어졌고, 그 주체가 대개 자신들의 의심 많은 성향을 자랑스럽게 여기던 좌파였다는 묘한 상황에 놓여 있다. 같은 기간에 우파는(1914~1918년 전쟁 당시 잔학행위 소문을 적극적으로 퍼뜨렸던 이들이었다) 나치 독일을 뻔히 지켜보면서도 거기에 무슨 잘못이 있다는 건 묵살해버렸다. 그러다 전쟁이 터지자마자 어제의 친나치주의자들은 끔찍한 얘기들을 반복했고, 반나치주의자들은 게슈타포가 정말 있기나 한지 의심하는 입장으로 돌변했다. 그 원인은 독소불가침조약만은 아니었다. 전쟁 전에 좌파가 영국과 독일은 절대 싸우지 않을 것이니 독일과 영국을 동시에 반대할 수 있다고 착각하고 있었던 것도, 아울러 역겨운 위선과 독선이 가득한 공식적인 전쟁 선전 때문에 생각 있는 사람들이 적을 동정하게 된 경향도 부분적으로 그 원인이 되었다. 1914~1918년 전쟁에서의 체계적인 거짓 선전 때문에 우리가 치른 대가 중에는, 그 뒤에 이어진 지나치게 친독일적인 반응도 있었다. 1918년부터 1933년까지는 좌파 그룹 내에서 독일이 전쟁에 대해 일말의 책임이라도 있다는 주장을 하면 야유를 당하는 분위기였다. 그 시절 베르사유조약에 대한 공공연한 비난의 소리들 중에 나는 단 한 번이라도 "만일 독일이 이겼다면 어떻게 됐을까?"라는 질문이 논의는커녕 언급조차 되는 걸 들어본 적이 없다. 잔학행위의 경우도 마찬가지다. 진실은 적이 말하는 순간 거짓이 되어버리는 것 같다. 최근에 나는 1937년에 일본이 난징에서 저지른 학살에 관해서는 무슨 얘기든 곧이곧대로 받아들이던 사람들이, 1942년 홍콩에서 벌어졌다는 똑같은 일[7]에 대한 얘기는 믿지 않으려고 한다는 걸 알게 되었다. 심지어 영국 정부가 관심을 보이자 난징대학살도 돌이켜보건대 거짓이었다고 보는 경향마저 있었다.

 그런데 안타깝게도 잔학행위에 대한 진실은 그것에 대해 거짓을 말하고 그것을 선전 도구로 이용하는 것보다 훨씬 더 큰 문제다. 사실, 그런 일들은 실제로 벌어진다. 회의론의 근거로 흔히 제시되는 것, 즉 전쟁 때마다 그런 끔찍한 얘기들이 되풀이된다는 사실은 그런 얘기들이 진실일 가능성을 더 높여줄 뿐이다. 그것들이 널리 퍼진 공상 같아 보인다 하더라도, 전쟁은

---

[7] 1941년 12월에 일본이 영국 치하의 홍콩을 점령한 후 많은 학살과 강간 사례가 있었다.

그런 일이 실제로 일어날 수 있는 기회를 만들어준다. 그리고 이제는 더 유행할 만한 말이 아니지만, 대체로 '백군'이라고 부를 만한 쪽이 '적군'보다 훨씬 더하고 많은 잔학행위를 저지른다고 해도 별 무리가 없는 것이다. 이를테면 일본인들이 중국에서 저지른 행위에 대해서는 조금도 의심할 바가 없다. 지난 10년 동안 파시스트들이 유럽에서 저지른 갖은 만행에 대해서도 의심할 여지는 별로 없다. 증언의 양은 어마어마하며, 그중 상당량은 독일의 언론과 라디오에서 나오고 있다. 그런 일들이 실제로 벌어졌으니, 우리는 거기에 주목할 필요가 있다. 그런 일이 일어났다고 핼리팩스 경이 말한다 해도, 사실은 사실이다. 중국의 여러 도시에서 벌어진 강간과 학살, 게슈타포의 지하 감방에서 벌어진 고문, 연로한 유대인 교수들이 오물 구덩이에 처박힌 일, 스페인에서 피란민 행렬에 기관총이 난사된 일―이 모든 건 실제로 일어난 일이다. 〈데일리 텔레그래프〉 지가 5년이 지나서야 발견한 일이라고 해도, 일어나긴 한 사건인 것이다.

3

두 가지 기억이 있는데, 첫 번째 기억은 특별한 바가 없겠지만, 두 번째 것은 혁명기의 분위기를 어느 정도 간파할 수 있게 해주리라 생각한다.

어느 이른 아침, 나는 다른 대원 하나와 우에스카 외곽의 참호에 주둔하고 있는 파시스트들을 저격하러 나섰다. 그들의 전선은 우리 쪽과 300야드 떨어져 있었다. 우리의 고물 총으로는 정확히 맞힐 수 없는 거리였지만 100야드 정도까지 근접하면 운이 좋을 경우 방어벽 틈새로 누굴 저격할 수도 있었다. 아쉽게도 양 진영 사이의 지대가 도랑 몇 개 외에는 매복할 곳이라곤 없는 평평한 사탕무 밭이라, 우리는 아직 어두울 때 접근하여 동이 터서 꽤 밝아지기 전까지 돌아올 필요가 있었다. 이번엔 파시스트가 한 명도 나타나지 않아서, 우리는 너무 오래 머물다가 동틀 무렵까지 있게 되었다. 우린 도랑에 들어가 있었고, 우리 뒤로는 토끼 한 마리 숨을 곳 없는 평지가 200야드나 펼쳐져 있었다. 우리가 계속해서 그 200야드 거리를 내달릴 기회를 노리던 차에, 갑자기 파시스트 참호 쪽에서 소란이 일더니 호각 소리가 울렸다. 아군 비행기 몇 대가 다가오고 있었던 것이다. 그 순간 장교에게 보고를 하려는 듯한 병사 하나가 참호에서 뛰쳐나와 자신을 완전히 노출시키며 방어벽 위를 내달리기 시작했다. 그는 반쯤 벗은 상태였고, 양손으로 바지를 추스르며 달리고 있었다. 나는 그를 쏘지 않기로 했다. 내 사격술이 변변찮아 100야드 밖에서 달리는 사람을 맞힐 수 있을 것 같지 않았고, 파시스트들이 비행기에 정신이 팔려 있는 사이 우리 참호 쪽으로 돌아갈 생각만 주로 한 것도 사실이었다. 그렇긴 하되 바지춤을 추스르는 광경 때문에 총을 쏠 수 없었던 것도 있었다. 나는 '파시스트'를 쏘러 거기까지 갔던 것이다. 바지를 추스르며 내닫는 병사는 '파시스트'가 아니었다. 그는 나 자신과 다를 바 없는 같은 인간으로 보였으니, 그런 사람을 쏘고 싶지는 않았던 것이다.

이 사건이 말해주는 바는 무엇일까? 어떤 전쟁에서든 늘 일

148

어나는 유의 일이니 별다를 것도 없다고 해야 할 것이다. 하지만 또 하나의 기억은 다르다. 이 이야기로 읽는 분들을 감동시킬 수 있을 것 같지는 않다. 하지만 특정 시점의 도덕적인 분위기를 전형적으로 나타내주는 사건이었고, 내게는 감동적이었다는 점만은 믿어도 좋을 것이다.

내가 병영에 있을 때 입대한 신병들 중에 바르셀로나 뒷골목 출신으로 거칠어 보이는 소년이 하나 있었다. 그는 남루한 차림에 맨발이었다. 또 피부색이 대단히 짙었고(아랍 혈통이라고 장담할 수 있다) 유럽인들에게서 잘 볼 수 없는 제스처를 자주 썼다. 일례로 팔을 쭉 뻗고 손바닥은 수직으로 세우는 몸짓을 자주 했는데, 인도인들에게서 흔히 볼 수 있는 동작이었다. 하루는 그 무렵에도 아주 헐값으로 살 수 있었던 시가 한 묶음이 내 침상에서 사라졌다. 나는 꽤 어리석게도 그 사실을 장교에게 알렸고, 앞서 언급했던 망나니 두 녀석 중 하나가 당장 앞으로 나서더니 자기 침상에서 25페세타가 없어졌다는 못 믿을 소리를 했다. 장교는 무슨 이유에선지 당장 피부색 짙은 그 소년을 도둑으로 지목했다. 민병대는 절도에 대해 상당히 엄했으며, 원칙상으론 총살도 가능했다. 불쌍한 소년은 순순히 위병실로 따라가더니 몸수색에 응했다. 내게 가장 충격적이었던 건 그가 자신의 결백을 주장하려는 시도 자체를 거의 하지 않았다는 점이었다. 그런 상황을 숙명적으로 받아들이는 그의 태도에서, 나는 그가 얼마나 지독한 가난 속에 살아왔는지를 알 수 있었다. 장교는 그에게 옷을 다 벗으라고 명령했다. 그러자 그는 보는 내가 굴욕을 느낄 정도로 순순히 자기 옷을 다 벗더니 뒤지라고 내주었다. 물론 시가도 돈도 발견되지 않았다. 그가 훔친 게 아니었던 것이다. 무엇보다도 괴로웠던 건 그가 결백이 입증되었음에도 여전히 부끄러워하는 모습이었다. 그날 밤 나는 그를 영화관에 데려갔고, 브랜디와 초콜릿도 사주었다. 하지만 그 역시 괴로운 일이었다. 남의 상처를 돈으로 지우려 했으니 말이다. 몇 분 동안 나는 그가 도둑일지도 모른다고 생각했고, 때문에 그가 받은 상처는 씻을 수 있는 게 아니었다.

그로부터 몇 주 뒤, 전선에서 나는 내 분대원 하나 때문에 곤란을 겪었다. 그 무렵 나는 '카보', 즉 상병으로서 열두 명을 지휘하는 입장이었다. 전쟁은 정체 상태였고, 지독히도 추웠으며, 주로 할 일은 초병들을 깨어 있게 하고 자기 초소에 있도록 하는 것이었다. 하루는 한 병사가 갑자기 어느 초소로는 가지 않겠다고, 그곳은 적군의 총격에 너무 잘 노출되는 곳이라고 했다. 나는 나약한 편인 그를 붙들고서 초소로 끌고 가기 시작했다. 그러자 다른 사람들이 나에게 날 선 감정을 드러냈다. 아마도 스페인 사람들이 우리보다 제 몸에 손대는 걸 싫어하기 때문이었지 싶다. 나는 당장 고함을 지르는 사람들에게 둘러싸이고 말았다. "파시스트야! 파시스트! 그 친구 놔줘! 여긴 부르주아 군대가 아니란 말야, 파시스트!" 뭐 이런 식이었다. 나는 형편없는 스페인어 실력으로 최선을 다해 명령은 복종해야 하는 것이라며 맞받아쳤고, 소란은 엄청난 논쟁으로 발전했다. 혁명군에선 그런 논쟁으로 규율을 하나하나 만들어나가고 있었던 것이다. 내가 옳다고 하는 이들도 있었고 틀렸다고 하는 이들도 있었다. 그런데 제일 중요한 건 가장 열심히 내 편을 들었던 이가 바로 그 피부색 짙은 소년이었다는 점이다. 그는 무슨 일이 벌어졌는지 보자마자 무리 속으로 뛰어들어 나를 열렬히 옹호하기 시작했다. 그는 인도인 같은 묘하고 투박한 몸짓을 하며 외쳐댔다. "이 사람만큼 좋은 상병이 또 어디 있어요!(노 아이 카보 코모 엘!)" 나중에 그는 내 분대에 들어오기 위해 전속 신청을 하기까지 했다.

이 사건이 왜 나를 애틋하게 할까? 정상적인 상황이라면 이 소년과 나 사이에 좋은 감정이 다시 생긴다는 게 불가능했을 터이기 때문이다. 내가 만회를 해보려고 했다 해도, 아무튼 나 때문에 도둑으로 몰려 당한 모욕감이 풀리기는커녕 더 사무쳤을 것이다. 안전하고 문명화된 생활의 결과 중 하나는 원초적이고 중요한 감정들을 역겨운 것으로 만들어버리는 지나친 민감함이다. 그래서 아량이 비열함처럼 불쾌하게 느껴지고, 감사가 배은망덕처럼 혐오스럽게 느껴지는 게 가능한 것이다. 그러나 1936년 스페인에서 우리는 평범한 시간을 보내고 있지 않았다. 너그러운 감정과 제스처가 평소보다 쉬운 때였던 것이다. 비슷한 경우를 여남은 가지는 댈 수 있는데, 남들이 딱히 이해할 수 있는 것이라기보다는 내 마음속에 있는 무엇, 즉 당시의 특별한 분위기, 남루한 옷과 빛깔 화사한 혁명 포스터, 누구한테나 쓸 수 있는 '동지'라는 단어, 얇은 종이에 찍어 푼돈에 팔던 반파시스트 가요, 무지한 사람들이 중요한 말이겠거니 해서 딱할 정도로 자주 쓰던 '프롤레타리아의 국제적 연대' 같은 말과 긴밀히 어우러져 있는 일들이다. 당신이라면 누구 물건을 훔쳤다는 의심을 받아 그 사람이 보는 앞에서 수치스럽게 몸수색을 당하고서도, 그 사람에게 친근감을 느끼고 언쟁이 벌어졌을 때 그 사람 편을 들 수 있겠는가? 그럴 수 없을 것이다. 하지만 둘 다 도량이 커지는 체험을 한다면 가능할지도 모른다. 그것은 혁명의 한 부산물이었다. 단, 이 경우에 혁명은 시작일 뿐이었고, 결국 실패할 게 뻔하긴 했지만.

4

스페인 공화국 정당들 간의 권력투쟁은 불행한 일이며, 나로서는 지금에 와서 되살리고 싶지 않은 지난날의 기억이다. 여기서 언급하는 이유는 다른 점을 말하기 위해서다. 공화국 정부 쪽 내부 문제에 관하여 읽은 게 있다면 아예 믿지를 말거나 믿어도 아주 조금만 믿으라는 것이다. 그것은 출처가 어디든 간에 전부 당의 선전, 즉 거짓말이다. 전쟁의 대체적인 진실은 꽤 단순하다. 스페인의 부르주아들이 노동운동을 분쇄할 기회를 발견하여 잡았고, 나치와 세계 각지에 있는 반동 세력의 도움을 받았던 것이다. 그보다 더 분명한 사실이 규명될 수 있을지 의문스러울 정도다.

나는 아서 쾨슬러에게 "역사는 1936년에서 멎었다"는 말을 한 기억이 있다. 내 말을 바로 알아듣겠다는 듯 그는 고개를 끄덕였다. 우리 둘 다 전체주의 일반에 대해 생각하고 있었지만, 특히 스페인내전을 염두에 두고 있었던 것이다. 나는 꽤 어릴 때부터 어떠한 사건도 신문에 정확히 보도될 수 없다는 점에 주목한 바 있었는데, 그러다 스페인에 가서 처음으로 신문이 사실과는 아무 상관도 없는 것들을 보도하는 것을 목격하게 되었다. 그것들은 일상적인 거짓말에서 은연중에 내비치기 마련인 최소한의 관련성조차 없는 보도였다. 나는 싸움이 벌어지지도 않았는데 대단한 전투가 있었다고 보도하는 것을 보았고, 수백 명이 목숨을 잃었는데도 완전히 침묵하는 것도 보았다. 용감하게 싸운 부대원들을 비겁자나 반역자로 몰아세우는 것도 보았고, 총성 한번 못 들어본 이들을 상상의 승리를 거둔 영웅으로 마구 치켜세우는 것도 보았다. 또한 런던의 신문들이 그런 거짓을 그대로 옮겨 적는 것도 보았고, 열성적인 지식인들이 일어난 적도 없는 사건에다 감정적으로 살을 붙이는 것도 보았다. 달리 말해 나는 역사가 실제 일어난 대로가 아니라, 이런저런 '당의 노선'에 따라 일어났어야 하는 대로 기록되는 것을 본 것이다. 그런데 어찌 보면 그런 일들은 모두 충격적이긴 해도 그리 중요한 게 아니었다. 그것들은 부차적인 문제, 즉 코민테른[8]과 스페인 좌파 정당들 간의 권력투쟁, 그리고 스페인에서 혁명이 일어나는 것을 막으려는 러시아 정부의 노력과 관련이 있었다. 단, 그렇다고 스페인 정부가 세계에 제시한 전쟁의 큰 그림이 거짓인 건 아니었다. 중요한 문제는 그 그림이 말하는 것이 무엇이냐는 점이었다. 그러면 파시스트와 그 지지 세력의 경우, 그만큼이라도 진실에 가깝게 접근할 수 있었을까? 과연 그들이 자신들의 진짜 목적을 언급이나마 할 수 있었을까? 그들이 묘사한 전쟁은 순전히 공상이었는데, 그들로선 그 상황에서 다른 방법이 없었을 것이다.

나치와 파시스트들에게 열려 있는 선전 노선은 자신들을 러시아의 독재 정부로부터 스페인을 구하는 기독교 애국지사로 표현하는 것뿐이었다. 그러자면 스페인 공화국 정부 시절은 긴

---

[8] Comintern. 1919년에 레닌이 창설한 국제 공산당 연합. 스탈린에 의해 변질되었다가 1943년에 해체되었다. 제3인터내셔널 Third International이라 불리기도 했다.

학살극에 불과했다는 식으로 선전할 필요가 있었고(영국의 〈가톨릭 헤럴드〉나 〈데일리 메일〉을 보면 되는데 이 둘은 유럽 대륙의 파시스트 언론에 비하면 어린애 장난 수준이었다), 러시아의 개입 수준을 엄청나게 과장할 필요도 있었다. 전 세계의 가톨릭 및 반동 언론이 쌓아 올린 거대한 거짓의 피라미드 중에 한 부분만 언급하기로 하자. 그것은 스페인에 있었다는 러시아 군대 얘기다. 프랑코의 열성 당원들은 모두 그것을 사실로 믿었던바, 러시아군 병력 추정치는 거의 50만 명에 달했다. 하지만 스페인에 러시아 군대는 없었다. 비행사와 그 밖의 기술자가 기껏해야 몇백 명 정도 있었을 뿐, 군대는 확실히 없었다. 스페인 사람 수백만은 말할 것도 없고 스페인에서 싸운 수천 명의 외국인이 증인이었다. 하지만 그들의 증언은 프랑코의 선전가들(공화국 정부에 발을 들여놓았던 이는 단 한 명도 없었다)에게 아무 영향도 끼치지 못했다. 또한 이 선전가들은 독일과 이탈리아의 언론들이 자국 '대군'의 무공을 공공연히 자랑하는 상황에서도, 독일과 이탈리아가 개입한 사실을 전혀 인정하려 하지 않았다. 여기서는 단 하나만 언급했으나, 전쟁에 대한 파시스트의 선전이란 게 전부 그런 수준이었던 것이다.

  이런 것들이 나로서는 대단히 두렵다. 이 세상에서 객관적인 진실이라는 개념 자체가 사라져간다는 느낌이 들곤 하기 때문이다. 결국엔 그런 거짓들이, 아니면 그 비슷한 거짓들이 역사가 되어버릴 개연성이 다분한 것이다. 스페인내전의 역사는 어떤 식으로 기록될까? 프랑코가 권좌를 계속 유지한다면 그가 지목한 이들이 역사책을 쓸 것이고, (위에서 언급한 대로) 있지도 않았던 러시아 군대가 역사적 사실이 될 것이며, 학생들은 앞으로 그렇게 배우게 될 것이다. 반대로 파시즘이 결국 패배하여 꽤 가까운 미래에 스페인에서 모종의 민주 정부가 회복된다면, 그때는 전쟁의 역사가 어떻게 기록될까? 프랑코에 대해서는 어떤 기록이 남게 될까? 공화국 정부 쪽에서 가지고 있는 기록들까지 복구된다 하더라도, 전쟁에 관한 참된 역사가 쓰일 수 있을까? 이미 지적한 바와 같이 공화국 정부 역시 상당한 거짓을 선전했다. 반파시스트의 시각으로 전쟁에 관하여 큰 틀에서 진실한 역사를 쓸 수는 있겠지만, 세세한 부분에선 신빙성이 떨어지는 편파적인 역사가 될 것이다. 아무튼 결국엔 '모종'의 역사가 기록될 터인데, 전쟁을 실제로 기억하는 사람들이 다 죽고 나면 그 역사가 보편적으로 받아들여질 것이다. 그리고 온갖 실리적 목적을 위해 거짓은 사실이 되어 있을 것이다.

기록된 역사 대부분은 어떤 식이든 거짓이라는 말이 유행인 건 나도 안다. 나는 역사가 대체로 부정확하고 편향된 것이라는 말을 기꺼이 믿는 쪽이다. 한데 우리 시대에 와서 특이한 점은, 역사가 진실하게 기록될 '수도' 있다는 개념 자체를 포기한다는 것이다. 과거에는 사람들이 의도적으로 거짓말을 하거나, 자기 글을 무의식적으로 윤색하거나, 실수가 많을 수밖에 없다는 걸 잘 알면서도 진실을 애써 추구했다. 단, 어느 쪽이든 '사실'은 존재하며 어느 정도 밝혀낼 수 있다는 믿음을 갖고 있었다. 그리고 실제로도 거의 모든 사람들이 동의할 수 있을 만한 사실이 늘 상당 부분 있었다. 예컨대 지난 전쟁의 역사를 『브리태니커 백과사전』에서 찾아보면 많은 자료의 출처가 독일임을 알 수 있다. 영국과 독일의 역사학자들은 많은 문제들에 대해,

심지어 기본적인 것들에 대해서도 의견이 크게 다르겠지만, 그래도 어느 쪽도 상대에게 이의를 제기하기 어려운, 말하자면 중립적인 사실도 상당량일 것이다. 그런데 모든 인류가 하나의 종種임을 암시하고 있는 이 합의된 공통의 기반, 바로 이것을 전체주의가 없애려고 하는 것이다. 나치의 이론은 '진실'이란 게 존재한다는 걸 명시적으로 부인하고 있다. 이를테면 '과학'이라는 것도 없다. '독일 과학', '유대인 과학' 같은 것들이 있을 뿐이다. 이런 사고방식에는 '지도자'가, 또는 어떤 집권 세력이 미래뿐만 아니라 '과거'도 통제하는 악몽 같은 세계를 만들고자 하는 목적이 함축되어 있다. '지도자'가 이러이러한 사건에 대해 '일어난 적 없다'고 말하면 그 사건은 일어난 적이 없는 게 되고, 그가 2 더하기 2는 5라고 말하면 2 더하기 2는 5가 되는 것이다. 이런 전망이 내게는 폭탄보다 훨씬 두렵다. 그리고 지난 몇 해 동안 우리가 겪은 일들을 생각해볼 때, 그건 경솔한 표현이 아니다.

하지만 전체주의의 미래에 대한 전망 때문에 너무 두려워하는 건 어쩌면 유치하거나 병적인 태도가 아닐까? 그렇다면 전체주의의 세계를 실현될 수 없는 악몽으로 무시해버리기 전에, 1925년에는 지금의 세상이 실현될 수 없는 악몽 같았으리란 점을 기억해볼 일이다. 검은색이 내일은 흰색이 될 수 있고 어제의 날씨가 명령에 따라 바뀔 수도 있는 변화무쌍한 세상에 대비할 안전장치는, 사실상 두 가지밖에 없다. 하나는 우리가 아무리 진실을 부인한다 하더라도, 진실은 우리 배후에 엄연히 존재하듯 살아 있어서, 우리가 그 진실을 모독한다 해도 군사력이 약화되는 경우는 발생하지 않게 되는 것이다. 또 하나는 지구상의 일부가 정복되지 않고 남아 있는 한, 자유주의적 전통이 명맥을 유지하게 되는 것이다. 그런데 파시즘 또는 여러 파시즘들의 연합체가 온 세상을 정복할 경우, 이 두 가지 조건은 더 이상 존재하지 않게 된다. 영국에 사는 우리는 그런 유의 위험을 과소평가하는 경향이 있다. 우리의 전통과 과거의 안전으로 인해, 결국엔 모든 게 잘될 것이며, 가장 두려워하는 일은 절대 실제로 일어나지 않는다는 감상적인 믿음을 갖게 된 까닭이다. 수백 년 동안 결국 정의가 반드시 승리하고 마는 문학에서 자양분을 얻어온 우리는, 악은 언제나 결국 저절로 망한다는 본능에 가까운 신념을 가지고 있다. 예를 들어, 평화주의는 대체로 이런 확신에 기반을 두고 있다. 악에 저항하지 말라, 아무튼 절로 망할 테니, 하는 믿음이 있는 것이다. 하지만 어째서 그렇다는 것인가? 그렇게 된다는 증거라도 있는가? 근대 산업국가 중에 외세의 군사력에 정복당한 경우 말고 스스로 무너진 사례가 하나라도 있는가?

    노예제의 부활에 대해 한번 생각해보자. 노예제가 유럽에서 되살아나리라는 상상을 20년 전의 누가 할 수 있었겠는가? 노예제는 우리 턱밑까지 복원된 게 사실이다. 유럽과 북아프리카 전역의 강제노동 수용소에서 폴란드인과 러시아인, 유대인, 그리고 온갖 인종의 정치범이 도로 건설이나 습지 배수시설 현장에서 중노동을 하고 있다. 죽지 않을 정도의 식량만 배급하며 강요하는 이 노역은 다름 아닌 노예노동이다. 그나마 나은 점이 있다 해봐야 노예를 개별적으로 사고파는 건 아직 허용되지 않는다는 정도다. 그리고 다른 면에서는(예컨대 가족의 파탄 같은 것) 아메리카 면화농장의 경우보다 조건이 열악하다고 해도 좋을 것이다. 어떤 전체주의적 지배가 계속되는 동안은 이런 상황이 변하리라고 생각할 근거가 없다. 우리는 신비롭게도 노예제를 기반으로 하는 체제는 '반드시' 붕괴하고 만다는 생각을 갖고 있기 때문에, 이런 상황이 미치는 영향을 충분히 이해하지 못한다. 그렇다면 고대 노예 제국들의 존속 기간과 근대 국가의 수명을 비교해볼 일이다. 노예제를 기반으로 한 문명들은 자그마치 4000년이라는 세월 동안 지속되었다.

고대에 대해 생각해볼 때 섬뜩한 점 하나는, 대대로 등에다 문명을 짊어져온 수억 명의 노예들에 대해서는 어떤 기록도 남지 않았다는 사실이다. 우리는 그들의 이름조차 모른다. 그리스와 로마의 역사를 통틀어 우리에게 알려진 노예의 이름이 얼마나 되는가? 나는 기껏해야 둘 아니면 셋을 떠올릴 수 있을 뿐이다. 하나는 스파르타쿠스고 또 하나는 에픽테토스다.[9] 그리고 대영박물관 로마 전시실에 가보면 바닥에 '펠릭스 페시트'라는 제작자 이름이 새겨진 유리 항아리가 있다. 나는 가련한 펠릭스를 상상 속에 생생히 그려보곤 하는데(머리는 붉고 목에는 쇠고리를 찬 갈리아인 말이다) 그는 실은 노예가 아니었는지도 모른다. 그렇다면 내가 이름을 확실히 아는 노예는 단 둘뿐이며, 나보다 더 많이 아는 사람은 아마 드물 것이다. 그 나머지는 완전한 침묵의 영역 속으로 들어가버렸다.

---

9 Spartacus(기원전 109?~71)는 로마 공화정 시대 최대의 노예 반란을 이끈 지도자. Epiktetus(55?~135?)는 그리스 출신의 스토아 철학자로 절제와 우애를 강조했다.

5

 프랑코에 대한 저항의 중추는 스페인 노동계급, 특히 도시의 노동조합원들이었다. 장기적으로 볼 때(장기적으로 봐야만 그렇다는 걸 명심하는 게 중요하다) 노동계급은 파시즘의 적들 중에서 가장 신뢰할 만하다. 그것은 단지 노동계급이 사회를 인간답게 재건함으로써 가장 많은 이익을 볼 수 있기 때문이다. 또한 노동계급은 다른 계층이나 부류와는 달리 계속해서 매수할 수 있는 대상도 아니다.

 이렇게 말하는 것은 노동계급을 이상화하고자 함이 아니다. 러시아혁명에 따른 오랜 투쟁에서 육체노동자들은 결국 패배했으며, 그게 그들 자신의 잘못이었다고 생각하지 않을 수가 없다. 시대와 나라를 불문하고 조직화된 노동계급 운동은 언제나 공공연하고 불법적인 폭력에 의해 분쇄됐으며, 이론적 연대로 그들과 연결되어 있는 나라 밖 동지들은 구경만 할 뿐 아무 행동도 취하지 않았다. 그리고 이렇게 많은 배신의 저변에는 숨겨진 이유가 있으니, 백인 노동자들과 유색인종 노동자들 사이엔 말뿐인 연대조차 없다는 것이다. 지난 10년 동안 있었던 사건들을 볼 때, 계급의식 강한 프롤레타리아의 국제 연대를 누가 믿을 수 있겠는가? 영국의 노동계급에게 빈, 베를린, 마드리드 등지에서 동지들이 학살을 당하고 있다는 소식은 어제의 축구 시합보다 흥미롭지도 중요하지도 않은 것 같다. 하지만 그렇다고 다른 이들이 모두 굴복해도 노동계급은 계속해서 파시즘에 저항할 것이라는 사실이 바뀌진 않는다. 나치의 프랑스 점령 때 관찰되었던 특징 하나는 지식인들(정치계의 좌파 지식인을 포함하여) 중에 변절자가 놀라울 정도로 많았다는 점이다. 지식인은 파시즘에 반대하는 목소리를 가장 크게 내는 사람들이지만, 상황이 절박해지면 상당수가 좌절하여 패배주의에 빠진다. 그들은 자신들에게 승산이 없다는 걸 알 만큼 멀리 내다볼 줄 알며, 매수당하기도 쉽다(그래서인지 나치는 지식인들을 매수하는 데 상당한 가치를 둔다). 하지만 노동계급의 경우는 전혀 다르다. 그들은 자신들을 농락하는 수법을 간파하지 못할 정도로 무지하여 파시즘의 헛된 약속을 쉽사리 받아들이지만, 언제나 머지않아 투쟁을 재개한다. 그럴 수밖에 없는 게, 그들은 파시즘의 약속이 실현될 수 없다는 것을 언제나 자기 몸으로 알게 되기 때문이다. 노동계급을 영영 자기편으로 만들자면 파시스트들은 전반적인 생활수준을 높여야만 할 텐데, 그럴 수도 없거니와 아마 그럴 마음도 없을 것이다. 노동계급의 투쟁은 식물의 생장과도 같다. 식물은 맹목적이고 어리석을지라도 빛을 향해 계속해서 위로 뻗어나가는 것만큼은 알며, 끝없는 좌절에도 불구하고 계속해서 밀고 나간다. 그러면 노동자들은 무엇을 위해 투쟁하는가? 그야말로 인간다운 삶을 위해서며, 이제 그들은 그런 삶이 기술적으로 가능하다는 것을 안다. 그런 목표에 대한 의식은 조수潮水처럼 빠져나가기도 하고 밀려들기도 한다. 스페인 사람들은 한동안 의식 있게 행동했고, 자신들의 목표를 향해 나아갔으며, 그곳에 도달할 수 있다고 믿기도 했다. 그래서 전쟁 초기 몇 달 동안 공화국 정부 아래에서의 삶이 묘한 활력을 띠었던 것이다. 서민들은 공화파가 자신들의 동지이며 프랑코는 적이라는 것을 직감으로 알았다. 그들은 자신들이 옳다는 것도 알았으니, 세상이 자신들에게 빚

지고 있는, 그리고 자신들에게 줄 수 있는 무엇을 위해 싸웠던 까닭이다.

  스페인내전을 바로 보려면 그런 점을 명심해야 한다. 전쟁의 잔혹함과 더러움과 헛됨을(이 전쟁에선 음모와 박해와 거짓과 오해를) 생각하다 보면 꼭 발설하고픈 유혹을 느끼게 되는 말이 한마디 있다. "이쪽도 저쪽도 나쁘다. 나는 중립이다." 하지만 실제 상황에서 사람은 중립일 수 없으며, 누가 이기든 상관없는 전쟁 같은 건 없다고 봐도 좋을 것이다. 거의 항상 한쪽은 다소 진보적인 쪽에 서고, 다른 쪽은 다소 반동적인 쪽에 서는 법이다. 스페인 공화파가 백만장자와 공작, 추기경, 한량, 블림프 등등에게 불러일으킨 혐오는 그 자체로 형세가 어떠했는지 보여주기에 충분할 것이다. 본질적으로 이 전쟁은 계급 전쟁이었다. 이 전쟁에서 이겼다면 서민들의 대의는 어디서나 한층 강화됐을 것이다. 하지만 졌기 때문에 세계 각지의 불로소득자들은 만족스럽게 양손을 비빌 수 있었다. 그게 핵심이며, 나머지는 전부 그 위에 뜬 거품에 불과하다.

6

  스페인내전의 결과는 런던, 파리, 로마, 베를린에서 결정되었으며, 아무튼 스페인은 아니었다. 1937년 여름 이후로 눈이 있는 사람이라면, 국제적 판도에 엄청난 변화가 일어나지 않는 한 공화국 정부가 전쟁에서 이길 수 없다는 걸 알았다. 그리고 네그린[10]을 비롯한 여러 사람이 계속해서 싸울 것인지를 결정할 때, 실제로는 1939년에 터진 세계대전이 1938년에 닥칠 것이라는 예상을 한 것도 어느 정도 영향을 끼쳤을 것이다. 널리 알려진 공화국 정부의 내분은 패배의 주된 원인이 아니었다. 공화국 민병대들은 급조됐고 제대로 무장하지도 못했으며 군사적 식견이 모자랐으나, 처음부터 정치적 합의가 완벽히 이루어졌다 해도 결과는 마찬가지였을 것이다. 전쟁 발발 당시 스페인의 평범한 공장 노동자들은 총을 어떻게 쏘는지조차 몰랐고(스페인에서 국민개병제가 실시된 적이 없었던 것이다), 전통적으로 좌파가 평화주의를 견지해온 것이 큰 핸디캡이 되었다. 스페인에서 복무한 수천 명의 외국인들이 훌륭한 보병대를 이루었으나, 그중에서 어느 분야의 전문가는 극히 드물었다. 혁명을 방해하는 세력이 없었다면 전쟁에서 이겼을지도 모른다는 트로츠키주의자들의 주장은 십중팔구 틀렸다. 공장을 국유화하고, 교회를 파괴하고, 혁명 선언문을 발표했다 한들 군대가 더 유능해지진 않았을 테니 말이다. 파시스트가 이긴 건 그들이 더 강했기 때문이었다. 그들은 현대식 무기를 가지고 있었고 반대편은 그렇지 않았던 것이다. 어떤 정치 전략도 그런 격차를 상쇄시킬 수는 없었을 것이다.

스페인내전에서 가장 당혹스러운 대목은 열강들의 대응이다. 이 전쟁은 사실상 독일과 이탈리아가 프랑코를 위해 승리를 안겨준 싸움이었다. 두 나라의 동기는 꽤 명백했다. 그에 비해 프랑스와 영국의 동기는 이해하기 어렵다. 1936년엔 영국이 스페인 정부에 몇백만 파운드어치의 무기 지원만 해줘도, 프랑

---

10 Juan Negrín(1892~1956). 내전 중에 스페인 공화국 총리를 지낸 의사 출신 정치인. 패전 뒤 망명하여 파리에서 생을 마감했다.

코 세력이 궤멸당하고 독일의 전략은 차질을 빚을 거라는 게 누가 봐도 뻔했다. 그 무렵엔 꼭 천리안이라야 영국과 독일의 전쟁이 임박했다는 걸 예견할 수 있는 게 아니었다. 1~2년이 못 가서는 누구나 전쟁이 언제 닥칠지 예언할 수도 있을 정도였다. 그러나 영국의 지배계급은, 스페인을 프랑코와 나치에게 넘겨주기 위해 더없이 비열하고 비겁하고 위선적인 온갖 수를 다 썼다. 왜 그랬을까? 그들이 친파시스트 세력이기 때문이었다고 하는 게 정답이다. 확실히 그들은 친파시스트였지만, 막판에 가서는 독일에 맞서는 쪽을 택했다. 프랑코를 밀어주면서 그들이 무슨 복안을 가지고 있었는지는 아직도 오리무중이며, 아무 계획 없이 그랬는지도 모를 일이다. 영국의 지배계급이 사악한지 아니면 어리석을 뿐인지는 우리 시대 최고의 난제 중 하나이며, 때로는 대단히 중요한 문제이기도 하다. 러시아에 대해서는 스페인내전에 개입한 동기를 도무지 헤아릴 수 없다. 빨간 물이 좀 든 사람들이 믿는 바와 같이, 민주주의를 수호하고 나치를 무찌르기 위해 스페인내전에 개입했는가? 그렇다면 왜 그토록 인색한 정도로만 개입하고 결국은 스페인을 떠났을까? 아니면 가톨릭 인사들이 주장하듯, 스페인에서 혁명을 조장하기 위해 개입했는가? 그렇다면 왜 온 힘을 다해 스페인의 혁명 세력을 분쇄하고, 사유재산을 보호하고, 노동계급이 아닌 중산층에게 힘을 실어줬을까? 아니면 트로츠키주의자들이 주장하듯, 단지 스페인혁명을 '방해'하려고 개입했는가? 그렇다면 왜 프랑코를 밀어주지 않았을까? 사실 그들의 행동을 가장 쉽게 설명할 수 있는 방법은, 그들이 여러 가지 모순적인 동기에 따라 행동했다고 가정하는 것이다. 나는 스탈린의 외교정책에 대해 흔히들 주장하듯 너무나 간악했다기보다는, 기회주의적이고 어리석었을 뿐이라고 생각하게 될 날이 언젠가는 오리라 믿는다. 아무튼 스페인내전은, 나치는 자신들이 무얼 하는지 알았고 그 적들은 몰랐다는 점을 입증해주었다. 이 전쟁은 동원된 기술의 수준이 낮았고 주된 전략도 대단히 단순했다. 그러니 무기를 더 가진 쪽이 이기게 되어 있었다. 나치와 이탈리아는 스페인의 파시스트 동지들에게 무기를 제공했고, 서구의 민주국가들과 러시아는 동지였어야 할 이들에게 무기를 내놓지 않았다. 때문에 스페인 공화국은 무너진 것이다. "어느 공화국도 아쉬워하지 않던 것을 얻고서"[11].

다른 여러 나라 좌파들 모두가 의심의 여지 없이 그랬던 것처럼, 이길 수 없는 상황에서도 계속 싸우도록 스페인 사람들을 격려한 게 옳았는지에 대해서는 답하기 어렵다. 내 경우에는 생존 차원으로만 보더라도 싸우지 않고 항복하는 것보다는 싸우다 정복당하는 게 낫다고 생각한다. 파시즘에 맞선 그들의 투쟁이 보다 큰 전략에 어떤 영향을 끼쳤는지 평가하기는 아직 이르다. 공화국의 남루하고 무기 없는 군대는 2년 반을 버텼고, 이는 적들이 예상한 것보다 확실히 긴 기간이었다. 그러나 그 때문에 파시스트들의 계획에 차질이 생겼는지, 아니면 오히려 더 큰 전쟁을 미룸으로써 나치에게 군수품을 정비할 말미를 제공했는지는 아직 확실치 않다.

---

11 극시에 뛰어난 재능을 보였던 빅토리아 시대의 시인 브라우닝Robert Browning(1812~1889)의 시 「Apparent Failure」에 나오는 구절. "…… 사회주의자, / 평등주의자여! 제국이 시샘이라도 하더냐 / 어느 공화국도 아쉬워하지 않던 것을 그대가 얻었다고 해서?a socialist, / A leveller! Does the Empire grudge / You've gained what no Republic missed?"

7

스페인내전을 생각할 때마다 떠오르는 기억이 두 가지 있다. 하나는 레리다에 있던 후방 병원의 병동에서 부상당한 민병대원들이 좀 쓸쓸한 목소리로 부르던, 후렴이 이렇게 끝나는 노래다.

우나 레솔루시온,
루차르 아스타 엘 핀![12]

과연 그들은 끝까지 싸웠다. 전쟁 막바지 18개월 동안 공화군은 담배도 거의 없이, 최소한의 음식만으로 싸울 수밖에 없었다. 내가 스페인을 떠난 1937년 중반만 해도 고기와 빵은 부족했고, 담배는 드물었으며, 커피와 설탕은 거의 구할 수 없었다.

또 하나는 내가 민병대에 입대한 날 위병소에서 내 손을 잡아준 이탈리아 민병대원이다. 그에 대해서는 스페인내전을 다룬 내 책[13] 첫머리에 묘사한 바 있기 때문에 여기서 되풀이하고 싶지는 않다. 그의 남루한 제복과 강인하면서 우수 어린 순박한 얼굴이 떠오르면(아 얼마나 생생한지!) 전쟁의 복잡하고 부차적인 문제들은 다 사라지는 듯하고, 아무튼 누가 옳았는지를 분명히 알 수 있게 된다. 힘을 앞세운 국제정치와 언론의 거짓

---

[12] 'Una resolución, Luchar hasta el fin!' '한번 한 결심, 끝까지 싸우세!'라는 뜻.
[13] 르포 작품인 『카탈로니아 찬가』(1938)를 말한다.

에도 불구하고, 이 전쟁의 핵심 이슈는 이런 사람들이 자신의 타고난 권리인 줄 알았던 인간다운 삶을 쟁취하고자 한 시도였다는 사실이다. 이 사람의 최후가 어떠했을지 생각하면 이런저런 비감悲感에 젖지 않을 수 없다. 내가 그를 만난 곳은 '레닌 병영'이었으니 그는 아마도 트로츠키주의자나 무정부주의자였을 텐데, 우리 시대의 특수한 여건에서 그런 종류의 사람은 게슈타포한테 살해당하지 않으면 대개 GPU(소련 국가정치보안부)한테 죽게 되어 있는 것이다. 하지만 그것이 장기적인 문제에 영향을 미치는 건 아니다. 고작 1~2분밖에 보지 못했던 이 사람의 얼굴은, 나에게 이 전쟁이 정말 어떤 것이었는지를 일깨워주는 하나의 상징으로 남아 있다. 그는 나에게 유럽 노동계급의 정화精華다. 어느 나라든 경찰에게 시달리는 사람들, 스페인 전장의 공동묘지를 메우고 있으며 지금은 강제노동 수용소에서 썩어가고 있는 수백만이나 되는 사람들의 상징 말이다.

파시즘을 지지하고 있거나 지지한 적 있는 사람들을 떠올려보면 너무 다양해서 깜짝 놀라게 된다. 얼마나 화려한 면면들인지! 아무튼 한동안 히틀러, 페탱, 몬터규 노먼, 파벨리치, 윌리엄 랜돌프 허스트, 슈트라이허, 북먼, 에즈라 파운드, 후안 마르치, 콕토, 티센, 코글린 신부, 예루살렘의 이슬람 지도자, 아널드 런, 안토네스쿠, 슈펭글러, 베벌리 니컬스, 휴스턴 준남작 부인, 마리네티를 전부 한 배에 태울 수 있는 프로그램이 있다고 생각해보라! 그런데 단서는 의외로 아주 간단하다. 그들은 모두 무언가 잃을 게 있는 사람들, 또는 계급사회를 염원하고 인류가 자유와 평등을 누리는 세계로 나아가는 것을 두려워하는 이들인 것이다. '신을 부인하는' 러시아니 노동계급의 '물질주의'니 운운하는 과대 선전의 배후에는 매달릴 돈이나 특권을 가진 사람들의 단순한 의도가 숨어 있다. 어느 정도는 사실이기도 하지만, '마음의 변화'가 따르지 않는 사회 재건은 무가치하다는 식의 얘기들도 마찬가지다. 교황에서부터 캘리포니아의 요가 수행자들에 이르기까지, 경건한 자들은 '마음의 변화'에 상당한 관심을 가지고 있다. 그들의 관점에서는 경제 시스템을 바꾸는 것보다 마음을 바꾸는 게 훨씬 더 안심할 만한 방법인 것이다. 페탱[14]은 프랑스가 독일에 점령당한 게 서민들의 '쾌락 애호' 탓이라고 말한다. 이 말을 제대로 평가하려면 프랑스의 평범한 농민이나 노동자의 삶이 페탱 자신의 것에 비해 얼마나 쾌락적인가를 잠시만 생각해보면 될 것이다. 노동계급 사회주의자에게 '물질주의'가 어떠니 설교하는 이런 정치인, 성직자, 문인 같은 이들의 파렴치함이란! 노동계급이 요구하는 것들은 모두, 그런 파렴치한들 입장에선 없으면 인간적인 삶이 불가능하다 싶을 최소한의 불가결한 것들이다. 충분한 식량, 지긋지긋한 실업의 공포로부터의 자유, 자기 자식들은 공평한 기회를 누릴 것이라는 안심, 하루 한 번의 목욕, 적당히 자주 세탁된 깨끗한 시트, 새지 않는 지붕, 일과가 끝나고 나서도 약간의 에너지가 남을 정도의 짧은 노동시간인 것이다. '물질주의'에 반대하며 설교하는 자들 중에 그런 것들 없는 삶이 살 만하다고 생각할 이는 한 명도 없을 것이다. 우리가 20년 동안만 마음을 쓴다면 그런 최소한의 것들은 정말 쉽게 얻어낼 수 있

---

[14] Philippe Pétain(1856~1951). 장군 출신으로서 2차대전 당시 임시정부인 비시 정부의 수반을 지낸 인물. 1차대전의 영웅이었으나 이후 군을 현대화하지 못했으며, 비시 정부 시절엔 독일과 협력하다 전후에 반역죄로 종신형을 선고받고 복역 중 사망했다.

으리라! 전 세계의 생활수준을 영국 수준만큼 올리는 일은 지금 우리가 치르고 있는 전쟁보다 힘들지 않을 것이다. 나는 그것 자체로 문제가 해결된다고 주장하는 게 아니며, 그런 주장을 하는 사람이 있다는 것도 아니다. 다만 인류의 진짜 문제에 접근하자면 그전에 궁핍과 가혹한 노동부터 철폐해야 한다고 말하고 싶을 뿐이다. 우리 시대의 가장 큰 문제는 개인의 영속성에 대한 믿음 자체가 무너지고 있다는 점이며, 보통의 인간이 소처럼 노역에 시달리거나 비밀경찰 때문에 떨고 있는 한 그런 문제에 접근한다는 건 불가능하다. 그런 면에서 노동계급의 '물질주의'는 얼마나 정당한가! 가치의 척도보다는 시간의 차원에서, 정신보다는 고픈 배가 우선인 줄을 아는 그들은 얼마나 온당한가! 그런 사실을 이해한다면, 지금 우리가 견디고 있는 긴 악몽을 최소한 이해는 할 수 있게 된다. 사람을 움찔하게 만드는 온갖 문제들(페탱 혹은 간디의 혹할 만한 발언들, 싸우기 위해선 자신의 품위를 떨어뜨려야 한다는 불가피한 사실, 민주주의에 대해 그럴싸한 말을 하면서 쿨리를 다스리는 제국이기도 한 영국의 애매한 도덕적 입장, 소련의 불길한 성장, 좌파 정치가 연출하는 너저분한 익살극)은 모두 사라져버리고, 서민들이 재산가와 그들이 고용한 거짓말쟁이, 아첨꾼에 대항하여 서서히 자각해가는 몸부림만 보이게 되는 것이다. 문제는 아주 간단하다. 과연 그 이탈리아 병사 같은 사람들이 이제는 기술적으로 가능한, 품위 있고 충분히 인간다운 삶을 사는 게 인정될까, 되지 않을까? 서민들이 다시 진창에 처박히게 될까 그렇지 않을까? 근거는 충분하지 않지만, 나는 서민들이 조만간 승리하리라 생각한다. 단, 나는 그게 '조만간'보다는 더 빠르기를 바란다. 이를테면 향후 100년 이내이기를 바라지 1만 년 이내이기를 바라지는 않는다는 것이다. 그게 스페인내전의 진정한 이슈였고, 지금의 전쟁에서도 그러하며, 다가올 다른 전쟁에서도 어쩌면 마찬가지일 것이다.

   나는 그 이탈리아 민병대원을 다시는 만나지 못했고, 그의 이름조차도 알아내지 못했다. 그는 지금 죽은 사람일 가능성이 높다. 2년 가까이 지난 뒤, 전쟁의 패색이 짙을 무렵, 나는 그를 기억하며 다음과 같은 운문을 썼다.

   위병소 탁자 곁에서
   내 손을 잡아준 이탈리아 병사.
   억센 손과 허약한 손,
   만날 수나 있었으랴.

   총성 울리는 곳 아니었다면.
   하지만 아, 얼마나 평화로웠던가!
   초췌하지만 어떤 여인보다 맑은
   그 얼굴 바라보며!

   나를 토하게 만드는 구더기 끓는 말들
   그의 귀엔 성스러웠고
   내가 책으로 더디 배운 것들
   그는 나면서부터 알고 있었으리.

   못 믿을 총이야 제 할 말을 했고

우리 둘 다 속아서 샀지만
내가 산 모조금붙이는 진품이었으니—
아! 누군들 예상이나 했으랴?

행운을 빈다네, 이탈리아 병사여!
하지만 행운은 용감한 자의 것이 아니니,
세상이 그대에게 무얼 갚겠는가?
그대가 준 것보단 언제나 적으리.

그림자와 망령 사이에
하양과 빨강 사이에
총탄과 거짓 사이에
그대 어디다 고개 숨길까?

마누엘 곤살레스가 어딨는지,
페드로 아길라르가 어딨는지,
라몬 페네요사가 어딨는지,
지렁이는 알지니.

그대의 이름과 행적은
그대 뼈 마르기 전에 잊히고,
그대를 살해한 거짓은
더 깊은 거짓 아래 묻히리니.

그러나 그대 얼굴에서 내가 본 것

어떤 힘도 앗아갈 수 없으리니.
수정 같은 그 정신
어떤 폭탄도 흩지 못하리니.

시와 마이크

「Poetry and the Microphone」. 1943년 가을에 집필해 1945년 3월 〈뉴 색슨 팸플릿〉지에 게재한 글. 이 글을 쓰던 무렵인 1943년 11월에 오웰은 2년 남짓한 BBC 라디오 프로듀서 생활을 접고, 좌파 주간지인 〈트리뷴〉지 문예 부문 편집장 일을 맡는다. 그리고 같은 때에 집필에 들어가 1944년 2월에 완성한 『동물농장』은 여러 출판사로부터 거절당하다 결국 1945년 8월에야 출간된다.

1년 전쯤 나는 여러 사람과 함께 문학 방송 프로그램을 인도로 내보내는 일을 했다. 주로 당대와 당대에 가까운 영국 작가들의 시를 많이 방송했는데, 그런 작가들이란 예를 들면 엘리엇, 허버트 리드, 오든, 스펜더, 딜런 토머스, 헨리 트리스, 알렉스 컴포트, 로버트 브리지스, 에드먼드 블런던, D. H. 로런스 같은 이들이었다. 우리는 가능한 경우라면 언제나 시를 쓴 사람이 직접 나와 방송하는 것을 원칙으로 삼았다. 딱히 왜 이런 특정 프로그램을 시작했는지(사소하고 동떨어지긴 해도 전파 전쟁에서 허를 찌르는 하나의 작전이긴 했다) 여기서 설명할 필요는 없겠지만, 우리가 인도의 특정 청취자들을 대상으로 방송을 했다는 사실이, 방송을 구성하는 테크닉에 어느 정도 영향을 주었다는 점은 덧붙이고 싶다. 본질적으로 우리의 문학 방송은 인도의 대학생들을 겨냥한 것이었는데, 소규모의 적대적인 그 청취자들은 영국의 선전운동이라 할 만한 다른 무엇으로도 접근할 수 없는 대상이었다. 우리가 기껏해야 수천 명 이상의 청취자를 기대할 수 없다는 건 진작부터 알려진 바였고, 그것이 일반적으로 방송에서 가능한 것보다 '고상'해도 되는 핑계가 되어주었던 것이다.

해당 언어를 알되 문화적 배경은 다른 사람들에게 시를 방송할 경우 어느 정도의 논평과 설명은 불가피한데, 우리가 대개 따랐던 방식은 월간 문학잡지를 가장한 형태의 방송을 하는 것이었다. 우리는 편집진이 회의실에 앉아 다음 호엔 뭘 실을까를 의논하는 시늉을 했다. 누가 어떤 시를 제안하면 다른 누구는 다른 시를 제안했고, 잠시 의논을 하다 시가 정해지면 다른 목소리가 시를 읽었고, 목소리의 주인공이 그 시의 작가라면 더 좋았다. 이 시는 자연스레 다른 시를 불러냈고, 프로그램은 그런 식으로 진행됐는데, 대개 두 편의 시 사이에 최소한 30초의 의논이 있었다. 30분 분량의 프로그램에서 목소리는 여섯 정도가 제일 알맞은 것 같았다. 이런 유의 프로그램은 짜임새가 엉성할 수밖에 없었으나, 하나의 테마를 중심으로 돌아가게 하면 어느 정도 통일성이 있어 보였다. 이를테면 우리가 상상으로 만드는 잡지의 한 호는 전쟁이란 주제를 다뤘다. 여기서 우리는 에드먼드 블런던의 시 두 편, 오든의 「1941년 9월」, G. S. 프레이저의 장시(「앤 리들러에게 보내는 편지」) 일부, 바이런의 「그리스의 섬들」, 그리고 T. E. 로런스의 『사막의 반란』[1] 일부를 소개했다. 이 여섯 꼭지와 그 앞뒤의 논의는 전쟁에 대하여 어떤 태도들이 있을 수 있는지를 그런대로 잘 보여주었다. 시와 산문 발췌는 20분 정도, 논의는 8분 정도면 되었다.

이런 구성은 좀 우스꽝스럽고 약간 생색내는 듯하기도 하지만, 비공식적 토론의 모양새를 띠면, 심각하기도 하고 때로는 '어렵기도' 한 운문을 방송할 때 면하기 어려운 밋밋하고 교과서적인 소개의 분위기가 크게 완화되는 장점이 있다. 여러 발언자들은 서로에게 말하는 듯한 형식으로 실은 청취자에게 하고 싶은 말을 할 수 있다. 또한 그런 식으로 접근하면 적어도 그 시가 나오게 된 맥락을 설명해줄 수 있는데, 그런 맥락이야말로 일반인들이 시를 대할 때 결핍을 느끼는 부분인 것이다. 물론 다른 방법도 있다. 우리가 흔히 써먹은 방법 하나는 음악

---

[1] 『Revolt in the Desert』(1927). 영화 「아라비아의 로렌스」의 실존 인물로 유명한 T. E. 로런스의 대표작이자 회고록인 『지혜의 일곱 기둥』(1926) 축약본. 오스만튀르크에 대한 아랍권의 독립운동인 '아랍 봉기Arab Revolt'(1916~1918) 당시 영국군 연락장교로 복무한 경험을 기록했다.

속에 시를 앉히는 것이었다. 먼저 잠시 후에 이런저런 시를 방송할 것이라고 예고해준다. 이어서 음악을 1분 정도 틀어준 다음 페이드아웃하면서, 제목이든 뭐든 시에 대한 언급을 전혀 하지 않은 채 시를 낭독한다. 그리고 음악을 다시 페이드인해서 1~2분 정도 계속 틀어준다. 이렇게 해서 5분 정도에 시 한 편을 음악과 함께 소개하는 것이다. 어울리는 음악을 고르는 게 중요하지만, 여기서 음악을 이용하는 진정한 목적은 말할 것도 없이 프로그램의 다른 부분들로부터 시를 단절시키는 것이다. 이런 식으로 하면 셰익스피어의 소네트 한 편을 3분 분량의 뉴스 속보 속에 끼워 넣으면서도 어쨌든 내 귀에는 크게 어색하지 않도록 할 수 있는 것이다.

지금껏 내가 이야기한 프로그램들은 그 자체로는 크게 중요한 게 아니다. 하지만 굳이 언급을 한 것은, 그러한 시도들이 시를 대중화하는 수단으로 라디오를 이용할 수 있을지, 그 가능성과 관련하여 나 자신과 여러 사람에게 이런저런 아이디어를 가져다줬기 때문이다. 나는 시를 쓴 사람이 직접 방송을 하는 게 그저 청취자들에게만 어떤 효과를 내는 것이 아니라, 시인 자신에게도 변화를 일으킨다는 사실을 일찌감치 발견하고서 매료되었다. 시를 방송하는 방법에 관한 한 영국에선 별달리 시도된 바가 거의 없으며, 시를 쓰는 많은 사람들이 시를 크게 소리 내어 읽는다는 생각 자체를 해본 적이 없다는 점을 기억할 필요가 있다. 마이크 앞에 앉음으로써(특히 그럴 일이 정기적으로 있을 때) 시인은 우리의 시대와 나라에서는 달리 접할 수 없는 새로운 관계를 자기 작품과 맺게 된다. 근대에 와서(지난 200년 동안이라고 하자) 시가 음악이나 구어口語와 갖는 연관성은 점점 더 사라져가고 있다. 시는 존재라도 하기 위해 종이를 필요로 하게 되었고, 시인이란 사람에게 노래나 낭송을 기대한다는 건 건축가에게 천장에 회반죽 바르는 기술을 기대하는 것보다 곤란한 일이 되어버렸다. 서정적이거나 수사적인 시를 쓰는 사람은 거의 없어졌고, 누구나 글을 읽을 수 있는 나라면 어디서나 일반인들이 시에 거부감을 갖는 게 당연시되고 말았다. 그리고 그런 간극이 존재하는 곳에서는 그 틈이 계속해서 벌어져가고만 있으니, 시는 주로 인쇄된 형태로 소수만이 이해할 수 있는 무엇이라는 관념이 모호함과 '교묘함'을 더 자극하기 때문이다. 단번에 뜻이 통하는 시에 대해 어딘가 분명히 잘못된 거라고 반#본능적으로 느끼지 않을 사람이 얼마나 되겠는가? 다시 시를 크게 소리 내어 읽게 되지 않는 한 그런 경향은 저지되지 않을 것 같은데, 라디오를 수단으로 활용하지 않고서는 그런 일이 일어날 수 있을 것 같지 않다. 그런가 하면 라디오의 특별한 장점, 즉 적절한 청취자를 고를 수 있고 무대공포증과 당혹감을 피할 수 있다는 점을 여기서 언급할 필요가 있다.

　방송에서 청취자는 어차피 어림짐작이지만 '단' 한 사람 같은 존재다. 수백만이 듣고 있을 수도 있지만, 각자 혼자 듣고 있거나 작은 그룹의 일원으로 듣고 있으며, 그 각자는 방송이 자기에게만 개인적으로 얘기하고 있다는 느낌을 받는다(혹은 받아야 한다). 뿐만 아니라 방송하는 입장에선 청취자들이 공감하거나 최소한 관심을 갖고 있다고 여겨도 무리가 아니다. 왜냐하면 따분한 사람은 언제든 채널을 다른 데로 돌려버릴 수 있기 때문이다. 하지만 청취자들은 공감은 할지언정 방송하는 사람에게 영향력을 행사할 수는 없다. 방송이 연설이나 강연과 다른 게 바로 이 점이다. 대중 연설에 익숙한 사람이라면 다 알 듯이, 연단 위에서는 청중의 반응에 따라 어조가 달라지지 않는다는 게 거의 불가능하다. 청중이 무엇에 반응하고 안 할지는 항상 몇 분 안에 분명해지며, 실제로 연사는 청중 가운데 제일 모자란다 싶은 사람을 염두에 두고 발언하지 않을 수 없고, 그것도 '개성'이라고 알려져 있는 소란을 떨어가며 환심을 사야 한다. 안 그러면 결과는 언제나 냉랭하고 당혹스러운 분위기로 나타난다. 청중 앞에서 하는 '시 낭송'이 끔찍한 건, 청중 가운데 따분해하거나 거의 노골적으로 거부감을 보이면서도 단순히 채널을 돌림으로써 다른 데로 가버릴 수 없는 사람들이 항상 존재할 것이기 때문이다. 영국에서 셰익스피어 공연을 제대로 한다는 게 불가능한 것도 본질적으로 같은 어려움 때문이다. 극장의 관객은 선별된 사람들이 아닌 것이다. 그런데 방송에선 그런 상황이 존재하지 않는다. 방송에서 시인은 시가 무엇인지 어느 정도 아는 사람들에게 말하고 있다는 '느낌'을 받는다. 아울러 방송에 익숙해진 시인들이 마이크에 대고 시를 읽으며 청중이 보이는 데서라면 발휘할 수 없는 기량을 보이는 것도 사실이다. 여기서 가장하는 요소가 개입된다는 건 별문제가 아니다. 중요한 것은 현재로서 쓸 수 있는 유일한 방법을 통해, 시를 크게 소리 내어 읽는다는 게 당혹스럽지 않고 자연스러운 일처럼, 사람 대 사람의 정상적인 교류처럼 느껴지는 상황을 시인에게 만들어줄 수 있으며, 그 자신의 작품을 종이 위의 패턴보다는 '소리'로 여기도록 할 수 있다는 점이다. 그럼으로써 시와 일반인 간의 화해가 더 가까워지게 된다. 그런 화해는 전파를 수신하는 쪽에서는 어떤지 몰라도 발신하는 시인의 입장에서는 이미 이루어지고 있다.

그렇다고 상대편 쪽에서 벌어지고 있는 일을 무시할 순 없는 노릇이다. 지금까지 나는 마치 시라는 것 자체가 외설적이다 싶을 정도로 당혹스러운 무엇이며, 마치 시를 대중화하는 게 본질적으로 어린아이한테 약을 삼키게 하거나 박해받는 종파에 대한 관용을 세간으로부터 얻어내는 일과 같은 전략적 술책이라는 인상을 심어줬는지도 모른다. 그런데 유감스럽게도 그런 부분이 있는 게 사실이다. 우리 문명에서 시는 단연코 가장 불신받는 예술, 다시 말해 일반인들이 '어떤' 가치도 찾아내려 하지 않는 유일한 예술임이 분명하다. 아널드 베넷[2]이 영어권 나라에서 소방 호스보다 군중을 더 빨리 흩어버릴 수 있는 게 '시'라는 단어라고 한 건 과장이 아니었다. 그리고 앞에서도 지적했듯, 이런 유의 간극은 존재한다는 이유만으로 더욱 벌어지는 경향이 있다. 일반인들은 점점 더 시에 반감을 갖게 되고, 시인은 점점 더 거만하고 난해한 존재가 되어, 결국엔 시와 대중문화 사이의 단절이 일종의 자연법칙으로 받아들여지는 것이다. 실은 우리 시대에만, 그것도 지구에서 상대적으로 적은 일부 지역에만 있는 문제인데도 말이다. 우리는 고도로 문명화된 나라들의 평균적인 인간이 가장 미개한 야만인보다 미적으로 열등한 시대에 살고 있다. 이러한 양상은 '의식적인' 행동으로는 대체로 치유하기 어려워 보이는데, 다른 한편으로 사회가 좀 더 반듯해지면 금방 저절로 나아질 것으로 예상되기도 한다. 약간씩 차이가 있겠지만 마르크스주의자도, 무정부주의

---

[2] Arnold Bennett(1867~1931). 잉글랜드 북부 도자기 산지 출신의 소설가로 『북에서 온 사나이A Man from the North』 등의 작품이 있다.

자도, 종교를 믿는 사람도 모두 같은 얘기를 할 텐데, 크게 보면 틀림없는 사실이다. 우리의 삶이 볼품없는 데는 정신적으로나 경제적으로나 원인이 있으며, 어느 순간부터 전통이 실종됐다는 것만으로는 설명이 되지 않는다. 하지만 그렇다고 지금의 틀 속에서 개선이 불가능한 건 아니며, 미적인 개선이 사회 전반을 구원하는 데 불필요한 부분인 것도 아니다. 그러니, 지금이라도 가장 미움받는 예술이라는 특별한 처지로부터 시를 구제하여 사람들이 음악에 베푸는 만큼의 관용만이라도 받도록 하는 게 가능하지는 않을지 곰곰이 생각해볼 만하다. 단, 그러자면 시가 어떤 식으로, 어느 정도로 인기가 없는지를 질문하는 데서부터 출발해야 한다.

우선 표면적으로 볼 때 시가 인기 없다는 건 더없이 완벽한 사실이다. 하지만 다시 생각해보면, 이 말은 좀 특수하게 한정해서 해야 한다. 먼저 보편적으로 알려져 있고 인용되며 모든 이의 마음속에 한 바탕을 이루고 있는 민속 시가(동요 등)가 아직도 상당히 많이 남아 있다. 사람들의 호감을 잃어본 적이 없는 옛날 노래도 제법 남아 있다. 게다가 대체로 애국적이고 감상적인 유의 '좋으면서 나쁜' 시가 인기를 누리거나 최소한 용인되고 있는 것이다. 이 말은 '좋으면서 나쁜' 시가, 일반인으로 하여금 진정한 시를 싫어하게 만드는 듯한 요소를 전부 갖추고 있는 게 아니라면, 엉뚱한 소리로 들릴지도 모른다. 그런데 그런 시 역시 운문으로서 운韻을 사용하고 고상한 정서와 특이한 언어를 구사하며, 더구나 현저할 정도로 그러는 게 사실이다. 나쁜 시가 좋은 시보다 더 '시적'이란 건 거의 자명한 일인 것이다. 그런데도 그런 시는 특별한 사랑을 받는 건 아니더라도 최소한 용인되고 있는 것이다. 일례로 나는 이 글을 쓰기 직전, BBC 9시 뉴스 바로 전에 늘 하는 두 코미디언의 방송을 듣고 있었다. 마지막 3분을 남겨두고 한 코미디언이 갑자기 "잠시 좀 심각해지고 싶다"더니 국왕 폐하를 찬양하는 「멋쟁이 영국 신사」란 말도 안 되는 애국시를 읊는 것이었다. 그렇다면 느닷없이 최악의 영웅시를 듣게 된 청취자들의 반응은 어떨까? 심하게 부정적인 반응은 결코 아닐 것이다. 아니면 BBC에 그런 짓을 즉각 중단하라는 분노의 편지들이 꽤 날아들 테니 말이다. 그러니 다수 대중이 '시'에는 거부감을 갖고 있을지 언정 '운문'에는 큰 거부감을 갖고 있지 않다는 결론을 내릴 필요가 있다. 아무튼 사람들이 운율이라는 것 자체를 싫어했다면 어떤 노래나 익살5행시limerick도 유행하지 못했을 것이다. 사람들이 시를 싫어하는 것은 시가 불가해성, 지적 허세, 그리고 남들 바쁜데 혼자만 한가로운 소리를 한다는 느낌과 관련이 있기 때문이다. 시라는 단어 자체가 '하느님'이나 목사의 개목걸이(빳빳이 세운 칼라) 같은 말처럼 나쁜 인상부터 심어주는 것이다. 시를 대중화한다는 것은 어느 정도는, 후천적인 억제를 완화해주는 일이다. 그것은 사람들이 기계적인 야유를 내뱉는 대신에 듣도록 해주는 문제다. 내가 방금 들었다는 애국시 나부랭이가 아마 그랬을 것처럼, 진정한 시를 다수 대중에게 '정상'으로 보이도록 소개할 수 있다면, 그것에 대한 편견을 어느 정도 극복할 수 있을지 모른다.

    시를 다시 대중화하는 일이 대중의 취향을 육성하려는 의도적인 노력 없이 가능하다고 믿긴 어려울 것이다. 그러자면 전략이 필요할 것이고, 속임수까지 써야 할지도 모른다. T. S. 엘리엇은 시가, 특히 극시가 뮤직홀[3]이라는 수단을 통해 일반인들의 의식 속에 되살아날 수도 있다는 발언을 한 적이 있다. (그는 아직까지 그 엄청난 가능성을 한 번도 철저히 시험해본 적이 없는 팬터마임이라는 수단도 추가하고 싶었는지 모른다.) 「투사 스위니」[4]는 아마 그런 의도에서 쓰였을 것이고, 실제로 뮤직홀의 한 꼭지나 풍자 음악극의 한 장場으로 받아들여도 좋을 것이다. 지금까지 나는 라디오를 보다 희망적인 매체로서 제시했고, 라디오의 기술적인 장점을 특히 시인의 입장에서 짚어보았다. 하지만 이런 얘기는 처음엔 부질없이 들릴 텐데, 그건 라디오가 헛소리 이외의 것을 퍼뜨리는 데 이용된다는 상상을 할 수 있는 사람이 거의 없기 때문이다. 사람들은 온 세상 곳곳에 있는 확성기에서 그야말로 줄줄 흘러내리는 헛소리들을 듣고 있으며, 그래서 라디오를 딴게 아니라 바로 그런 걸 들으라고 존재하는 것으로 단정 짓는다. 그래서인지 '라디오'라는 단어 자체가 고함지르는 독재자나, 아군 비행기 세 대가 귀환하지 못했음을 알리는 점잖고 묵직한 음성을 떠올리게 한다. 그러니 전파를 타고 들려오는 시는 줄무늬 바지 입은 뮤즈 여신들 같다. 하지만 그렇다고 한 매체의 가능성과 그것의 실제 쓰임을 혼동해서는 안 된다. 방송이 그 모양인 건 마이크와 송신기라는 장치 자체가 본래부터 저속하거나 시시하거나 부정직해서가 아니다. 그보다는 지금 전파를 타는 전 세계의 모든 방송이, 현상

---

3 music hall. 1850년부터 1960년경까지 유행한 영국의 극장식 연예장. 대중가요와 코미디와 묘기 등으로 이루어진 버라이어티쇼를 즐기는 곳이었다.
4 「Sweeney Agonistes」. 엘리엇의 극시 중 하나. 스위니는 그의 시에 자주 등장하는 인물로, 물질주의적이고 천박한 현대인을 표상한다.

을 유지하고자 하며 그래서 일반인들이 너무 똑똑해지는 걸 막으려 하는 정부와 거대 독점기업의 통제하에 있기 때문이다. 영화에도 그 비슷한 일이 있었다. 영화 역시 독점 자본 형성기에 처음 나왔고, 제작부터 소비 단계까지 돈이 너무 많이 들어가는 장르이다. 그런데 이런 경향은 모든 예술이 다 마찬가지다. 예술 작품이 만들어지는 경로가 점점 더 관료의 통제하에 들어가고 있는데, 관료의 목표란 결국 예술가를 망가뜨리는 것, 혹은 최소한 거세라도 해버리는 것이다. 현실이 이렇기만 하다면 전망은 암울할 것이다. 그런데 지금 진행 중이며 앞으로도 진행될 게 분명한 전체주의화는, 불과 5년 전만 하더라도 예견하기 어렵던 새로운 변화 덕분에 완화되고 있다.

아무튼 우리 모두가 속해 있는 거대한 관료 체제라는 기계 장치는 너무 비대하면서도 계속 몸집을 불려야만 하기 때문에 삐걱거리며 돌아가기 시작할 것이다. 현대 국가는 지식인의 자유를 말살하려는 경향을 보이지만, 동시에 모든 국가가(전쟁의 압박을 받을 때는 특히 더) 갈수록 국가의 홍보를 맡아줄 지식인들을 필요로 하게 된다. 현대 국가는 이를테면 팸플릿 작가, 포스터 화가, 삽화가, 방송인, 강연자, 영화제작자, 배우, 작곡가, 심지어 화가와 조각가까지 필요로 한다. 심리학자, 사회학자, 생화학자, 수학자 등은 말할 것도 없다. 영국 정부는 이번 전쟁에 돌입할 때 문단의 지식인들을 배제할 의사를 거의 공공연하게 밝힌 바 있다. 그러나 3년이 지난 시점엔 거의 모든 작가를 (정치적 이력이나 견해가 아무리 마음에 들지 않는다 해도) 정부 각 부처나 BBC로 끌어들였다. 심지어 입대를 한 작가들조차도 얼마 뒤면 선전홍보 업무 아니면 본질적으로 문필업인 일을 하게 된다. 정부가 내키지 않으면서도 그런 사람들을 흡수한 것은, 그들 없이는 지탱이 불가능하다는 걸 알게 되었기 때문이다. 관리들의 입장에서 이상적인 건, 모든 홍보를 A. P. 허버트나 이언 헤이[5] 같은 '안전한' 사람들 손에 맡기는 것일 터였다. 그러나 그런 사람들이 충분하지 않았기에 기존의 지식인들을 활용해야 했고, 그에 따라 정부 홍보물의 어조와 심지어 내용까지 어느 정도 바뀔 수밖에 없었다. 지난 2년 동안 피점령국들에 내보낸 정부 팸플릿에, 육군 정훈공보실의 강연에, 다큐멘터리 영화와 방송에 정통한 사람들 중, 우리의 지배자들이 안 그럴 수 있는데도 그런 식의 변화를 묵인해준 것이라고 생각하는 이는 아무도 없다. 정부라는 거대 기계는 커지면 커질수록 왜 있는지도 잘 모르거나 거의 잊혀버리는 자리가 늘어나게 마련이다. 이러한 사실은 대단하진 않지만 무시할 순 없는 위안이 될 수 있다. 그것은 자유주의적인 전통이 강하던 나라에서는 관료 체제의 폭압이 완벽해지는 것이 어쩌면 불가능할 수도 있다는 뜻이 되기 때문이다. 줄무늬 바지 차림인 자들이 지배를 하되, 그들이 지식인들을 쓰지 않을 수 없는 이상, 지식인들은 어느 정도의 자율성을 발휘할 것이다. 예컨대 정부는 다큐멘터리 영화가 필요하면 영화제작 전문가들을 써야 하며, 그들에게 필요한 최소한의 자유를 허용해야 한다. 그래서 관료의 입장에서 보면 완전히 잘못된 영화가 나올 가능성이 언제나 존재하는 것이다. 그것은 복잡한 현대 국가가 필요로 하는 그림, 사진, 대

---

5 A. P. Herbert(1890~1971)는 유머 작가이자 소설가로, 2차대전 당시 국회의원 신분으로 해군 복무를 했다. Ian Hay는 군인이자 소설가인 J. H. Beith(1876~1952)의 필명으로, 2차대전 때 육군성의 홍보 책임자였다.

본, 르포, 강연, 또 그 밖의 모든 예술과 유사 예술의 경우에도 마찬가지다.

물론 이런 경향은 라디오에도 뚜렷하다. 지금 현재 확성기는 창의적인 작가의 적이지만, 방송의 양과 범위가 늘어날수록 꼭 그렇지만은 않을 수도 있다. 지금으로서는 BBC가 동시대 문학에 미미하나마 관심을 계속 보이고 있긴 하지만, 시 한 편을 방송할 전파 5분을 확보하는 게 거짓 선전이나 녹음된 음악, 상투적인 농담, 가짜 '토론' 같은 것들을 퍼뜨리기 위해 열두 시간을 확보하는 것보다 어렵다. 하지만 양상은 지금까지 내가 지적한 바와 같은 방향으로 바뀔 수 있다. 그런 때가 오면 지금은 이런저런 적대적 외압 때문에 엄두도 못 내는, 운문을 방송하는 것과 관련한 진지한 실험들이 가능해질 것이다. 그런 실험들이 아주 대단한 결과를 가져올 것이라고 주장하는 건 아니다. 라디오는 발전 초기부터 관료화되는 바람에 방송과 문학의 관계가 제대로 검토된 적이 없다. 마이크가 시를 일반인들에게 다시 돌려줄 수단이 될 수 있을지는 확실치 않으며, 시가 글보다 말에 가까워짐으로써 유익할 것인지조차도 확실치 않다. 하지만 나는 그런 가능성들이 존재한다고, 문학을 아끼는 사람들이 너무 무시당하고 있는 매체에 더 관심을 가질지도 모른다고 강력히 주장하고 싶다. 조드 교수와 괴벨스 박사[6]의 음성 때문에 선한 도구로 쓰일 수 있는 가능성이 흐려져버렸는지 모를 이 매체에 말이다.

---

6   C. E. M. Joad(1891~1953)는 영국의 철학 교수이자 방송인으로, 1940년대에 어마어마한 인기를 누린 BBC 라디오 프로그램 〈The Brains Trust〉의 고정 패널이었다. Joseph Goebbels는 히틀러의 최측근이었던 나치 선전장관으로, 그의 방송 선전 때문에 많은 독일 국민들이 패전으로 기울어가는 상황에서도 승전을 확신했다.

나 좋을 대로

「As I Please」. 1944년 1월 〈트리뷴〉지에 게재. 오웰 자신이 문예 부문 편집장으로 있던 〈트리뷴〉지에 말 그대로 '좋을 대로' 쓰던 고정 칼럼. 1943년 12월부터 편집장 일을 그만둔 1945년 2월까지는 매주 정기적으로 썼고, 1947년 4월까지는 비정기적으로 썼다. 그 칼럼들 중에서도 가장 짧은 이 글은 오웰의 개성과 기지가 단적으로 잘 드러난다. 같은 해 6월 오웰 부부는 생후 몇 주 된 남아를 입양하여 '리처드 호레이쇼 블레어'(오웰의 본명은 '에릭 블레어'다)라 이름 붙인다.

어느 기고자가 나를 "부정적"이고 "언제나 무언가를 공격하는" 사람이라며 꾸짖었다. 사실 우리는 크게 기뻐할 일이 별로 없는 시대를 살고 있다. 하지만 나는 칭찬할 게 있을 땐 기꺼이 칭찬하는 사람이다. 그러면 여기서 울워스[1]에서 산 장미에 대한 칭찬 몇 줄을 적어볼까 하는데, 지나간 일에 대해서라는 건 유감이다.

울워스의 물건값이 6페니를 넘어가는 게 없던 좋은 시절, 가장 괜찮은 것 중 하나가 장미였다. 그것들은 아주 어린 묘목이었지만 두 번째 해가 되면 꽃이 폈는데, 내 경우엔 한 그루도 죽은 적이 없다. 제일 재밌는 건 꼬리표가 맞게 붙은 장미는 아예 없거나, 있어도 극히 드물었다는 점이다. 한번은 '도로시 퍼킨스' 장미인 줄 알고 산 게 피고 보니 속이 노란 예쁜 백장미였는데, 내가 본 덩굴장미[2] 중에서 최고였다. 노랑 폴리앤사 장미라는 꼬리표가 붙은 건 피고 보니 짙은 빨강이었다. 또 한 번은 앨버틴 장미라고 해서 산 게, 앨버틴을 닮긴 했지만 꽃잎이 더 많아 아주 화사했다. 이 장미들은 하나같이 깜짝 과자 봉지 같은 재미를 선사했고, 언제나 뜻밖의 새로운 품종이 나타나 별난 이름을 붙여봄 직한 기회를 누리게 해주었다.

지난여름 나는 전쟁 전에 살던 작은 시골집[3]을 지나가게 되

---

1 Woolworth's. 영국에서는 1909년에 처음 문을 연 미국계 잡화점 체인으로, 1920년대부터 크게 번창했다.
2 장미는 작은 나무로서 빽빽한 덤불을 이루는 종류가 있고, 덩굴을 이루며 타고 오르는 종류가 있다.
3 오웰은 결혼 직전인 1936년 4월부터 임대한 이 시골집에 살며 텃밭도 일구고, 꽃과 염소와 닭도 기르고, 아내가 만든 과자 등을 파는 가게도 봐가며 『위건 부두로 가는 길』과 『카탈로니아 찬가』 등을 썼다. 이후 오웰은 주로 런던에 거주하다 한적한 섬에 마련한 여름 별장과 런던을 오가게 되는 1947년까지, 이 시골집을 유지했다.

었다. 내가 심을 땐 아이들 새총보다 크지 않았던 조그만 백장미가 거대하고 왕성하게 우거져 있었고, 앨버틴 또는 그 비슷한 무엇은 분홍 꽃송이를 구름처럼 터뜨린 채 울타리 절반을 뒤덮고 있었다. 둘 다 내가 1936년에 심은 것들이었다. 그때 떠오른 생각은 '전부 겨우 6펜니 주고 산 건데!'였다. 나는 장미가 얼마나 오래 사는지 알지 못한다. 평균수명이 10년은 되지 않을까 싶다. 아무튼 살아 있는 동안 내내, 덩굴장미는 해마다 한 달 내지 6주 동안 꽃이 활짝 피어 있을 것이고, 덤불장미는 적어도 넉 달에 걸쳐 꽃이 피고 지기를 거듭할 것이다. 전부 겨우 6펜니 주고 산 것이었다. 전쟁 전 기준으로 '플레이어' 담배 10개비, 마일드 생맥주 한 잔 반, 〈데일리 메일〉 일주일 구독료, 공기 텁텁한 극장에서 보는 영화 20분 정도에 해당하는 값이었으니!

민족주의 비망록

「Notes on Nationalism」. 1945년 5월에 집필해서 같은 해 10월 〈폴레믹〉지에 게재한 글. 오웰은 이해 2월에 〈트리뷴〉지 편집장 일을 그만두고 〈옵저버〉지의 전쟁 특파원 자격으로 파리로 떠난다. 그러다 3월 말 지적이고 헌신적이었던 아내 아일린이 수술을 받다 사망했다는 소식을 듣고 귀국한다. 이후 4월에 파리로 돌아가 5월에 귀국한 오웰은 이 글을 쓴 직후인 6~7월엔 총선 보도를 하고, 같은 무렵 『1984』를 집필하기 시작한다. 그리고 8월엔 1년 반 동안의 거절과 지연 끝에 『동물농장』이 출간된다.

바이런은 어디선가 '롱괴르longueur'[1]라는 프랑스어 단어를 쓰면서 지나가는 말로, 영국에는 딱히 그런 '단어'는 없지만 그런 '개념'은 상당히 많다고 언급한 바 있다. 마찬가지로, 우리의 심리 습성 중에는 워낙 두루 퍼져 있어서 거의 모든 문제와 관련하여 우리의 사고방식에 영향을 끼치면서도 아직 이름은 없는 게 존재한다. 그런 것 중에 가장 근접한 것으로 나는 '민족주의nationalism'[2]라는 단어를 골라봤다. 단, 여기서 내가 말하는 민족주의가 일반적인 의미와는 좀 다르다는 건 잠시 뒤에 밝히도록 하겠다. 그것은 내가 민족주의라는 말로 이야기하고자 하는 감정이 민족nation이라는 것, 즉 단일한 인종이나 지리적 영역에만 속하는 건 아니라는 점만으로도 그렇다. 민족주의는 특정 교회나 계급의 문제일 수도 있고, 단순히 부정적인 의미(무언가에 '반대'하면서도 긍정적인 충성의 대상을 필요로 하지 않는)로만 쓰일 수도 있기 때문이다.

우선 여기서 내가 말하는 '민족주의'는, 인류를 곤충 분류하듯 나눌 수 있으며 수백만이나 수천만 명의 사람들을 싸잡아 좋으니 나쁘니 하는 딱지를 붙일 수 있다고 여기는 모든 습성을 뜻한다.[3] 그런가 하면 둘째로는(이게 훨씬 더 중요하다) 자

---

1 문학이나 공연 예술에서 지루한 대목이라는 뜻.
2 오웰은 존재하지만 이름은 없는 심리 습성 중 하나로 '내셔널리즘'이라는 단어를 택했으며 그것이 일반적인 내셔널리즘과는 다른 개념이라고 밝히고 있다. 이 단어를 '민족주의'라 번역하는 것은 오웰과 마찬가지로 가장 근접하는 번역어를 택한다는 차원에서다. 단 오웰이 시사하는 바와 같이, 이 글에서 '민족주의'는 훨씬 작은 단위의 집단에도 적용할 수 있는 말이다.
3 민족, 그리고 가톨릭교회나 프롤레타리아처럼 훨씬 더 모호한 개념들은 흔히 하나의 단위로 간주되어 '그녀'란 대명사로 칭해지는 경우가 많다. '독일은 본래 배신을 잘한다'는 식의 명백히 터무니없는 말은 어떤 신문을 펼치든 발견할 수 있다. 또한 민족성에 대한 무모한 일반화('스페인 사람들은 타고난 귀족이다'나 '영국인은 다 위선자다'라는 식의 말)는 거의 모든 사람들에 의해 발설된다. 이런 일반화는 아무 근거가 없다는 게 간간이 밝혀지기도 하

신을 단일한 나라 또는 다른 집단과 동일시하되, 그것을 선악을 초월하는 것으로 간주하고 그것의 이익을 증진하는 것만이 전부라고 여기는 습성을 뜻한다. 그리고 민족주의를 애국주의와 혼동해선 안 된다. 두 단어 모두 대개 아주 모호하게 쓰이고 있기 때문에 어떤 정의든 시도해볼 수 있겠지만, 둘 사이에는 엄연한 차이가 있다. 서로 다를 뿐만 아니라 대립되는 개념들을 내포하고 있기 때문이다. 내가 말하는 '애국주의patriotism'란 특정 지역과 특정 생활양식에 대한 애착이며, 그것이 세상에서 제일 중요한 것이라 믿되 남들에게 강요할 마음은 없는 것이다. 애국주의는 속성상 군사적으로도 문화적으로도 방어적이다. 그에 비해 민족주의는 힘에 대한 욕구와 분리할 수 없다. 모든 민족주의자의 변치 않는 목적은 더 많은 세력과 위신을 확보하는 것이며, 그것은 자신을 위한 게 아니라 자신의 개성을 억누르고서 섬기기로 한 나라 또는 다른 어떤 집단을 위한 일이다.

이런 개념은 독일이나 일본 등의 나라에서 있었던 보다 악명 높고 알아보기 쉬운 민족주의 운동에 적용하면 모든 게 명백해진다. 바깥에서 볼 수 있는 입장에서 나치즘 같은 현상과 대면할 경우, 그것에 대한 의견은 거의 모두가 비슷할 것이다. 하지만 여기서 나는 앞서 언급한 말을 되풀이해야 한다. 즉, 내가 '민족주의'란 단어를 사용하는 건 더 나은 말이 없기 때문일 뿐이다. 내가 말하고자 하는 보다 확대된 의미의 민족주의는 공산주의, 정치적 가톨릭주의, 유대주의, 반유대주의, 트로츠키

나, 그런 것들이 지속되도록 만드는 습관, 또는 범세계적인 관점을 가졌다고 자칭하는 사람들(톨스토이나 버나드 쇼 같은 이들) 탓인 경우가 많다.(저자 원주)

주의, 평화주의와 같은 운동과 경향 들을 포함하는 개념이다. 그것은 반드시 어느 정부나 국가에 대한 충성을 뜻하는 것도 아니고, 자기 '조국'에 대한 충성은 더더욱 아니다. 그리고 그것이 대상으로 삼는 집단이 실제로 꼭 존재해야 하는 것도 아니다. 그 분명한 예로 유대민족, 이슬람, 기독교계, 프롤레타리아, 백인종을 들 수 있는데, 모두 열렬한 민족주의적 감정의 대상이다. 하지만 그런 것들이 정말 존재하는지는 중대한 의문점일 수 있으며, 그중 어느 하나에도 보편적으로 받아들여질 만한 정의가 없다.

민족주의적 감정은 순전히 부정적이기만 할 수 있다는 말도 다시 강조할 필요가 있다. 이를테면 다른 어떤 집단에도 상응하는 충성을 보이지 않으면서 소련의 적이기만 한 트로츠키주의자들이 있는 것이다. 이것이 시사하는 바를 파악한다면, 내가 말하는 민족주의의 속성은 훨씬 더 분명해질 것이다. 민족주의자는 주로 '위신 경쟁competitive prestige'의 차원으로만 생각하는 사람이다. 그는 긍정적인 민족주의자일 수도 부정적인 민족주의자일 수도 있다. 다시 말해 자신의 심적 에너지를 어떤 대상을 부양하는 데 쓸 수도 있고, 훼손하는 데 쏟아부을 수도 있다. 하지만 어느 쪽이든 그의 생각은 언제나 승리나 패배, 성공이나 굴욕을 향해 있다. 그는 역사를, 특히 동시대 역사를 거대 세력들의 끊임없는 부침으로 보며, 일어나는 모든 사건에 대해 자기편은 상승세에 있고 가증스러운 경쟁 상대는 하강 국면에 있다는 걸 증명하는 현상으로 여긴다. 그렇다고 민족주의를 단순한 성공 숭배와 혼동해서도 안 된다. 민족주의자는 제일 강한 쪽과 한패가 되기만 하면 된다는 원칙 같은 걸 따르지 않는다. 오히려 반대로 일단 자기편을 선택하고 나면, '자기편'이 가장 강하다고 자신을 설득시키며, 사실이 압도적으로 불리하게 돌아갈지라도 자신의 신념을 고수할 수 있는 것이다. 민족주의는 세력에 대한 갈망이되, 이 갈망은 자기기만으로 완화될 수 있다. 모든 민족주의자는 극명한 거짓을 범하면서도 (자신보다 큰 무엇을 섬기고 있다는 의식 때문에) 자신이 옳다는 확고한 신념을 가질 수 있다.

지금까지 길게 정의를 내려봤는데, 이만하면 내가 말하는 심리적 습성이 영국 지식인들 사이에 만연해 있으며, 일반 대중 사이에는 더욱 만연해 있다는 게 인정되지 않을까 싶다. 지금 시대의 정치에 민감한 사람들에게, 어떤 주제들은 위신이라는 문제에 너무 물들어 있어 순수하게 이성적으로 접근하는 것이 거의 불가능하다. 예를 들자면 수백 가지는 되겠지만 이런 질문부터 해보자. 연합국 3강인 소련, 영국, 미국 중 독일의 패망에 가장 크게 기여한 나라는 어디인가? 이론상으론 합리적인, 심지어 결정적인 해답이 가능할 법하다. 그러나 실제로는 필요한 분석과 판단이 가능하지 않으니, 그런 문제를 신경 쓸 만한 사람은 누구나 필연적으로 위신 경쟁이라는 차원에서 문제를 보게 되기 때문이다. 그러니 그는 경우에 따라 '애초'부터 러시아나 영국이나 미국 중 하나에 호감을 갖고서 출발하며, 그런 '다음'에야 자신의 주장을 뒷받침할 만한 논거를 찾기 시작한다. 그 비슷한 질문들, 즉 그런 문제에 무관심하며 의견이 아무런 영향도 끼치지 못할 사람한테서만 정직한 대답을 얻을 수 있는 질문들은 얼마든지 더 있다. 그리고 어느 정도는 그 때문에 우리 시대의 정치적·군사적 예측 능력이 현저하게 떨어지는 것이다. 그 많은 대학의 '전문가들' 중에 1939년의 독소불가침조약처럼 쉽게 내다보이던 사건을 예견한 사람이 단 하나도 없었다는 건 생각할수록 묘한 일이다.[4] 조약이 체결됐다는 소식이 전해지자 분분한 해설들이 쏟아졌다. 또한 당장 오류가 밝혀진 예측들이 나왔는데, 대부분이 개연성에 대한 조사보다는 소련이 좋거나 나쁘게, 강하거나 약하게 보이도록 하고픈 바람에 의존한 것들이었던 까닭이다. 정치나 군사 분야의 평론가들은, 점성술사들과 마찬가지로 어떤 실수를 범하더라도 살아남는다. 왜냐하면 아주 헌신적인 추종자들이 그들에게서 구하는 것이란 사실에 대한 평가가 아니라 민족주의적 충성에 대한 자극이기 때문이다.[5] 뿐만 아니라 미학적인 판단, 특히 문학계의 평가도 정치의 경우와 마찬가지로 타락하는 경우가 흔히 있다. 이를테면 인도의 민족주의자가 키플링 읽기를 즐기기는 어려울 것이며, 보수주의자가 마야코프스키[6]의 장점을 찾아내기도 힘들 것이다. 그리고 책의 성향이 마음에 들지 않으면 '문

---

[4] 보수 성향의 저술가들 중에 피터 드러커Peter Drucker 같은 이들 몇몇은 독소불가침조약을 예언한 바 있으나, 그들이 예측한 건 항구적이고 실질적인 동맹이나 융합이었다. 마르크스주의자나 다른 좌파 성향의 저술가 중에는(피부색을 떠나서) 독일과 소련의 조약을 비슷하게나마 예견한 사람조차도 없었다.(저자 원주)

[5] 대중 언론의 군사 평론가들은 주로 친소련이나 반소련, 아니면 친블림프pro-Blimp나 반블림프로 분류할 수 있다. 마지노선이 난공불락일 것을 믿는다거나 러시아가 3개월 안에 독일을 점령할 것이라 예측하는 식의 오류를 범해도 그들의 명성은 흔들리는 법이 없다. 그들은 언제나 특정 청취자나 독자 들이 듣고 싶어 하는 것만을 말했던 것이다. 지식인들이 가장 선호하는 군사 평론가는 리델 하트Liddell Hart 대위와 풀러Fuller 소장少將인데, 전자는 방어가 공격보다 강하다고 가르치고 후자는 공격이 방어보다 강하다고 한다. 그런데 이 상반된 주장 때문에 두 사람이 같은 대중에게 권위자로 인정받는 데 지장을 받는 법은 없다. 그들이 좌파 계열 사람들에게 인기를 누리는 비밀스러운 이유는 둘 다 육군성과의 관계가 껄끄럽다는 데 있다.(저자 원주)

[6] Vladimir Mayakovsky(1893~1930). 20세기 초 러시아 미래파의 대표 격인 시인이자 극작가. 소련 문단의 인기 작가였으나 자살로 일찍 생을 마감하기 전엔 스탈린 체제를 비판하는 작품을 쓰기도 했다.

학적' 관점으로 볼 때 나쁜 책임에 틀림없다고 주장하고픈 유혹이란 게 늘 있는 것이다. 민족주의적 성향이 강한 사람들일수록, 거짓을 범한다는 내면의 자각 없이 그런 날랜 솜씨를 부리는 경우가 흔하다.

영국의 경우 관련 있는 사람들의 숫자만 놓고 볼 때, 가장 압도적인 형태의 민족주의는 아마도 구식의 영국 국수주의 jingoism일 것이다. 이런 성향은 아직도 만연해 있는 게 분명하며, 대부분의 평자들이 10여 년 전에 생각했던 것보다 훨씬 심하다. 하지만 이 에세이에서 내가 주로 관심을 두는 건 지식인들의 반응이며, 그들 사이에선 소수에 의해 되살아나는 듯한 것을 제외하면 국수주의뿐 아니라 구식의 애국주의도 거의 다 죽은 상태. 지식인들 사이에서 압도적인 형태의 민족주의가 공산주의란 건 말할 필요도 없을 것이다(이때의 공산주의는 공산당원뿐만 아니라 '길동무'[7]와 친러파 전반을 포함하는 아주 느슨한 의미다). 여기서 내가 말하고자 하는 공산주의자는 소련을 자신의 조국으로 여기며, 러시아의 정책을 정당화하고 무슨 수를 써서라도 러시아의 국익을 증진하는 것을 자신의 의무로 생각하는 사람이다. 오늘날의 영국에는 그런 사람들이 확실히 많으며, 그들이 직간접적으로 끼치는 영향은 막대하다. 그런가 하면 다른 여러 형태의 민족주의도 무성한데, 이 문제를 균형감 있게 보기 위한 최선의 방법은 서로 다를 뿐만 아니라 상반돼 보이기까지 하는 사조思潮들 간의 유사점에 주목하는 것이다.

---

7   fellow-traveller. 1917년 러시아혁명 이후 혁명의 대의는 받아들이되 적극적으로 참여하진 않았던 러시아 작가들을 지칭하는 말이었다가, 트로츠키가 『문학과 혁명』(1924)의 2장을 "문단의 혁명 '길동무들'"이란 제목으로 다루면서 유명해진 용어.

10~20년 전, 오늘날의 공산주의에 가장 상응하는 형태의 민족주의는 정치적 가톨릭주의였다. 그리고 그 대표적 옹호자는 (전형적이라기보다는 극단적인 경우겠지만) G. K. 체스터턴[8]이었다. 체스터턴은 상당한 재능을 가진 작가로, 로마 가톨릭 선전을 위해 자신의 감수성과 지적 정직성을 억누른 사람이었다. 그가 인생의 마지막 20년 남짓 동안 쓴 글은 사실상 전부, "에베소인들의 다이아나는 위대하도다"[9]만큼이나 단순하고 지루한 이야기를 부자연스러운 기교를 부려가며 끝없이 반복한 것들이었다. 그가 쓴 모든 책, 모든 단락, 모든 문장, 모든 이야기의 모든 사건, 대화의 모든 단편은 가톨릭교도가 개신교도나 이교도보다 우월하다는 점을 오류의 가능성을 초월하여 입증하는 것이어야 했다. 그런데 체스터턴은 그런 우월성을 지적 또는 영적 차원으로만 생각하는 데 만족하지 않았다. 그것은 국가의 위신과 군사력의 차원으로 확대되어야 했고, 그러자면 라틴계(가톨릭계) 국가 특히 프랑스에 대한 무지한 이상화가 수반되어야 했다. 체스터턴은 프랑스에 오래 살아본 적이 없었고, 프랑스(가톨릭 농민들이 적포도주 잔을 들고 끊임없이 국가를 부르는 나라다)와 현실의 관련성은 「추 친 차우」[10]와 바그다드의 일상생활의 관련성과 비슷하지 싶다. 게다가 프랑스의 군사력을 엄청나게 과대평가할 뿐만 아니라(그는 1914~1918년

---

8   G. K. Chesterton(1874~1936). 다양한 분야에 많은 글을 쓴 영국의 인기 작가. 인생 후반부에 성공회에서 로마 가톨릭으로 개종했다.

9   사도행전 19:28. 사도 바울로부터 우상숭배를 한다는 비난을 받은 에베소의 은세공인들이 궐기하여 여신 다이아나(아르테미스)에 대한 섬김을 옹호하며 장시간 외치는 소리.

10 「Chu Chin Chow」. 1916년 런던에서 초연된 뒤로 엄청난 인기를 누린 뮤지컬 코미디이자 팬터마임으로, 「알리 바바와 40인의 도적」 이야기를 바탕 삼았다. '추 친 차우'는 알리 바바의 형 카심 바바가 연회를 베풀어주려는 중국의 부유한 상인이다.

전에도 후에도 프랑스가 독일보다 강하다고 주장했다) 전쟁의 실제 과정을 어리석고 조야하게 찬미하기까지 한다. 체스터턴이 쓴 「레판토」나 「성녀 바르바라의 발라드」 같은 전쟁시에 비하면 「경기병 여단의 돌격」[11]은 평화주의 선언문 같다. 그것들은 우리 언어로 쓴 허풍 중에서 가장 저속한 글귀일 것이다. 흥미로운 건, 그가 프랑스와 프랑스군에 대해 습관적으로 쓴 낭만적인 나부랭이를 다른 누가 영국과 영국군에 대해 썼더라면 제일 먼저 조롱하고 나섰을 인물이 그라는 점이다. 본국 정치에 관한 한 그는 국수주의와 제국주의를 진정으로 혐오하는 '작은 영국' 옹호자였으며, 그의 지성에 따르자면 민주주의의 진정한 친구였다. 하지만 시선이 국제 무대로 향했을 때, 그는 자신이 무엇을 하는지도 의식하지 못한 채로 자신의 원칙을 저버렸다. 그러니 민주주의의 미덕에 관하여 신비적이라 할 믿음을 가졌던 그가 무솔리니를 찬양하는 게 가능했던 것이다. 무솔리니는 체스터턴이 본국에서는 지키기 위해 그토록 애를 쓰던 대의 정치와 언론 자유를 분쇄했다. 하지만 무솔리니는 이탈리아인이었고 이탈리아를 강하게 만든 사람이었으니 그것으로 문제는 해결된 것이었다. 체스터턴은 또 이탈리아인이나 프랑스인이 행한 경우라면 제국주의나 유색인종 정복에 대해 한마디도 비난하는 법이 없었다. 민족주의적 충심이 개입되면 그의 현실 이해력, 문학적 취향, 심지어 도덕적 감각도 당장 뒤틀어지고 말았다.

체스터턴의 예로 보는 정치적 가톨릭주의와 공산주의 사이

---

11 앨프리드 테니슨이 쓴 애국시로, 크리미아 전쟁의 한 전투에서 벌어졌던 비극적인 돌격전이다.

에는 분명 유사점이 상당히 많다. 그것은 다음의 것들 사이에서도 그러한데, 예를 들어 스코틀랜드 민족주의나 유대주의, 반유대주의나 트로츠키주의가 그렇다. 모든 형태의 민족주의가 똑같다고, 그 정서마저도 그렇다고 말한다면 지나친 단순화일 것이다. 하지만 모든 경우에 통하는 규칙 같은 건 분명히 있다. 민족주의적 심리의 주된 특징을 몇 가지 들자면 다음과 같다.

강박증. 민족주의자는 가능한 한 자기 세력 집단의 우월성 외에는 그 무엇에 대해서도 생각하거나, 말하거나, 글을 쓰지 않는다. 또한 민족주의자가 자신의 충절을 숨기는 것은 불가능하진 않겠지만 아주 어렵다. 그는 누가 그의 집단을 조금이라도 비난하거나 라이벌 집단을 칭찬하는 기색을 보이면 날카롭게 쏘아붙이지 않고는 배기질 못한다. 그가 택한 집단이 아일랜드나 인도 같은 나라인 경우, 그는 대개 군사력이나 정치적 장점뿐만 아니라 예술이나 문학, 스포츠, 언어의 구조, 주민들의 신체적 아름다움, 심지어 기후나 경치, 음식에 대해서까지 그것의 우월성을 주장할 것이다. 그는 또 깃발의 올바른 게양, 신문 기사 제목의 상대적 크기, 나라 이름을 부르는 순서에 대해 상당히 예민하게 반응한다.[12] 명칭은 민족주의적 심리에서 대단히 중요한 역할을 한다. 독립을 쟁취하거나 민족주의 혁명을 거친 나라는 대개 이름을 바꾸며, 강렬한 감정을 불러일으키는 나라나 그 밖의 어떤 집단은 각각 다른 의미를 함축한 여러 개의 이름을 갖게 될 수 있다. 스페인내전의 양 진영은 사랑과 증오의 정도가 각기 다른 이름을 합해서 열 개쯤 갖고 있었

---

12 어떤 미국인들은 두 나라 이름을 보통 '영미Anglo-American'라고 부르는 데 불만을 표시하며 '미영Americo-British'이라 부르자고 제안한 바 있다.(저자 원주)

다. 그중 일부는(예를 들어 프랑코파를 '애국파Patriots'라고 하거나 정부파를 '충성파Loyalists'라고 하는 것) 순전히 순환논법[13] 식이었으며, 두 라이벌 정파가 상대가 쓰는 명칭을 인정하는 경우라고는 없었다. 모든 민족주의자들은 자기네 언어를 퍼뜨려 라이벌의 언어를 손상하는 것을 의무로 여긴다. 영어 사용자들 사이에선 그런 분투가 방언들끼리의 분투라는, 보다 미묘한 형태로 재현된다. 영국을 혐오하는 미국인들은 어떤 속어의 기원이 영국이란 걸 알면 그 말을 쓰지 않으려 하며, 라틴어 투를 즐겨 쓰는 이들과 독일어 투를 즐겨 쓰는 사람들의 충돌에도 민족주의적 동기가 있다. 스코틀랜드 민족주의자들은 '저지대 스코틀랜드어'[14]의 우월성을 주장하고, 계급적 증오라는 형태의 민족주의를 가진 사회주의자들은 BBC 악센트와 심지어 '아-(/a:/)' 발음에 대해서도 열띠게 규탄한다.[15] 사례는 얼마든지 더 있을 것이다. 민족주의적 심리는 흔히 공감 주술sympathetic magic을 믿는 듯한 인상을 심어주기도 한다. 정적을 본뜬 인형을 화형에 처하거나 그런 그림을 사격용 표적으로 삼는, 널리 퍼진 관습의 형태로 나타나는 미신 말이다.

불안정. 민족주의적 충심이란, 강하게 붙들어놓는다고 해서 전이轉移되지 않는 게 아니다. 이미 지적한 바와 같이, 우선 그런 충심은 외국으로 향할 수 있으며 실제로 그런 경우가 흔하

---

13 '그는 정직하다. 왜냐하면 남을 속이지 않기 때문이다' 같은 식의 논리적 오류.
14 Lowland Scots. 저지대인 스코틀랜드 남부에서 쓰던 게르만계 언어로, 그냥 스코틀랜드어Scots와 같은 뜻이기도 하나, 게일어 계통인 북부 고지대 언어와 구별해서 부를 때의 명칭이다.
15 부유하고 유식한 잉글랜드 남부인들은 '애(/æ/)' 발음(Flat A)을 '아-(Broad A)로 발음하는 습성이 있었는데(이를테면 '애'프터after를 '아'프트로) 이는 영국 영어와 미국 영어의 차이점이 되기도 했다.

다. 위대한 민족 지도자나 특정 민족주의 운동의 주창자가 자신이 찬양하는 나라 출신조차 아닌 경우를 꽤 흔히 발견할 수 있다. 아예 외국인인 경우도 있으며, 같은 민족인지 의심스러운 변방 지역 출신인 경우는 더 흔하다. 예를 들어 스탈린, 히틀러, 나폴레옹, 데벌레라, 디즈레일리, 푸앵카레, 비버브룩[16]이 그렇다. 범게르만주의Pan-Germanism 운동의 주창자들 중 하나는 영국인 휴스턴 체임벌린[17]이다. 전이된 민족주의는 지난 50년 또는 100년 동안 문단의 지식인들 사이에서 공통적인 현상이 되었다. 그러한 전이의 대상은 라프카디오 헌[18]에겐 일본이었고, 칼라일과 그의 많은 동시대인들에겐 독일이었으며, 우리 시대엔 대개 러시아다. 그런데 묘하게 재미있는 건, '재'전이도 가능하다는 점이다. 여러 해 동안 숭배받던 어떤 나라나 집단이 느닷없이 혐오스러워질 수 있으며, 곧바로 다른 애정의 대상이 그 자리를 대신해버릴 수 있는 것이다. H. G. 웰스의 『역사 개괄』(1919) 첫 판본이나 그 시절 그의 다른 저작들을 보면, 미국에 대한 과찬이 오늘날 공산주의자들의 러시아에 대한 과찬 못지않게 대단하다는 걸 알 수 있다. 하지만 그런 무비판

16　Éamon De Valera(1882~1975)는 아일랜드 대통령을 지낸 바 있는 거물 정치인으로, 스페인계로 보이는 아버지를 둔 미국 태생이다. Benjamin Disraeli(1804~1881)는 영국 총리를 두 번 지낸 바 있는 유대계 보수 정치인. Raymond Poincaré(1860~1934)는 오랫동안 프랑스 총리와 대통령을 역임한 보수 정치인. Beaverbrook 남작(1879~1964, 본명은 Max Aitken)은 캐나다 출신의 영국 거물 실업가로 처칠과 절친한 사이였다.

17　Houston Chamberlain(1855~1927). 정치철학자이자 바그너 연구가로, 바그너 사후에 그의 딸과 결혼했다. 독일어로 출간되어 베스트셀러가 되었던 그의 책 『19세기의 토대』(1899)는 20세기 초 범게르만주의 운동에 주요한 영향을 끼쳤으며, 나중엔 나치의 반유대주의에도 영향을 끼쳤다.

18　Lafcadio Hearn(1850~1904). 그리스에서 태어나(부친은 아일랜드인이고 모친은 그리스인이었다) 아일랜드에 살다 미국으로 이민한 뒤 일본 시민이 되어 일본에 대한 책을 많이 쓴 저술가. 일본 이름은 고이즈미 야쿠모小泉八雲였다.

적 찬양은 몇 년 안에 적대감으로 돌변해버렸다. 고집불통이던 공산주의자들이 몇 주 만에, 심지어 며칠 만에 마찬가지로 고집불통인 트로츠키주의자로 변하는 건 흔해빠진 볼거리다. 유럽 대륙의 파시스트 운동은 대개 공산주의자들이 주축이 되었는데, 앞으로 몇 년 안엔 그 반대 현상이 벌어질 수 있다. 민족주의자에게 변치 않고 남아 있는 것은 독특한 심리, 즉 충심의 대상이 변할 수 있으며, 가상의 것일 수도 있다는 점뿐이다.

그런데 지식인의 경우, 전이는 내가 체스터턴과 관련하여 이미 짧게 언급한 바 있는 중요한 기능을 갖는다. 그리고 그 때문에 지식인은 자기 조국이나 자신이 잘 아는 다른 집단에 대한 경우보다 '훨씬' 더 민족주의적일 수 있다(더 조야하고 어리석고 악의적이고 부정직할 수 있다는 것이다). 꽤 지적이고 섬세한 사람들이 스탈린이나 소비에트 적군赤軍 등등에 대해 쓴 비굴하고 허풍스러운 나부랭이들을 보면, 정신적인 탈골이 아니고선 있을 수 없는 일임을 알게 된다. 우리 사회 같은 곳에서는 지식인이라 할 만한 사람이 자기 나라에 대단한 애착을 느끼는 게 드문 경우다. 여론이라는 게(즉 지식인으로서 그가 의식하는 여론의 일부가) 그러도록 놔두지 않기 때문이다. 그의 주변 사람들 대부분이 의심과 불만이 많기에, 그는 따라 하고 싶거나 순전히 겁이 나서 같은 태도를 취하는 수가 있다. 그리고 그럴 경우 그는 제일 가까운 대상을 향한 민족주의는 일찌감치 포기할 것이며, 진정으로 국제주의적인 관점에도 전혀 다가가지 못할 것이다. 하지만 그에겐 조국이 필요하며, 그럴 때 바깥에서 조국을 찾는 건 당연한 일이다. 그리고 그런 대상을 발견하면, 벗어난 줄로만 알았던 정서에 무절제하게 탐닉할 수 있게 된다. 그리하여 하느님, 국왕, 제국, 국기와 같이 이미 타도해버린 줄 알았던 온갖 우상들이 각기 다른 이름으로 다시 나타날 수 있는 것이다. 그리고 그런 것들을 있는 그대로 인식하지 못하기 때문에 거리낌 없이 숭배할 수 있는 것이다. 전이된 민족주의란 희생양을 이용하는 것처럼, 자기 행실을 바꾸지 않고 구원을 획득하는 방법이다.

사실을 무시하는 태도. 모든 민족주의자들은 비슷한 유형의 사실들이 가진 유사점을 무시하는 능력이 있다. 영국의 보수당원이라면 유럽에서의 민족자결권은 옹호하겠지만 인도의 그것에는 아무 모순도 느끼지 못한 채 반대할 것이다. 행위는 그 자체의 가치가 아니라 주체에 따라 선악 여부가 판가름되며, '우리' 편이 저지른 일이면 어떠한 무도함이라도(고문, 인질 이용, 강제노동, 대대적인 추방, 재판 없는 투옥, 날조, 암살, 민간인 폭격) 도덕적으로 색깔을 못 바꿀 게 없다. 진보적인 〈뉴스 크로니클〉은 충격적인 야만성의 사례로서 독일인들에게 목매달려 죽은 러시아인들 사진을 싣더니, 1~2년 뒤에는 열렬한 찬성의 뜻을 표하며 거의 똑같이 러시아인들에게 목매달려 죽은 독일인들 사진을 버젓이 실었다.[19] 역사적인 사건의 경우도 마찬가지다. 역사는 주로 민족주의적 차원에서 고려되기 때문에 종교재판, 성실청星室廳[20]의 고문, 영국 버커니어의 위업(이를테면 스

---

19 〈뉴스 크로니클〉에서는 독자들에게 처형 장면 전부를 클로즈업으로 볼 수 있는 뉴스영화를 보러 가보라고 권하기도 했다. 〈스타〉지는 여성 부역자들이 발가벗겨지다시피 하여 파리의 군중에게 희롱당하는 사진들을 실었다. 이 사진들은 나치가 실었던, 베를린 군중에게 희롱당하는 유대인 사진들과 확연히 비슷했다.(저자 원주)

20 Star Chamber. 1641년까지 영국 웨스트민스터 궁전에 있던 법원으로, 천장에 별이 붙어 있었고, 왕실이 권력을 남용하여 유력자에 대해 가혹한 재판을 했다.

페인 포로들을 물에 가라앉혀 죽이기를 일삼았던 프랜시스 드레이크 경)[21], 공포정치[22], 세포이 반란 당시 인도인 수백 명을 쏘아 죽인 영웅들, 아일랜드 여인들의 얼굴에 면도날을 휘두른 크롬웰의 병사들과 같은 경우도 '정당한' 대의에서 비롯된 것이라고 여겨질 때에는 도덕적 책임이 없거나 심지어 칭송할 만한 것이 되어버린다. 지난 사반세기를 돌이켜볼 때, 세계 어디선가 잔학행위가 자행되고 있다는 얘기가 들리지 않은 해는 없었던 것 같다. 그러나 영국의 지식인들은 (스페인, 러시아, 중국, 헝가리, 멕시코, 암리차르, 스미르나[23]에서의) 그런 잔학행위들 중 어느 것 하나 믿지도 반대하지도 않았다. 그런 행위들이 비난할 만한 것인지, 혹은 일어나기나 한 것인지는 언제나 정치적 편향에 따라 결정되었다.

민족주의자는 자기편이 저지른 잔학행위를 반대하지 않을 뿐만 아니라, 그런 일에 아예 귀를 닫아버릴 수 있는 놀라운 능력을 갖고 있다. 영국의 히틀러 숭배자들은 장장 6년이라는 세월 동안 다하우나 부헨발트[24]라는 곳이 있는 줄도 몰랐다는 듯 행세했다. 그리고 독일의 강제수용소를 앞장서서 규탄하는 사람들이 러시아에도 강제수용소가 있다는 사실은 잘 모르거나 아주 막연하게만 알고 있는 경우가 많다. 수백만 명이 사망한

---

21 buccaneer는 16~17세기 서인도제도에서 스페인 선단을 공격하던 해적이며, Francis Drake(1540~1596)는 당시의 유명한 해적으로 나중에 영국 해군 제독이 되어 기사 작위도 받은 사람.
22 프랑스혁명 직후의 1년 남짓한 기간(1793~1794)으로 '혁명의 적'을 처형한다는 명분 아래 수만 명이 살해됐다.
23 Amritsar는 인도 북서부 도시로, 1919년에 수백 명의 인도인이 영국군에게 학살당했다. Smyrna는 지금은 터키 서해안에 있는 도시 이즈미르Izmir의 일부.
24 둘 다 독일의 강제수용소가 있던 곳.

1933년의 우크라이나 기아 같은 엄청난 사건들은 영국의 친러파들 대다수의 관심에서 벗어나 있었다. 많은 영국인들은 지금 벌어지고 있는 전쟁에서 독일과 폴란드의 유대인들이 몰살당한 일에 대해 들어본 바가 거의 없다. 그들 자신의 반유대주의 때문에 그런 엄청난 범죄가 그들 의식 속으로 들어올 수 없었던 것이다. 민족주의자의 심리에는 진실인 동시에 허위이며, 알려진 동시에 알려지지 않은 사실들이 있다. 알려진 사실은 도저히 견딜 수 없는 것이어서 으레 도외시된 채 논리적인 사고 과정에 편입되지 않거나, 아니면 매번 고려는 하지만 자기 마음속에서 도저히 사실로 인정할 수 없는지도 모른다.

모든 민족주의자는 과거가 바뀔 수 있다는 믿음에 사로잡혀 있다. 그는 자기 시간의 일부를 역사적 사건이 자기가 바라는 대로 일어나는 공상의 세계(이를테면 스페인 무적함대가 승리를 거두거나 러시아혁명이 1918년에 분쇄되는 세계)에서 보내며 이 세계의 단편들을 가능한 한 역사책에다 옮겨놓으려고 한다. 우리 시대 선전선동가의 저술 중 상당수는 노골적인 허위에 해당한다. 구체적인 사실은 억압당하고, 날짜가 바뀌어버리며, 인용은 맥락이 제거되고 조작되어 의미가 달라져버린다. 일어나지 말았으면 싶은 사건들은 언급되지 않고 있다가 결국 부인되고 만다.[25] 장제스(장개석)는 1927년에 공산주의자 수백 명을 산 채로 끓는 물에 빠뜨려 죽인 적이 있지만, 10년 안에 좌파의 영웅 중 하나가 되었다. 세계 정치의 재편성으로 그는 반파시스

---

25 그 일례가 독소불가침조약이며, 이것은 대중의 기억에서 빠르게 잊혀가고 있다. 러시아의 한 통신원은 이 조약에 대한 언급이 최근의 정치적 사건들을 목록으로 만드는 러시아의 연감에서 이미 누락되고 있음을 내게 알려준 바 있다.(저자 원주)

트 진영에 속하게 되었고, 그 때문에 공산주의자를 끓여 죽인 사건은 '대수롭지' 않거나 일어나지도 않은 일처럼 되어버린 것이다. 선전의 주된 목적이야 물론 당대의 견해에 영향을 끼치는 것이지만, 역사를 다시 쓰는 사람들은 자신이 사실을 과거 속으로 거의 쑤셔 넣는다는 느낌을 어느 정도 받을 것이다. 트로츠키가 러시아내전 때 별 중요한 역할을 하지 않았다고 믿도록 하기 위해 정교한 조작이 이루어진 것을 생각해보면, 책임 있는 사람들이 단순히 거짓말을 했다고만은 보기가 어렵다. 그보다 그들은 아마 자신들이 본 것이 하느님이 보신 '그대로'이니 그에 맞게 기록을 재편해도 좋다고 느끼는 것일 터이다.

객관적 사실에 대한 무관심은 세상의 일부가 다른 일부로부터 완전히 차단되는 바람에 더욱 부추겨지며, 그 때문에 실제로 무슨 일이 벌어지고 있는지 알기가 점점 더 어려워진다. 그러다 보면 어마어마한 사건들이 정말 벌어지고 있는지를 의심하는 경우도 흔히 생겨나곤 한다. 예를 들어 지금의 전쟁으로 인한 사망자 수는 수백만, 아니 수천만 단위로도 다 헤아릴 수 없을 정도다. 하지만 계속해서 보도되는 참화들(전투, 학살, 기근, 혁명)은 일반인들에게 비현실적인 느낌을 불러일으키는 경향이 있다. 그들로선 사실을 검증할 만한 방법이 없고, 그런 일들이 실제로 벌어지고 있다는 확신을 갖기도 어려우며, 항상 각기 다른 출처에서 비롯된 서로 완전히 다른 해석들만을 접하게 되는 것이다. 예컨대 1944년 8월에 벌어진 바르샤바 봉기의 경우 어디까지가 옳고 그른가?[26] 폴란드에 독일군의 가스처형

---

[26] Warsaw Uprising. 나치 점령하의 바르샤바 해방을 위한 폴란드인의 저항운동으로, 두 달 동안의 싸움 끝에 결국 항복했고, 민간인만 10만 명 이상이 사망했다.

실이 있다는 소문은 사실인가? 벵골 대기근은 과연 누구의 탓인가?[27] 진실은 밝혀질 수도 있겠지만, 거의 모든 신문이 사실을 워낙 거짓으로 알리기 때문에, 거짓을 곧이곧대로 받아들이거나 나름의 견해를 갖추지 못한다 해서 일반 독자를 탓할 수는 없는 노릇이다. 게다가 실제로 벌어지고 있는 일에 대한 정보가 전반적으로 불확실하기 때문에 황당한 믿음을 고수하기가 훨씬 쉬워진다. 무엇 하나 입증되지도 반증되지도 않기에, 더없이 엄연한 사실도 뻔뻔히 부인해버리는 게 가능해진다. 더구나 민족주의자는 세력, 승리, 패배, 복수에 대해 끊임없이 골몰하면서도 실제 세계에서 벌어지고 있는 일에 대해선 다소 무관심한 경우가 많다. 그가 바라는 바는 자기편이 상대편보다 앞서고 있다고 '느끼는' 것이며, 사실이 뒷받침되는지 확인하기보다는 상대편을 묵살해버림으로써 더 쉽게 그럴 수 있다. 모든 민족주의 논쟁은 토론반 학생들의 수준을 넘지 못한다. 어떤 논쟁 참가자든 자신이 이겼다고 믿어버리기 때문에 결판이 나는 법이 없다. 그리고 어떤 민족주의자는 정신분열증 환자와 별반 다를 게 없다. 실제 세계와 아무 상관이 없는 세력과 정복을 꿈꾸며 제법 행복하게 살고 있는 것이다.

지금까지 모든 형태의 민족주의에 공통되는 심리적 습성에 대해 나로서는 최선의 분석을 해보았다. 다음 순서는 그 유형들을 분류해보는 것인데, 물론 포괄적으로 다 분류한다는 건 불가능할 것이다. 민족주의는 거대한 주제다. 지극히 복잡한

---

27 1943년 영국 지배하의 인도 벵골 지방에서 발생한 기아로 300만 명 정도의 주민이 아사한 사건을 말한다.

방식으로 서로에게 영향을 끼치는 무수한 착각과 증오 때문에 온 세계가 고통받고 있는데, 그런 것들 중 가장 악독한 것 일부는 아직 유럽인의 의식에 조금도 영향을 미치지 못하고 있다. 이 에세이에서 내가 다루려는 바는 영국 지식인들 사이에 나타나고 있는 민족주의다. 그들에겐 일반 영국 대중에 비해 민족주의가 애국주의와 섞이지 않은 경우가 훨씬 많으며, 때문에 순수한 효과를 살펴보기가 더 쉽다. 다음에서 나는 지금 영국 지식인들 사이에서 유행하는 민족주의의 여러 형태들을 필요하다 싶은 설명과 함께 나열해보고자 한다. 편의상 '긍정적', '전이적', '부정적'이란 명칭을 달아보았으며, 어떤 항목은 하나 이상의 범주에 속할 것이다.

긍정적 민족주의

1. **신토리주의**. 엘튼 경이나 A. P. 허버트, G. M. 영, 픽손 Pickthorn 교수 같은 이들, '토리 개혁위원회'의 문건들, 그리고 〈뉴 잉글리시 리뷰〉나 〈19세기와 그후〉 같은 잡지가 좋은 예다. 신토리주의 Neo-Toryism의 진짜 원동력은(그러면서 민족주의적 성격을 부여하되 일반 보수주의와는 구별되는 특징은) 영국의 세력과 영향력이 기울었다는 것을 인식하지 않고자 하는 욕구다. 심지어 영국의 군사적 위상이 이전 같지 않다는 걸 알 만큼 현실적인 이들까지도 '영국의 방식'(딱히 정의되지 않은 개념이지만)이 세계를 지배해야 한다고 주장하는 경향이 있다. 모든 신토리주의자는 반러파이되, 때로는 반미파인 점을 강조하기도 한다. 제일 중요한 건 이런 사조가 젊은 지식인들 사이에서 유

행하는 듯하다는 점이다. 그중에는 공산주의자였다가 환멸을 느끼고 돌아서는 흔한 과정을 거친 이들이 꽤 있다. 영국을 혐오하다가 갑자기 열렬한 친영주의자가 되는 건 꽤 흔히 목격되는 현상이다. 이런 경향을 보이는 작가로는 F. A. 보이트Voigt, 맬컴 머거리지Muggeridge, 에벌린 워Waugh, 휴 킹스밀이 있으며, 심리적으로 비슷한 발달 현상이 T. S. 엘리엇과 윈덤 루이스, 그리고 그들의 여러 추종자들에게서 발견된다.

2. **켈트 민족주의.** 웨일스, 아일랜드, 스코틀랜드의 민족주의는 차이점은 있어도 반영주의를 지향한다는 점에서는 같다. 세 운동의 가담자들은 모두 전쟁에 반대한다고 하면서 스스로를 계속해서 친러파라 규정해왔으며, 일부 극단론자들은 친러시아인 동시에 친나치이고자 애를 쓰기도 한다. 그런데 켈트 민족주의는 영국 혐오증과 같은 건 아니다. 그것의 원동력은 켈트 민족들의 과거와 미래의 영광에 대한 믿음이며, 인종주의 색조를 강하게 띤다. 켈트족이 색슨족보다 정신적으로 우월하다는 것인데(더 순수하고 창의적이며 덜 천박하면서 덜 속물적이라는 등등) 그 이면에는 앞서 지적했던 세력에 대한 갈망이 감춰져 있다. 그 증상 중 하나가 에이레나 스코틀랜드, 심지어 웨일스도 영국의 도움 없이 독립을 지킬 수 있으며, 방어에 관하여 영국에 빚진 바가 없다는 착각이다. 작가들 중에 이런 성향을 보이는 경우로는 휴 맥더미드MacDiarmid와 션 오케이시O'Casey를 들 수 있다. 그리고 어떤 아일랜드 작가도, 심지어 예이츠나 조이스 같은 대단한 인물이라 해도 민족주의 자취로부터 완전히 자유롭진 못하다.

3. **유대주의.** 민족주의 운동의 일반적인 특징을 보이되, 미국

에서 나타나는 형태가 영국의 경우보다 더 격렬하고 악의적이다. 이 정서를 전이된 민족주의가 아닌 직접적 민족주의에 포함시킨 것은, 이것이 거의 유대인들 안에서만 활기를 띠기 때문이다. 영국에선 몇 가지 좀 엉뚱한 이유로 지식인들이 팔레스타인 문제에 대해 주로 친유대인 성향을 보이지만, 그들의 감정이 별로 강렬한 건 아니다. 그리고 호의적인 모든 영국인들도 나치의 박해에 반대하는 차원에서 친유대적이라고 할 수 있다. 하지만 실질적인 민족주의적 충심이나 유대인의 태생적 우월성에 대한 믿음은 이방인들에게선 발견하기 힘든 현상이다.

전이된 민족주의

1. **공산주의**.
2. **정치적 가톨릭주의**.
3. **인종차별 감정**. '원주민'을 옛날식으로 경멸하는 태도는 영국에서 크게 약화됐으며, 백인종의 우월성을 강조하는 유사과학적 이론들은 폐기되었다.[28] 지식인들 사이에선 피부색에 대한 반감이 역전된 형태로 나타나는데, 다시 말해 유색인종의 타고난 우월성을 믿는다는 것이다. 이는 지금 영국의 지식인들 사이에서 점점 일반화되어가고 있는 현상으로, 동양인이나 흑인의 민족주의 운동과 접촉해서라기보다는 마조히즘이나 성적

---

28 좋은 예가 일사병에 대한 미신이다. 최근까지만 해도 백인종은 유색인종에 비해 일사병에 훨씬 취약해서 피스pith 헬멧을 쓰지 않고는 열대지방의 볕 아래서 안전하게 나다닐 수 없다는 믿음이 있었다. 이 가설은 아무 증거도 없었으나 '원주민'과 유럽인의 차이를 강조하는 목적에 기여했다. 지금의 전쟁 동안 이 가설은 조용히 버려졌고, 이젠 모든 부대가 열대에서 피스 헬멧 없이 작전을 수행하고 있다. 일사병 미신이 유효하던 동안에는, 인도에 있는 영국 의사들도 일반인 못지않게 그것을 굳건히 믿었던 것으로 보인다.(저자 원주)

인 좌절 탓인 경우가 더 흔한 듯하다. 피부색 문제에 대한 감정이 강하지 않은 사람들에게도, 속물근성과 모방심리는 강력한 영향을 끼친다. 영국의 지식인치고 백인종이 유색인종보다 우월하다는 주장에 대해 분개하지 않을 이는 없겠지만, 그 반대의 주장에 대해서는 동의하지 않는다 해도 대수롭게 여기진 않을 것이다. 유색인종에 대한 민족주의적 애착에는 대개 그들의 성생활이 더 우월하다는 믿음이 섞여 있으며, 흑인의 성적인 능력에 대해서는 겉으론 드러나지 않아도 상당한 영향력이 있는 신화가 존재한다.

4. **계급 차별 감정.** 상류층과 중산층 지식인들 사이에서 역전된 형태로만(즉 프롤레타리아의 우월성에 대한 믿음으로) 나타나는 정서다. 또한 여기서도 지식인들 사이에 존재하는 여론의 압력이 압도적인 영향을 끼친다. 프롤레타리아에 대한 민족주의적 충심과 부르주아에 대한 더없이 악의적이고 이론적이기만 한 증오는 일상생활에서 흔히 볼 수 있는 속물근성과 공존할 수 있으며, 실제로 그런 경우가 많다.

5. **평화주의.** 평화주의자는 대부분 정체불명의 종파에 속한 사람이거나, 아니면 사람의 목숨을 앗아가는 일에 반대하여 그 이상은 자신의 사고력을 진전시키지 않는 쪽을 택한 인도주의자일 뿐이다. 그런가 하면 지식인 평화주의자들 중 소수에게서 나타나는, 인정되진 않지만 실질적인 동기는 서구 민주주의에 대한 증오와 전체주의에 대한 동경이다. 평화주의자의 선전은 주로 한편이 상대편 못지않게 나쁘다고 말하는 것으로 압축된다. 그런데 더 젊은 지식인 평화주의자들의 글을 잘 읽어보면, 그들이 치우침 없는 반감을 나타내는 게 절대 아니며 영국과

미국에 반대하는 쪽으로만 치우쳐 있음을 알 수 있다. 게다가 그들은 대체로 폭력 자체가 아닌, 서구 국가들을 방어하는 데 쓰이는 폭력만을 비난한다. 때문에 영국과 달리 러시아는 군사적인 수단으로 자국을 방어해도 비난의 대상이 되지 않으며, 실제로 이 유형에 속하는 모든 평화주의 선전에는 러시아나 중국에 대한 언급이 빠져 있다. 마찬가지로 영국에 맞서 투쟁하는 인도인들에게 폭력을 거두라는 주장을 하지도 않는다. 평화주의자들의 글에는 히틀러 같은 유형의 정치인이 처칠 같은 유형보다는 나으며, 폭력은 충분히 폭력적일 경우에는 용서할 만하다는 식의 알 수 없는 발언들이 넘쳐난다. 프랑스가 함락되자, 영국의 동료들은 아직 당면해본 적이 없는 막중한 선택의 길목에 선 프랑스의 평화주의자들은 대부분 나치 편이 되었다. 그리고 영국에선 '평화서약연합'과 '블랙셔츠'[29]의 단원들이 살짝 겹쳤던 것 같다. 또 평화주의자인 작가들은 파시즘의 사상적 아버지 격인 칼라일을 칭송하는 글을 쓰기도 했다. 대체로 볼 때, 지식인들 중 일부에서 나타나듯, 평화주의를 은근히 부추기는 것이 세력과 성공적인 학대에 대한 동경이라는 느낌을 지우기 어렵다. 그런 정서를 히틀러에게 고정시킨 건 잘못일 텐데, 그거야 쉽사리 다시 전이될 수 있는 일이다.

---

29 Blackshirts. 좌우를 오가며 국회의원을 지낸 귀족 출신 정치인 모즐리Sir Oswald Mosley(1896~1980)가 히틀러에 열광하여 조직한 '영국 파시스트 연합'의 당원들이 제복으로 검은 윗옷을 즐겨 입어 얻은 별칭.

부정적 민족주의

1. **영국 혐오증.** 지식인들 사이에선 영국을 비웃으며 약간의 적대성을 보이는 게 어느 정도 필수적인 태도가 되어버렸지만, 그런 정서가 많은 경우에 가식이 아닌 것으로 드러난 바 있다. 이번 전쟁 동안 그런 정서는 지식인들의 패배주의로 나타났으며, 그것은 추축국 세력이 이길 수 없다는 게 분명해진 다음에도 한참이나 지속되었다. 싱가포르가 함락됐다거나 영국이 그리스에서 밀려났다는 소식을 듣고서 숨김없이 기뻐한 이들이 많았으며, 엘 알라메인에서의 승전 소식이나 영국 본토 항공전에서 격추된 독일 전투기 숫자에 대한 보도를 믿지 않으려 한 이들도 적지 않았다.[30] 물론 영국의 좌파 지식인들은 독일이나 일본이 이기기를 바란 게 아니다. 하지만 상당수가 자국이 모욕당하는 꼴을 보면서 어쩔 수 없는 묘미를 느꼈고, 최후의 승리가 영국이 아닌 러시아나 미국 덕분이라 느끼고 싶어 했다. 외교정책의 경우엔, 영국의 지원을 받는 파벌은 아무튼 잘못됐다는 원칙을 따르는 지식인들이 많다. 그 결과 '계몽'된 견해는 다분히 보수당 정책과 좌우대칭인 형태가 된다. 영국 혐오증은 언제든 뒤집히기 십상인 무엇이며, 그래서 한 전쟁에선 평화주의자이던 사람이 그다음 전쟁에선 호전적인 태도를 보이는 제법 흔한 광경이 펼쳐지는 것이다.

2. **반유대주의.** 현재로선 증거가 많지 않은 정서다. 나치의

---

30 싱가포르는 100년 이상 영국의 지배를 받다가 1942년부터 1945년까지 일본에게 점령당했고, '엘 알라메인El Alamein'은 이집트 북서해안의 고장으로 1942년에 영국이 독일에 결정적인 승리를 거둔 곳이다.

박해 때문에 생각이 있는 사람이라면 누구나 압제자에 맞서 유대인 편을 들 필요가 생겼기 때문이다. '반유대주의antisemitism'라는 말을 들어봤을 만큼 배운 사람이라면 누구나 당연히 그런 정서로부터 자유롭다고 주장하며, 반유대적인 발언은 모든 종류의 글에서 세심히 배제된다. 그런데 실제로는 반유대주의가 지식인들 사이에까지 만연해 있는 듯 보이며, 당장은 침묵하는 게 최선이라는 공모 때문에 더 악화되고 있는 것 같다. 그런 경향은 좌파들도 예외가 아니며, 그들의 태도는 트로츠키주의자와 무정부주의자가 대체로 유대인이라는 사실에 영향을 받곤 한다. 그렇긴 해도 반유대주의는 유대인들이 민족의 사기를 약화시키고 민족문화를 희석시키지 않을까 우려하는 보수 성향의 사람들에게 보다 자연스러운 정서다. 신토리주의자와 정치적 가톨릭주의자는 언제든, 적어도 간헐적으로 반유대주의에 넘어가기 쉬운 사람들이다.

3. **트로츠키주의**. 무정부주의자, 민주적 사회주의자, 심지어 자유주의자까지 포함할 정도로 느슨하게 쓰이는 용어다. 여기서는 스탈린 체제에 대한 적대감을 주된 원동력으로 삼는 교조적 마르크스주의자란 뜻으로 쓰고자 한다. 트로츠키주의는 결코 하나의 사상만을 가진 사람이 아니었던 트로츠키 자신의 저작보다는, 모호한 팸플릿들이나 〈소셜리스트 어필〉 같은 신문들을 봐야 이해하기가 더 쉽다. 일부 지역에서, 이를테면 미국 같은 곳에서 트로츠키주의는 꽤 많은 지지자들을 끌어들이고 나름의 소小총통을 갖는 조직적인 운동으로 발전할 수도 있겠지만, 영감이 되는 정서는 본질적으로 부정적이다. 트로츠키주의자는 공산주의자가 스탈린을 '위'하듯 스탈린에 '반'하는 존

재이며, 대다수의 공산주의자들과 마찬가지로 외부 세계를 변혁하기보다는 위신을 차지하기 위한 싸움이 자신에게 유리하게 전개되고 있다는 느낌을 받고 싶어 한다. 어느 쪽이든 하나의 대상에 대한 강박적인 집착이 있으며, 개연성을 토대로 한 정말 합리적인 견해를 형성하는 데 실패하기도 했다. 트로츠키주의자는 어디서나 박해받는 소수이며, 파시스트와 협력한다는 흔히 덧씌워지는 혐의는 명백히 허위이다. 그리고 그 사실은, 트로츠키주의가 공산주의보다 지적으로나 도덕적으로나 우월하다는 인상을 심어준다. 그러나 과연 큰 차이가 있는지는 의문이다. 가장 전형적인 트로츠키주의자는 어쨌든 이전에 공산주의자였으며, 어떤 형태든 좌파운동을 거치지 않고 트로츠키주의에 도달하는 경우는 없는 것이다. 어떤 공산주의자든 오랫동안 습관처럼 자기 당에 매여 있는 게 아닌 한, 느닷없이 트로츠키주의에 빠져드는 위험을 벗어나기 어렵다. 반대의 경우는 이유는 분명치 않지만 이처럼 흔히 일어나는 일은 아닌 듯하다.

지금까지 나름의 분류를 해봤는데, 내가 좀 과장도 하고, 지나친 단순화도 하고, 근거 부족한 추측도 하고, 그럴싸한 동기를 언급하지 않았다는 인상을 주었을 것이다. 하지만 불가피한 일이었다. 이 에세이에서 내가 따로 떼어놓고 규명하고자 한 경향들은 우리 모두의 심리에 존재하면서 우리의 정상적인 생각을 방해하는데, 그게 딱히 순전한 상태에서 발생하거나 지속적으로 작용하는 현상이 아니기 때문이다. 그러니 이 대목에선 내가 지나치게 단순화할 수밖에 없었던 부분을 어느 정도 바로잡을 필요가 있다. 먼저, '모두'가, 아니면 모든 지식인이 민족주의에 감염된다고 여길 수는 없는 일이다. 둘째, 민족주의는 간헐적이며 제한적인 증상일 수 있다. 지적인 사람이라면, 매력적이긴 하지만 본인 스스로 부조리한 줄 아는 믿음에 반쯤 빠져들 수는 있되 오랫동안 심적인 거리를 유지할 수도 있으며, 화가 나거나 감상에 빠지는 순간 또는 중요한 문제와 결부되지 않는다고 확신할 때에나 이전의 믿음에 다시 빠져들 것이다. 셋째, 민족주의적 신조를 민족주의와는 상관없는 동기에 따라 선의로 받아들일 수도 있다. 넷째, 여러 종류의 민족주의가, 심지어 서로 상쇄되는 종류들이 한 사람 안에서 공존할 수도 있다.

지금까지 나는 민족주의자가 이렇게 한다느니 저렇게 한다느니 하는 얘기를 했다. 그것은 마음속에 중립지대라곤 없으며 세력 투쟁 외에는 어떤 것에도 관심이 없는, 극단적이고 거의 광적인 민족주의자를 예로 들기 위해서였다. 한데 그런 사람은 실제로 꽤 흔하기 때문에 굳이 여기서 애써 언급할 가치는 없다. 실생활에서 엘튼 경이나 D. N. 프릿Pritt, 휴스턴 준남작 부인, 에즈라 파운드, 반시타트Vansittart 경, 코글린Coughlin 신부 등과 같은 지겨운 족속들은 맞서 싸워야 할 대상이지만, 그들의 지적 결함은 여기서 굳이 지적할 필요도 없다. 편집광은 재미가 없으며, 상대적으로 더 고집불통인 민족주의자치고 몇 년 뒤에도 읽을 만한 가치가 있어 보이는 책을 쓸 수 있는 사람이 없다는 사실은 어느 정도 악취를 제거하는 노릇을 한다. 그런데 민족주의가 모든 곳에서 승리를 거두지는 못했다는 점을 인정한다 해도, 욕망에 휘둘리지 않는 판단력을 가진 사람들이 여전히 존재한다 해도, 민족주의적 심리 습성이 너무 만연해 있어 여러 가지 절박한 문제들(인도, 폴란드, 팔레스타인, 스페인 내전, 스탈린의 대숙청 재판, 미국 흑인, 독소불가침조약 등등)이 합리적인 차원에서 논의될 수 없다는 사실은 엄연히 남는다. 같은 거짓말을 계속해서 짖어대는 거대한 입일 뿐인 엘튼이나 프릿이나 코글린 같은 이들은 명백히 극단적인 경우지만, 우리도 방심한 순간에 언제든 그들처럼 될 수 있다는 사실을 깨닫지 못한다면 스스로를 속이는 꼴이 된다. 아픈 데를 찌르는 말을 해보라(그런 데가 있는 줄 본인도 몰랐을 수 있다). 아무리 공정하고 부드러운 사람이라 해도 갑자기 고약한 열성 당원으로 돌변할 수 있으며, 상대를 '제압'하는 데만 혈안이 되어 자기가 얼마나 많은 거짓말을 하고 얼마나 많은 논리적 오류를 범하는지에 대해선 무심해질 수 있다. 보어전쟁을 반대하던 로이드 조지가 하원에서 영국 정부의 공식 발표에 따라 계산을 해보면 보어 민족 전체보다 많은 보어인을 죽인 셈이라고 발표하자, 아서 밸푸어가 벌떡 일어나 "캐드!"라고 외쳤다는 기록이 있다.[31] 그런데 이런 유의 퇴보에서 자유로운 사람은 극히 드물다. 백인 여성에게 타박을 받은 흑인, 미국인이 영국을 무식하게 비난하는 소리를 들은 영국인, 스페인 무적함대를 다시 떠올리게 된 가톨릭 옹호자도 아주 비슷한 반응을 보일 것이다. 민족주의의 신경을 바늘로 슬쩍 건드려보라. 지적인 품위는 당

---

[31] Lloyd George(1863~1945)는 자유당 소속으로 보어전쟁(1899~1902) 반전운동에 앞장섰으며 총리까지 지냈으나 점차 보수 쪽으로 기운 인물. Arthur Balfour(1848~1930)는 유명한 보수파 정치인으로 총리를 지냈으며, 그 뒤에도 외무장관으로서 팔레스타인에 유대인 국가가 건설되는 것을 지지하는 밸푸어선언(1917)의 주역이 되었다. 'cad'는 비신사적인 사람이라는 뜻.

장 자취를 감추고, 과거는 바뀌며, 명명백백한 사실도 부정되는 상황이 벌어질 수 있다.

마음 한구석에 민족주의적 충심이나 증오를 품고 있는 사람이라면, 어떤 면에서 틀림없는 것으로 알려진 사실이라 해도 인정할 수 없는 경우가 있다. 몇 가지 예를 들어보자. 다섯 가지 유형의 민족주의자를 나열해볼 것이며, 그 각각에다 그 유형의 민족주의자가 혼자만의 생각으로도 도저히 받아들일 수 없는 사실을 덧붙여보겠다.

영국 토리주의자. 영국은 이 전쟁의 결과로 세력과 위신을 잃을 것이다.
공산주의자. 영국과 미국의 도움이 없었다면, 러시아는 독일에 패했을 것이다.
아일랜드 민족주의자. 에이레는 영국의 보호 때문에 독립국으로 남아 있을 수 있다.
트로츠키주의자. 러시아 대중은 스탈린 체제를 받아들인다.
평화주의자. 폭력을 '포기'하는 사람은 남들이 그를 대신해 폭력을 저지르기 때문에 그럴 수 있는 것이다.

이 모든 사실들은 각 당사자의 감정이 개입되지 않을 때에는 명명백백하다. 하지만 각 경우에 해당하는 사람에게 그런 사실은 '용인'이 불가능한 것이므로 부인되어야 하며, 그런 부인을 바탕으로 잘못된 가설이 세워진다. 앞에서 언급한 지금 전쟁의 잘못된 군사적 예측 이야기로 돌아갈 필요가 있다. 내가 보기엔 지식인들이 일반인들에 비해 전쟁의 진척 상황에 대해 잘못 알고 있는 게 더 많으며, 그것은 그들이 당파적인 감정에 더 휩쓸렸기 때문이라고 보는 게 옳은 것 같다. 예컨대 일반적인 좌파 지식인들은, 1940년엔 전쟁은 이미 진 셈이라 여겼으며, 1942년엔 독일이 이집트를 차지할 것이라 믿었고, 일본은 점령한 땅에서 절대 밀려나지 않을 것이며 영미 연합군의 폭격은 독일에 별 인상을 남기지 못할 것이라 믿었다. 그렇게 믿었던 건, 영국 지배계급에 대한 미움이 워낙 커서 영국의 계획이 성공한다는 걸 인정할 수 없었기 때문이다. 이런 식의 감정에 휩싸인다면 어떤 바보짓도 곧이곧대로 받아들이지 못할 것이 없다. 예컨대 나는 미군이 유럽에 진주한 게 독일군과 싸우기 위해서가 아니라 영국의 혁명을 분쇄하기 위해서였다는 발언을 확신을 갖고서 하는 것을 본 적이 있다. 그런 식의 말을 믿는 사람은 틀림없이 지식층에 속할 것이다. 일반인이라면 그런 바보 같은 말을 믿을 리가 없다. 히틀러가 러시아를 침공했을 때, 정보부 관리들은 러시아가 6주 안에 점령당할지 모른다는 경고를 일종의 '배경지식'으로 내놓은 바 있다. 그에 비해 공산주의자들은 전쟁의 매 국면을 러시아의 승리로 여겼으며, 러시아인들이 거의 카스피해로 내몰리고 포로 수백만 명이 목숨을 잃을 때조차도 그랬다. 더 많은 사례를 예로 들 필요도 없을 것이다. 요는 두려움, 증오, 질투, 그리고 세력에 대한 숭배가 개입되자마자, 현실감각을 잃어버린다는 것이다. 이미 지적한 바와 같이, 무엇이 옳고 그른가에 대한 감각마저도 상실하게 된다. '우리' 편이 저지른 짓이면 어떤 범죄도 용서받지 못할 게 없다. 어떤 범죄가 저질러졌다는 걸 부인하지는 않는다 해도, 다른 경우엔 비난했던 범죄가 똑같이 저질러졌다는 걸 알았다 해도, 그것이 부당하다는 걸 지적인 차원에선 인정한다 해도―그것이 잘못됐다고 '느낄' 수는 없는 것이다. 충성이 개입되면 연민이 기능을 멈춰버리는 것이다.

민족주의란 게 생겨나고 확산되는 이유는 여기서 제기하기엔 너무나 큰 주제다. 영국 지식인들 사이에서 나타나는 양상으로 보건대 민족주의는 외부 세계에서 실제 벌어지고 있는 무시무시한 싸움의 왜곡된 반영이라고, 민족주의가 더없는 우매함을 낳은 건 애국주의와 종교적 신앙이 붕괴된 탓이라고 말하는 것만으로도 충분할 것이다. 그리고 이런 식으로 생각을 따라가다 보면 일종의 보수주의나 정치적 정적주의靜寂主義[32]로 빠져들 위험이 있다. 이를테면 애국주의는 민족주의에 대한 일종의 예방책이고, 군주제는 독재 정권에 대한 보호 장치이며, 조직화된 종교는 미신에 대한 안전장치라는 주장이 그럴듯해지는 것이다(어쩌면 옳을지도 모른다). 편파적이지 않은 관점이란 '불가능'하며, '어떤' 신조나 대의든 다를 바 없는 거짓과 우매와 야만이 개입될 수밖에 없다는 주장도 나올 수 있다. 그리고 정치는 아예 멀리해야 한다는 근거로 그런 주장이 흔히 제기되기도 한다. 하지만 나는 그런 주장을 받아들일 수 없다. 지금의 세계에서는 지식인이라 할 만한 그 누구도 무관심해진다는 의미에서 정치를 멀리한다는 건 불가능하다는 이유만으로도 그렇다. 나는 지식인이라면 정치에(넓은 의미의 정치를 말한다) 개입할 수밖에 없으며 나름의 선호가 있을 수밖에 없다고 생각한

---

32 quietism. 17세기 말 스페인에서 시작되어 프랑스·이탈리아 등지로 퍼진 기독교 신비주의 사상으로, 세속적 의지와 노력을 모두 거두고 하느님의 섭리를 따르는 수동적인 명상을 중시했다.

다. 즉, 똑같이 나쁜 수단과 더불어 제시된다 하더라도, 어떤 대의가 다른 대의보다는 객관적으로 낫다는 인식을 갖지 않을 수 없는 것이다. 앞서 언급한 민족주의적 애증에 대해 다시 말하자면, 그런 애증은 우리 마음에 들건 안 들건 우리들 대부분이 가진 기질의 일부인 것이다. 그런 기질을 없앤다는 게 가능한 것인지는 모르겠으나, 그것에 맞서 싸우는 것은 가능하며 그런 투쟁은 본질적으로 '도덕적' 노력이라고 확신한다. 이는 무엇보다 먼저 자신이 과연 어떤 사람인지 자신의 감정이 과연 어떤 것인지를 알아내는 문제이며, 그다음으로는 불가피한 편견의 여지를 두느냐의 문제다. 러시아를 증오하고 두려워한다면, 미국의 부와 세력을 부러워한다면, 유대인을 경멸한다면, 영국 지배계급에 대하여 열등감을 갖고 있다면, 그런 감정을 생각만으로는 지울 수 없다. 하지만 적어도 그런 감정을 갖고 있다는 걸 인식할 수는 있으며, 그것 때문에 사고 과정이 오염되는 일은 방지할 수 있다. 피할 수 없으며 어쩌면 정치적 행동을 위해 필요하기까지 한 정서적 충동은, 사실을 받아들이는 태도와 병존할 수 있어야 한다. 단, 거듭 말하지만 거기엔 '도덕적' 노력이 요구되는데, 우리 시대의 주요한 문제에 대하여 최소한 죽어 있지는 않은 동시대 영국 문학만 놓고 봐도 우리들 가운데 그럴 준비가 되어 있는 이는 너무나 적다는 걸 알 수 있다.

당신과 원자탄

「You and the Atom Bomb」. 1945년 10월 〈트리뷴〉지에 게재. 일본 원폭 투하(8월 6일) 두 달여 뒤에 발표한 글이다. 원자탄 제조 기술이 인류 역사에 어떤 영향을 끼칠지에 대한 성찰을 담은 이 글은, 원폭 전쟁으로 폐허가 된 런던을 배경으로 하는 소설 『1984』를 설정하는 밑거름이 된 것으로 보인다. 이해 9월 오웰은 스코틀랜드의 한적한 섬 주라Jura에 얻은 농가와 런던을 오가는 생활을 시작한다. 그리고 아내의 사망 이후, 친구들의 예상과는 달리 입양한 아들 리처드를 포기하지 않고 유모를 두어가며 함께 많은 시간을 보낸다.

앞으로 5년 안에 우리 모두가 그것 때문에 산산조각이 날 가능성이 다분하다는 점을 고려할 때, 원자탄은 뜻밖에도 그리 큰 논란을 불러일으키지 않았다. 신문들은 도표를 엄청나게 그려댔는데, 일반인에게는 별 도움이 되지 않는, 양성자와 중성자가 어찌어찌 된다는 식의 것들이었다. 그리고 그런 폭탄은 "국제적인 통제하에 두어야 한다"는 소용없는 발언을 많이도 되풀이했다. 하지만 이상하게도 (아무튼 지면으로는) 우리 모두에게 가장 긴급한 흥밋거리라 할 문제는 거의 다루지 않았다. "그런 것들을 제조하는 건 얼마나 어려운가?"의 문제 말이다.

이 문제에 대하여 우리(즉 무수한 일반 대중)가 갖고 있는 정보는, 소련에겐 특정 기밀을 넘겨주지 않겠다는 트루먼 대통령의 결정과 관련하여 다소 간접적으로 우리에게 알려졌다. 원자탄이 아직 소문에 불과하던 몇 달 전, 원자를 쪼개는 것은 물리학자들의 문제일 뿐이고 그들이 그 문제를 해결하면 치명적인 신무기를 거의 모든 사람이 손쉽게 구할 수 있을 것이라는 믿음이 널리 퍼져 있었다. (그리고 이 소문은 어느 순간 실험실의 어떤 외로운 미치광이가 폭죽을 터뜨리듯 간단히 문명 세계를 산산조각 내어버릴 수 있다는 식으로 흘러갔다.)

그게 사실이었다면 역사의 모든 흐름은 갑자기 바뀌었을 것이다. 대국과 소국의 차이는 사라졌을 터이고, 국가가 개인에게 갖는 힘은 크게 약화됐을 것이다. 그러나 트루먼 대통령의 발언과 그에 대한 다양한 논평으로 보건대 원자탄은 터무니없이 비싼 무기인 듯하다. 그리고 그것을 제조하는 데 어마어마한 산업적 노력이 필요해서, 만들 수 있는 곳은 전 세계에서 서너 국가밖에 안 될 것으로 보인다. 이 점이 대단히 중요하다. 왜냐하면 원자탄의 발명이 역사를 역전시키기는커녕 지난 10여 년 동안 명백해 보였던 추세를 강화할 뿐이라는 의미일 수 있기 때문이다.

문명의 역사는 대체로 무기의 역사이기도 하다는 주장은 이제는 흔한 말이 되어버렸다. 특히 화약의 발명과 부르주아에 의한 봉건제 전복의 연관성은 누차 지적된 바 있다. 물론 예외가 있을 수 있겠지만, 나는 다음과 같은 규칙이 일반적인 사실로 판명될 것이라 생각한다. 즉, 가장 강력한 무기가 비싸고 만들기 어려운 시대는 폭정의 시대인 경향이 있고, 가장 강력한 무기가 싸고 단순한 시대에는 서민들에게도 기회가 있다는 것이다. 때문에 예컨대 탱크나 전함이나 폭격기는 본질적으로 압제적인 무기인 반면에, 소총이나 머스킷총이나 긴 활이나 수류탄은 본질적으로 민주적인 무기인 셈이다. 복잡한 무기는 강자를 더 강하게 만들고, 단순한 무기는(보복이 따르지 않는 한) 약자에게 갈고리발톱이 된다.

민주주의와 민족자결의 위대한 시대는 머스킷총 musket[1]과 소총 rifle의 시대였다. 부싯돌총 flintlock이 발명된 뒤부터 뇌관이 발명되기 전까지, 머스킷총은 꽤 효과적인 무기였고 동시에 아주 단순해서 거의 어디서나 만들어낼 수 있었다. 머스킷총의 장점 덕분에 미국혁명과 프랑스혁명의 성공이 가능했고, 민중의 봉기가 지금 시대보다 훨씬 심각한 사건이 되었다. 머스킷총 이후에는 약실에 장전을 하는 소총이 나왔다. 이 총은 비교적 복잡했지만 여전히 많은 나라에서 만들어낼 수 있었으며,

---

[1] 소총이 개발되기 전 16세기부터 18세기까지 쓰인 총구가 긴 총.

싸고 밀수하기 쉽고 탄약도 경제적이란 장점이 있었다. 아무리 뒤처진 나라라도 이런저런 경로로 언제든 소총을 구할 수 있었기에, 보어인, 불가리아인, 아비시니아[2]인, 모로코인, 심지어 티베트인까지도 독립 투쟁을 전개하고 때로는 성공하는 게 가능했던 것이다. 그러나 그 뒤로는 모든 군사기술의 발전이 국가에는 유리하고 개인에겐 불리하게, 또 산업화된 나라엔 유리하고 후진국엔 불리하게 전개되었다. 그럴수록 세력의 중심 국가도 그 수가 점점 줄어들게 되었다. 그리하여 1939년에 이미 대대적으로 전쟁을 수행할 수 있는 나라는 다섯밖에 되지 않았고, 지금은 셋뿐이다(아마 결국엔 둘만 남게 될 것이다). 이러한 추세는 여러 해 동안 분명해졌고, 소수의 평자들은 1914년 이전부터 그런 지적을 했다. 그런 추세를 역전시킬 수 있는 방법은, 거대한 산업 단지에 의존하지 않는 무기를(더 광범위하게 말하자면 싸우는 법을) 발견하는 것이다.

여러 조짐으로 추측건대, 러시아는 아직 원자탄 제조의 비밀을 보유하지 못한 것 같다. 하지만 수년 안에는 보유하게 될 것이라는 게 일치된 견해인 듯하다. 그렇다면 우리 앞에는 몇 초 만에 수백만 명을 없애버릴 수 있는 무기를 보유한 가공할 초강대국 두셋이 세계를 나눠 가질 전망이 펼쳐져 있는 것이다. 이런 전망은 전쟁이 점점 더 커지고 끔찍해짐에 따라 기계문명이 종말을 맞이할지 모른다는 식의 다소 성급한 해석을 낳았다. 그러나 만일 살아남은 강대국들이 서로에겐 절대 원자탄을 쓰지 않기로 암묵적인 동의를(실제로 그럴 가능성이 다분하

---

2 지금의 에티오피아와 에리트레아 등을 포함하는 에티오피아 제국(1137~1974)의 별칭.

다) 한다면? 보복할 수 없는 사람들에게만 쓰거나 쓴다는 위협을 한다면? 그럴 경우 우리는 이전 상태로 되돌아가게 된다. 차이가 있다면 권력이 더 소수의 수중에 집중되고, 피지배 민족들과 피억압 계급들의 미래는 더 암담해진다는 것뿐이다.

제임스 버넘[3]이 『관리 혁명』을 썼을 때, 많은 미국인들은 유럽에서 결국 독일이 승전할 것으로 보았고, 때문에 러시아가 아닌 독일이 유라시아 대륙을 지배하고 일본은 동아시아의 맹주로 남을 것이라 생각했다. 물론 잘못 짚긴 했지만 본질은 달라지지 않는다. 버넘이 그린 새로운 세계의 지형도는 옳은 것으로 밝혀졌기 때문이다. 지표면은 갈수록 3개의 거대 제국으로 나뉘어가고, 각 제국은 자족적이고 외부 세계와 단절되어 있으며, 각각 이래저래 위장을 하지만 결국 자기가 자기를 선출한 과두정치의 지배하에 있다. 그 셋 사이의 경계를 어디로 그을지에 대한 실랑이가 끝나지 않았고 한동안 더 계속될 것이며, 세 초강대국 중 셋째(중국이 지배하는 동아시아)는 아직은 실질적이라기보다는 잠재적이다. 하지만 전반적인 흐름은 틀림없으며, 근년에 이루어진 모든 과학상의 발견들은 그런 추세를 가속화하고 있다.

우리는 한때 비행기가 "경계를 허물었다"는 말을 듣곤 했다. 그런데 실제로 비행기가 심각한 무기가 된 뒤부터 경계는 도저히 넘어설 수 없게 되었다. 한때 라디오는 국제적인 이해와 협력을 증진할 것으로 예상되었지만, 결국 한 나라를 다른 나라

---

[3] James Burnham(1905~1987). 미국의 대중 정치이론가. 1941년 발간된 『관리 혁명The Managerial Revolution』이 대표작이다. 한때는 트로츠키주의자로 급진적인 활동을 벌였으나 생각이 바뀌며 마르크스주의를 떠나 이 책을 썼고, 그 뒤에는 보수주의자로 변모했다. 이 책은 오웰이 『1984』를 쓰는 데 중요한 영향을 끼친 것으로 평가받고 있다.

로부터 단절시키는 수단으로 이용되었다. 원자탄은 피착취 계층과 민족의 저항 능력을 전부 빼앗아버리는 동시에 그것을 보유한 자들을 군사적으로 대등하게 해줌으로써 그런 과정을 완수할지도 모른다. 그들은 서로를 정복할 수 없기에 그들끼리 세계를 계속해서 지배해나갈 것이며, 더디고 예측하기 힘든 인구통계학적 변화가 일어나지 않는 한 균형이 어떻게 깨질지 알기 힘들다.

지난 40~50년 동안 H. G. 웰스 씨 등은 인간이 무기로 자멸함에 따라 개미처럼 군집 생활을 하는 다른 종이 인간을 대체할 위험이 있다는 경고를 해왔다. 독일의 파괴된 도시들을 본 사람이라면 누구나 그런 생각을 해봄 직하다. 하지만 세계 전반이 돌아가는 모양을 보면, 수십 년 동안의 흐름은 무질서가 아니라 노예제가 부활되는 쪽으로 가고 있다. 우리는 전반적인 와해가 아니라 고대 노예제국처럼 끔찍하게 안정된 시대로 가고 있는 것인지도 모른다. 제임스 버넘의 이론은 논의는 많이 됐지만 그것이 가진 이념적인 함의를 생각해본 사람은 별로 없는 것 같다. 즉, 한때는 '정복 불가'였다가 지금은 이웃과 영구한 '냉전' 상태에 빠진 어느 국가[4]에서 어떤 세계관이나 신조나 사회구조가 만연하게 될지 생각해볼 필요가 있다는 것이다.

만일 원자탄이 자전거나 자명종처럼 싸고 쉽게 만들 수 있는 것이었다면, 우리는 다시 야만의 시대로 돌아갔을지도 모른다. 단, 그랬다면 국가 주권과 고도로 집중화된 경찰국가의 시대도 끝났을지 모른다. 그게 아니라, 지금 그래 보이듯 원자탄

---

[4] 영국 좌파들이 결함을 무조건 눈감아주고 옹호하려 했던 대상인 소련을 말한다.

이 전함처럼 만들어내기 어려운 귀하고 값진 물건이라면, '평화 아닌 평화'를 무한히 연장하는 대가로 대대적인 전쟁에 종지부를 찍을 가능성이 더 크다.

과학이란 무엇인가?

「What is Science?」, 1945년 10월 〈트리뷴〉지에 게재. 의심도 비판도 할 줄 모르는 당대 주류 과학계를 비판하는 이 글은 같은 잡지에 「당신과 원자탄」이 실린 바로 다음 주에 게재됐다. 두 글에서 엿볼 수 있는 오웰의 문명 비판은 당시에 조금씩 써나가고 있던 소설 『1984』에서 보다 폭넓게 펼쳐진다.

지난주 〈트리뷴〉지에 J. 스튜어트 쿡 씨가 보낸 흥미로운 편지가 실렸다. 편지에서 그는 '과학적 위계'의 위험을 피하는 최선의 길은 모든 일반 대중이 최대한의 과학교육을 받도록 하는 것이라는 주장을 펼쳤다. 동시에 과학자들이 고립에서 벗어나, 정치 및 행정 분야에서 더 많은 역할을 맡도록 장려해야 한다고도 주장했다.

나는 총론으로 본다면야 우리들 대부분이 그런 의견에 동의하리라 생각한다. 그런데 대개 그렇듯이 쿡 씨는 과학을 정의하고 있지 않으며, 실험실에서 실험을 할 수 있는 특정 정밀과학들을 의미한다는 암시를 하고 있을 뿐이다. 이렇게 성인교육은 '과학 과목들을 등한시하고 문학, 경제, 사회 과목들을 우대하는' 경향을 보이며, 경제학이나 사회학은 과학의 분과로 여겨지지 않는 듯하다. 이 점이 대단히 중요하다. 요즈음 과학이란 단어가 최소한 두 가지 의미로 쓰이고 있으며, 그 의미가 하나에서 다른 것으로 갑자기 옮겨 가는 작금의 경향 때문에 과학교육의 문제 전체가 애매해지고 있기 때문이다.

과학이란 대체로 (a) 화학이나 물리학 등과 같은 정밀과학 exact science, 혹은 (b) 관찰한 사실을 논리적으로 따짐으로써 참된 결론에 이르는 사고방식으로 받아들여진다.

모든 과학자들이, 혹은 대부분의 교육받은 사람들이 "과학이란 무엇인가?"라는 질문에 대해 (b)에 근접하는 대답을 할 것이다. 그러나 일상생활에서 사람들이 말로든 글로든 '과학'이라고 할 때는 (a)를 뜻한다. 과학은 실험실에서 벌어지는 무엇을 뜻한다. 달리 말해 과학이란 단어는 그 자체로 그래프나 시험관, 천칭, 분젠버너, 현미경 같은 그림을 떠올리게 하는 것이다. 생물학자, 천문학자, 어쩌면 심리학자나 수학자까지도 '과학 하는 사람'으로 불리는데, 누구도 그 말을 정치인이나 시인, 언론인, 심지어 철학자에게도 적용할 생각을 하지 않는다. 그리고 자라나는 세대에게 과학교육을 더 시켜야 한다고 말하는 사람들은 거의 예외 없이, 더 정확히 생각하는 법보다는 방사능이나 천체나 자기 몸의 생리에 대해 더 가르쳐야 한다고 주장하는 것이다.

이렇게 단어의 의미가 애매모호해진 것은 어느 정도 의도적이기도 하거니와 그 자체로 상당한 위험을 안고 있다. 과학교육을 더 해야 한다는 요구에는, 과학적인 교육을 받은 사람은 그렇지 않은 사람에 비해 '모든' 분야에 대하여 더 현명한 접근을 하게 된다는 주장이 함축되어 있다. 이를테면 과학자의 정치적 견해는, 사회학적인 문제나 도덕, 철학, 심지어 예술에 대한 견해도 일반인에 비해 나을 것이라는 가정을 하는 것이다. 달리 말해 세상은 과학자들에 의해 통제될 때 더 나은 곳이 되리라는 것이다. 그러나 앞서 살펴보았듯 실생활에서 '과학자'는 정밀과학 분과의 전문인을 뜻한다. 그것은 화학자나 물리학자는 그 자체로 시인이나 법률가보다 정치적으로 더 현명하다는 뜻이 되어버린다. 그리고 그렇게 믿고 있는 사람들이 이미 너무나 많아졌다.

그렇다면 그런 협소한 의미의 '과학자'가 비과학적인 문제에 대하여 남들보다 객관적으로 접근할 가능성이 높다는 게 과연 맞는 말인가? 그렇게 생각할 근거는 별로 없다. 간단한 예를 하나 들어보자. 이를테면 민족주의를 견디는 능력이 그렇다. 막연하게 '과학은 국제적'이란 말을 흔히들 하지만, 실제로 만국의 과학 종사자들은 작가나 예술가에 비해 양심의 가책을 덜 느끼며 자국 정부 쪽에 줄을 선다. 독일의 과학계 전반은 히틀러에게 아무 저항도 하지 않았다. 히틀러가 독일 과학계의 장기적인 전망을 망쳐버렸는지는 모르나, 합성석유나 제트기, 로켓, 원자탄 같은 것들에 대하여 필요한 연구를 할 재능 있는 사람들은 여전히 많았다. 그들이 없었다면 독일의 군수품들은 절대 만들어질 수 없었을 것이다.

다른 한편으로 나치가 권력을 장악했을 때 독일의 문학계는 어떠했던가? 아직 철저한 명단이 발표된 적은 없는 것으로 알지만, 자발적으로 망명을 떠나거나 체제로부터 박해당한 독일 과학자들의 수는(유대인은 별도로 하고) 작가나 언론인의 수에 비에 훨씬 적었을 것이다. 그보다 더 나쁜 것은 수많은 독일 과학자들이 '인종 과학'이라는 만행을 그냥 그대로 받아들였다는 점이다. 브레이디[1] 교수의 『독일 파시즘의 정신과 구조』를 보면 그들 중 일부가 한 발언들이 소개되어 있다.

그런데 모양새만 조금 다를 뿐, 같은 광경이 어디에서나 펼쳐지고 있다. 영국에선 앞서가는 과학자들 중 다수가 자본주의 사회의 구조를 받아들이고 있다. 이를테면 그들은 비교적 자유롭게 이런저런 작위를 받는다. 그에 비해 테니슨 이후로 읽을 만한 작품을 쓴 영국 작가가 작위를 받은 경우는 없다(예외가 있다면 맥스 비어봄[2] 정도일 것이다). 그리고 '현재 상태'를 받아들이지 않는 영국 과학자들은 공산주의자인 경우가 많은데, 그

---

[1] Robert Brady(1901~1963). 미국 경제학자. 기술의 변화와 대기업의 구조에 대해 연구했으며, 전체주의의 경제 및 문화에 대해 분석했다.
[2] Max Beerbohm(1872~1956). 영국의 수필가이자 패러디 작가이자 풍자만화가.

말은 그들이 자기 직업 세계에서는 아무리 지적으로 철저하다 해도 특정 주제들에 대해서는 언제든 무비판적이고 심지어 부정직할 수도 있다는 뜻이 된다. 사실은 재능이 뛰어난 사람이라 해도 정밀과학 한두 분야를 배우기만 한다고 해서 인도적이거나 회의적인 관점이 보장되는 건 아니라는 것이다. 몇몇 큰 나라에서 몰래 열심히 원자탄 연구를 하고 있는 물리학자들이 그 예다.

그렇다면 이 모든 사실로 미루어 볼 때 일반 대중이 과학교육을 더 받아선 안 된다는 것인가? 오히려 그 반대다! 대중에 대한 과학교육이 결국 문학이나 역사를 희생해가며 물리학, 화학, 생물학 등등을 더 가르치는 것이 될 경우, 별 도움이 되지 않으며 아주 해로울 수도 있다는 것이다. 일반인이 그런 교육을 받다 보면 사고의 폭이 좁아질 수 있으며 자신이 갖지 못한 지식을 더 업신여기게 될 수 있다. 그리고 글은 몰라도 어느 정도의 역사적 기억과 꽤 건전한 미적 감각을 가진 농민들보다 현명하지 못한 정치적 식견을 갖게 될지도 모른다.

확실히 과학교육은 합리적이고 회의적이며 실험적인 사고의 습성을 심어주는 것이어야 한다. 그것은 어떤 '방식', 즉 부닥치는 어떤 문제에도 적용할 수 있는 방식을 습득하는 것이어야지, 사실을 잔뜩 축적하는 것이기만 해서는 안 된다. 이런 말을 과학교육 옹호론자에게 하면 대개 동의할 것이다. 그런데 더 구체적으로 말해보라고 하면, 언제나 과학교육이란 정밀과학에, 달리 말해 더 많은 '사실'에 주목하는 일이라는 식의 대답이 돌아올 것이다. 과학은 한 덩어리의 지식에 불과한 게 아니라 세상을 바라보는 하나의 방식이라는 생각은 현실에서 강한 반발에 부닥친다. 그렇게 된 데에는 순전히 직업적인 시기심이 어느 정도 작용했다고 나는 생각한다. 과학이 단순히 하나의 방식이나 태도라면, 그래서 사고방식이 충분히 합리적인 사람이면 누구나 어떤 의미에서 과학자라 할 수 있다면, 지금 화학자나 물리학자 등이 누리고 있는 엄청난 위세는 어찌 되며 다른 모든 사람들보다 현명하다는 주장은 또 어찌 되겠는가?

100년 전에 찰스 킹즐리[3]는 과학을 "실험실에서 고약한 냄새를 풍기는 일"이라고 했다. 1~2년 전에 젊은 공업화학자 한 사람은 내게 잘난 체하며 자기는 "시가 무슨 소용이 있는지 모르겠다"고 했다. 추가 왔다갔다하는 셈인데, 내가 보기엔 어느 쪽도 더 나은 태도라고 할 수 없다. 지금 현재 과학은 오름세에 있고, 그래서 우리는 대중이 과학교육을 더 받아야 한다는 주장을 마땅히 듣게 된다. 그러니 반대로 과학교육을 적게 하는 게 과학자들 자신에게 오히려 이롭다는 주장은 들리지 않는다. 나는 이 글을 쓰기 직전에 미국의 한 잡지에서 영국과 미국의 많은 물리학자들이 원자탄 연구를 애초부터 거부했다는 기사를 보았다. 그들은 그것이 어디에 쓰일지 잘 알고 있었던 것이다. 미치광이들의 세상 속에 이렇게 정신 멀쩡한 사람들도 있다. 구체적으로 거명된 건 아니지만, 나는 그들 모두가 일종의 종합적인 문화적 배경을 가지고 있다고 추측해도 무방하다고 생각한다. 그들은 역사나 문학이나 예술에 대한 식견을 웬만큼 갖춘, 간단히 말해 지금 쓰이고 있는 뜻에서 순전히 과학적이지만은 않은 데에도 흥미를 느낄 줄 아는 이들일 것이다.

---

3   Charles Kingsley(1819~1875). 영국의 성직자이자 교수, 역사가이자 소설가.

문학 예방

「The Prevention of Literature」 1946년 1월 〈폴레믹〉지에 게재. 1946년은 오웰의 문학 인생에서 큰 의미가 있다 할 해였다. 본 에세이집 31편 가운데 11편이 1946년 한 해에 발표된 것일 만큼 좋은 글을 많이 썼다. 죽은 아내의 공백이 컸던 탓이기도 하고, 『동물농장』이 미국에서도 출간되어 큰 성공을 거둠으로써 작가가 된 이후 최초로 안정된 생활을 누린 덕분이기도 하다고 볼 수 있다. 아울러 8월부터는 본격적으로 『1984』 집필에 몰두한다.

1년 전쯤 펜클럽[1] 대회에 참석한 적이 있다. 밀턴이 언론의 자유를 지키기 위해 쓴 팸플릿[2] 「아레오파지티카」의 발간 300주년을 기념하는 자리였다. 대회를 앞두고 배포한 홍보 전단에는 책 '살해'죄에 대한 밀턴의 유명한 문구가 찍혀 있었다.

연단에는 네 명의 연사가 있었다. 한 사람은 언론의 자유 문제를 다루기는 했으나 인도와 관련해서만 이야기했다. 또 한 사람은 주저하면서, 그리고 대단히 막연한 표현을 써가며 자유는 좋은 것이라고 말했다. 세 번째 연사는 외설 문학에 대한 법을 비난했다. 마지막 연사는 러시아에서의 숙청을 옹호하는 데 대부분의 시간을 할애했다. 홀 참가자들의 발언 중 일부는 외설과 그 관련법의 문제를 다시 거론하는 것이었고, 나머지는 소련에 대한 찬양 일색이었다. 도덕적인 자유(섹스 문제를 지면상에 터놓고 이야기할 자유)는 대체로 인정받는 분위기였는데, 정치적인 자유는 아예 언급이 되지 않았다. 수백 명이 모인 자리에서(아마도 그중 절반은 문필업과 직접적인 관련이 있는 이들이었으리라) 언론의 자유 문제를 건드리는 사람은 단 한 명도 없었던 것이다. 그게 무언가를 뜻하기나 한다면, 달리 말해 무언가를 비판하고 반대할 자유를 뜻한다면 말이다. 의미심장한 건, 정작 기념한다는 팸플릿을 인용하는 연사가 아무도 없었다는 점이다. 전쟁 동안 이 나라와 미국에서 '살해'당한 여러 책들에 대한 언급도 전혀 없었다. 최종적인 결과만을 놓고 말하

---

1 PEN Club. 1921년 런던에서 창설된 국제적인 작가협회. PEN은 시인Poet, 수필가Essayist, 소설가Novelist의 약어이지만 지금은 언론이나 역사와 같은 분야의 글을 쓰는 작가들도 포함한다. 세계에서 가장 오래된 인권단체이자 가장 오래된 국제 문인단체이기도 하다.
2 장정하지 않은 소책자로 짧게는 몇 페이지, 길게는 수십 페이지에 달하며, 주로 시사적인 문제에 대한 소논문 형태를 띤다.

자면, 이 대회는 검열에 찬성하는 시위였던 것이다.[3]

하지만 딱히 놀랄 일도 아니었다. 우리 시대에 지적인 자유라는 개념은 두 방향으로부터 이미 공격받고 있었던 것이다. 한쪽에는 이론적 적敵인 전체주의 옹호자들이 있고, 또 한쪽에는 직접적이고 실질적 적인 독점과 관료 지배 체제가 있다. 게다가 성실성을 지키고자 하는 작가나 저널리스트라면 적극적인 박해보다는 사회의 대세 때문에 좌절당하고 만다. 그런 문인들을 힘들게 하는 것들로는 몇몇 갑부의 손에 집중되어 있는 언론, 독점 지배를 당하고 있는 라디오와 영화, 책에는 돈을 잘 안 쓰려고 하는 대중(때문에 대부분의 작가가 시시한 잡문을 어느 정도는 써야 생계를 유지할 수 있다), MOI(정보부)나 영국문화원 같은 정부 기관의 간섭(작가가 생계를 유지하는 데는 도움이 되지만 세월을 허비하게 되고 의견을 지배당하게 된다), 지난 10년 동안 지속된 전쟁 분위기(그로 인한 왜곡 효과로부터 자유로울 수 있는 이는 아무도 없었다)를 들 수 있다. 우리 시대엔 모든 게 공모하여 작가를, 또 그 밖의 모든 예술가를 하급 관리로 만들어버린다. 그리하여 위에서 내려준 주제만을 다루도록 하며, 사실의 전모全貌로 보이는 것들을 절대 언급하지 않도록 하는 것이다. 그가 이런 운명에 저항하며 발버둥을 친다 해도 자기편의 도움을 받을 수조차 없다. 그가 옳다는 확신을 심어줄 규모 있는 여론 자체가 없는 것이다. 과거에는, 다시 말해 적어도 신교가 득

---

[3] 한 주 남짓 계속됐던 펜클럽 기념회가 계속해서 같은 수준만을 고수했던 건 아니라고 해야 온당할 것이다. 내가 간 날이 마침 심한 날이기도 했다. 그러나 연설문들('표현의 자유'란 제목 아래 인쇄된 것들)을 읽어보면 우리 시대에는 300년 전의 밀턴만큼(더군다나 밀턴은 내전 시기에 쓴 것이었다) 지적인 자유를 위하여 단호하게 발언할 수 있는 사람이 거의 없다는 것을 알 수 있다.(저자 원주)

세한 몇 세기 동안은, 지적 성실성이란 개념은 저항이란 개념과 뒤섞일 수 있었다. 그래서 이단은(정치적이든 도덕적이든 종교적이든 미학적이든) 자기 양심 거스르기를 거부하는 사람이었다. 그런 관점은 다음의 부흥 찬송가 가사에 잘 요약되어 있다.

> 감히 다니엘 같은 이가 되라
> 감히 제 힘으로 일어서라
> 감히 뜻을 분명히 밝히라
> 감히 그 사실을 알리라

이 찬송가를 시대에 맞게 손본다면 구절마다 '~지 말라'를 끼워넣어야 할 것이다. 기존 질서에 반항하는 것은 (가장 수도 많고 전형적인 경우다) 개인의 도덕적 성실성이라는 개념에도 반항하는 셈이 되어버리는 게 우리 시대의 특징이기 때문이다. "감히 제 힘으로 일어서라"는 말은 실질적으로 위험할 뿐만 아니라 이념적으로 죄악시되는 주문인 것이다. 작가나 예술가의 독립은 정체불명의 경제 세력에 의해 잠식되며, 동시에 독립을 옹호해야 할 사람들에 의해 훼손된다. 여기서 내가 주목하고자 하는 것은 두 번째 경우다.

사상 및 언론의 자유는 대개 고민할 가치도 없는 주장들의 공격을 받는다. 강연이나 논쟁을 해본 사람이라면 누구나 그런 사실을 잘 안다. 여기서 나는 자유가 환상이라는 친숙한 주장이나 민주주의 국가보다는 전체주의 국가가 더 자유롭다는 주장을 다루려는 게 아니다. 그보다는 자유가 바람직한 게 아니며 지적인 정직성은 반사회적 이기심의 한 형태라는, 훨씬 더 그럴싸하면서 위험한 주장을 짚어보려는 것이다. 언론 및 보도의 자유에 관한 논쟁은, 대개 겉으로는 딴 문제들이 거론되고 있는 듯하지만, 실은 바람직한 게 무엇인지 또는 거짓말을 해도 되는지에 관한 논쟁이다. 정말 문제가 되는 것은 지금 일어나는 일들을 충실하게 보도할 권리다. 더 정확히 말하자면 어떤 관찰자든 나름의 무지나 편견이나 자기기만이라는 한계가 있기 마련인데, 그 한계 안에서 최대한 충실하게 보도할 권리인 것이다. 이렇게 말하면 정직한 '르포'만이 유일하게 중요한 문학 장르라는 인상을 줄지도 모른다. 그게 아니라 모든 문학 장르에서, 아마도 모든 예술 분야에서 같은 문제가 미묘한 형태로 나타나고 있다는 점은 나중에 밝히기로 하겠다. 그 전에 우선 이런 논란에 흔히 덧씌워져 있는 엉뚱한 것들을 걷어낼 필요가 있다.

지적 자유의 적들은 언제나 자신들의 주장을 규율 대 개인주의의 문제로 호소하려 하고, 진실 대 허위의 문제는 가능한 한 뒷전으로 물려버린다. 그리고 강조점이 달라질 수 있을지는 모르나, 자기 의견을 팔아먹기를 거부하는 작가는 항상 이기주의자에 불과한 인간으로 낙인찍힌다. 달리 말해 상아탑 안에서 입 다물고 있기를 바라거나, 자기 개성을 노출증 환자마냥 드러내 보이려 하거나, 부당한 특권에 집착하며 역사의 도도한 흐름을 거스르려 하는 자라는 비난을 받게 되는 것이다. 가톨릭교도와 공산주의자는, 그들의 반대자가 정직하면서도 지적인 존재일 수 없다고 생각한다는 점에서 똑같다. 둘 다 '진실'은 이미 밝혀져 있으며, 바보가 아닌 한 이단자는 속으론 '진실'이 뭔지 알면서도 순전히 이기적인 동기 때문에 그것을 거부하는 것이라고 암묵적으로 주장한다. 공산주의 문학에서 지적 자유에 대한 공격은 대개 '프티부르주아 개인주의'니 '19세기 자유주의의 환상'이니 하는 미사여구를 가면으로 쓰며, 합의된 뜻이 없어 뭐라고 하기 난감한 '낭만적'이니 '감상적'이니 하는 말의 지원을 받는다. 이런 식으로 논란은 진짜 문제를 비껴가버리는 것이다. 진정한 자유는 계급 없는 사회에서만 가능하다는, 그런 사회를 이룩하기 위해 애쓸 때야말로 완벽에 가까운 자유를 누리게 된다는 공산주의 명제를, 알 만한 사람은 대부분 받아들일 것이다. 그런데 그와 함께 슬쩍 끼어드는 게 있으니, 공산당이 계급 없는 사회를 실현한다는 목표를 달성하기 위해 애쓰고 있으며 소련에서는 그런 목표가 실현되어가고 있다는, 전혀 근거 없는 주장이다. 첫 번째 주장 때문에 두 번째 주장이 가능해진다면, 상식과 인간으로서 누려야 할 최소한의 품위에 대한 어떤 공격이든 정당화될 수 있을 것이다. 한편, 이렇게 말하는 사이 진짜 문제는 계속 비켜나 있다. 지적인 자유의 문제는 보고 듣고 느낀 바를 알릴 자유를, 아울러 강요에 의해 사실과 감정을 꾸며내지 않을 자유를 뜻한다. '현실도피', '개인주의', '낭만주의' 등등을 비난하는 익숙한 장광설은 수사적인 장치일 뿐, 그 목적은 역사 왜곡을 그럴듯한 무엇으로 만드는 것이다.

 15년 전에는 지적 자유를 방어하려면 보수주의자와 가톨릭교도, 그리고 어느 정도는(영국에서는 세력이 그리 대단하지 않았기에) 파시스트에 맞서야 했다. 오늘날은 공산주의자와 '길동무'에 맞서 방어해야 한다. 미약한 영국 공산당의 직접적인 영향력을 과장해서는 안 되겠지만, 러시아의 '신화'가 영국인의 지적 생활에 끼치는 해악에 대해선 의문의 여지가 없다. 아울러 그 때문에 이미 알려진 사실이 억압당하고 왜곡당하여, 과연 우리 시대의 참된 역사가 쓰일 수 있느냐는 의문이 들 정도인 것이다. 수백 가지 중에 딱 하나만 예를 들어보자. 독일이 패망했을 때 소련 사람들 중 상당수가 (주로 비정치적인 동기에서) 탈당을 하고 독일을 위해 싸웠다. 그리고 러시아 포로와 피란민 가운데 적지만 무시 못 할 숫자가 소련으로 돌아가기를 거부했고, 일부가 원치 않는 송환을 당했다. 이런 사실들은 현장에 있던 많은 저널리스트들에게 알려졌지만 영국 언론에서는 거의 언급되지 않았다. 그러는 사이 영국의 친러파 선전책들傳責들은 소련에는 '부역자가 없었다'는 주장을 펼치며 1936~1938년의 숙청과 추방[4]을 계속해서 정당화했다. 우크라이나 기아[5], 스페인내전, 러시아의 대폴란드 정책 등과 같은 주제들을 둘러싼 거짓말과 오보의 안개는 의식적인 부정직함 탓만은 아니다. 소련에 전적으로(그것도 러시아인들이 바라는 방식으로) 공감하는 작가나 언론인이라면 누구나 중요한 현안에 대한 고의적인 곡해를 묵인해야만 하는 사정도 있는 것이다. 지금 내 앞에는 대단히 드문 팸플릿 하나가 놓여 있다. 1918년에 막심 리트비노프[6]가 쓴 것으로, 러시아혁명 당시의 사건들을 개괄하고 있는 책이다. 여기서는 스탈린에 대해서는 언급하지 않고

---

4 흔히 '대숙청'이라 일컫는 이 기간 동안 수십만 명이 처형당하고, 수백만 명이 추방되거나 강제수용소로 보내진 것으로 알려져 있다.
5 우크라이나 대기근(1932~1933). 스탈린의 경제정책의 여파로 수백만 명이 아사한 사건. 소련 산업화 기간의 경제적 변화가 원인이라는 설도 있고, 우크라이나 민족주의를 억누르기 위한 스탈린의 공작이라는 설도 있다.
6 Maxim Litvinov(1876~1951). 유대계 러시아인 혁명가로 소련의 유능한 외교관이었다.

트로츠키를, 또 지노비예프[7]와 카메네프[8] 같은 이들을 격찬하고 있다. 그렇다면 이런 책자에 대하여 지적으로 가장 양심적인 공산주의자가 취할 수 있는 태도는 어떤 것일까? 기껏해야, 그런 문건은 바람직한 게 못 되니 발간을 금지했더라면 더 좋았을 것이라고 말하는 몽매주의적 태도일 것이다. 그리고 어떤 이유로 트로츠키를 폄하하고 스탈린에 대한 언급을 추가한 윤색된 판본을 낸다는 결정이 내려진다 해도, 당에 충실해온 공산주의자라면 누구도 항의할 수 없을 것이다. 이런 중대한 위조 행위들이 근년에 계속해서 자행되고 있다. 그런데 중요한 건 그런 일들이 벌어지고 있다는 점이 아니라, 그런 사실들이 알려져도 좌파 지식인들 전반으로부터 아무 반응이 나오지 않는다는 점이다. 진실을 말한다는 게 '아직 때 이른' 처사라거나 '남만 이롭게 하는' 행위라는 주장은 반박할 수 없는 말로 여겨진다. 자신들이 묵과한 신문지상의 거짓이 그대로 역사책에 실릴 것이라는 전망 때문에 불편해하는 사람조차 거의 없다.

전체주의 국가들이 행하는 조직적인 거짓말은, 이따금 주장되는 것처럼 군사적인 속임수와 같은 성질의 임시방편이 아니다. 그것은 전체주의에 필수적인 무엇이며, 강제수용소와 비밀경찰이 더 이상 필요하지 않게 된다 해도 계속될 무엇이다. 지

---

[7] Grigory Zinoviev(1883~1936). 볼셰비키 혁명가이자 소련 공산당 정치인. 레닌의 측근으로 혁명에 참여했고, 레닌의 사망 전후에 권력의 정점에 올라 카메네프 및 스탈린과 함께 '트로이카(삼두마차)'를 이루어 트로츠키 축출에 앞장섰다. 이후엔 스탈린과 결별하고 카메네프 및 트로츠키와 함께 스탈린에 맞섰다. 그러다 결국 스탈린에게 굴복했고, 나중엔 카메네프와 함께 처형당했다.

[8] Lev Kamenev(1883~1936). 1917년 소비에트 정부의 명목상의 수반을 지냈으며, 나중엔 공산당 의장을 역임하기도 했다. 동갑내기이자 같은 유대계인 지노비예프와 정치 운명을 함께하다 결국 함께 스탈린에게 처형당했다.

적인 공산주의자들 사이에 지하의 전설처럼 떠도는 얘기가 있다. 러시아 정부가 지금은 거짓 선전이나 조작된 재판 같은 것들을 할 수밖에 없지만, 사실을 몰래 기록하고 있으며 때가 되면 그것을 공포하리라는 것이다. 나는 절대 그렇게 되지 않으리라고 본다. 그렇게 할 수 있는 심성은, 과거란 바뀔 수 없으며 역사에 대한 정확한 지식은 당연히 값진 것이라 믿는 자유주의 역사가의 심성이기 때문이다. 전체주의의 관점에서 볼 때, 역사는 배우기보다는 창조해야 하는 무엇이다. 전체주의 국가는 사실상 신정神政국가이며, 그 지배계급은 자기 지위를 유지하기 위해 결코 실수가 없는 존재로 인식되어야 한다. 하지만 현실에서 실수 없는 존재란 있을 수 없으므로, 이런저런 실수가 저질러진 바 없다거나 이런저런 상상의 승리가 실제로 있었다는 점을 보여주기 위해서는 지난 일들을 다시 짜맞출 필요가 자주 생긴다.[9] 이어서 정책에 큰 변화가 있을 때마다 신조가 그만큼 바뀌어야 하고, 역사적으로 중요한 인물들이 재평가를 받아야 한다. 이런 유의 일들은 어디서나 벌어지고 있지만, 주어진 시점에 허락되는 견해가 단 하나뿐인 사회에서는 노골적인 조작으로 이어질 가능성이 다분하다. 아닌 게 아니라 전체주의는 과거를 계속해서 개조할 것을, 그리고 장기적으로는 객관적인 진실의 존재 자체를 믿지 말 것을 요구한다. 이 나라에서 전체주의의 지지자들은, 확실한 진실에는 어차피 도달할 수 없으니 큰 거짓이 사소한 거짓보다 나쁠 게 없다는 식의 주장을 하는 경향이 있다. 모든 역사 기록은 편견이 개입되고

---

9   이 글을 쓰기 전에 출간되어 큰 반향을 일으킨 『동물농장』에 바로 이런 식의 역사 왜곡이 여러 번 등장하며, 이 무렵 집필 중이던 『1984』에도 계속 강조되는 바이다.

부정확하다거나, 다른 한편으로 우리에게 진짜 세계처럼 보이는 것이 허상이라는 점을 현대 물리학이 입증했으니 자신의 감각이 증명하는 바를 믿는다는 건 몰상식일 뿐이라고 지적하기도 한다. 영속하는 데 성공하는 전체주의 사회는 아마도, 상식적인 법칙이 일상생활과 특정 정밀과학에서는 통하지만 정치인, 역사가, 사회학자에게는 무시당할 수 있는, 정신분열적 사고 체계를 만들어낼 것이다. 과학 교과서를 왜곡하는 것은 가증스러운 일이지만 역사적 사실을 왜곡하는 건 아무 잘못도 아니라고 생각하는 사람은 이미 헤아릴 수 없이 많다. 전체주의가 지식인에게 가장 큰 압력을 행사하는 건 문학과 정치가 교차하는 지점에서다. 지금 시점에서 정밀과학들은 별다른 위협이 되지 않는다. 어느 나라에서든 과학자들이 작가들보다 정부편에 줄서기가 쉽다는 사실이 어느 정도는 이런 차이 때문일 것이다.

관점을 확인하는 차원에서 이 에세이 서두에서 언급한 바를 되풀이하자면 이렇다. 지금 영국에서 진실, 곧 사상의 자유가 당면한 적은 언론계의 맹주들과 영화관의 거물들과 관료들이지만, 거시적으로 보면 지식인들 자신의 자유에 대한 갈망이 약해지고 있다는 점이 무엇보다 심각한 증상이라는 것이다. 지금까지 나는 문학 전반이 아니라 정치 저널리즘 분야에 대한 검열의 영향만을 다루었다는 인상을 심어준 것인지도 모른다. 만일 소련이 영국 언론에서 일종의 금단의 영역이라는 것을, 폴란드나 스페인내전이나 독소불가침조약[10] 같은 문제는 심각

---

10 1939년 8월, 이념적으로 화해할 수 없는 공산 소련과 나치 독일은 상호불가침조약을 맺어 세계적으로 충격을 주더니, 9월엔 각각 폴란드를 침공하여 병합하고 양분함으로써 2차대

한 논의의 대상에서 제외된다는 것을, 통념과 상충되는 정보를 입수했을 경우 그것을 왜곡하거나 함구하는 것을 모두 당연시한다 하더라도, 보다 넓은 의미의 문학이 굳이 영향받을 필요가 있는가? 모든 작가가 정치인이고, 모든 책이 단도직입적인 '르포'일 수밖에 없는가? 아무리 엄혹한 독재 치하라고 해도, 작가 개개인은 내면적으로 자유로울 수 있으며, 통념을 벗어난 자기 생각을 어리석은 당국에 간파당하지 않을 정도로 걸러내거나 위장할 수 있는 것 아닌가? 그리고 설령 작가 자신이 통념에 동의한다 하더라도, 왜 통념 때문에 속박당한다는 느낌을 굳이 받아야 하는가? 문학은, 아니 그 어떤 예술도 견해의 큰 충돌이 없으며 예술가와 일반 대중 사이에 뚜렷한 차이가 없는 사회에서 가장 번성하기 마련 아닌가? 모든 작가는 반항아라고, 심지어 그 자체로 예외적인 사람이라고 여겨야만 하는가?

  전체주의의 요구에 맞서 지적 자유를 지키려고 하다 보면 앞서 열거한 유의 논박들과 어떤 식으로든 부딪치게 된다. 그러한 모든 질문들은 문학이 무엇인지, 그리고 어떻게('왜'라고 해야 하는지도 모른다) 생겨난 것인지에 대한 전적인 오해에서 비롯된다. 그들은 작가를 단순한 엔터테이너로, 아니면 거리의 악사가 곡을 바꾸듯 쉽게 선전 내용을 바꾸는 타락한 글쟁이로 여긴다. 하지만 책이란 게 과연 어떻게 써지는 것인가? 아주 낮은 수준이 아닌 이상, 문학은 경험을 기록함으로써 동시대 사람들의 관점에 영향을 끼치고자 하는 시도다. 그리고 표현의 자유에 관한 한, 단순한 저널리스트와 가장 '비정치적'이고 창

전 발발의 주역이 되었다.

의적인 작가 사이엔 별 차이가 없다. 저널리스트는 허위 기사를 쓰거나 자기가 보기에 중요하다 싶은 뉴스를 덮어버려야만 할 때, 자유롭지 못하며 부자유를 의식하게 된다. 창의적인 작가는 자신의 관점에서는 사실인 주관적인 감정을 조작해야만 할 때, 자유롭지 못하다. 그는 자기가 뜻하는 바를 더욱 명료하게 하기 위해 진실을 비틀고 풍자할 수는 있어도, 자기 마음의 풍경을 곡해할 수는 없다. 자기가 싫어하는 걸 좋아한다는 말을, 자기가 믿지 않는 걸 믿는다는 말을 자신 있게 할 수는 없는 것이다. 어쩔 수 없이 그래야만 한다면, 결과는 그의 창의력이 고갈되는 것뿐이다. 그가 논란이 될 만한 주제를 피함으로써 문제를 해결할 수 있는 것도 아니다. 진정으로 비정치적인 문학 같은 건 없기 때문이다. 직접적으로 정치적인 유형의 공포, 증오, 충성이 모든 사람의 의식의 표면 가까이에 떠올라 있는 우리 시대엔 더더욱 그렇다. 자유롭게 떠오른 생각 하나가 금지된 사고로 이어질 위험이 항상 존재하기 때문에, 단 하나의 금기도 지성을 완전히 절름발이로 만들어버릴 수 있다. 따라서 전체주의의 분위기는 시인에겐(적어도 서정시인에겐) 숨쉴 만한 것일지 몰라도 어떤 유형이든 산문작가에겐 치명적인 것이 된다. 그리고 어떤 전체주의 사회가 몇 세대 이상 살아남는다면, 지난 400년 동안 존속해온 유의 산문문학은 사실상 소멸해버릴 게 분명하다.

 문학은 전제정치 체제에서도 이따금 번성하곤 했다. 하지만 흔히 지적되어온바, 과거의 전제정치는 전체주의가 아니었다. 억압 기구는 언제나 비효율적이었고, 지배계급은 대개 부패하거나 심드렁하거나 관점이 반은 자유주의적이었으며, 지배적인 교리는 대개 완벽주의와 인간의 무오류란 개념에 반하는 것이었다. 그렇다 해도 산문문학이 최고의 수준에 도달한 건 민주주의와 자유로운 사색이 가능한 시대의 일이라는 게 일반적으로 받아들여지는 사실이다. 전체주의에서 새로운 건 그 신조가 논의의 여지가 없을뿐더러 불안정하다는 점이다. 전체주의 신조는 천벌의 고통을 감수하며 받아들여야 하지만, 다른 한편으로 어느 순간 갑자기 바뀌어버리기 십상인 무엇이다. 예를 들어 영국과 독일의 전쟁에 대하여 영국 공산주의자나 '길동무'가 취해야 했던 다양하면서 서로 완전히 상반된 태도들을 생각해보자. 그들은 1939년 9월 이전의 몇 해 동안엔 '나치즘의 공포'에 대하여 계속해서 마음 졸이며 자신이 쓰는 모든 글을 히틀러를 규탄하는 것으로 엮어내야 했다. 그러다 1939년 9월 이후 21개월 동안은 독일이 저지르는 죄보다 독일에 저질러지는 죄가 더 많다고 믿어야 했으며, '나치'란 단어는 적어도 출판물상으로는 그들의 어휘에서 당장 사라져야 했다. 그리고 1941년 6월 22일 아침 8시 뉴스를 듣자마자, 그들은 다시 나치즘이 세계 역사상 가장 혐오스러운 패악이라 믿기 시작해야 했다.[11] 정치인이야 그런 변신을 하기가 쉽지만, 작가는 경우가 좀 다르다. 작가는 바로 제때에 자신이 충성할 대상을 바꾸려면, 자신의 주관적인 감정에 대해 거짓말을 하거나 아니면 감정을 아예 억눌러버려야 한다. 그리고 어느 쪽이든 그는 패기를 잃어버리게 된다. 더는 아이디어가 떠오르지 않을뿐더러,

---

11 1939년 8월에 소련과 불가침조약을 맺은 나치 독일은 9월 1일에 폴란드를 침공했고, 이에 영국과 프랑스가 독일에 선전포고를 함으로써 2차대전이 시작되었다. 이어서 소련도 폴란드를 침공함에 따라 폴란드는 금세 무너졌다. 이후 1941년 6월 22일에 독일은 불가침조약을 깨고 소련을 침공했다.

사용하던 단어들마저 쓰려고 하면 어색하게 느껴진다. 우리 시대의 정치적인 글쓰기는 거의 다 조립식 장난감 세트의 부속처럼 맞추어진 구절들로만 이루어진다. 그것은 자기 검열의 불가피한 귀결이다. 솔직하고 힘 있는 글을 쓰려면 두려움 없이 생각해야 하며, 두려움 없이 생각하게 되면 정치적인 통념을 따를 수가 없다. 통념이 오랜 세월에 걸쳐 형성되는 동시에 너무 심각히 받아들여지지 않던 '신앙의 시대'에는 달랐을 것이다. 그런 시절에는 개인의 사고 영역 중 많은 부분이 그가 공식적으로 믿는 바의 영향을 받지 않고 남아 있는 게 가능했을 것이다. 그럼에도 유럽이 누린 유일한 신앙의 시대에 산문문학이 거의 사라졌다는 점은 주목할 만하다. 중세기를 통틀어 창의적인 산문문학이 거의 없었으며, 역사 기술이라 할 만한 것도 아주 빈약했던 것이다. 그리고 당시 사회의 지적인 선도자들은 가장 중대한 사상들을 천년 동안 거의 바뀌지 않은 죽은 언어로 표현했던 것이다.

하지만 전체주의는 신앙의 시대보다는 정신분열의 시대를 약속한다. 한 사회는 그 구조가 노골적으로 인공적인 것이 될 때, 달리 말해 지배계급이 그 기능은 잃었지만 강압이나 사기로 권력을 고수하는 데 성공할 때 전체주의화된다. 그런 사회는 아무리 오래간다 한들 관대해지거나 지적으로 안정될 여유를 가질 수 없다. 문예 창작에 요구되는 사실의 정확한 기록도, 감정적 진실도 결코 허용할 수 없다. 하지만 전체주의에 의한 타락이 꼭 전체주의 국가 안에서만 이루어지는 것은 아니다. 어떤 생각이 유행하는 것만으로도 일종의 독이 퍼질 수 있으며, 그 때문에 문학적인 목적으로 쓸 수 없는 주제들이 잇따라 생겨나게 되는 까닭이다. 강요된 통념이 있으면(흔히 그러하듯 두 가지 통념이 있어도) 어디서든 좋은 글은 더 이상 나오지 않는다. 이는 스페인내전을 통해 여실히 드러난 바이기도 하다. 이 전쟁은 영국의 많은 지식인들에게 대단히 감동적인 경험이었지만, 그 경험이 진심 어린 글로 표출된다는 건 거의 불가능했다. 허용되는 발언은 두 가지뿐이었고, 둘 다 손에 잡힐 듯 뻔한 거짓이었다. 그 결과 이 전쟁은 방대한 문헌을 양산했지만 읽을 만한 건 거의 없다.

전체주의가 운문에 끼치는 영향이 산문에 끼치는 것만큼 치명적인지는 확실치 않다. 단, 왜 권위주의 사회에서 산문작가보다는 시인이 좀 더 편할 수 있는지에 대해서는 의견이 일치하는 일련의 이유들이 있다. 먼저, 관료나 그 밖의 '현실적'인 사람들은 대개 자신이 하는 말에 너무 심취하는 시인을 무시하는 경향이 있다. 둘째로, 시인이 하는 말은(즉 그 시를 산문으로 풀이할 경우 '뜻하는' 바는) 시인 자신에게도 상대적으로 덜 중요한 것이다. 한 편의 시에 담긴 생각은 언제나 단순하며, 그 생각이 시의 주된 목적이 아닌 것은 한 폭의 그림이 담은 일화逸話가 그림의 주된 목적이 아닌 것과 같다. 그림이 붓 자국의 배열이라면, 시는 소리와 연상의 배열이다. 아닌 게 아니라 시는 노래의 후렴 같은 짧은 토막에서 의미를 완전히 무시하기도 하는 것이다. 그러니 시인의 입장에서 위험한 주제와 거리를 두고 이단적인 발언을 피하는 건 꽤 쉬운 일이다. 그리고 그런 발언을 한다 해도 눈에 잘 띄지 않도록 할 수 있다. 무엇보다 다른 점은, 좋은 운문은 좋은 산문과는 달리 어느 한 개인만이 만들어내는 것은 아니라는 사실이다. 어떤 종류의 시들(예를 들어 발라드나, 그와는 달리 아주 인위적인 운문 형식들)은 몇 사람이 함께 지을 수 있다. 고대 잉글랜드와 스코틀랜드의 발라드가 본래 개인이 지은 것인지 여러 사람들이 어울려 지은 것인지에 대해선 논란이 있다. 단, 어쨌든 입에서 입으로 전해지며 끊임없이 바뀐다는 점에서 개인만의 것은 아니다. 또한 발라드는 기록으로 전해온 것이라 해도 판본들이 완전히 일치하는 경우가 없다. 게다가 많은 원시 종족들은 운문을 공동으로 지어낸다. 누가 무슨 악기라도 들고서 즉흥적으로 지어내다 막히면 다른 누군가가 한 소절을 끼워넣는 식으로 노래나 발라드가 만들어지기에, 원작자를 딱히 누구라 할 수 없게 되는 것이다.

산문에서는 그런 식의 친밀한 공동 작업이 사실상 불가능하다. 어떤 종류의 시를 짓는 데는 무리의 일원이라는 기쁨이 도움이 될 수 있지만, 심각한 산문은 아무튼 혼자서 써야만 한다. 운문은(그것도 최고는 아닐지라도 비교적 양질의 운문은) 심문이 아무리 심한 체제 속에서도 살아남을지 모른다. 자유와 개성이 소멸되어버린 사회라 할지라도 애국가나 승리를 찬미하는 영웅적 발라드에 대한, 또는 공들여야 하는 아첨에 대한 수요는 여전할 것이다. 그리고 이런 유형의 시야말로 딱히 예술적 가치가 떨어지지 않으면서도 주문대로 쓸 수 있는, 혹은 공동으로 지을 수 있는 작품인 것이다. 하지만 산문은 경우가 다르다. 산문작가는 창의성을 죽이지 않으면서 자기 사고의 폭을 좁힐 수 없기 때문이다. 전체주의 사회 또는 전체주의적 관점을 받아들인 사람들로 이루어진 집단의 역사는, 자유의 상실이 모든 형태의 문학에 해가 된다는 점을 넌지시 말해준다. 히틀러 정권 때 독일 문학은 거의 소멸되어버렸고, 이탈리아의 사정도 별반 나을 게 없었다. 러시아의 문학은 번역으로만 판단컨대 (일부 운문이 산문보다 나아 보이긴 하지만) 혁명 초년 이후로 눈에 띄게 질이 떨어졌다. 그래서인지 지난 15년 동안은 진지하게 받아들일 수 있는 러시아 소설도 번역된 게 얼마 되지 않는다. 서유럽과 미국에서는 문단 지식인들 중 상당수가 공산당을 거치거나 공산당에 온정적이었는데, 그만한 규모의 좌파 운동이 생산해낸 책들 중 읽을 만한 것은 유난히도 적다. 정통 가톨릭 역시 특정 문학 형식, 특히 소설에 치명적인 영향을 끼쳤던 듯하다. 300년이라는 기간 동안 훌륭한 소설가이자 가톨릭 신자였던 사람이 얼마나 되는가? 특정 주제들은 글로 찬양할 수 없는 게 사실이며, 압제도 그중 하나다. 그 누구도 종교재판을 찬미하는 좋은 책을 쓰지 못한 게 그런 까닭이다. 전체주의 시대에 시는 살아남을지도 모르고, 특정 예술 또는 반¥예술(이를테면 건축 같은 것)은 압제의 덕을 보게 될지도 모른다. 하지만 산문작가는 침묵 아니면 죽음을 택할 수밖에 없을 것이다. 우리가 아는 바와 같이 산문문학은 이성주의와 개신교 시대 및 자율적인 개인의 산물이다. 때문에 지적 자유를 말살한다는 건 언론인을, 르포 작가를, 역사가를, 소설가를, 비평가를, 시인을 차례로 무력하게 만드는 일이다. 미래엔 개인의 감정이나 충실한 관찰이 없어도 가능한 새로운 유형의 문학이 생겨날지도 모르나, 지금으로선 그런 것을 상상하기 어렵다. 그보다는 르네상스 이후로 우리가 누려온 자유주의적 문화가 사실상 끝날 경우, 문예 자체가 소멸될 가능성이 훨씬 높다.

물론 인쇄물은 계속해서 이용될 텐데, 완고한 전체주의 사회에서 어떤 유의 읽을거리가 살아남을지 추측해보는 건 흥미로운 일이다. 신문은 아마도 텔레비전 기술이 더 고도화될 때까지 존속할 것이나, 산업화된 나라의 다수 대중이 신문 외에 어떤 유의 읽을거리를 필요로 할지는 지금도 의문스럽다. 아무튼 그들은 읽을거리에 대해선 몇몇 다른 취미에 드는 만큼의 돈을 쓸 의향이 조금도 없다. 아마 소설은 장·단편을 막론하고 영화와 라디오 프로그램에 완전히 자리를 내주고 말 것이다. 아니면 인간의 자주성을 극도로 축소시키는 컨베이어 벨트식 제작 과정을 거쳐 생산되는, 모종의 저급하고 자극적인 소설이 살아남을지도 모른다.

　아마도 기계로 책을 쓴다는 것은 인간의 독창성을 뛰어넘는 일이 아닐 것이다. 하지만 영화와 라디오에서, 광고와 선전에서, 그리고 하류 저널리즘에서, 일종의 기계화 과정이 진행되고 있음을 이미 목격할 수 있다. 예컨대 디즈니의 영화는 본질적으로 공장식 생산과정을 통해 제작되고 있다. 일부는 기계에 의해, 다른 일부는 자기만의 스타일을 억제해야 하는 아티스트 팀에 의해 작업이 이루어지는 것이다. 라디오 연재물은 대개 주제와 취급 방식이 이미 정해진 상태에서 고용된 글쟁이들이 대본을 쓴다. 게다가 그들이 쓰는 것은 일종의 원재료에 불과하며, 프로듀서와 검열관이 이리저리 잘라 모양을 만든다. 정부 당국에서 발주하는 무수한 책과 팸플릿도 마찬가지다. 제작 방식에서 그보다 훨씬 더 기계적으로 생산되는 것이 아주 싼 잡지의 단편소설, 연재물, 그리고 시다. 〈작가〉 같은 신문들에는 문예학교 광고들이 넘쳐나는데, 하나같이 한 번에 몇 실링만 내면 이미 짜놓은 플롯을 가르쳐주겠다고 약속하고 있다. 일부 학교에서는 플롯과 더불어 각 장의 첫 문장과 끝 문장도 제공한다고 한다. 직접 플롯을 짤 때 쓸 수 있는 공식 같은 걸 알려주겠다는 학교들도 있다. 인물과 상황이 적힌 카드를 몇 벌 제공하며, 그것들을 섞어서 맞추기만 하면 기발한 이야기가 절로 만들어진다고 하는 곳도 있다. 전체주의 사회에서 문학은 아마도 이런 식으로 생산될 것이다. 문학이란 게 여전히 필요하다고 생각된다면 말이다. 글쓰기 과정에서 상상력은(어쩌면 의식도) 없어지고 말 것이다. 책은 관료들에 의해 다종다양하게 계획될 것이며, 워낙 많은 손을 거침에 따라 완성될 때면 조립라인 끝에 나오는 포드 자동차와 마찬가지로 어느 한 개인의 작품이랄 수 없을 것이다. 그렇게 만들어진 건 무엇이든 쓰레기일 터임은 말할 필요도 없으리라. 하지만 쓰레기가 아닌 건 무엇이든 국가의 체계를 위협하게 될 것이다. 그리고 과거의 문학 중에 살아남은 것들은 억압되거나, 적어도 공들여 다시 써져야 할 것이다.

한편, 전체주의는 어디에서도 완전한 승리를 거두지 못했다. 우리 사회는 아직도 대체로 말해서 자유주의 사회다. 언론의 자유라는 권리를 행사하기 위해 우리는 경제적 압력과 여론의 대세에 맞서 싸워야 하지만, 아직 비밀경찰에 대적해야 하는 것은 아니다. 그리고 은밀하게 할 요량인 한, 거의 모든 것을 말하거나 출판할 수 있다. 그런데 정말 고약한 것은 이 글 서두에서도 언급한 바와 같이, 자유를 의도적으로 적대시하는 건 자유를 가장 소중히 해야 할 이들이라는 점이다. 일반 대중은 그 문제가 어떻게 되든 크게 개의치 않는다. 그들은 이단의 박해에 찬성하지 않으며, 그렇다고 이단을 옹호하려 하지도 않을 것이다. 그들은 전체주의적 관점을 갖게 되기에는 너무 온전하면서도 몽매하다. 그러니 지적인 품위에 대한 직접적이고 의도적인 공격은 지식인들 자신에게서 비롯되는 것이다.

친러시아 지식인들이 그런 특정 신화에 넘어가지 않았다면 그 비슷한 다른 무엇에 넘어갔을 가능성도 있다. 아무튼 러시아 신화는 엄연히 존재하는 것이고, 그로 인한 부패는 악취를 풍긴다. 교육 많이 받은 이들이 억압과 박해에 무심한 것을 본 사람은 그들의 냉소와 단견 중 어느 쪽을 더 경멸해야 할지 난감해진다. 예를 들어 많은 과학자들이 소련을 무비판적으로 찬탄한다. 그들은 당장 자신들의 연구 분야가 영향을 받지 않는 한 자유가 말살되든 말든 중요하지 않다고 여기는 것 같다. 소련은 급속도로 개발 중인 대국이라 과학 종사자가 대단히 많이 필요하며, 그래서 그들을 후하게 대해준다. 과학자들은 심리학 같은 위험한 분야들과 거리를 유지하는 한 특권을 누리게 된다. 그에 비해 작가들은 혹독한 탄압을 당하고 있다. 일리야 에렌부르크[12]나 알렉세이 톨스토이[13] 같은 문단의 창부娼婦들이야 큰돈을 받는 게 사실이지만, 그들도 작가로서 가치를 두는 유일한 것은(즉 그의 표현의 자유는) 박탈당하고 만다. 러시아 과학자들이 누리는 기회를 열렬히 찬양하는 영국 과학자들 중 적어도 일부는 그런 사정을 이해하고 있다. 하지만 그들의 반응이라 해봐야 이런 식이다. "러시아에서는 작가들이 박해를

---

12 Ilya Ehrenburg(1891~1967). 러시아 및 소련의 작가이자 언론인. 소련 시절 많은 작품을 썼으며, 2차대전 당시에는 소련을 선전하기도 했으나 스탈린과 거리를 두는 대담한 글을 쓰기도 했다. 전후에는 검열을 비판하는 소설 『해빙기』(1954)를 출간했고, 스탈린 치하에 금기시됐던 인물들에 대한 언급을 담은 회고록을 내기도 했다.

13 Alexei Tolstoy(1883~1945). 공상과학소설과 역사소설을 특히 많이 쓴 작가. '백작 동지'란 별명으로 불리곤 했다. 스탈린 체제를 옹호하는 선전 글을 많이 썼기에, 러시아 귀족 중 거의 유일하게 소련에서 귀족 칭호를 공공연히 쓸 수 있는 인물이었다.

당한다고 하던데, 그래서? 난 작가가 아니야." 그들은 지적 자유에 대한, 그리고 객관적 사실이라는 개념에 대한 공격이 궁극적으론 사고의 모든 영역을 위협하게 된다는 걸 모르는 것이다.

전체주의 국가는 당장은 과학자들에게 관대하다. 그들이 필요하기 때문이다. 심지어 나치 독일에서도 과학자들은 유대인이 아닌 이상 비교적 우대를 받았고, 독일 과학계는 전반적으로 히틀러에게 아무 저항도 하지 않았다. 역사의 지금 단계에서는 아무리 독재적인 통치자라 할지라도 물리적 현실을 고려하지 않을 수 없다. 그건 자유주의적 사고 습관이 남아 있어서이기도 하고, 전쟁을 준비할 필요가 있어서이기도 하다. 물리적 현실을 완전히 무시할 수 없는 한, 이를테면 비행기 설계도를 그릴 때 2 더하기 2는 4가 되어야 하는 한, 과학자는 나름의 쓸모가 있으며 그래서 어느 정도의 자유까지 허용해줄 수 있는 것이다. 과학자는 나중에, 전체주의 국가가 완전히 확립될 때에나 각성하게 될 것이다. 만일 그사이 과학을 온전히 지키고 싶다면, 그가 할 일은 문학계의 동료들과 모종의 연대를 발전시키는 것이며, 작가들이 침묵당하거나 자살로 내몰리고 신문기사들이 날조될 때 무심하게 넘겨버리지 않는 것이다.

하지만 자연과학이나 음악이나 미술이나 건축이 어떻게 되든 간에, 사상의 자유가 말살된다면 문학의 운명은 (내가 지금까지 밝히려고 한 바와 같이) 암울할 게 확실하다. 전체주의 체제를 유지하고 있는 나라에서만 그런 게 아니다. 전체주의적 관점을 받아들이는 작가, 박해와 현실 조작에 대해 변명거리를 찾아내는 작가, 그럼으로써 작가로서의 자신을 죽이는 작가도 같은 운명인 것이다. 그 길로 접어들면 헤어날 방법이 없다. '개인주의'와 '상아탑'을 비난하는 어떤 장광설도, '참된 개성은 공동체와의 합일을 통해서만 획득할 수 있다'는 식의 경건하고 상투적인 어떤 주장도, 매수된 정신은 망가진 정신이라는 사실을 넘어설 수 없다. 어느 순간에 자발성을 갖게 되지 않는 한, 문학 창작은 불가능하며 언어 자체가 굳어져버린다. 미래의 어느 시점에 인간의 정신이 지금의 것과 완전히 다른 무엇이 된다면, 우리는 문학 창작과 지적 정직성을 분리하는 법을 배우게 될지도 모른다. 하지만 현재의 우리가 아는 것은, 상상력이란 야생동물과 비슷한 것이어서 가둬두면 번식하지 못한다는 점이다. 그런 사실을 부인하는(지금 소련에 대한 거의 모든 찬사에는 그런 부인이 내재되어 있다) 작가나 언론인은 실은 자신의 파멸을 요구하고 있는 셈이다.

행락지

「Pleasure Spots」, 1946년 1월 〈트리뷴〉지에 게재. 인공적인 환경에서 공허한 쾌락을 추구하는 장소로서의 행락지(리조트)가 미래에 어떤 식으로 발전할지를 그리고 있는 이 글은 오웰의 자연관과 문명관, 그리고 예언적인 식견을 단적으로 드러내준다.

몇 달 전에 반짝반짝하는 잡지의 몇 단락을 오려둔 적이 있다. 어느 여성 저널리스트가 미래의 리조트를 묘사한 글이었다. 그녀는 최근에 호놀룰루에서 얼마간 지냈는데, 그곳은 전쟁으로 인한 고난이 그다지 눈에 띄지 않았던 모양이다. 하지만 한 여객기 조종사가 그녀에게 이런 말을 했다고 한다. "전쟁에다가는 온갖 창의력을 다 짜넣으면서, 지치고 삶에 굶주린 사람이 긴장도 풀고, 휴식도 갖고, 포커도 하고, 술도 마시고, 사랑도 나누고, 이런 것들을 다 한꺼번에, 밤낮없이 즐겨서 생기발랄해진 다음, 일터로 돌아갈 수 있도록 하는 곳을 아직 아무도 생각해내지 못했다는 건 딱한 노릇이지요." 그 말에 그녀는 '행락지'를 계획 중인 사업가를 그 얼마 전에 만났었던 게 생각났다. 그는 "경견競犬이나 댄스홀이 예전에 그랬던 것처럼 앞으로는 행락지가 인기를 누리리라 생각한다"고 말했었다. 그녀는 그 사업가의 꿈을 꽤 자세히 묘사하고 있다.

그는 몇 에이커[1]의 땅을 차지하는 공간을 구상 중이었다. 지붕은 자동개폐식이며(영국의 날씨는 믿을 만한 게 못 되기 때문이다), 공간 중앙엔 엄청나게 넓은 댄스플로어가 펼쳐져 있고, 바닥은 밑에서도 조명을 할 수 있는 투명한 플라스틱 재질로 되어 있다. 둘레에는 다양한 편의 공간들이 여러 층에 배치된다. 높은 층에는 도시의 지붕이 내려다보이는 발코니 바와 레스토랑이 들어서고, 1층에도 먹고 마실 수 있는 이런저런 공간이 있다. '스키틀 앨리'[2]는 곳곳에 있다. 초호

---

1 1에이커는 약 1200평이다.

礁湖를 닮은 풀장이 둘 있는데, 하나는 수영을 잘하는 사람들을 위해 정기적으로 파도를 일으켜주는 곳이고, 또 하나는 느긋하게 즐기고 싶어 하는 이들을 위해 물이 잔잔하고 따뜻한 곳이다. 구름 없는 날에 지붕을 활짝 열어젖히면 햇살이 조명처럼 쏟아져 내려 풀장은 더욱 따뜻해진다. 풀장 가에는 줄줄이 놓인 침상에 선글라스와 수영복 차림의 사람들이 누워 거대한 조명 같은 태양광 아래 선탠을 한다.

음악은 중앙 무대와 연결된 수백 개의 확성기를 타고 흐르며, 무대에선 춤곡이나 심포니 연주나 라디오 프로그램 같은 것들을 포착하고 증폭하여 널리 퍼뜨린다. 밖에는 자동차 1000대를 주차할 수 있는 터가 두 군데 있다. 하나는 무료다. 다른 하나는 실외에서 영화를 볼 수 있는 드라이브인 극장으로, 차들이 줄줄이 표를 끊고 들어와 정렬을 하면 거대한 스크린에 영화가 펼쳐진다. 유니폼 입은 남성 종업원들은 표를 확인하고 무료 시중과 물을 제공하며, 휘발유와 윤활유를 판매한다. 하늘하늘한 흰색 새틴 바지를 입은 여성들은 뷔페 메뉴와 음료를 주문받아 쟁반에 담아온다.

'행락지'니 '리조트'니 '행락도시'니 하는 표현을 듣고 보니, 흔히 인용되는 콜리지의 시 「쿠블라 칸」[3]의 시작 부분을 떠올

---

2 skittle alley. 볼링의 원조라 할 '스키틀스skittles'의 레인lane. 스키틀스는 볼링보다는 게임 공간의 규모가 좀 작으며 나무 핀 아홉 개를 쓴다. 다트, 당구 등과 함께 영국 펍에서 오랫동안 인기를 누려온 놀이다.

3 「Kubla Khan」(1816). 워즈워스와 함께 영국 문단의 낭만주의 운동을 주도한 시인이자 평론가 콜리지Samuel Taylor Coleridge(1772~1834)의 대표작 중 하나. '쿠블라 칸'은 몽고제국을 일으킨 칭기즈 칸의 손자 '쿠빌라이 칸'(1215~1294)으로, 송나라를 쓰러뜨리고 원나라를 세워 황제(원 세조)가 되었으며, 도읍을 지금의 베이징인 '다두大都'로 정했다. 콜리지는

리지 않기가 어렵다.

> 쿠블라 칸은 '재나두'⁴에다
> 웅장한 행락궁을 지으란 명을 내렸다.
> 그곳엔 신성한 알프강이
> 인간에겐 한량없는 동굴을 거쳐
> 볕 없는 바다로 흘러갔다.
> 둘레가 5마일의 두 배인 기름진 터를
> 담과 누각이 빙 둘러쌌다.
> 정원엔 빛나는 실개천들 휘돌아 나가고
> 향기 그윽한 나무들이 무성했으며,
> 산만큼이나 오래된 숲들은
> 햇살 가득한 초록 빈터를 감싸고 있었다.

하지만 콜리지의 상상은 전부 틀린 것으로 판명될 것이다. "신성한" 강과 "한량없는" 동굴을 끄집어낸 것부터가 벌써 잘못 짚은 것이다. 앞서 언급한 사업가의 수완이라면, 쿠블라 칸의 프로젝트는 사뭇 다른 게 되어버렸을 것이다. 동굴은 온도 조절이 되고 은근한 조명이 있도록 했을 것이며, 본래 바위인 벽면에 빛깔 고상한 플라스틱을 겹겹이 씌워 아랍식이나 유럽식이나 하와이식의 동굴 찻집들로 변모시켰을 것이다. 신성한 알프강은 댐으로 막고 물을 데워 풀장으로 만들었을 것이며,

---

마르코 폴로가 『동방견문록』에 세조를 알현하고 세조의 고향인 몽고에 있는 여름 도읍 '상두上都'에 가본 경험을 쓴 부분을 읽고 영감을 받아 이 시를 썼다.

4 여름 도읍지 '상두'의 유럽식 발음이 '사나두' 또는 '재나두Xanadu'다.

별 없는 바다는 바닥에 분홍빛 조명을 달고 그 위로 라디오를 하나씩 장착한 베네치아의 곤돌라가 다니도록 했을 것이다. 콜리지가 말한 숲과 "초록 빈터"는 깨끗이 밀어버리고 유리 지붕 있는 테니스 코트, 연주 무대, 롤러스케이트장, 아니면 9홀 골프장으로 만들었을 것이다. 요컨대 "삶에 굶주린" 사람들이 바랄 만한 모든 게 있었을 것이다.

나는 앞서 언급한 리조트 비슷한 것이 지금 이 세계 전역에서 수백 군데는 계획되고 있거나 어쩌면 이미 지어지고 있으리라 믿어 의심치 않는다. 예정대로 다 완성될 것 같지는 않지만(세상 돌아가는 형편이 그렇다), 그것들은 분명 현대 문명 세계를 사는 사람들이 행락(쾌락)에 대해 갖고 있는 관념을 아주 충실히 대변해주고 있다. 그런 유의 관념은 초대형의 댄스홀이나 극장, 호텔, 레스토랑, 호화 유람선 같은 데서 이미 부분적으로 구체화된 바 있다. 호화 유람선이나 '리용 코너 하우스'[5]에 가보면 그런 미래의 낙원이 어떤 것인지 어렴풋이 감을 잡을 수 있다. 분석해보면, 그 주요 특징은 다음과 같다.

1. 아무도 혼자 있는 법이 없다.
2. 아무도 자기 힘으로 뭘 하는 법이 없다.
3. 어떤 종류의 야생 초목이나 자연경관도 시야에 들어오지 않는다.
4. 빛과 온도는 항상 인공적으로 조절된다.
5. 아무도 음악 소리를 벗어날 수 없다.

---

[5] Lyons Corner House. 1909년 런던에 문을 연 초대형 레스토랑으로, 체인을 점점 늘려나갔다.

음악은 무엇보다 중요한 요소인데, 가능하면 모든 사람이 같은 음악을 들어야 한다. 음악의 기능은 생각과 대화를 막는 것이며, 만약 음악이 없다면 끼어들게 될 새소리나 바람 소리 같은 자연의 소리를 차단하는 것이다. 그런 목적으로 이미 무수한 사람들이 라디오를 이용하고 있다. 영국의 아주 많은 가정에선 라디오를 그야말로 아예 끄지를 않으며, 이따금 조작하는 경우란 계속해서 경음악만 나오게 할 때뿐이다. 식사를 할 때에도 라디오를 줄곧 틀어놓고는, 음악 소리만큼 목청을 계속 돋우어 둘 다 제대로 안 들리게 하는 사람들도 있다. 그런데 여기엔 뚜렷한 목적이 있다. 음악은 대화가 심각해지거나 심지어 대화가 이루어지는 것 자체를 막는 역할을 한다. 동시에 사람들의 말소리는 음악을 경청하지 못하게 하며, 그럼으로써 생각이라는 끔찍한 것이 다가오는 것을 막는다. 이유는 이렇다.

조명이 절대 나가선 안 된다.
음악은 언제나 들려야 한다.
그래야 우리 자신이 어디 있는지 모를 테니까.
행복해본 적도 즐거워본 적도 없는,
어둠을 두려워하는 아이들이
귀신 나오는 숲에서 길을 잃었으니까.[6]

현대의 가장 전형적인 리조트가 무의식적으로 지향하는 바

---

6 영국에서 태어나 미국에서 많이 활동한 20세기 대표 시인 W. H. 오든의 유명한 시 「1939년 9월 1일」 일부를 아주 조금 짜깁기한 것. 오든이 미국으로 건너간 해이자 2차대전이 발발한 해인 1939년에 쓴 시다.

는 자궁으로의 회귀라는 느낌을 갖지 않기가 어렵다. 그곳에서도 우리는 혼자였던 적이 없고, 햇빛을 본 적도 없고, 온도는 언제나 조절되었으며, 일이나 음식 걱정을 할 필요도 없었고, 생각은 했다 해도 규칙적으로 계속 울리는 고동에 묻혀버렸던 것이다.

콜리지가 "행락궁"을 아주 다르게 상상하는 것을 보면, 그가 정원을 떠올리기도 하고, "깊고 신비로운 균열"[7]이 있는 동굴과 강과 숲과 산을 떠올리기도 한다는 걸 알 수 있다. 요컨대 그는 '자연'이란 걸 떠올리고 있는 것이다. 그런데 자연을 찬탄한다는 관념 자체는, 빙하나 사막이나 폭포 앞에서 종교적인 경외심을 느낀다는 것은, 우주의 힘에 비해 인간이 왜소하고 미약한 존재임을 느끼는 것과 관련이 깊다. 달이 아름다운 건 우리가 그곳에 다다를 수 없기 때문이기도 하고, 바다가 장엄한 것은 우리가 그곳을 무사히 건넌다는 확신을 절대 할 수 없기 때문이기도 하다. 심지어 꽃을 보는 즐거움도 그런 식의 신비감이 있기에 가능하다 할 수 있다(꽃에 대해 알 만한 건 다 안다는 식물학자의 경우도 마찬가지다). 그런데 언젠가부터 자연에 대한 인간의 힘이 점점 커져가고 있다. 원자탄을 쓰면 우리는 말 그대로 산을 옮길 수 있다. 심지어 극지방의 빙상氷床을 녹이고 사하라 사막에 물을 댐으로써 지구의 기후를 변화시킬 수도 있다고 한다. 그렇다면 스윙 음악보다 새소리를 더 좋아하는 데에는, 온 지표면을 인공 태양등이 넘치는 '아우토반' 망으로 덮어버리기보다 여기저기 야생지를 좀 남겨뒀으면 하고 바라는 데에는 어

---

[7] "deep romantic chasm". 앞서 인용한 콜리지 시의 바로 다음 행에 나오는 표현.

딘가 감상적이고 반계몽적인 구석이 있는 것 아닌가?

이런 질문을 할 수밖에 없는 건, 인간이 물질세계는 탐사하면서 스스로에 대한 탐사는 하지 않으려 한다는 점 때문이다. 행락이란 이름으로 행해지고 있는 것 중 상당수는 의식을 파괴하려는 노력일 뿐이다. 인간이란 무엇인가, 인간에게 필요한 건 무엇인가, 인간이 자신을 가장 잘 표현할 수 있는 방법은 무엇인가, 하는 질문을 하기 시작한다면 인간으로서 잘 산다는 것이 단순히 일을 하지 않고 태어나서 죽을 때까지 전등 아래서 녹음된 음악만 듣고 사는 능력을 갖게 되는 것만이 다가 아님을 알게 될 것이다. 인간에겐 온기가, 사회가, 여유가, 안락이, 안전이 필요하다. 또 고독도, 창조적인 작업도, 경이감도 필요하다. 그런 걸 알게 되면 인간은, 언제나 어떤 것이 자신을 인간적으로 만드는지 비인간적으로 만드는지의 기준을 적용하여 과학과 산업화의 산물을 선별적으로 이용할 수 있을 것이다. 그리고 그렇게 되면 지고의 행복이 긴장을 풀고, 휴식을 취하고, 포커를 하고, 술을 마시고, 사랑을 나누는 것을 한꺼번에 하는 데 있지는 '않다'는 것을 알게 될 것이다. 아울러 삶이 점점 더 기계화되는 현실에서 민감한 사람이라면 누구나 느끼는 본능적인 공포가, 옛것을 선호하는 감상적 취향에 불과한 게 아니라 십분 정당한 것임을 알게 될 것이다. 왜냐하면 인간은 자기 삶에서 단순함의 너른 빈터를 충분히 남겨두어야만 인간일 수 있기 때문이다. 그런데 현대의 수많은 발명품들(특히 영화, 라디오, 비행기)은 인간의 의식을 약화시키고, 호기심을 무디게 하며, 대체로 인간을 가축에 더 가까운 쪽으로 몰아가는 경향을 보이고 있다.

"물속의 달"

「"The Moon under Water"」. 1946년 2월 〈이브닝 스탠더드〉지에 게재. 이 에세이의 영향으로 영국에는 "물속의 달"이란 상호를 쓰는 펍이 많다. 현재 700여 개의 펍 체인을 거느린 기업 '웨더스푼 Whetherspoon'이 오웰의 이 글에 착안하여 사업을 시작했고(1호점이 "물속의 달"이었다) 체인 업소 중 다수가 같은 이름을 쓰고 있다는 건 아이러니다.

내가 제일 좋아하는 펍 "물속의 달"은 버스 정류장에서 겨우 2분 거리이지만 샛골목에 있어서, 술주정뱅이들이나 무뢰한들이 토요일 밤이라 해도 제대로 찾아오지 못하는 것 같다.

이 집 손님들은 꽤 많긴 해도, 대부분이 매일 저녁 같은 자리에 앉는, 맥주 못지않게 대화를 즐기려고 오는 단골들이다.

어떤 펍을 특별히 왜 좋아하느냐는 질문을 받으면 맥주 얘기부터 하는 게 자연스럽겠지만, 내 경우엔 "물속의 달"이 제일 마음에 드는 건 흔히들 말하는 '분위기' 때문이다.

먼저, 이 집의 건축과 인테리어는 타협 없는 빅토리아 양식이다. 유리판 테이블이나 그 밖의 현대식 재앙도, 가짜 들보도, 벽난로 옆의 벽감도, 참나무 흉내를 낸 플라스틱 패널도 없다. 나뭇결을 잘 살린 목공품, 바 뒤편의 장식 유리, 무쇠 벽난로, 담배 연기에 검누르게 변한 화려한 천장, 벽난로 장식으로 붙어 있는 박제 소머리—이 모든 게 볼품은 없어도 견고하고 편안한 19세기식이다.

겨울에는 적어도 바 두 곳은 벽난로 불이 좋고, 공간 배치가 빅토리아 양식이라 여유가 있다. 일반 바, 살롱 바, 여성용 바가 있고, 집에서 저녁 먹을 때 곁들일 맥주를 남들 다 보는 데서 사는 게 수줍은 사람들을 위한 병맥주 판매 코너가 따로 있으며, 위층에는 식당이 있다.

게임은 일반 바에서만 할 수 있다. 때문에 다른 바에서는 날아다니는 다트 화살을 피하느라 고개를 숙이고 오가지 않아도 된다.

"물속의 달"은 언제나 조용해서 대화를 나누기가 좋다. 이곳엔 라디오도 피아노도 없으며, 크리스마스이브 같은 특별한 날에도 노래를 점잖게들 부른다.

여자 바텐더들은 손님 대부분의 이름을 알고, 모든 사람에게 개인적인 관심을 보인다. 그들은 모두 중년이며(개중 둘은 머리를 자못 놀라운 색조로 물들였다) 모든 손님을 연령과 성별에 관계없이 '자기'라 부른다. ('오빠'나 '언니'가 아니라 '자기'다.[1] 바텐더가 아무에게나 '오빠'니 '언니'니 하는 바는 대개 막가는 분위기라서 불쾌해진다.)

대부분의 펍과는 달리 "물속의 달"은 궐련뿐 아니라 잎담배도 팔고, 아스피린과 우표도 팔며, 전화를 그냥 써도 된다며 자꾸 챙겨준다.

"물속의 달"에서는 정찬을 먹을 수는 없지만, 스낵 카운터가 있어서 언제나 간肝 소시지 샌드위치와 홍합(이 집의 장기다), 치즈, 피클, 그리고 펍에만 있음 직한 캐러웨이 씨 박힌 큼직한 비스킷을 먹을 수 있다.

위층에서는 일주일에 6일은 3실링 정도에 든든한 점심을 먹을 수 있다(이를테면 쇠고기구이 한 조각과 채소 두 가지와 잼을 바른 롤빵 정도다).

이 집 점심이 특별히 마음에 드는 건 흑생맥주가 딸려 나온다는 점이다. 런던 시내 펍 중에 흑맥주를 생으로 내놓는 데가 10퍼센트나 될까 모르겠는데, "물속의 달"이 그중 하나인 것이다. 이 집 흑맥주는 부드럽고 거품이 뽀얀 종류로, 백랍[2] 잔에 따르면 맛이 더 좋다.

"물속의 달"에선 마실 것을 담는 용기에 신경을 많이 쓰며,

---

[1] '자기'는 'dear'를, '오빠'나 '언니'는 'ducky'를 번역한 것이다.
[2] pewter. 주석을 주성분으로 하는 은회색 합금. 납이나 구리 등이 섞이며, 고급 식기류 재료로 널리 쓰인다.

그래서 예컨대 맥주 한 파인트를 손잡이 없는 유리잔에 따라 오는 실수는 결코 범하지 않는다. 유리나 백랍으로 된 조끼 외에, 그들은 지금의 런던에선 좀처럼 볼 수 없는 느낌 좋은 분홍빛 도자기 머그잔도 쓴다. 도자기 머그잔은 30년 전쯤 사라졌고, 대부분의 사람들이 투명한 잔을 좋아했기 때문인데, 내가 보기에 맥주는 도자기 잔에 따른 게 더 맛있다.

"물속의 달"이 대단한 건 뜰이 있다는 점이다. 살롱에서 밖으로 이어진 좁다란 통로를 따라가다 보면 어느새 꽤 큰 뜰이 나타나고, 거기 플라타너스들 아래 작은 녹색 테이블들과 철제 의자들이 놓여 있는 것이다. 뜰 한쪽 끝에는 아이들 그네와 미끄럼틀도 있다.

여름날 저녁이면 여기서 가족 파티가 열린다. 그럴 땐 누구라도 플라타너스 밑에 앉아, 미끄럼 타고 내려오는 아이들이 신나서 지르는 소리를 들으며 맥주나 생사과술을 마실 수 있는 것이다. 아기들이 타고 온 유모차는 문 가까이에 세워두면 된다.

"물속의 달"은 장점이 많지만, 내 생각에 제일 훌륭한 건 바로 이 뜰이다. 아빠만 밖에 나가고 엄마는 집에 남아 아기를 봐야 하는 대신 온 가족이 올 수 있기 때문이다.

엄밀히 말해 아이들은 뜰에만 입장이 허용되지만, 펍에 슬며시 들어가서 부모가 마실 술을 가져오는 수도 있다. 그건 아마 불법이겠지만, 그런 법이야 어겨도 될 만하다. 왜냐하면 아이들을 펍에 못 들어가게 하는(그래서 어느 정도 여성들도 출입하지 못하게 하는) 법이야말로, 마땅히 온 가족이 모이는 장소가 되어야 할 펍을 술 퍼마시는 곳으로만 만들어버리는 청교도적 난센스이기 때문이다.

"물속의 달"은 (아무튼 런던 지역에서는) 내가 생각할 수 있는 가장 이상적인 펍이다. (시골 펍의 경우 기대할 수 있는 것들이 좀 다르다.)

그런데 이제는, 명민하고 냉정한 독자라면 이미 간파했을 무언가를 밝힐 때가 되었다. "물속의 달" 같은 곳은 실제로 존재하지 않는다.

말하자면 그런 이름을 가진 펍이 있을 수도 있겠으나 나는 그곳에 대해 모르며, 그런 장점들만 두루 갖춘 펍이 진짜 있기나 한지도 모르겠다는 것이다.

맥주는 맛있지만 끼니는 때울 수 없는 펍을, 끼니를 때울 순 있지만 시끄럽고 북적북적한 펍을, 조용하지만 맥주가 영 시원찮은 펍을 알긴 한다. 뜰이 있는 펍은, 런던에서 내가 아는 데는 세 곳뿐이다.

하지만 "물속의 달"에 근접하는 펍을 몇 군데 알긴 한다고 해야 더 공평할 것이다. 앞에서 나는 완벽한 펍이 갖추어야 할 점 열 가지를 언급했는데, 그중 여덟 가지를 갖춘 펍 하나를 알고 있다. 하지만 거기에도 흑생맥주와 도자기 머그잔만은 없다.

흑생맥주와 장작불을 제대로 때는 벽난로, 저렴한 요깃거리, 뜰, 인자한 여자 바텐더가 있고 라디오는 없는 펍을 아는 분이 있다면, 알려주시면 정말 좋겠다. 그런 데라면 이름이 '빨간 사자'나 '기찻길 문장紋章'처럼 무미건조한 곳이어도 좋을 것이다.[3]

---

3 펍은 전통적으로 상징 표지인 문장coat of arms을 내걸고 이름도 그에 맞게 짓는 경우가 많았다. '빨간 사자The Red Lion'는 지금도 영국에서 십자가 다음으로 많이 이용되는 문장이며, 두 번째로 흔한 펍 이름이다. 그리고 펍이 철도 옆에 들어서는 경우가 많아 '기찻길Railway'이란 이름을 많이 쓰며(여섯 번째로 흔한 펍 이름이라고 한다), '문장'(줄여서 그냥 'arms'라고도 한다)이란 단어를 이름에 붙여 쓰는 경우도 많다.

정치와 영어

「Politics and the English Language」. 1946년 4월 〈호라이즌〉지에 게재. 문체가 간결하고 평이하면서 정확하기로 유명한 오웰이 당대 언어의 타락에 대해 작심하고 매섭게 질타한 글로 유명하다. 영어의 이모저모에 대해 언급하고 있어 번역하기에 상당히 무리가 따르는 글이지만 굳이 번역하는 것은, 언어 장벽을 뛰어넘을 정도로 중요한 메시지를 전하고 있기 때문이다. 때문에 최소한의 영어 병기가 불가피하다는 점에 대해 독자의 양해를 구한다.

이 문제를 조금이라도 염려하는 사람이라면 대부분 인정할 것이다. 영어란 언어가 위중한 상태에 놓여 있지만, 우리가 나서서 할 수 있는 건 아무것도 없다는 게 일반적인 인식임을. 그러니 우리 문명이 퇴폐적인 만큼 우리 언어도 어쩔 수 없이 전반적으로 함께 몰락하게 된 것이라는 말이 나온다. 또 그래서 언어를 함부로 쓰는 것에 대한 저항은 옛것을 선호하는 감상적 취향으로, 전깃불보다 촛불을 좋아하고 비행기보다 마차를 좋아하는 것과 같은 일이라는 말도 나온다. 그런 주장의 근저에는 언어란 자연적으로 성장하는 것이며 우리 나름의 목적을 위해 만들어나갈 수 있는 도구가 아니라는, 반쯤은 의식적인 믿음이 깔려 있다.

그런데 한 언어의 쇠락에는 궁극적으로 정치적이고 경제적인 원인이 있는 게 분명하다. 이런저런 작가들 개개인이 나쁜 영향을 끼친 탓만은 아닌 것이다. 하지만 어떤 결과가 원인으로 작용하여 본래의 원인을 강화하는 바람에 더 심한 결과를 초래하는 식의 과정이 무한히 반복될 수도 있다. 자신이 실패자라는 기분에 술 마시는 버릇을 들인 사람이 술을 마시는 바람에 더더욱 실패하게 될 수 있는 것이다. 영어의 경우에도 그 비슷한 일이 벌어지고 있다. 우리의 생각이 어리석어 영어가 고약하고 부정확해지지만, 언어가 단정하지 못해 생각이 더 어리석어지기 쉬운 것이다. 그런데 정말 중요한 건 이런 과정을 역전시킬 수 있다는 점이다. 현대의 영어에는, 특히 글로 표현되는 영어에는 나쁜 습관이 너무 많고 그것이 모방되어 퍼져 나가고 있는데, 그것은 마땅한 수고를 아끼지 않으려는 마음만 있으면 피할 수 있는 습관이다. 그런 습관을 제거한다면 생각을 보다 명료하게 할 수 있으며, 생각을 명료하게 한다는 건 정치적 개혁에 필요한 첫걸음이기도 하다. 따라서 나쁜 영어에 대한 투쟁은 사소한 일이 아니며, 직업적인 문필가들만의 문제도 아니다. 나는 조금 뒤에 이 문제로 다시 돌아갈 것이며, 그때엔 지금까지 얘기한 게 더 분명해지길 바란다. 그리고 그사이, 요즘 습관적으로 쓰이는 표현 사례 다섯 가지를 소개해볼까 한다.

다음의 다섯 가지 문단은 특별히 나빠서가 아니라(더한 건 얼마든지 있다) 지금 우리가 가지고 있는 정신적인 악습을 각각 잘 나타내주고 있기에 골라본 것들이다. 약간은 평균 이하인, 하지만 현실을 꽤 잘 반영해주는 표본이기도 하다. 번호를 단 건 나중에 언급하기 좋도록 하기 위해서다.

예1) 한때는 17세기의 셸리 같지 않다고 할 수 없어 보이던 밀턴이 해를 거듭할수록 더 쓰라린 경험을 한 탓에 그 예수회 일파의 창립자와 그 무엇으로도 관대해질 수 없을 정도로 더욱 소원해지게 되었다고 말하는 건 아닌지에 대해 사실 나는 확신할 수가 없다.
— 해럴드 래스키[1] 교수(『표현의 자유』 중의 한 에세이)

예2) 무엇보다 우리는 '베이식 잉글리시'[2]식으로

---

1 Harold Laski(1893~1950). 영국의 정치이론가이자 경제학자로 노동당 의장을 지내기도 했다.
2 Basic English. 영어를 기본으로 하여 문법과 어휘를 단순화해 만든 인조 언어. 언어학자 C. K. 오그덴Ogden과 I. A. 리처즈Richards가 만든 것으로, 영어를 외국어로 학습하는 사람의 입문 언어 또는 국제 보조 언어로 사용되는 것을 목적으로 했다. 핵심 어휘는 850개밖

'tolerate(참다)' 대신에 'put up with', 'bewilder(당황하게 하다)' 대신에 'put at a loss'를 사용하는 것 같은, 단어를 터무니없이 이어 쓴 어휘를 처방하는 일련의 포대砲臺 같은 고유한 숙어들로는 낭비를 하려야 할 수 없다.

— 랜슬롯 호그벤[3] 교수(『인터글로사』)

예3) 한편으로 우리는 자유로운 개성을 가졌다. 개성은 정의定義상으로 신경증적이지 않은데, 갈등도 꿈도 갖지 않기 때문이다. 개성의 욕구는 대단하다 할 순 없지만 분명한데, 이 욕구란 규격화된 승인이 의식의 전면에 나서도록 해주는 것인 까닭이다. 또 하나의 규격화된 패턴은 이 욕구의 횟수와 강도를 변화시키곤 한다. 그리고 이 욕구엔 자연스럽거나 더 단순화할 수 없거나 문화적으로 위험한 게 거의 없다. 그런가 하면 '다른 한편으로' 사회적 결속이란 자체적으로 안정적인 그런 자기 충실성의 상호적인 반영일 뿐이다. 사랑의 정의를 되새겨보라. 이는 어느 평범한 학자의 그림 그 자체가 아닌가? 이 거울의 방에서 개성이나 우애의 자리는 어디에 있는가?

— '정치'의 심리학에 대한 어느 에세이(뉴욕)

예4) 젠틀맨 클럽 출신의 '유력자들'과 열광적인 파시스트 우두머리들이 위기 탈출의 혁명적 방안에 맞서 싸우기

에 없고, 특히 아시아에서 초보 외국어 교육용으로 이용되고 있다.
[3] Lancelot Hogben(1895~1975). 영국의 동물학자로서 과학, 수학, 언어에 대한 대중적인 저술로 이름을 날렸다. '인터글로사interglossa'란 국제어를 만들기도 했다.

위해, 사회주의에 대한 혐오와 대중의 혁명운동 상승 조류에 대한 야만적인 공포로 모두가 일치단결하여, 도발행위나 비열한 방화행위, 중세식의 우물에 독 타기 수법, 프롤레타리아 단체들에 대한 파괴행위의 합법화에 의지하고, 흥분한 프티부르주아의 국수주의적 열광을 자극하기에 이르렀다.

― 어느 공산주의 팸플릿

예5) 이 오래된 나라에 새로운 정신이 고취되도록 하자면 해결해야 할 까다롭고 말썽 많은 문제가 하나 있으니, 그것은 BBC를 인간화하고 자극하는 일입니다. 여기서 소심함을 보인다면 영혼의 궤양과 퇴화의 증거입니다. 말하자면 영국의 심장은 정상적으로 힘차게 뛰지만, 현재 영국이란 사자의 포효는 셰익스피어의 『한여름 밤의 꿈』에 나오는 바텀Bottom의 그것처럼, 즉 젖먹이 비둘기의 그것처럼 온순한 것이지요. 강건한 새로운 영국은 '표준 영어'라는 뻔뻔스러운 가장을 한 '랭엄 플레이스'⁴의 맥 빠진 침체 때문에 세상의 눈에, 아니 귀에 언제까지나 비방당할 수는 없는 노릇입니다. 9시에 '영국의 목소리'가 들려올 때, 현재의 좀스럽고 과장되고 억제된, 그리고 결백하고 수줍음 많고 음성이 고양이 같은 소녀들에게 품행 방정하고 과장되고 억제된 여교사가 장난스레 큰 소리를 내는 듯한 지금의 소리보다는, 'h' 발음을 과감히 버린 소리를 듣는 게 훨씬 낫고 더없이 덜 우스꽝스러울 것입니다.

---

4 Langham Place. BBC 본사가 있는 런던의 길 이름.

—〈트리뷴〉지의 투고

　이 글들은 하나같이 나름의 오류가 있지만, 문장이 아주 고약하다는 것 말고도 공통되는 특징 두 가지가 있다. 하나는 비유가 상투적이란 점이고, 또 하나는 정확성이 떨어진다는 점이다. 글 쓰는 사람이 뜻하는 바가 있으면서도 그것을 제대로 표현하지 못하거나, 뜻하지 않게 엉뚱한 소리를 하거나, 자기가 하는 말의 뜻이 통하든 말든 거의 개의치 않는 것이다. 이렇게 뜻이 모호하고 표현력 자체가 떨어지는 것이 오늘날 영어 산문의 가장 두드러진 특징이며, 정치적인 글은 거의 예외 없이 더욱 그렇다. 어떤 주제가 제기되자마자 구체적인 게 추상적인 것으로 돌변해버리며, 진부하지 않은 표현은 아무도 생각해낼 수 없는 것처럼 보인다. 달리 말해 뜻을 전달하기 위해 선택하는 '단어'는 점점 줄어들고, 조립식 닭장의 부품처럼 이어 붙이는 '어구'는 늘어나는 식으로 산문이 이루어진다. 아래에서 나는 산문을 쓸 때 얼버무리기 위해 흔히들 써먹는 다양한 수법을 설명과 예를 곁들여 제시해보고자 한다.

　죽어가는 비유. 새로 만들어내는 비유는 시각적인 이미지를 환기함으로써 생각을 돕는다. 다른 한편으로 이미 기법상으로 '죽어버린' 비유(예를 들어 '철석같은 결의 iron resolution')는 사실상 일상어의 지위로 되돌아가되 생기는 잃지 않으면서 널리 쓰일 수가 있다. 그런데 이 두 부류 사이에는 환기하는 힘은 다 잃어버렸지만 직접 어구를 만들어내는 수고를 덜어준다는 이유만으로 쓰이는 상투적인 비유들이 숱하게 있다. 예를 들어

보면 이렇다. 'ring the changes on(분위기를 바꿔보다)', 'take up the cudgels for(편들어주다)', 'toe the line(정해진 대로 따르다)', 'ride roughshod over(마구 다루다)', 'stand shoulder to shoulder with(어려울 때 서로 돕다)', 'play into the hands of(누굴 이롭게 해주다)', 'no axe to grind(사심 없다)', 'grist to the mill(나중에 득 될 만한 무엇)', 'fishing in troubled waters(난국에 득을 보려는 짓)', 'rift within the lute(분열의 조짐)', 'on the order of the day(격에 맞게)', 'Achilles' heel(유일한 약점)', 'swan song(생애 최후의 작품)', 'hotbed(소굴)'. 이런 비유들 중 상당수는 뜻도 모르고 쓰이며(이를테면 'rift'가 대체 뭔가?) 어울리지 않는 비유들이 자주 섞여 쓰이기도 하는데, 이는 글 쓰는 사람이 자기 말에 관심이 없다는 확실한 증거다. 지금 유행하고 있는 비유들 중 일부는 쓰는 사람이 사실을 인지하지도 못하는 가운데 본래 뜻에서 파생돼 나온 것들이다. 예컨대 'toe the line'은 흔히 'tow the line'으로 쓰이곤 하는 것이다. 다른 예로는 'the hammer and the anvil(망치와 모루)'인데, 지금은 모루가 망치에 깨진다는 뜻으로 쓰인다. 실제로 깨지는 쪽은 언제나 망치이지 그 반대인 경우는 결코 없는데도 말이다. 글을 쓰면서 자기가 무슨 말을 하고 있는지 잠시 멈춰 생각할 줄 아는 사람이라면 그게 무슨 뜻인지 알 것이며, 본래의 뜻을 곡해하는 우를 피할 수 있을 것이다.

기능어, 또는 언어적 의수족. 적절한 동사나 명사를 찾아내는 수고를 덜고, 동시에 문장마다 균형미를 주는 듯한 음절을 덧대는 경우를 말한다. 이에 해당하는 전형적인 어구는 다음과 같다. 'render inoperative(무력화하다)', 'militate against(방해하다)', 'prove unacceptable(용납하기 어렵다)', 'make contact with(접촉하다)', 'be subjected to(노출되다)', 'give rise to(초래하다)', 'give grounds for(근거가 되다)', 'have the effect of(효과를 내다)', 'play a leading part(role) in(주된 역할을 하다)', 'make itself felt(존재감을 드러내다)', 'take effect(효력을 나타내다)', 'exhibit a tendency to(어떤 경향성을 보이다)', 'serve the purpose of(목적에 부합하다)' 등등. 이들 경향의 기조基調는 한 단어인 동사를 배제한다는 점이다. 'break', 'stop', 'spoil', 'mend', 'kill'처럼 한 단어인 동사를 쓰는 게 아니라 'prove', 'serve', 'form', 'play', 'render' 같은 다목적 동사에다 명사나 형용사를 붙여 '구句'를 만들어 쓰는 것이다. 게다가 가능한 한 능동태보다는 수동태를 사용하며, 동명사보다는 명사구를 (이를테면 'by examining'보다는 'by examination of'를) 쓴다. 그리고 동사의 사용 범위는 '-ise'나 'de-' 같은 형식으로 축소하며, 진부한 표현엔 'not un-' 같은 형식을 써서 심오한 듯한 인상을 준다. 또 간결한 접속사와 전치사보다는 'with respect to(~에 관하여)', 'having regard to(~에 관하여)', 'the fact that(~라는 사실)', 'by dint of(~에 의해)', 'in view of(~을 고려하여)', 'in the interests of(~을 위하여)', 'on the hypothesis that(~라는 가설에 따라)' 같은 구를 쓰려고 한다. 문장의 끝은 용두사미 같다는 인상을 면하려고 'greatly to be desired(바라 마지않는다)', 'cannot be left out of account(고려하지 않을 수 없다)', 'a development to be expected in the near future(가까운 미래에 예상되는 발전)', 'deserving of serious consideration(심각히 고려해볼 만하다)', 'brought to a satisfactory conclusion(만족스러운 결론을 도출하다)' 등등과 같이 여운이 있는 상투어를 구사한다.

젠체하는 용어. 'phenomenon(현상)', 'element(요소/분자)', 'individual(개인)', 'objective(객관적인)', 'categorical(단정적인)', 'effective(효과적인)', 'virtual(실질적인)', 'basic(기본적인)', 'primary(우선적인)', 'promote(촉진하다)', 'constitute(구성하다)', 'exhibit(표출하다)', 'exploit(이용하다)', 'utilise(활용하다)', 'eliminate(제거하다)', 'liquidate(청산하다)' 같은 단어들은 간결한 표현을 가장하며, 치우친 견해가 과학적이고 공평무사한 느낌을 갖도록 해준다. 'epoch-making(획기적인)', 'epic(웅장한)', 'historic(유서 깊은)', 'unforgettable(잊지 못할)', 'triumphant(득의만만한)', 'age-old(고래의)', 'inevitable(불가피한)', 'inexorable(엄혹한)', 'veritable(과연 그렇다 할)' 같은 형용사는 국제정치상의 야비한 술수를 그럴듯하게 꾸미는 데 사용된다. 그런가 하면 전쟁을 찬양할 목적으로 쓰는 글은 대개 고전적인 색채를 띠는데, 전형적인 예는 'realm(왕국)', 'throne(왕좌)', 'chariot(전차)', 'mailed fist(위압)', 'trident(삼지창)', 'sword(검)', 'shield(방패)', 'buckler(방패)', 'banner(기치)', 'jackboot(군화)', 'clarion(나팔)'과 같은 경우다. 'cul de sac(막다른 골목)', 'ancien régime(구체제)', 'deus ex machina(상상을 초월하는 기적적 해결책)', 'mutatis mutandis(필요한 변경을 가하여)', 'status quo(기존 질서)', 'gleichschaltung(조정)', 'weltanschauung(세계관)' 같은 외래어는 교양 있고 고상한 느낌을 주는 데 쓰인다. 'i.e.(즉)', 'e.g.(예컨대)', 'etc.(등)' 같은 유용한 약

어를 제외하면 지금 영국에서 쓰이고 있는 수백 가지 외래어 중에 정말 필요한 건 하나도 없다. 고약한 필자들은, 특히 과학이나 정치나 사회학과 관련된 글을 쓰는 사람들은 대체로 라틴어나 그리스어가 색슨어보다 훌륭하다는 관념에 사로잡혀 있다. 그래서 'expedite(진척시키다)', 'ameliorate(개량하다)', 'predict(예측하다)', 'extraneous(비본질적인)', 'deracinated(뿌리 뽑힌)', 'clandestine(은밀한)', 'subaqueous(수중의)'와 같은 불필요한 단어를 비롯한 수백 가지 말이 그에 대응되는 앵글로 색슨어보다 계속해서 강세를 보이고 있다.[5] 마르크스주의 저작에 특별히 쓰이는 전문어('하이에나', '교수형 집행인', '식인종', '프티 부르주아', '이 패거리these gentry', '추종자lacquey', '심복flunkey', '미친 개', '백위대White Guard' 등)는 주로 러시아어, 독일어, 프랑스어의 단어나 구를 번역한 말들이다. 그런가 하면 새로운 단어를 만들어내는 일반적인 방법은 라틴어나 그리스어 어근에다 적절한 접사를 붙이고, 필요하면 '-ise'의 꼴을 사용하는 것이다. 뜻을 담아낼 수 있는 마땅한 영어 단어들을 생각해내는 것보다 그런 식으로 단어를 만들어내는 게 더 쉬운 경우가 많다 ('deregionalise탈지역화하다', 'impermissible용납 불능의', 'extramarital 혼외의', 'non-fragmentatory비단편적인' 등). 그리고 그 때문에 글이 더 너저분하고 막연해지는 것이다.

---

5 흥미로운 예로, 얼마 전까지만 해도 쓰이던 영국식 꽃 이름이 그리스어 이름에 밀려나고 있다는 사실을 들 수 있다. 가령 'snapdragon(금어초)'은 'antirrhinum'으로, 'forget-me-not(물망초)'은 'myosotis'로 변하는 식이다. 이런 식의 변화가 일어나는 실질적인 근거를 알기는 어렵다. 보다 수수한 단어를 본능적으로 외면하고 그리스어 단어는 막연히 과학적이라 느끼는 경향 때문인지도 모른다.(저자 원주)

무의미한 단어. 특정 종류의 글에서, 특히 예술비평이나 문학비평의 경우, 거의 의미 불통인 긴 구절과 마주치게 되는 게 보통이다.[6] '낭만적인', '조형적인', '가치', '인간적인', '죽은', '감상적인', '자연적인', '활력' 같은 단어들은 예술비평에서 쓰이는 경우 확실히 무의미하다. 알아볼 만한 대상을 지시하지 않을뿐더러, 독자 역시 그런 기대를 거의 하지 않는다는 점에서 그렇다. 한 비평가는 'X 씨 작품의 두드러진 특징은 살아 있다는 점이다'라고 하고, 다른 비평가는 'X 씨의 작품에서 즉각적으로 느껴지는 것은 특유의 죽어 있음이다'라고 평했다고 하자. 독자는 둘을 단순한 견해차로 받아들일 뿐이다. '죽어 있는'과 '살아 있는' 같은 상투적인 말 대신 '검은'과 '하얀' 같은 단어를 쓴다면 언어가 부적절하게 사용되고 있다는 게 당장 눈에 띌 것이다. 정치와 관련이 있는 많은 단어들도 비슷하게 남용되고 있다. '파시즘'이란 단어는 이제 '바람직하지 않은 무엇'이라는 뜻으로 쓰이지 않는 한 아무 의미도 없게 되어버렸다. '민주주의', '사회주의', '자유', '애국적인', '현실적인', '정의' 같은 단어는 각각 서로 화해할 수 없는 다른 뜻을 여러 개씩 가지고 있는 경우다. '민주주의'라는 단어의 경우, 합의된 정의란 게 없을 뿐만 아니라, 그런 정의를 만들어내려는 시도를 하면 사방팔방에서 저항을 받게 된다. 어떤 나라를 민주적이라고 하면 거의 예외 없이 그 나라를 칭찬한다는 느낌이 든

---

6 사례: "위안에 대한 인식과 이미지가 포용성을 띠는 것은, 부류로 봐선 묘하게도 휘트먼적 Whitmanesque이며 미적인 충동에선 서로 정반대인데, 잔인하고 엄혹하리만큼 평온한 영원성 속에 저 떨림과 분위기와 축적성을 드러내는 암시를 계속해서 환기한다. …… 레이 가디너Wrey Gardiner는 단순한 정곡들만을 정확히 겨냥함으로써 성공을 거둔다. 그런데 그것들은 전혀 단순하지 않으며, 이 만족스러운 슬픔 속에는 쓰고도 단 표면적인 체념 이상의 것이 흐른다."(〈계간 시〉)(저자 원주)

다. 때문에 어떤 체제의 옹호자들이든 그 체제는 민주주의라는 주장을 하며, 만일 그게 어느 하나의 뜻으로 굳어져버린다면 그 단어를 그만 써야 하는 것 아닌가 하고 걱정하게 되는 것이다. 이런 유형의 단어들은 의식적으로 부정직하게 사용되는 경우가 많다. 달리 말해 사용하는 사람이 생각하는 나름의 정의는 있지만, 듣는 사람이 그와는 다른 무언가로 생각하더라도 묵인하는 것이다. '페탱 원수는 진정한 애국자였다', '소련 언론은 세계에서 가장 자유롭다', '가톨릭교회는 박해에 반대한다'와 같은 발언은 대부분 속일 작정으로 하는 말이다. 그 밖에도 여러 뜻을 갖고 있으며 대부분의 경우 속임수에 가깝게 쓰이는 단어로는 '계급', '전체주의', '과학', '진보적인', '반동적인', '부르주아', '평등' 같은 것들이 있다.

지금까지 속임수와 남용에 대해 나열해봤으니, 이제는 그런 경향이 어떤 식의 글을 낳는지 다른 예를 들어보기로 하자. 이번엔 성격상 상상을 가미할 필요가 있겠다. 말하자면 훌륭한 영어 구절을 최악의 현대식 영어로 바꿔볼까 한다. 다음은 구약성경 전도서(9:11)에 나오는 유명한 운문이다.

    내가 돌아가 해 아래를 보니 경주는 빠른 자의 것이 아니고, 전투는 강한 자의 것이 아니며, 빵은 현명한 자의 것이 아니고, 부는 사려 깊은 자의 것이 아니며, 총애는 기량이 뛰어난 자의 것이 아니니, 이는 시간과 기회가 그들 모두에게 임하는 까닭이더라.

    (I returned, and saw under the sun, that the race is not to the swift, nor the battle to the strong, neither yet bread to the wise, nor yet riches to men of understanding, nor yet favour to men of skill; but time and chance happeneth to them all.)

다음은 현대식 영어로 고쳐본 것이다.

　당대 현상에 대한 객관적 고찰에 따르면, 경쟁적인 활동에서의 성공이나 실패가 선천적인 능력에 비례하는 경향성을 표출하지 않으며, 상당한 예측 불능의 요소가 변함없이 고려돼야 한다는 결론을 도출할 수밖에 없다.
　(Objective consideration of contemporary phenomena compels the conclusion that success or failure in competitive activities exhibits no tendency to be commensurate with innate capacity, but that a considerable element of the unpredictable must invariably be taken into account.)

　물론 이는 풍자적인 작문이지만 별로 심한 것은 아니다. 예컨대 앞에 나오는 예3)의 경우를 보면 비슷한 유형의 표현들이 실제로 여러 개 쓰이고 있다. 내가 문장을 일일이 다 고쳐 쓰지 않았다는 것을 알 수 있을 것이다. 문장의 처음과 끝은 원문의 뜻을 꽤 충실히 따랐으나, 중간에서 구체적인 예들(경주, 전투, 빵)이 "경쟁적인 활동에서의 성공이나 실패"란 막연한 어구로 녹아 들어가버린 것이다. 이렇게 표현해야 하는 것은, 지금 내가 거론하는 유형의 현재 필자들 중에서는 그 누구도("당대 현상에 대한 객관적 고찰" 같은 표현을 구사할 수 있는 이들 중에서는 그 누구도) 자기 생각을 전도서 문장처럼 정확하고 섬세하게 구분하지 못할 것이기 때문이다. 오늘날의 산문은 전체적으로 구체성이 결여되어 있는 경향을 보인다. 그러면 이번엔 두 문장을 좀 더 자세히 분석해보기로 하자. 앞엣것은 단어는 49개이고 음절은 60개이면서 단어가 전부 일상생활에 쓰이는 것들이다. 뒤엣것은 단어는 38개이면서 음절은 90개이며, 단어 18개는 라틴어에서 온 말이고 하나는 그리스어에서 온 것이다. 그리고 첫 문장엔 여섯 개의 선명한 이미지가 있으며, 막연하다 할 수 있는 어구는 하나뿐이다("시간과 기회"). 둘째 문장에는 참신하고 이목을 끄는 구절이 하나도 없으며, 음절이 90개나 됨에도 불구하고 처음 문장에 담긴 의미를 축소해서 전달할 뿐이다. 하지만 현대 영어에서 입지를 넓히고 있는 건 의심할 바 없이 두 번째 문장 같은 유형이다. 과장하고 싶지는 않다. 그러니 이런 유형의 글쓰기가 아직 보편화된 건 아니고, 단순화의 암초가 최악의 글 여기저기서 드러나고 있다고만 하겠다. 그래도 당신이든 나든 인간 운명의 불확실성에 대한 글을 몇 줄 적게 된다면, 전도서의 문장보다는 내가 쓴 상상의 문장에 훨씬 더 가까워질 가능성이 크다.

지금까지 보여주고자 한 바와 같이, 오늘날 최악의 글쓰기는 의미를 전달하기 위해 적절한 단어를 선택하고, 의미를 더 명확하게 하기 위해 알맞은 이미지를 창조해내는 데 있는 게 아니다. 오히려 누군가가 이미 정리해놓은 긴 어군語群들을 이어 붙이고 순전한 속임수로 그것을 받아들여질 만하게 만드는 데 있다. 이런 식의 글쓰기가 매력적인 건 그렇게 하기가 쉽다는 데 있다. '내가 보기에 ~은 이치에 맞지 않은 가정이 아니다'

라고 하는 게 '나는 ~라고 생각한다'라고 하는 것보다 쉬운 것이다(그리고 습관이 들면 더 빠르기도 하다). 이미 만들어진 어구를 쓰면 단어를 찾아내느라 애를 쓸 필요도 없다. 그리고 문장의 리듬 때문에 애를 먹을 필요도 없다. 그런 어구들은 대개 제법 듣기 좋게 배열되어 있기 때문이다. 그러니 서둘러 작문을 하면(이를테면 속기사한테 구술을 하거나 대중 연설을 하면) 자연히 젠체하는 라틴어 투의 문장이 되기 쉽다. '우리가 마땅히 명심해두면 좋을 고려 사항a consideration which we should do well to bear in mind'이나 '우리 모두가 기꺼이 동의할 결론a conclusion to which all of us would readily assent' 같은 상투어구를 쓰면 문장이 매끄럽지 않다는 비판을 면할 수 있는 경우가 많은 것이다. 그리고 상투적인 비유나 숙어를 쓰면 정신노동이 크게 줄어들긴 하지만, 독자뿐만 아니라 자신까지도 문장의 뜻을 분명히 알 수 없게 된다. 그래서 비유를 섞어 쓰는 것이 중요하다. 비유의 유일한 목적은 시각적인 이미지를 환기하는 것이다. 그런데 이 이미지들이 서로 부딪친다면(이를테면 '파시스트 문어[7]가 백조의 노래를 불렀다'거나 '군화가 용광로에 내던져졌다'[8]고 하는 경우) 글 쓰는 사람이 자신이 거론하고 있는 대상을 속으로 그리고 있지 않은 게 분명하다고 봐도 무방할 것이다. 달리 말해 자기 말이 무슨 뜻인지 생각해보지도 않는다는 것이다. 그러면 이 에세이 서두에서 예로 든 글들을 한번 살펴보기로 하자. 예1)에서 래스키 교수는 53개의 단어로 부정을 다섯 번 했다. 이 중

---

7 다방면으로 유해한 세력을 뻗치는 조직이란 뜻.
8 군대를 전면적으로 개조한다는 뜻.

하나는 과도하게 쓰인 탓에 문장 전체가 우스꽝스러워졌고, 게다가 '유사하다akin' 대신 '소원하다alien'라는 단어를 쓰는 실수 때문에 글이 더욱 난센스가 되었으며, 피할 수 있었을 어색한 표현 몇 개 때문에 안 그래도 애매한 문장이 더 애매해졌다. 예2)에서 호그벤 교수는 처방전prescription을 작성할 수 있는 일련의 포대battery로 물수제비뜨기ducks and drakes[9]를 하고, 'put up with(참다)' 같은 일상적인 관용구는 부정하면서 'egregious(터무니없다)'[10] 같은 단어는 사전에서 뜻을 찾아보려 하지 않는다. 예3)은 관대한 태도를 갖지 않는다면 한마디로 무의미하다. 글 전체를 다 읽어본다면 뜻하는 바가 무언지 알아낼 수 있을지도 모르겠다. 예4)의 경우는 하고자 하는 말이 무엇인지 필자는 어느 정도 아는 듯하나, 케케묵은 어구를 너무 쓰는 바람에 찻잎이 싱크대를 막아버리듯 스스로를 질식시켜버리고 말았다. 예5)는 단어들과 의미가 거의 작별을 한 경우다. 이런 식으로 쓰는 사람들은 대개 심정적으로는 막연하게 뜻하는 바가 있지만(무언가를 싫어하며 타인과의 연대감을 표현하고자 한다) 자신이 구체적으로 무슨 말을 하고 있는지에 대해서는 관심이 없다. 세심한 필자라면 쓰는 문장 하나하나마다 적어도 다음의 네 가지 질문을 할 것이다. 내가 무슨 말을 하고자 하는가? 어떤 단어를 써서 그것을 표현할 것인가? 어떤 이미지나 숙어를 쓰면 뜻이 더 분명해지는가? 이 이미지는 효과를 낼 만큼 참신한가? 그리고 스스로에게 두 가지를 더 질문할 것이다. 문장을 좀 더

---

9   예문과 같이 'play'가 붙으면 '낭비하다'라는 뜻이 된다.
10   '터무니없다'라는 뜻으로 쓰이나, 본래는 '특출하다'라는 뜻.

짧게 쓸 수는 없는가? 꼴사나운 부분 중에 고칠 수 있는 데는 없는가? 하지만 그런 수고를 굳이 해야만 하는 건 아니다. 마음을 활짝 열어 이미 만들어진 어구들이 마구 밀려들도록 놓아두기만 하면 피할 수 있기 때문이다. 그러면 관용구들이 대신 문장을 만들어줄 것이며(어느 정도는 대신 생각을 해주기도 한다) 필요에 따라서는 필자의 의도를 필자 자신에게까지 어느 정도 숨기는 중책을 수행하기도 할 것이다. 정치와 언어의 타락 사이의 특별한 관계가 뚜렷해지는 건 바로 이 점에서다.

정치적인 글에 특히 문제가 있다는 건 우리 시대의 엄연한 현실이다. 예외가 있다면, 대개 글 쓰는 사람이 일종의 반골이어서 '당의 노선'이 아니라 사적인 견해를 표명하는 경우일 것이다. 정설定說이란 색깔이 어떻든 생기 없고 모방적인 스타일을 요구하는 듯하다. 팸플릿이나 영향력 있는 논설, 성명, 백서, 정무차관의 연설에서 발견되는 정치적 표현법은 정당마다 다르지만, 참신하고 생생하고 독창적인 표현을 찾아보기가 거의 불가능하다는 점에서는 똑같다. 연단에서 친숙한 표현만을('흉포한 잔학행위', '철석같은 결의', '피로 얼룩진 압제', '자유세계의 민족들', '어깨를 나란히 하다') 기계적으로 반복하는 지친 하수인을 보노라면 살아 있는 사람이 아니라 마네킹이라도 보는 듯한 묘한 느낌이 든다. 이런 느낌은 연사의 안경이 조명을 반사하며 눈이 안 보이는 텅 빈 원반으로 변하는 순간이면 갑자기 더 강해진다. 이는 완전히 공상적인 얘기가 아니다. 그런 식의 표현을 사용하는 연사는 실제로 자신을 어느 정도 기계로 개조해 버린 것이다. 목구멍에서 마땅한 소리가 올라오려고도 하지만, 스스로 단어를 선택할 때처럼 뇌가 움직여주지를 않는 것이다.

같은 연설을 계속해서 반복해야 하는 연사는 성당에서 응답문을 되뇌듯 자신이 무슨 말을 하는지 거의 의식하지도 못하게 될 수 있다. 그리고 이렇게 의식이 축소된 상태는, 정치적 순응을 유도하는 데 필수적이라 할 수는 없어도 아무튼 도움이 된다.

우리 시대에 정치적인 말과 글은 주로 변호할 수 없는 것을 변호하는 데 쓰인다. 계속되는 영국의 인도 지배, 러시아의 숙청과 추방, 일본에 대한 원자탄 투하 같은 일들은 변호할 수 있긴 하다. 단, 대부분의 사람들이 너무 잔혹해서 도저히 받아들일 수 없는, 당이 표방하는 목적에 부합하지 않는 주장을 해야만 변호가 가능하다. 때문에 정치적인 언어는 주로 완곡어법과 논점 회피, 그리고 순전히 아리송한 표현법으로 이루어진다. 이를테면 무방비한 마을이 폭격을 당하고, 주민들이 시골로 내몰리고, 가축들이 기관총 난사를 당하고, 오두막들이 소이탄에 타버리는 것을 '평정平定'이라 부른다. 수백만의 농민이 농지를 강탈당한 뒤 지고 갈 수 있는 것들만을 가지고 걸어서 길을 떠나도록 내몰리는 것을 '인구 이동'이나 '전선 조정'이라 부른다. 사람들이 재판도 못 받고 몇 년 동안 투옥되거나, 뒷덜미에 총을 맞거나, 북극의 강제수용소로 끌려가 괴혈병으로 죽는 것을 '의심 분자 제거'라 부른다. 이런 식의 어법은 무언가를 마음속으로 그려보는 법 없이 명명하고자 할 때 필요하다. 가령 러시아의 전체주의를 옹호하는 마음 편한 영국의 교수를 생각해보자. 그는 대놓고 '나는 좋은 결과를 낼 수만 있다면 반대자들을 죽여도 좋다고 생각한다'는 말을 할 수가 없다. 때문에 아마도 다음과 같은 식으로 말할 것이다.

소비에트 체제가 인도주의자들은 개탄할지 모를 어떤 특징을 표출한다는 점을 터놓고 인정하는 한편, 나는 정적에 대한 어느 정도의 권리 박탈은 전환기의 불가피한 부수 현상이라는 점을, 아울러 러시아 인민들이 겪어야만 했던 고초가 실질적인 공로의 영역에서는 십분 정당화된다는 점을 우리가 인정해야 한다고 생각한다.

과장된 문체는 그 자체로 일종의 완곡어법이다. 사실에다 보드라운 눈을 뿌리듯 라틴어를 잔뜩 쓰면 요지는 흐려져버리고 세부는 다 덮여버린다. 명료한 언어의 대적大敵은 위선이다. 진짜 목적과 겉으로 내세우는 목적이 다를 경우, 사람은 거의 본능적으로 긴 단어와 진부한 숙어에 의존하게 된다. 마치 오징어가 먹물을 뿜어대듯 말이다. 우리 시대에는 '정치와 거리를 두는' 일 같은 건 있을 수 없다. 모든 문제가 정치 문제이며, 정치란 본래 거짓과 얼버무리기, 어리석음, 반목, 정신분열증의 집합체인 것이다. 그러니 전반적인 분위기가 좋지 않을 경우 언어는 수난을 당하게 된다. 검증할 만한 자료를 들고서 하는 추측은 아니지만, 나는 독일어, 러시아어, 이탈리아어가 지난 10년에서 15년 사이 독재 정권 때문에 상당히 타락했으리라 생각한다.

그런데 생각이 언어를 타락시킨다면, 언어 또한 생각을 타락시킬 수 있다. 부적절한 어법은 알 만한 사람들 사이에서도 관습과 모방에 의해 퍼져나갈 수 있다. 내가 거론하고 있는 타락한 언어는 어떤 면에서는 대단히 편리한 것이다. '정당화할 수 없는 것도 아닌 가정', '바랄 만한 여지가 많다', '유익한 목적에 봉사하지 못한다', '마땅히 염두에 두면 좋을 고려 사항' 같은 표현들은 언제나 손 닿는 자리에 놓여 있는 아스피린 한 갑처럼 끊임없는 유혹이 된다. 이 에세이를 다시 훑어보기만 해도, 내가 저항하고자 하는 바로 그 잘못들을 내가 거듭해서 범하고 있음을 알게 될 게 분명하다. 오늘 아침에 나는 독일의 상황을 다루고 있는 팸플릿 하나를 우편으로 받았다. 저자는 글을 "쓸 수밖에 없는 느낌"을 받았다고 했다. 나는 책자를 아무 데나 펼쳤고, 거의 처음 본 문장이 이랬다. "(연합국은) 독일 자체 내에서의 민족주의적 반동을 피하는 식으로 독일의 사회적·정치적 구조에 대한 획기적인 변혁을 달성할 뿐만 아니라, 동시에 협력적이고 통합적인 유럽의 토대를 구축할 기회를 얻었다." 그는 "쓸 수밖에 없는 느낌"을 받았다지만(새로운 무언가를 말할 수 있겠다는 느낌이었는지도 모른다) 그가 쓴 단어들은 나팔 소리에 반응하는 기병대 말들처럼 자동적으로 무리를 지어 흔해빠지고 따분한 패턴을 형성한다. 이렇게 이미 만들어진 표현들('토대를 구축하다', '획기적인 변혁을 달성하다')이 내면에 침입하는 것을 막자면 항상 경계를 단단히 하는 수밖에 없으며, 그러지 않으면 그런 표현들 하나하나가 뇌의 일부를 마취해버린다.

앞에서 나는 우리 언어의 타락은 치유가 가능하리라는 말을 했다. 이를 부인하는 사람들은 언어란 기존의 사회 조건을 반영할 뿐이며, 단어나 문장구조를 직접 건드린다 해도 언어 발전에 영향을 끼칠 수는 없다는 주장을 할는지 모른다. 그런데 이 말은 언어의 전반적인 어조나 정신에 관해서라면 옳을 수도 있겠지만, 세부적인 면에서는 그렇지 않다. 터무니없는 단어나 표현이 사라진 사례 중에 진화적인 과정보다는 소수의 의식적인 노력 덕분인 경우가 많았던 것이다. 최근 사례 가운데 'explore every avenue(모든 수단을 강구하다)'와 'leave no stone unturned(백방으로 노력하다)'는 몇몇 언론인의 조롱 덕분에 사멸하게 되었다. 많은 사람들이 관심을 갖는다면 마찬가지로 없앨 수 있는 지저분한 비유들이 많다. 'not un-(아닌 것도 아닌)' 같은 형식을 비웃어주어 사라지게 할 수도 있고,[11] 평범한 문장에서 라틴어와 그리스어의 사용을 줄일 수 있으며, 외래어와 괜한 과학 용어를 몰아낼 수도 있고, 전반적으로 젠체하는 것을 유행에 뒤떨어진 것으로 만들 수도 있을 것이다. 그러나 이 모든 것들은 소소한 문제일 뿐이다. 영어를 지킨다는 것은 그 이상을 의미하는데, 여기서는 그것이 의미하지 '않는' 것부터 이야기하는 게 최선일 것이다.

먼저, 영어를 지키는 것은 옛것을 선호하는 취향과는 상관이 없다. 달리 말해 안 쓰이는 단어나 말투를 되살리거나, 절대 벗어나선 안 되는 '표준 영어'를 제정하는 것과는 아무 상관이 없다. 오히려 유용성을 다한 모든 단어나 숙어를 폐기하는 것과 특히 관련이 있다. 올바른 문법이나 구문과도 상관이 없다. 그런 것이야 뜻만 분명하다면 전혀 중요한 게 아니기 때문이다. 또한 언어가 미국화되는 것을 막는 일이나 '훌륭한 산문 문체'라 불리는 것과도 상관이 없다. 다른 한편으로 말을 간결하게 하는 시늉만 하는 것과도, 글말을 입말로 바꾸려는 시도와도 관련이 없다. 색슨어를 라틴어보다 선호해야 한다는 뜻

---

11 'not un-' 형식을 스스로 고치기 위해 기억할 만한 문장을 하나 소개해보면 이렇다. '안 검지 않은 개가 안 작지 않은 토끼를 쫓아 안 푸르지 않은 풀밭을 내달렸다.'(저자 원주)

도 전혀 아니다. 물론 뜻을 담아낼 수 있는 한 가장 적고 짧은 단어를 사용한다는 뜻은 내포하고 있다. 무엇보다 필요한 것은, 의미가 단어를 택하도록 해야지 그 반대가 되도록 해서는 안 된다는 점이다. 산문의 경우, 단어를 가지고 할 수 있는 최악의 일은 단어에 굴복하는 것이다. 구체적인 대상에 대해 생각할 경우 먼저 단어로 표현하지 말고 생각부터 해보자. 그런 다음 머릿속에 그려본 것을 묘사하고 싶다면, 거기에 맞을 듯한 정확한 단어를 모색해볼 수 있을 것이다. 추상적인 무언가를 생각할 경우엔 애초부터 단어를 선택하는 쪽에 끌리기가 더 쉽다. 때문에 그렇게 되지 않으려고 의식적인 노력을 기울이지 않는다면, 기존의 표현법이 마구 밀려들어 대신 작업을 해버릴 것이다. 그리고 그 결과는 의미가 흐려지거나, 심지어 바뀌어버리는 것으로 나타난다. 그러니 가능한 한 단어 사용을 미루고서 심상이나 감각을 이용하여 전하고자 하는 뜻을 최대한 분명하게 하는 것이 더 나은 방법이지 싶다. 그런 다음 뜻을 가장 잘 담을 수 있는 표현을 택할 수 있을 것이고(수동적으로 받아들이지 않는다는 것이다), 그 이후에 반대로 자신이 택한 낱말들이 다른 사람에게 어떤 인상을 줄 것인지 판단해도 좋을 것이다. 마지막으로 이렇게 공을 들이면 진부하거나 뒤섞인 이미지, 이미 만들어진 어구, 불필요한 반복, 그리고 허튼소리와 막연함을 대체로 피할 수 있다. 그런가 하면 글 쓰는 사람이 단어나 문구의 효과에 대해 의문을 느끼는 경우가 흔히 있으니, 직관이 통하지 않을 때는 기댈 만한 원칙이 필요하다. 나는 다음과 같은 원칙이 대부분의 경우에 도움이 되리라 생각한다.

1. 익히 봐왔던 비유는 절대 사용하지 않는다.

2. 짧은 단어를 쓸 수 있을 때는 절대 긴 단어를 쓰지 않는다.

3. 빼도 지장이 없는 단어가 있을 경우에는 반드시 뺀다.

4. 능동태를 쓸 수 있는데도 수동태를 쓰는 경우는 절대 없도록 한다.

5. 외래어나 과학 용어나 전문용어는 그에 대응하는 일상어가 있다면 절대 쓰지 않는다.

6. 너무 황당한 표현을 하게 되느니 이상의 원칙을 깬다.

이런 원칙들은 기본처럼 들리며 실제로 그렇기도 하지만, 지금 유행하는 방식으로 글을 쓰는 데 적응해온 사람에게는 엄청난 태도 변화를 요구한다. 그리고 이들 원칙을 다 지킨다 해도 여전히 나쁜 영어 문장을 쓸 수 있지만, 적어도 이 에세이 맨 앞에서 내가 인용한 다섯 표본 같은 글은 안 쓰게 될 것이다.

지금까지 내가 다룬 문제는 언어의 문학적 사용에 대한 것이 아니다. 생각을 숨기거나 막기 위한 수단이 아니라 표현하기 위한 수단으로서의 언어에 대해서만 다루어본 것이다. 스튜어트 체이스[12] 같은 이들은 모든 추상적인 낱말은 무의미하다는 식의 주장을 해왔으며, 그것을 일종의 정치적 정적주의靜寂主義를 옹호하는 구실로 삼아왔다. 파시즘이 정확히 무엇인지 모르는데 파시즘에 대한 투쟁을 어떻게 할 수 있느냐는 식인 것이다. 이런 억지 주장을 곧이곧대로 받아들일 필요는 없겠지만, 지금

---

12 Stuart Chase(1888~1985). 미국의 경제학자이자 공학자. '뉴딜New Deal'이란 말을 처음 쓴 사람으로 알려져 있으며, 저서 『낱말의 압제The Tyranny of Words』(1938)는 언어학의 일반의미론general semantics 개념을 일찍이 알린 것으로 유명하다.

의 정치 혼란이 언어의 타락과 결부되어 있으며, 언어 문제부터 건드림으로써 상황을 개선할 수도 있다는 점을 인정할 필요는 있다. 자신이 쓰는 영어를 간결하게 하면, 가장 우매한 통설로부터 자유로워질 수 있다. 불가피한 관용어를 쓸 수 없으며, 어리석은 표현을 쓰면 그 어리석음이 스스로에게도 분명히 드러나 보인다. 정치적 언어는 거짓을 사실처럼 만들고 살인을 존중할 만한 것으로 만들기 위해, 순전한 헛소리를 그럴듯한 것으로 만들기 위해 고안된다(그리고 차이는 있어도 보수당에서부터 무정부주의자에 이르기까지 모든 정당이 그렇게 하고 있다). 이런 현상을 단번에 다 바꿀 수는 없다. 하지만 적어도 자신의 습관은 바꿀 수 있으며, 충분히 조롱을 퍼부어준다면 이따금 진부하고 무용한 관용구를('군홧발', '아킬레스건', '온상', '용광로', '시금석', '불지옥' 등과 같은 언어 쓰레기들을) 본래 자리인 쓰레기통으로 보낼 수도 있다.

두꺼비 단상 斷想

「Some Thoughts on the Common Toad」. 1946년 4월 〈트리뷴〉지에 게재. 오웰의 자연관이 단적으로 잘 드러나는 짤막한 봄의 찬가로서 꽤 인기를 누려온 글이다.

제비보다 먼저, 수선화보다 먼저, 아네모네보다 조금 늦게, 두꺼비는 봄이 다시 찾아온 것에 대해 나름의 경의를 표한다. 지난가을부터 들어가 누워 있던 땅속 구멍에서 나와 가장 가까이 있는 적당한 물웅덩이 쪽으로 최대한 빨리 기어가는 것이다. 무언가가(땅속의 어떤 떨림인지 아니면 그냥 온도가 몇 도 올라서인지 잘은 모르지만) 두꺼비에게 깨어날 때가 되었다고 말해준 것이다. 그런가 하면 몇 마리는 내내 잠만 자다 한 해를 아예 빼먹기도 하는 것 같다. 한여름에 땅을 파다가 멀쩡한 모습으로 잠들어 있는 두꺼비를 몇 번이고 본 적이 있으니 말이다.

 이 무렵 두꺼비는 오래 굶주린 뒤라 대단히 영적인 모습인 것이, 흡사 사순절 막바지에 다다른 엄격한 가톨릭 신자 같다. 동작은 늘어진 듯하면서도 목표가 뚜렷해 보이며, 몸이 오그라들어 눈은 유난히 커 보인다. 때문에 우리는 다른 때엔 느낄 수 없을지 모르지만, 두꺼비가 다른 어떤 동물보다도 아름다운 눈을 가졌다는 것을 알게 된다. 금 같기도 하고, 더 정확히 말하자면 도장반지 같은 데 박는 금빛의 준보석 같은 것이, 금록석金綠石이 그런 빛깔이 아닐까 싶다.

 물에 들어간 뒤 며칠 동안 두꺼비는 작은 벌레들을 잡아먹으며 원기를 회복한다. 그러면서 곧 본래의 몸집도 되찾게 되며, 이윽고 강렬한 성생활 단계를 거치게 된다. 그가 아는 것이란(아무튼 수컷이라고 할 때) 무언가를 얼싸안고 싶다는 것뿐이다. 그래서 녀석에게 막대기나 손가락이라도 내밀어보면, 놈은 놀라운 힘으로 그것에 단단히 들러붙어 그것이 암컷 두꺼비라도 되는지 한참을 살펴본다. 두꺼비 열 마리 스무 마리가 물에서 한 덩어리로 아무렇게나 뒤엉켜 있는, 그것도 성별 구분 없이 아무하고나 붙어 있는 모습도 흔히 볼 수 있다. 그러다 그것들은 점차 서로를 가려내어 이성과 하나씩 짝을 지으며, 결국 수컷이 암컷의 등에 맞춤하게 올라탄다. 그때부터 보는 사람은 암수를 구분할 수 있게 된다. 수컷이 더 작고 짙으며, 암컷의 목에 팔을 단단히 휘감고서 올라타 있기 때문이다. 하루나 이틀 뒤면 암컷은 기다란 줄 모양으로 알을 낳으며, 그것은 갈대 안팎으로 감겨들어 이내 자취를 감춰버린다. 그러고서 몇 주가 더 지나면, 물에 조그만 올챙이들이 와글와글해진다. 그것들은 금세 커지며 뒷다리가 돋아나고 이어서 앞다리가 돋아나며, 마지막으로 꼬리가 떨어진다. 그리고 마침내, 여름이 한창일 무렵, 사람 엄지손톱보다 작지만 어느 모로나 완벽한 새로운 세대의 두꺼비들이 물 밖으로 기어나와 새로운 게임을 시작한다.

 내가 두꺼비의 산란을 이야기하는 것은, 그것이 나에겐 가장 매혹적인 봄의 현상이기 때문이며, 두꺼비가 종달새나 앵초와는 달리 시인들의 찬사를 거의 못 받기 때문이기도 하다. 단, 나는 많은 사람들이 파충류나 양서류를 좋아하지 않는다는 걸 알고 있으며, 봄을 즐기기 위해 두꺼비한테 관심을 가져야 한다고 주장하고 있는 것도 아니다. 비슷하게 인기 없는 것이야 크로커스 꽃도 있고 큰지빠귀도 있고, 뻐꾸기도 산사나무도 있는 것이다. 중요한 건 봄이 주는 즐거움은 누구나 접할 수 있으며 공짜라는 점이다. 아무리 지저분한 길거리라 해도 봄은 이런저런 신호로 자신을 알리며 찾아온다. 신호란 공장 굴뚝들 사이의 하늘이 더 파래진 것일 수도 있고, 폭격 맞은 자리의 딱총나무에 연둣빛 새순이 돋아난 것일 수도 있다. 아무튼 런던 한복판에도 대자연이 비공식적으로 계속 존재한다는 건 참으로 놀라운 일이다. 나는 뎁포드 가스공장 위로 황조롱이가 날아가는 모습을 본 적이 있고, 유스턴 대로에서 검은 찌르레기의 일류 공연을 감상해본 적도 있다. 런던 한복판에서 반경 4마일 이내에 새가 수백만은 아니어도 수십만 마리는 있을 텐데, 그들 중 누구도 집세로 반 페니도 내지 않는다는 생각을 하면 제법 흐뭇해진다.

봄에 관해서라면 영국은행 주변의 좁고 음침한 길들도 빼놓을 수 없다. 봄은 어디나 스며들어 찾아오는 것이다. 어떠한 필터라도 통과할 수 있는 신형 독가스처럼 말이다. 봄을 흔히들 '기적'이라 부르곤 하는데, 이 닳고 닳은 비유는 지난 5~6년 동안 새 생명을 얻을 수 있게 되었다. 최근에 우리가 견뎌야만 했던 겨울들 때문에 봄이 다시 기적처럼 여겨지게 되었던 것이다. 그런 겨울을 몇 해 동안 보내면서 우리는 봄이 다시 찾아올 거라고 믿기가 점점 더 힘들어지게 되었다. 1940년부터 나는 2월이면 항상 이번엔 겨울이 영영 끝나지 않을 것이라는 생각을 하게 되었다. 하지만 하계下界의 여왕인 페르세포네는 두꺼비처럼 거의 같은 때만 되면 죽은 것들 가운데서 일어난다. 그리하여 3월 말쯤이면 느닷없이 기적이 벌어지며, 내가 사는 형편없는 빈민가도 변모한다. 광장에 있는 거무튀튀한 쥐똥나무들은 연초록빛으로 변하고, 밤나무 잎들은 점점 두꺼워지고, 수선화는 고개를 내밀고, 꽃무는 움을 틔우고, 경찰의 제복 상의는 기분 좋은 푸른빛을 띠고, 생선 장수는 손님을 미소로 맞이하며, 참새는 온화한 기운을 느끼고 지난 9월 이후 처음으로 목욕할 용기를 냈는지 빛깔마저 달라 보이는 것이다.

그렇다면 봄을 즐기는 것은, 그리고 다른 계절의 변화를 즐기는 것은 잘못인가? 더 정확히 말해, 자본주의 체제의 사슬에 묶여 우리 모두 신음하고 있는데, 아니면 아무튼 신음하고 있어야 하는데, 찌르레기 지저귀는 소리 때문에, 10월의 잎 노랗게 물든 느릅나무 때문에, 혹은 돈도 안 들고 좌파 신문 편집자들이 계급관이라 부르는 것도 필요하지 않은 다른 어떤 자연 현상 때문에 더 살 만할 때가 제법 있다고 말한다면, 그게 정치적으로 비난받을 일인가? 많은 사람들이 그렇게 생각하는 게 명백한 사실이다. 나는 내 글에다 '자연'을 호의적으로 언급하면 험한 편지들이 날아든다는 걸 경험으로 안다. 그런 편지들의 핵심은 대체로 '감상적'이라는 말이지만, 거기엔 두 가지 관념이 섞여 있는 것으로 보인다. 하나는 실생활에서 갖는 즐거움이 일종의 정치적 정적주의를 조장한다는 것이다. 이 관념에 따르면 사람들은 불만을 품어야 하며, 우리가 할 일은 결핍을 늘리는 것이지 이미 가진 것들의 즐거움을 증가시키는 게 아니다. 또 하나의 관념은 지금은 기계의 시대이며, 기계를 싫어하거나 기계의 지배를 제한하고자 하는 태도는 퇴영적이고 반동적이며 좀 우스꽝스럽기까지 하다는 것이다. 이 관념은 흔히, 자연에 대한 사랑은 자연이 정말 어떤 것인지에 대한 개념이 아예 없는 도시화된 사람들의 결점이라는 발언의 지원을 받는다. 정말 흙을 만지고 살아야 하는 사람들은 흙을 사랑하지 않으며, 순전히 실용적인 관점이 아닌 한 새나 꽃에 조금도 관심이 없다는 것이다. 시골을 사랑하려면, 도시에 살면서 1년 중 따뜻한 철 주말에 가끔 시골로 나가 거니는 정도만 해야 한다는 것이다.

두 번째 관념은 명백한 오류다. 이를테면 민요까지 포함하는 중세 문학은 낭만주의 시대 못지않은 자연 예찬으로 가득 차 있으며, 중국이나 일본 같은 농경민족의 예술은 언제나 나무와 새, 꽃, 강, 산을 중심에 두었던 것이다. 첫 번째 관념은 좀 더 미묘한 차원에서 잘못돼 보인다. 확실히 우리는 불만족스러워 할 필요가 있으며, 잘못된 현실을 최대한 잘 견디는 방법을 찾는 데 그쳐서는 곤란하다. 하지만 실생활의 모든 즐거움을 다 죽여버린다면 우리 자신을 위해 준비해야 할 미래는 과연 어떤 식일까? 사람이 봄이 돌아오는 것을 즐길 수 없다면, 노동력을 줄여주는 유토피아에선 어떻게 행복할 수 있을까? 기계가 가져다줄 여가에는 과연 무엇을 하게 될까? 나는 우리의 경제와 정치에 관련된 문제들이 언젠가 정말 해결된다면 삶이 더 복잡해지는 게 아니라 단순해지지 않을까, 우리가 봄에 앵초를 처음 발견하면서 맛보는 유의 즐거움이 주크박스 음악을 들으며 아이스크림을 먹는 유의 즐거움보다 더 크지 않을까 하는 생각을 늘 해왔다. 나는 나무나 물고기나 나비나 (내 경우의 첫 대상인) 두꺼비에 대한 어린 시절의 애정을 간직함으로써 보다 평화롭고 상식적인 미래를 만들 수 있다고 생각하며, 강철과 콘크리트 말고는 찬양할 게 아무것도 없다는 주의가 설파되면 인류는 증오와 지도자 숭배 외에는 남아도는 에너지의 배출구를 찾지 못하게 될 것이 거의 확실하다고 생각한다.

아무튼 봄은 이곳 런던 N1 지구에도 찾아왔고, 우리가 봄을 향유하는 것은 아무도 막을 수 없는 일이다. 생각해보면 새삼 흐뭇한 일이다. 나는 두꺼비들이 짝짓기를 하거나 토끼 두 마리가 덜 여문 옥수수를 두고 권투 시합을 벌이는 광경을 보고 서 있으면서, 할 수만 있다면 그런 나의 즐거움을 막고자 할 중요한 사람들 생각을 얼마나 많이 해보았던가. 하지만 그들은 그럴 수가 없다. 우리가 딱히 아프거나, 배고프거나, 공포에 떨고 있거나, 감옥 또는 행락지에 갇혀 있지 않은 한, 봄은 여전히 봄인 것이다. 공장엔 원자탄이 쌓여가고, 도시엔 경찰이 어슬렁거리고, 확성기엔 거짓말이 넘쳐흐른다 해도, 지구는 여전히 태양 주변을 돌고 있다. 그리고 그런 사실이 아무리 못마땅한들, 독재자도 관료도 그것을 막을 수는 없다.

브레이 주임신부를 위한 한마디

「A Good Word for the Vicar of Bray」 1946년 4월 〈트리뷴〉지 발표. 미국의 유명 작가 리베카 솔닛Rebecca Solnit(1961~)이 영감을 받아 『오웰의 장미』라는 에세이집을 쓰는 계기가 되었던 글. 솔닛은 오웰이 심은 나무를 찾기 위해 오웰의 시골집을 답사하기도 한다.

수년 전에 친구를 따라 버크셔의 한 성당에 가본 적이 있다. 이 아담한 교구 성당은 그 유명한 브레이 주임신부[1]가 재임했던 곳이다. (정확히는 브레이에서 몇 마일 떨어진 곳이었지만 당대에는 두 교구가 하나였을 것이다.) 성당 묘지에는 멋진 주목朱木 한 그루가 있었고, 발치에 있는 안내판에는 이 나무를 심은 사람이 다름 아닌 브레이 주임신부라고 되어 있었다. 당시에 나는 그런 사람이 그런 유산을 남기게 되는구나 하고 흥미롭게 여겼다.

브레이 주임신부는 〈더 타임스〉지의 주필이 되어도 좋을 만큼의 능력을 갖추었을지는 모르나 결코 존경할 만한 인물이라고 할 수는 없을 것이다. 그런데도 세월이 흐르고 보니 그에 대해 남은 건 풍자가요 한 곡과 아름다운 나무 한 그루뿐이지만, 이 나무는 세대를 거듭하며 수많은 사람들의 눈을 쉬게 해주었으며, 그의 정치적 부역행위가 낳은 폐해를 극복하는 역할을 했음에 틀림없다.

버마의 마지막 왕 티보[2] 역시 좋은 사람과는 거리가 멀었다. 그는 술주정뱅이였고 부인이 수백 명이었으며—대부분 겉치레로 두었던 것 같긴 하지만—왕좌에 올라 맨 처음 한 일이 형제들 70~80명의 목을 베는 것이었다. 하지만 그런 그가 후세에 도움이 되는 일도 했으니, 흙먼지 많은 만달레이 길거리에 타마린드 나무를 심어 쾌적한 그늘을 드리우게 했다. 이 나무들이 1942년 일본군의 소이탄에 소실되기 전까지는 말이다. 시

---

1 Vicar of Bray. 16세기 영국 종교전쟁 때 자리를 지키기 위해 자기 신조를 수시로 바꾸었던 주임사제를 뜻하다가 하나의 풍자 용어로 굳어졌으며, 동명의 풍자가요도 전래되었다.

2 Thibaw Min(1859~1916).

인 제임스 셜리[3]는 "정의로운 자의 행위만이 흙먼지 속에서도 향내와 꽃을 피우네"라고 했지만, 너무 자유롭게 일반화를 한 듯하다. 때로는 불의한 자의 행위도 어느 정도 세월이 흐르면 꽤 좋은 모습을 띠기 때문이다. 브레이 주임신부의 주목을 보고서 나는 무언가가 떠올라 존 오브리[4]의 작품집 한 권을 구해 보다가 전원시 한 편을 다시 감상하게 되었다. 17세기 전반기에 작성되었을 이 시에 영감을 준 이는 오버롤 부인Mrs Overall이라는 사람이었다.

오버롤 부인은 대성당 주임사제의 아내로, 남편에게 상당히 불충했다. 오브리에 따르면 그녀는 "어떤 상대도 좀처럼 거부하지 못했으며", "더없이 사랑스러우나 놀랍도록 음탕한 눈매를 가졌다". 시는 이렇게 시작한다("양치기 애인"은 존 셀비 경이라는 사람이었던 모양이다).

> 양치기 애인이 누워 있네
> 맨숭맨숭 의젓하게
> 그 어여쁘고 청순한
> 탕녀를 다시 보고파
> 둔덕 아래 머리 두고
> 허리에 양손 짚고서
> 세상만사 다 잊고서
> 하이 노니 노니 노.

---

3   James Shirley(1596~1666).
4   John Aubrey(1626~1697). 영국의 고고학자, 전기傳記 작가.

......

너무도 사랑스러운 그녀
이토록 그를 사로잡은 이 없어라
더없이 절묘한 그녀
누구도 다시 누리지 못하리
천 명을 줄 세워도
보나 마나 소용없어
그녀에 비할 이 없어라
하이 노니 노니 노.

시의 나머지 여섯 개 연이 전개되는 동안 "하이 노니 노니 노"라는 후렴은 확연히 외설적인 의미를 띠지만, 마지막 연은 절묘하게 끝난다.

하나 그녀 이제 가고 없네
이 세상 누구보다 예뻤던 아씨
그녀에게 무슨 일이 날진대
양치기 애인을 탓하지 말지라
적은 그녀 자신이었으니
자신에게 너무 솔직하여
스스로를 무너뜨린 그녀였으니
하이 노니 노니 노.

오버롤 부인이 브레이 주임신부보다 매력적이긴 해도 더 적절한 본보기인 건 아니다. 그럼에도 결국 그녀에 대해 남은 건 아직도 많은 사람들에게 즐거움을 주는 시 한 편이라는 점에서 닮았다. 그녀가 끼쳤을 괴로움, 그리고 그녀가 여생 동안 느꼈을 비참함과 박탈감은 여름날 저녁 담배 밭의 잔향殘香과도 같은 것으로 변해버렸다.

 나무 얘기로 돌아가자. 나무를 심는다는 것, 특히 오래 사는 활엽수종을 심는 것은 우리가 비용이나 수고를 거의 끼치지 않으면서 후세대에게 줄 수 있는 선물이며, 그 나무가 뿌리를 내린다면 우리가 행한 다른 일들이 선하든 악하든 그것들의 가시적 효과보다 훨씬 오래 살아남을 것이다. 1~2년 전에 나는 전쟁 전에 울워스에서 6페니를 주고 사다 심은 장미에 대해 몇 문단의 글을 〈트리뷴〉지에 쓴 적이 있다.[5] 이 글을 본 한 독자가 내게 분노의 편지를 보낸 바, 장미는 부르주아의 것이라는 내용이었다. 하지만 나는 지금도 그 6페니를 담배나 탁월한 사회민주주의 연구지가 아니라 장미에다 쓴 것이 낫다고 생각한다.

 최근에 나는 전에 살던 시골집에서 하루 지내며 내가 거의 10년 전에 심었던 것들이 자란 모습을 보고 감탄했다. 엄밀히 말해 뜻밖에 좋은 일을 했다는 놀라움이었다. 거기에 얼마가 들었는지 기록할 가치가 있다고 생각하는바, 자라날 무언가에 투자할 경우 몇 실링만으로도 무얼 할 수 있는지를 보여주기 위해서만이라도 그렇다.

 먼저 잡화점 울워스에서 샀던 덩굴장미 두 그루와 폴리앤사

---

5 본서 185쪽에 수록된 「나 좋을 대로」를 말함.

장미 세 그루가 남았는데, 모두 그루당 6페니였다. 덤불장미 두 그루도 남았는데 종묘장에서 떨이로 산 것들의 일부였다. 이 떨이 거래의 대상은 과실수 여섯 그루, 덤불장미 세 그루, 구스베리 두 그루였고 전부 10실링이었다. 과실수 한 그루와 덤불장미 한 그루가 죽었을 뿐 나머지는 모두 잘 자라고 있었다. 남은 것들의 합계가 과실수 다섯, 장미 일곱, 구스베리 두 그루인데 이 모든 게 12실링 6페니어치였다.[6] 이 나무들에는 별 수고를 들일 것도 없었고 처음 들인 비용 이상으로 돈이 들지도 않았다. 따로 준 거름도 없으며, 예외라면 이따금 이웃 농장 말이 우리 집 문 앞에 멈춰 섰을 때 내가 들통에 주워 담은 것들뿐이다.

지난 9년 사이 이들 일곱 그루 장미나무는 총 100개월에서 150개월에 해당하는 기간 동안 꽃을 피워왔을 것이다. 내가 심었을 땐 묘목에 불과했던 과실수들은 이제 막 제대로 자리를 잡아간다. 그중에 자두나무 하나는 지난주 꽃이 만발했고, 사과나무들도 꽤 좋은 결실을 얻을 것으로 보인다. 가족 중에 약골이었던 콕스[7] 사과나무 한 그루는—건강했더라면 떨이에 포함되지도 않았을 테지만—열매가지가 잔뜩 달린 튼실한 나무로 자랐다. 내가 이 콕스를 심은 일에 대해 나는 공공성을 띤 행위라고 주장한다. 이 나무들이 열매가 빨리 맺히는 것도 아니고, 내가 이 집에 오래 살리라 생각지도 않았기 때문이다. 나는 여기서 한 번도 사과를 거두어본 적이 없지만, 다른 누군

---

6 당시 1실링이 12페니였으므로 모두 150페니인 셈이다.
7 Cox's Orange Pippin. 현재 영국에서 가장 흔한 사과나무 품종. 줄여서 콕스라고도 한다.

가는 꽤 많이 누릴 것으로 보인다. 그들의 열매로 그들을 알지니[8], 콕스 오렌지 피핀은 좋은 열매로 알려져 있다. 하지만 나는 누군가에게 도움이 되리란 생각을 하고서 나무를 심은 게 아니다. 그저 떨이 가격이 싼 걸 가져다가 별 준비도 없이 땅에 꽂았을 뿐이다.

유감스러워서 언젠가 고쳤으면 하는 점이 있으니 내 평생 호두나무를 한 그루도 심지 않았다는 사실이다. 요즘은 누구도 호두나무를 심지 않는다. 호두나무를 보았다면 거의 예외 없이 오래된 나무이다. 호두나무를 심는다면 손자들을 위해서인데, 요즘 세상에 누가 손자씩이나 챙긴단 말인가? 모과나무, 뽕나무, 서양모과도 마찬가지다. 하지만 이런 나무들은 자기 땅이 한 뼘이라도 있어야만 심을 생각을 할 수 있는 정원수이다. 반면에 교외에서 어쩌다 지나치게 되는 버려진 땅에서는 할 수 있는 게 있다. 전시戰時 몇 년간 처참히 학살된 나무들, 특히 참나무, 물푸레나무, 느릅나무, 너도밤나무가 있던 자리를 개선하는 일 말이다.

사과나무만 해도 100년은 사니까 내가 1936년에 심었던 콕스는 21세기가 되어서도 열매를 맺고 있을 것이다. 참나무나 너도밤나무는 수백 년을 살 수 있으니, 마지막에 목재로 켜지기 전까지 수천수만 명에게 즐거움을 선사할 수 있다. 사적으로 숲 되살리기 사업을 벌임으로써 사회에 대한 개인의 책무를 전부 벗어날 수 있다고 주장하는 건 아니다. 그래도 반사회적 행위 하나를 범할 때마다 일기장에 적어두었다가 적절한 철에

---

8 마태복음 7:16의 첫 구절.

도토리 한 알을 땅에 묻는 것은 나쁜 생각이 아닐지도 모른다.
 그래서 그 스무 알 중에서 하나라도 제대로 자란다면, 우리가 생전에 상당한 해악을 끼친다 하더라도 브레이 주임신부처럼 결국엔 공공에 도움이 되는 인물로 남을지도 모른다.

어느 서평자의 고백

「Confessions of a Book Reviewer」. 1946년 5월 〈트리뷴〉지에 게재. 오웰은 길지 않은 생애(47년) 동안 아홉 권의 소설 및 르포를 쓴 것 말고도 엄청난 양의 에세이와 칼럼과 서평을 썼다(엄밀히 말하자면 칼럼과 서평도 에세이라 할 것이다). 특히 서평은 작가 오웰의 생업인 동시에 작가로서의 소양을 쌓는 데 큰 자양분이 되었으며, 괴롭긴 해도 본인 스스로 꽤 즐겨 썼다고 하는 장르다. 1930년(27세) 〈아델피〉지에 서평을 쓰기 시작한 이래로 그는 수많은 서평을 썼고, 1940년 한 해에만 백 권 이상을 평했으며, 『동물농장』 발간 후 생활이 안정된 뒤에도 서평 일을 완전히 놓지는 않았다.

추우면서도 공기는 탁한 침실 겸 거실. 담배꽁초와 반쯤 비운 찻잔이 여기저기 흩어져 있다. 좀먹은 가운을 입은 남자가 쓰러질 듯한 탁자 앞에 앉아 먼지 쌓인 종이 더미 속에서 타자기 놓을 자리를 찾아내려고 한다. 그렇다고 종이들을 버릴 수는 없다. 쓰레기통이 벌써 넘쳐날뿐더러, 답장 못 한 편지들과 아직 못 낸 공과금 고지서들 사이에 현금으로 바꾸지 못한 게 거의 확실한 2기니짜리 수표가 끼어 있을지 모르기 때문이다. 주소록에다 주소를 옮겨 적어야 하는 편지들도 있다. 하지만 그는 주소록을 잃어버렸고, 그걸 찾을 생각을 하면(그뿐 아니라 무엇이든 찾을 생각을 하면) 극심한 자살 충동에 시달리게 된다.

그는 35세이지만 50세로 보인다. 대머리고 하지정맥류를 앓고 있으며 안경을 쓴다(하나뿐인 안경을 습관처럼 잃어버리지 않았다면 쓰고 있을 것이다). 특별한 경우가 아니라면 영양실조 상태일 것이고, 최근에 반짝 운이 좋았다면 숙취로 힘들어하고 있을 것이다. 때는 오전 11시 반, 계획대로라면 두 시간 전부터 일을 시작했어야 한다. 하지만 그래보려고 발버둥을 쳤다 한들 좌절하고 말았을 것이다. 거의 쉴 새 없이 전화벨이 울리고, 아기는 울어대고, 바깥의 길에선 전기드릴로 무언가를 뚫어대고, 계단에선 돈 받으러 오는 사람들이 발소리를 쿵쾅거리며 오르내렸던 것이다. 방금 전엔 두 번째로 우편배달이 왔는데, 광고 전단 둘과 빨간 글씨가 박힌 소득세 독촉장이었다.

이 사람은 말할 것도 없이 작가다. 그는 시인일 수도, 소설가일 수도, 시나리오 작가일 수도, 라디오 방송작가일 수도 있다. 글 써서 먹고사는 사람들이 대개 다 비슷하니 말이다. 하지만 여기선 서평자라고 하자. 종이 더미 속에는 묵직한 소포 꾸러미가 반쯤 감춰져 있고, 그 안에는 편집자의 쪽지 왈, '일맥상통'할 거라는 다섯 권의 책이 들어 있다. 그게 도착한 것은 나흘 전이었지만, 서평자는 48시간 동안 도덕성이 마비되었던 탓에 소포를 열어볼 수 없었다. 그리고 어제서야 굳게 마음먹은 일순간, 소포 끈을 확 풀어버리고 다섯 권의 책을 확인한 것이었다. 『교차로의 팔레스타인』, 『과학적인 낙농업』, 『유럽 민주주의의 짧은 역사』(이 책은 680페이지에 무게가 4파운드였다), 『포르투갈령 동아프리카의 부족 관습』, 그리고 아마 실수로 포함됐을 『드러눕는 게 더 좋아』라는 소설이었다. 그의 서평(800단어 분량이었다)은 다음 날 정오까지 '입고入稿'되어야만 했다.

그중에 세 권은 그로서는 전혀 무지한 분야라서 적어도 50페이지는 읽어봐야 한다. 그래야 저자뿐만 아니라(물론 저자는 서평자의 습성을 훤히 알고 있다) 일반 독자에게까지 자신을 다 드러내 보이는 황당한 실수를 피할 수 있다. 오후 4시면 그는 책을 소포 꾸러미 밖으로 내놓긴 하겠지만 여전히 펼쳐볼 용기는 나지 않아 애를 먹고 있을 것이다. 그것들을 읽어야 한다는 생각만 해도, 심지어 종이 냄새만 맡아도, 아주까리기름 친 차가운 쌀 푸딩을 먹어야 하는 기분이다. 그런데도 그의 원고는 자못 신기하게도 제때 편집자의 책상에 도착할 것이다. 어떻게든 항상 정시까지 도착하는 것이다. 저녁 9시쯤 되면 정신이 비교적 맑아지기 시작할 것이고, 오밤중이 되도록 방에 앉아(점점 추워지고 담배 연기는 점점 자욱해진다) 능숙한 솜씨로 책을 한 권씩 훑은 다음 하나를 내려놓을 때마다 '이걸 책이라고!' 소리를 덧붙일 것이다. 아침이면 퀭한 눈에 면도 안 한 얼굴로 고약한 표정을 짓고서 빈 종이를 한두 시간 바라보고만 있다가, 시곗바늘의 위협에 겁을 집어먹고 행동을 개시할 것이다. 그렇게 해서 그는 갑자기 타자기를 마구 두드리기 시작한다. 온갖 진부하고 상투적인 표현들이('놓칠 수 없는 책'이니 '페이지마다 되새길 만한 것이 있다'느니 '무엇무엇을 다룬 무슨 장이 특히 중요하다'느니) 자석을 따라 움직이는 쇳가루처럼 척척 제자리로 뛰어든다. 그리고 서평자는 원고를 들고 나서야 할 때를 3분쯤 남겨두고 정확한 분량으로 마친다. 그리고 그사이 어울리지 않는 조합의 시시한 책들이 우편으로 또 도착해 있을 것이다. 그렇게 같은 일은 또 반복된다. 하지만 이렇게 심신을 고문당하고 짓밟히는 이도 불과 몇 년 전에는 고상한 포부를 품고서 이 일을 시작했다.

내가 과장하는 것 같은가? 정기적으로 서평을 하는 사람이라면(이를테면 1년에 최소한 백 권 이상의 책을 논평하는 이라면) 누구에게든 묻고 싶다. 방금 내가 묘사한 스타일과 다르다고 정직하게 말할 수 있느냐고. 어쨌든 모든 작가가 대체로 그런 종류의 사람이라고 할 수 있다. 그런데 책을 무차별적으로 평하는 일을 오랫동안 한다는 건 유난히 달갑지 않고 짜증스럽고 피곤한 노릇이다. 그것은 쓰레기를 칭찬하는 일일 뿐 아니라(조금 뒤에 다시 얘기하겠지만 정말 그렇다) 그냥 두면 아무 감흥도 불러일으키지 않을 책에 대한 반응을 계속해서 '날조'해내는 작업이기도 하다. 아무리 지겨워한다 해도 서평자는 책에 대한 관심이 각별한 사람이며, 매년 수천 권씩 쏟아지는 책 중에 쉰 권이나 백 권쯤에 대해서는 기꺼이 서평을 쓰고 싶어 한다. 업계 최고 수준인 사람이라면 열 권에서 스무 권 정도를 택할 것이며, 두세 권만 꼽을 수도 있다. 그 나머지 일은 아무리 양심적으로 칭찬을 하든 욕을 하든, 본질적으로 사기다. 그는 자신의 불멸의 영혼을 하수구로, 그것도 한 번에 반 파인트씩 흘려보내는 셈이다.

서평자들 대다수는 자신이 소개하는 책에 대해 부적절하거나 오도하는 논평을 하게 된다. 전쟁[1] 이후로 출판사들은 전보다 신문이나 잡지의 문학 담당자들의 비위를 거스르는 것도, 내는 책마다 한바탕 찬가를 불러일으키는 것도 어렵게 되었다. 그런가 하면 부족해진 지면과 다른 불편한 문제로 인해 서평의 수준이 떨어지게 되었다. 그런 현상을 지켜보며 사람들은 서평을 꾼들한테 안 맡기면 해결이 되지 않겠느냐고 말하곤 한다. 전문서야 전문가가 서평을 해야겠지만 그 나머지 상당수의 서평, 특히 소설의 경우엔 아마추어가 나을 수도 있다는 것이다. 거의 모든 책은 이런저런 독자에게 열띤 감흥을 불러일으킬 수 있으며(격렬한 반감일 수도 있지만), 그들의 생각은 시큰둥한 전문 필자보다 확실히 값질 것이다. 하지만 안타깝게도 편집자들 모두가 알고 있는 것처럼, 그렇게 하기는 대단히 어렵다. 그래서 현실적으로 편집자는 언제나 자신이 관리하는 일군의 꾼들, 즉 업계 용어로 '선수들'을 다시 찾게 되는 것이다.

모든 책이 서평을 받을 가치가 있다고 당연시하는 한, 어떤 문제도 해결되기 어렵다. 아무 책이나 닥치는 대로 서평을 하다 보면 대부분의 책에 대해 과찬하지 않는다는 게 거의 불가능하다. 책과 일종의 직업적인 관계를 맺고 보면 대부분의 책

---

[1] 2차대전(1939~1945)을 말한다.

이 얼마나 형편없는 것인지를 알게 된다. 객관적이고 참된 비평은 열에 아홉은 '이 책은 쓸모없다'일 것이며, 서평자의 본심은 '나는 이 책에 아무 흥미도 못 느끼기에 돈 때문이 아니면 이 책에 대한 글을 쓰지 않을 것이다'일 것이다. 하지만 대중은 그런 책을 돈 주고 사려 하지 않을 것이다. 그럴 이유가 있겠는가? 그들은 어떤 책을 읽어보라는 권유와 안내를 원하며, 어떤 식의 평가를 원한다. 그러나 가치의 문제가 언급되자마자 평가의 기준은 무너져버리고 만다. 『리어 왕』은 좋은 희곡이고 『4인의 의인』[2]은 좋은 스릴러라고 말한다면 '좋다'는 말에 무슨 의미가 있겠는가? 하지만 서평자라면 누구나 이런 유의 말을 적어도 일주일에 한 번씩은 한다.

내가 보기에 최선의 방법은 대부분의 책은 그냥 무시해버리고 중요해 보이는 소수의 책에 아주 긴(최소한 1000단어는 되게) 서평을 쓰도록 하는 것이다. 곧 나올 신간 서적에 대해 한두 줄 정도의 짧은 소개를 해주는 건 유익할 수 있되, 흔히 하듯 600단어 정도의 중간 길이로 쓰는 서평은 서평자가 정말 원하는 작업이라 해도 무익한 것이 되기 마련이다. 서평자는 대개 그런 글은 쓰고 싶어 하지 않으며, 매주 자잘한 서평만 쓰다 보면 이 글 앞머리에 나오는, 가운 차림으로 고문당하는 사람 신세가 되고 만다. 그러나 이 세상 모든 사람에게는 낮잡아 볼 수 있는 누군가가 있게 마련이니, 두 가지 업을 다 해본 입장에서 말하건대 서평자는 영화평론가보다는 낫다. 영화평론가는 집에서 일할 수도 없고, 아주 특별한 경우가 아닌 한 오전 11시

---

2 『The Four Just Men』(1905). 영국 작가 에드거 월리스Edgar Wallace의 탐정소설.

면 시사회에 참석해야 하며, 한 잔의 싸구려 셰리주 값에 자신의 명예를 팔아야 하는 것이다.

나는 왜 쓰는가

「Why I Write」 1946년 여름 '떠돌이'란 뜻의 〈갱그럴〉지에 게재. 본서의 제목이기도 한 이 에세이는 조지 오웰의 작가론(문학론)과 정치론이 한데 잘 녹아 있는 가장 상징적이고 대표적인 작품이다. 작가로서의 자신에 대한 일종의 짧은 자서전인 이 글에서, 그는 글쓰기의 네 가지 동기를 밝히고 있다.

아주 어릴 때부터, 아마도 대여섯 살 때부터 나는 내가 커서 작가가 되리란 걸 알고 있었다. 열일곱 살 때부터 스물네 살 때까지는 그 생각을 포기하려고 했지만, 그러는 동안에도 그게 내 본성을 거스르는 일이며 조만간 차분히 앉아 책 쓰는 일을 해야 하리란 의식을 갖고 있었다.

나는 삼 남매의 둘째였고 아래위로 다섯 살씩 차이가 났으며, 아버지는 여덟 살이 될 때까지 거의 본 적이 없었다. 이런 저런 이유로 난 좀 외로웠고, 이내 남들이 싫어할 만한 버릇을 들이는 바람에 학창 시절 내내 인기가 없었다. 나는 외로운 아이들이 흔히 그렇듯 이야기를 지어내고 상상 속의 인물들과 대화를 나누는 습관을 갖게 됐는데, 애초부터 나의 문학적 야심은 고립됐고 과소평가됐다는 느낌이 뒤섞여 있었다고 생각한다. 나는 나에게 낱말을 다루는 재주와 불쾌한 사실을 직시하는 능력이 있다는 걸 알았고, 그것이 나날이 겪는 실패를 앙갚음할 수 있게 해주는 나만의 세상을 만들어준다는 느낌을 받았다. 그럼에도 불구하고 내가 어린 시절과 소년 시절을 통틀어 써낸 심각한(즉 심각한 의도로 쓴) 글은 대여섯 페이지밖에 되지 않았다. 나는 네댓 살 때 처음으로 시를 썼는데, 내가 하는 말을 어머니가 기록한 것이었다. 지금으로선 그게 호랑이에 대한 시였고, 그 호랑이가 '의자 같은 이빨'을 가졌다는 것 말고는 기억나는 게 없다(꽤 훌륭한 표현 같지만 아마 블레이크의 시 「호랑이, 호랑이」를 표절한 것이지 싶다). 1914~1918년 전쟁이 터진 열한 살 때에는 애국시를 써서 지역신문에 실리게 되었고, 2년 뒤 키치너[1]의 죽음에 부쳐 다른 애국시를 써서 역시 신문에 실렸다. 좀 더 나이가 들어서는 서투르고 대개는 완성하지 못한 조지 시대 풍²의 '자연시'를 이따금 쓰곤 했다. 두 번쯤은 단편 소설을 시도했다가 엄청난 실패를 맛보기도 했다. 그 시절을 통틀어 내가 심각한 의도를 갖고서 실제로 종이에다 쓴 작품은 그 정도가 전부였다.

하지만 사실 그 시절 내내 나는 문학적인 활동을 어느 정도 하고 있었다. 먼저, 빠르고 쉽게, 그러면서 스스로 별 재미를 느끼지도 못하고 생산해내는 주문 제작식 작업이 있었다. 학교 과제 말고도 나는 지금 내 기준으로 보자면 경이로운 속도로 좀 장난스러운 시를 이따금 쓰곤 했고(열네 살 때는 아리스토파네스를 모방한 운을 다 맞춘 희곡을 일주일 만에 쓰기도 했다) 학교 잡지 편집 일을 돕기도 했다(인쇄하기도 하고 써서 내기도 했다). 학교 잡지들은 더없이 한심하고 우스꽝스러운 것이었고, 지금으로 치면 제일 싸구려 저널리즘에 들일 수고보다 훨씬 공을 덜 들이고 해낼 수 있는 일이었다. 그런데 그런 것들과 더불어, 나는 15년 남짓 동안 꽤 다른 유의 문학 수련을 하고 있었다. 그것은 나 자신에 대한 '이야기', 말하자면 내 마음속에만 존재하는 일기 비슷한 것을 계속해서 꾸며나가는 것이었다. 나는 그게 어린아이들과 청소년들에게 공통된 습관이라 생각한다. 아주 어릴 때 나는 나 자신을 이를테면 로빈 후드라 상상하곤 했고, 짜릿한 모험을 하는 영웅으로 그려보곤 했다. 하지만

---

1   Herbert Kitchener(1850~1916). 영국의 육군 원수로서 1차대전 당시 외교 임무차 전함을 타고 러시아로 가던 도중 독일군이 설치한 기뢰가 터지는 바람에 600여 명과 함께 익사했다.

2   Georgian style. 조지 5세(재위 1910~1936) 시절 발간된 다섯 권의 시선집 『Georgian Poetry』에 실린 시 스타일. 수록된 시들은 1911년부터 1922년까지의 작품으로, D. H. 로런스 등의 낭만주의적 경향이 주종을 이루었다.

그런 나의 '이야기'는 어느새 조잡한 자아도취적 분위기를 벗어나더니, 갈수록 내가 겪은 일이나 본 것에 대한 단순한 묘사가 되어갔다. 말하자면 나는 다음과 같은 것들을 머릿속으로 몇 분씩 굴려보곤 했던 것이다. '그는 문을 열고 방으로 들어갔다. 노란 햇살이 모슬린 커튼을 투과해 들어와, 잉크병 옆에 반쯤 열린 성냥갑이 놓여 있는 테이블 위에 내리 비쳤다. 그는 오른손을 주머니에 찔러 넣은 채 창가로 가로질러 갔다. 거리에는 거북등무늬 고양이가 떨어지는 낙엽 하나를 쫓고 있었다' 등등. 이런 습성은 문학과는 상관없이 지내던 시절을 줄곧 거쳐 스물다섯 살 무렵까지 이어졌다. 비록 나는 적절한 낱말을 찾느라 애써야 했고 실제로도 그랬지만, 내 의지와는 거의 무관하게, 외부에서 오는 모종의 압박 때문에 묘사에 그토록 공을 들였던 것 같다. 내 '이야기'는 내가 연령대에 따라 흠모했던 여러 작가들의 문체를 분명히 반영했을 테지만, 내가 기억하는 한 꼼꼼한 묘사에 공을 많이 들였다는 점은 언제나 똑같았다.

열여섯 살 즈음 나는 불현듯 낱말 자체가, 달리 말해 낱말의 소리와 그로 인한 연상이 주는 기쁨을 발견하게 되었다. 다음은 『실낙원』에 나오는 한 구절이다.

> 그리하여 그는 모진 곤란 수고 다 겪으며
> 앞으로 나아갔노라. 곤란 수고 다 겪으며 그는,
> (So hee with difficulty and labour hard
> Moved on: with difficulty and labour hee,)

지금은 별로 대단해 보이지도 않지만 당시엔 내 등골을 서늘하게 만들었던 구절이고, "he" 대신 "hee"를 쓴 것도 즐거움을 더해주었다. 묘사의 필요성에 대해서라면 나는 이미 모든 걸 알고 있었다. 그러니 만일 그 시절 내가 책을 쓰고 싶어 했다고 말할 수 있다면, 그게 어떤 유의 책이었는지는 분명하다. 나는 결말이 불행하고, 섬세한 묘사와 빼어난 비유가 가득하며, 어느 정도 소리 위주로 단어를 구사한 현란한 구절 또한 가득한, 아주 묵직한 자연주의 소설을 쓰고 싶었던 것이다. 그리고 내가 처음으로 완성한 소설로, 서른 살 때 썼지만 훨씬 전부터 구상했었던 『버마 시절』이 실은 다소 그런 유형의 책이다.

내가 이런 배경 설명을 일일이 하는 것은, 어릴 때 어떤 식으로 성장했는지를 전혀 모르는 상태에서 한 작가의 동기를 헤아리는 건 불가능하다고 생각하기 때문이다. 글의 주제는 그가 사는 시대에 따라 결정되겠지만(적어도 우리 시대처럼 격동적이고 혁명적인 시대에는 그렇다) 그는 작가 생활을 시작하기도 전부터 이미 나름의 정서적 태도를 갖게 되며, 그것은 그가 완전히 벗어날 수 없는 무엇이다. 물론 그는 마땅히 자신의 기질을 다스려야 하고, 미성숙한 단계에 고착되거나 비뚤어진 심기에 매몰되는 경우를 피해야 한다. 하지만 일찍이 받은 영향으로부터 완전히 벗어나버린다면, 글을 쓰고자 하는 충동 자체가 없어져버릴 것이다. 나는 생계 때문인 경우를 제외한다면, 글을 쓰는 동기는 크게 네 가지라고 생각한다(적어도 산문을 쓰는 데 있어서는 말이다). 이 동기들은 작가들마다 다른 정도로 존재하며, 한 작가의 경우에도 시기별로나 시대 분위기별로나 그 정도가 다를 것이다. 설명하자면 다음과 같다.

1. **순전한 이기심.** 똑똑해 보이고 싶은, 사람들의 이야깃거리가 되고 싶은, 사후에 기억되고 싶은, 어린 시절 자신을 푸대접한 어른들에게 앙갚음을 하고 싶은 등등의 욕구를 말한다. 이게 동기가 아닌 척, 그것도 강력한 동기가 아닌 척하는 건 허위다. 작가의 이런 특성은 과학자, 예술가, 정치인, 법조인, 군인, 성공한 사업가 등, 요컨대 최상층에 있는 모든 인간에게 공통되는 특성이다. 사람들 절대다수는 그다지 이기적이지 않다. 대부분의 사람들은 나이 서른 남짓이 되면 개인적인 야심을 버리고(많은 경우 자신이 한 개인이라는 자각조차 거의 버리는 게 보통이다) 주로 남을 위해 살거나 고역에 시달리며 겨우겨우 살 뿐이다. 그런가 하면 소수지만 끝까지 자기 삶을 살아보겠다는 재능 있고 고집 있는 사람들도 있으니, 작가는 이 부류에 속한다. 나는 진지한 작가들이 대체로 언론인에 비해 돈에는 관심이 적어도 더 허영심이 많고 자기중심적이라고 생각한다.

2. **미학적 열정.** 외부 세계의 아름다움에 대한, 또는 낱말과 그것의 적절한 배열이 갖는 묘미에 대한 인식을 말한다. 어떤 소리가 다른 소리에 끼치는 영향, 훌륭한 산문의 견고함, 훌륭한 이야기의 리듬에서 찾는 기쁨이기도 하다. 자신이 체감한 바를 나누고자 하는 욕구는 소중하여 차마 놓치고 싶지가 않다. 미학적인 동기가 상당히 약한 작가들도 많긴 하지만, 팸플릿이나 교과서를 쓰는 저자라 해도 비실용적이지만 매력과 애정을 느끼는 낱말들과 문구들이 있을 것이다. 그게 아니어도 글꼴이나 여백 같은 것들에 상당한 매력을 느끼는 수가 있다.

철도 안내 책자 수준을 넘어선다면, 어떤 책도 미학적인 고려로부터 딱히 자유롭지 않은 것이다.

3. **역사적 충동.** 사물을 있는 그대로 보고, 진실을 알아내고, 그것을 후세를 위해 보존해두려는 욕구를 말한다.

4. **정치적 목적.** 여기서 '정치적'이라는 말은 가장 광범위한 의미로 사용되었다. 이 동기는 세상을 특정 방향으로 밀고 가려는, 어떤 사회를 지향하며 분투해야 하는지에 대한 남들의 생각을 바꾸려는 욕구를 말한다. 다시 말하지만, 어떤 책이든 정치적 편향으로부터 진정으로 자유로울 수 없다. 예술은 정치와 무관해야 한다는 의견 자체가 정치적 태도인 것이다.

이런 충동들이 서로 얼마나 충돌할지, 사람과 때에 따라 얼마나 오락가락할지는 알 만한 일이다. 나는 천성적으로(여기서 말하는 '천성'이란 막 어른이 되었을 때의 성격이라고 하자) 앞의 세 가지 동기가 네 번째 동기를 능가하는 사람이다. 평화로운 시대 같았으면 나는 화려하거나 묘사에 치중하는 책을 썼을지 모르며, 내 정치적 성향에 대해서는 거의 모르고서 지냈을지도 모른다. 그런데 실제로는 일종의 팸플릿 저자가 될 수밖에 없었다. 먼저 나는 안 맞는 직업을 택하여 5년을 지냈고(버마에서 '인도 제국경찰' 노릇을 했다) 그 뒤로 빈곤과 좌절을 겪었다. 그로 인해 권위에 대한 나의 타고난 반감이 커져갔고, 처음으로 노동계급의 존재를 충분히 인식할 수 있게 되었다. 그리고 버마에서 일해본 덕분에 제국주의의 본질을 어느 정도 이해할 수 있게 되었다. 그러나 그런 경험들만으로는 정확한 정치적 지향을 갖기에 부족했다. 그러다 히틀러가 등장하고, 스페인내전이 발발하는 등등의 사태가 벌어졌다. 1935년 말까지만 해도 나는 여전히 확고한 결단에 도달하지 못했다. 그 무렵 내가 쓴 짧은 시는 나의 그런 딜레마를 표현해준다.

> 200년 전이었다면, 나
> 행복한 목사가 됐을지도 모르지.
> 영원한 심판을 설교하고
> 제 호두나무 자라는 모습 즐기는.
>
> 그러나, 아, 사악한 시절에 태어나
> 그 좋은 안식처를 놓쳐버렸네.
> 내 윗입술엔 수염이 자랐지만
> 성직자는 다들 면도를 말끔히 하니.
>
> 그러다 아직 살 만하다 싶고
> 만족도 잘하는 우리,
> 수심일랑 나무 젖가슴에 안겨
> 살살 흔들어 재웠지.
>
> 아무것도 몰랐던 우리,
> 지금은 숨기는 기쁨을 감히 인정했으니.
> 사과나무 가지 위의 방울새가
> 내 적들을 떨게 할 수 있다고 고백했으니.
>
> 그러나 처녀들의 배와 살구는,
> 그늘진 냇물의 잉어는,

여명에 날아가는 오리는, 말은,
모두가 한낱 꿈이니.

꿈꾸는 게 더는 금지된 우리,
기쁨을 불구로 만들지 않으면 숨긴다.
크롬강으로 만들어진 말들을
작고 뚱뚱한 자들이 타리라.

꿈틀거려본 적 없는 지렁이요,
처첩 없는 내시인 나,
성직자와 인민위원 사이를
유진 아람[3]처럼 걷는다.

인민위원[4]은 라디오를 켜둔 채
내 운수를 점치고 있고,
사제는 '더기'[5]로 밑질 리 없다며
오스틴 세븐[6]을 사주기로 약속했다.

나는 저택에 사는 꿈을 꾸었고
깨어보니 정말 그랬다.

---

3 Eugene Aram(1704~1759). 영국의 언어학자로 살인죄로 사형을 당했다.
4 commissar. 소련 공산당의 강령 선전 책임자를 말하며, 여론을 통제하려는 사람을 뜻하기도 한다.
5 Duggie. 당시 세계 최대의 마권 발행업체였던 'Douglas Stuart, Ltd.'의 별칭. "절대 밑지지 않는다Duggie Never Owes"는 모토를 내걸었다.
6 Austin Seven. 영국의 오스틴 자동차회사가 만들던 인기 차종.

나는 이런 시대에 맞게 태어난 사람이 아니니,
스미스는? 존스는? 그리고 당신은?[7]

　스페인내전과 1936~1937년에 있었던 그 밖의 사건들은 저울을 한쪽으로 기울게 했고, 그 뒤부터 나는 내가 어디 서 있는지 알게 되었다. 1936년부터 내가 쓴 심각한 작품은 어느 한 줄이든 직간접적으로 전체주의에 '맞서고' 내가 아는 민주적 사회주의를 '지지하는' 것들이다. 우리 시대 같은 때에 그런 주제를 피해 글을 쓸 수 있다고 생각하는 건 내가 보기엔 난센스다. 누구든 어떤 식으로든 그런 주제에 대해 쓰고 있는 것이다. 그저 어느 쪽을 편들고 어떤 접근법을 따르느냐의 문제일 뿐이다. 그리고 자신의 정치적 편향을 의식하면 할수록, 자신의 미학적·지적 진정성을 희생하지 않으면서 정치적으로 행동할 기회가 많아지게 된다.
　지난 10년을 통틀어 내가 가장 하고 싶었던 것은 정치적인 글쓰기를 예술로 만드는 일이었다. 나의 출발점은 언제나 당파성을, 곧 불의를 감지하는 데서부터다. 나는 앉아서 책을 쓸 때 스스로에게 '예술 작품을 만들어내겠다'고 말하지 않는다. 내가 쓰는 건 폭로하고 싶은 어떤 거짓이나 주목을 끌어내고 싶은 어떤 사실이 있기 때문이며, 따라서 나의 우선적인 관심사는 남들이 들어주는 것이다. 하지만 나는 미학적인 경험과 무관한 글쓰기라면, 책을 쓰는 작업도 잡지에 긴 글을 쓰는 일도 할 수 없을 것이다. 내 작품을 꼼꼼히 읽어보는 사람이라면, 노

7　이 시는 1936년 12월 〈아델피〉지에 처음 실렸다.

골적인 선전 글이라 해도 전업 정치인이 보면 엉뚱하다 싶은 부분이 꽤 많다는 걸 알 것이다. 나는 어린 시절에 갖게 된 세계관을 완전히 버릴 수도 없고, 그러고 싶지도 않은 것이다. 계속 살아 있는 한, 그리고 정신이 멀쩡한 한, 나는 계속해서 산문 형식에 애착을 가질 것이고, 이 지상地上을 사랑할 것이며, 구체적인 대상과 쓸모없는 정보 조각에서 즐거움을 맛볼 것이다. 나 자신의 그러한 면모를 억누르려고 해봤자 소용없다. 내가 할 일은 내 안의 뿌리 깊은 호오好惡와, 이 시대가 우리 모두에게 강요하는 본질적으로 공적이고 비개인적인 활동을 화해시키는 작업이다.

그런데 그게 쉬운 일이 아니다. 그러자면 문장의 구성과 표현에 있어서의 문제가 발생하며, 충실성의 문제가 새롭게 개입된다. 보다 투박한 유형의 어려움이 있는 예를 하나 들어보자. 내가 스페인내전에 대해 쓴 『카탈로니아 찬가』는 물론 노골적으로 정치적인 책이다. 하지만 대체로 어느 정도 초연한 마음으로 형식을 고려하며 쓴 작품이다. 나는 이 책에서 나의 문학적인 본능을 거스르지 않으면서 모든 진실을 말하기 위해 상당히 애를 썼다. 그런데 다른 무엇보다 이 책엔 프랑코와 내통한다는 혐의를 받는 트로츠키주의자들을 변호하는, 신문 인용문 따위가 가득한 긴 장章이 있다. 이와 같은 장은 1~2년 뒤면 일반 독자의 관심에서 멀어질, 말하자면 책을 망칠 게 뻔한 부분이었다. 내가 존경하는 한 평론가는 그 부분에 대해 내게 훈계를 했다. "그런 걸 뭐 하러 다 집어넣어요? 좋은 책이 될 만한 걸 보도물로 만들어버렸잖아요." 그의 말은 옳았다. 하지만 다른 방법이 없었다. 나는 영국에선 극소수의 사람들만 알 수 있었던, 무고한 사람들이 억울한 혐의를 뒤집어쓰고 있다는 사실을 어쩌다 알게 되었다. 그 사실에 분노하지 않았다면 나는 책을 쓸 생각조차 하지 않았을 것이다.

 이런 문제는 어떤 식으로든 다시 제기된다. 표현의 문제는 더 미묘한 것이라 거론하자면 너무 길어질 것이다. 일단 내가 근년에는 기발하게 쓰기보다는 정확하게 쓰려고 노력해왔다는 점만 밝히기로 하자. 아무튼 내가 보기엔 어떤 스타일을 완성하고 나면 언제나 그 스타일을 벗어나게 되는 것 같다. 『동물농장』은 (내가 무얼 하고 있는지 십분 자각하면서) 정치적 목적과 예술적 목적을 하나로 융합해보려고 한 최초의 책이었다. 나는 7년 동안 소설을 쓰지 않았는데, 이제는 조만간 또 하나의 소설을 쓰고 싶다. 그것은 실패작이 될 게 뻔하고, 사실 모든 책은 실패작이다. 단, 나는 내가 어떤 종류의 책을 쓰고 싶어 하는지 꽤 분명히 알고 있다.

 마지막 한두 페이지를 돌이켜보니 내가 글을 쓰는 동기가 오로지 공공의식의 발현이라는 인상을 심어준 듯하다. 나는 그것이 마지막 인상이 되기를 바라지 않는다. 모든 작가는 허영심이 많고 이기적이고 게으르며, 글 쓰는 동기의 맨 밑바닥은 미스터리로 남아 있다. 책을 쓴다는 건 고통스러운 병을 오래 앓는 것처럼 끔찍하고 힘겨운 싸움이다. 거역할 수도 이해할 수도 없는 어떤 귀신에게 끌려다니지 않는 한 절대 할 수 없는 작업이다. 아마 그 귀신은 아기가 관심을 가져달라고 마구 울어대는 것과 다를 바 없는 본능일 것이다. 그런가 하면 자기만의 개별성을 지우려는 노력을 부단히 하지 않는다면 읽을 만한 글을 절대 쓸 수 없다는 것도 사실이다. 좋은 산문은 유리창과 같다. 나는 내가 글을 쓰는 동기들 중에 어떤 게 가장 강한 것이라고 확실히 말할 수 없다. 하지만 어떤 게 가장 따를 만한 것인지는 안다. 내 작업들을 돌이켜보건대 내가 맥없는 책들을 쓰고, 현란한 구절이나 의미 없는 문장이나 장식적인 형용사나 허튼소리에 현혹되었을 때는 어김없이 '정치적' 목적이 결여되어 있던 때였다.

작가의 수입

「The Cost of Letters」, 1946년 9월 〈호라이즌〉지에 게재.

[1946년 9월 〈호라이즌〉지에 '작가의 수입'이라는 다음의 설문을 여러 작가에게 한바, 조지 오웰은 아래와 같이 답했다.

1. 작가의 수입은 어느 정도여야 할까요?

2. 심각한 글을 쓰는 작가로서 글쓰기로만 그 정도 수입을 올릴 수 있을까요? 맞다면 어떻게요?

3. 아니라면 가장 적합한 부업은 무얼까요?

4. 작가의 에너지가 다른 돈벌이로 분산되어서 문필업계 전체가 손해를 볼까요, 아니면 더 풍요로워질까요?

5. 국가 또는 여타 기관이 작가를 더 지원해야 할까요?

6. 선생님 스스로 해결해온 방식에 만족하시는지요? 아울러 글을 써서 생활하고자 하는 청춘들에게 해주실 구체적 조언은 무얼까요?]

1. 현재의 화폐가치를 기준으로 1주일에 세후 10파운드가 기혼 남성의 최저생계비가 아닐까 한다. 미혼이라면 6파운드쯤 되지 않을까. 작가의 경우 최고 소득이 1년에 1000파운드 정도이지 싶다. 그 정도면 제법 편히 살 수 있는바 채권추심인이나 잡문 나부랭이로부터 자유로우며, 그렇다고 특권층에 확실히 진입했다고 느껴질 만큼은 아닌 수준이다. 작가가 노동자계층 수준의 수입으로 최선을 다할 수 있으리라는 생각은 정당하지 않다고 본다. 목수에게 연장이 필수품이듯 작가에게 꼭 필요한 건 쾌적하고 따뜻한 방이며 방해받지 않으리라 안심할 수 있는 곳이어야 한다. 이게 별것 아닌 것 같지만 가족이 있을 경우엔 꽤 벌어야 한다는 뜻이다. 작가는 대개 집에서 일하기 때문에 내버려두면 거의 항상 방해를 받을 수밖에 없다. 이걸 방

어하려면 언제나 직간접적으로 돈이 든다. 더구나 작가는 책과 잡지가 많이 필요하고, 문헌을 소장할 공간과 가구도 있어야 한다. 서신을 주고받는 데에도 돈이 꽤 들고, 때로는 타이피스트의 도움도 받아야 한다. 게다가 작가들 대부분은 아무래도 도움이 될 듯하여 곧잘 여행을 떠나거나, 취향에 맞다 싶은 환경에 살거나, 제일 좋아하는 걸 먹고 마시거나, 친구들을 데리고 나가 먹이거나 재우려고 노력한다. 이 모든 게 돈이다. 모든 인간이 같은 소득을, 그것도 꽤 높은 소득을 올린다면 이상적일 것이다. 하지만 분류하는 수밖에 없다면, 작가의 지위를 중위 그룹에 두고 현재 가치로 1년에 1000파운드 정도라는 것이다.

  2. 아니다. 듣기로 영국에서 책을 써서 먹고사는 사람은 많아야 수백 명 이하이며, 그중 대다수가 탐정소설 같은 걸 쓴다고 한다. 어떤 면에서 본격 작가보다는 에셀 M. 델[1] 같은 사람들이 매춘을 안 하고 살기가 더 쉬울 것이다.

  3. 있는 시간을 다 잡아먹지 않게 조절할 수만 있다면, 작가의 부업은 아무튼 문필업 이외의 분야여야 할 것이다. 기왕에 취향까지 맞다면 더 좋다. 그래도 예컨대 은행출납원이나 보험 외판원이 퇴근 후 저녁에 심각한 작업을 하는 건 쉽게 상상이 되는 반면 교사 노릇이나 방송 일처럼, 아니면 영국 의회 같은 집단에다 선전물을 작성해주는 일처럼 반쯤 창조적인 작업에 있는 에너지를 소진하고 나면 여력을 찾기가 너무 힘들다.

  4. 자기 시간과 에너지를 소모하지 않는다면 도움이 된다고 생각한다. 어쨌든 작가도 보통의 세상과 어느 정도 접촉하며

---

[1] Ethel M. Dell. 20세기 초반 영국에서 큰 인기를 누린 연애소설 작가.

살아야 한다. 그게 아니라면 무엇에 대해 쓰겠는가?

5. 국가가 유익하게 할 수 있는 유일한 일은 더 많은 공적자금을 공공도서관의 책을 사주는 데 쓰는 것이다. 전면적인 사회주의가 갖춰진다면 작가도 분명히 국가에 의존하게 될 것이며, 급여를 더 받는 지위를 갖게 될 것이다. 하지만 경제체제가 현재와 같은 한, 즉 국가 주도 사업이 많으면서 민간 자본주의의 영역도 큰 여건인 한, 작가의 국가나 큰 단체와의 관계는 적을수록 좋으며 그만큼 자신에게도 작품에도 이롭다. 조직화된 후원이란 어떤 것이든 연줄이 있어야만 하기 때문이다. 그런가 하면 옛날식의 사적인 후원은 작가가 어느 한 재력가에게 의탁해야 하기 때문에 확실히 바람직하지 않다. 가장 요구가 적은 최고의 후원자는 다수의 일반 대중이다. 안타깝게도 영국의 대중은 요즘 책에 돈을 잘 쓰지 않으려 한다. 책을 점점 더 많이 본다지만, 지난 20년간 평균적인 취향도 크게 높아졌다지만 말이다. 내가 보기에 현재 영국인은 1년에 평균 1파운드 정도를 책값으로 쓰면서 담배 및 술에는 25파운드를 쓴다. 이런저런 세금이 있어서 모르는 사이 더 많이 쓰게 되는데, 이를테면 전시戰時 동안 재무부가 BBC를 보조해주는 바람에 라디오에 쓰인 돈이 전보다 훨씬 많았다. 정부가 책 구매에 더 많은 예산을 책정하도록 유도하되 그 과정에서 정부가 출판업계를 다 접수해서 선전기관으로 바꾸어버리는 일일랑 없도록 할 수 있다면, 작가의 생활은 나아질 것이며 문필업계도 득을 볼 것이다.

6. 나로서는 만족한다. 금전적인 면에서 그렇다는 뜻이다. 아무튼 지난 몇 년 동안은 내가 운이 좋았기 때문이다. 나도 시작할 때엔 처절하게 겪어야 했다. 그리고 만일 남의 말을 들었

더라면 결코 작가가 되지 못했을 것이다. 최근까지만 하더라도 내가 심각하다 싶은 주제에 대해 쓸 때마다 발표를 막으려고 하는 압력이 있었으며, 그걸 상당히 영향력 있는 사람들이 주도하는 경우도 있었다. 자기 안에 무언가가 있음을 자각하는 젊은 작가에게 내가 해줄 수 있는 유일한 조언이란, 조언을 따르지 말라는 것이다. 물론 경제적인 문제에 대해서는 내가 해줄 말도 있겠지만, 어떤 종류든 재능을 갖추지 못한 이에겐 소용없을 것이다. 종이에 뭔가를 적어서 먹고사는 것만으로도 만족하겠다면 BBC나 영화사 같은 곳들도 꽤 도움이 된다. 하지만 본업 작가가 되고자 한다면 우리 사회에서 작가는 용인되긴 하되 권장되진 않는 동물, 이를테면 참새 비슷한 존재라는 걸 알아야 하며, 애초부터 자기 위치를 파악하는 게 생존에 유리하다.

정치 대 문학:
『걸리버 여행기』에 대하여

「Politics vs. Literature: An Examination of Gulliver's Travels」. 1946년 〈폴레믹〉지 9~10월 호에 게재. 오웰이 여덟 살 생일 선물로 받고서 여섯 번 이상 읽었다는 조너선 스위프트의 『걸리버 여행기』(1726)에 대한 평론. 오웰은 이 글에서 스위프트에 대해 정치적으로나 도덕적으로는 동의하지 않지만 누구보다 흠모하는 작가이며, 만일 모든 책을 다 버리고 단 여섯 권만 남겨야 한다면, 그에겐 그중 한 권이 『걸리버 여행기』가 될 것이라고 고백한다.

『걸리버 여행기』에서 인간은 적어도 세 가지 각도에서 공격 또는 비판을 당하는데, 그 과정에서 어쩔 수 없이 걸리버의 성격 자체가 조금씩 변한다. 1부에서 그는 전형적인 18세기 항해자로서, 대담하고 실용적이며 비낭만적이다.[1] 그의 수수한 면모는 교묘하게 독자들의 인상에 남는데, 그 장치는 도입부의 자세한 전기적 설명, 그의 나이(모험을 떠날 무렵 마흔의 나이에 두 자녀를 두었다), 그의 주머니에 든 이런저런 물건들, 특히 여러 차례 등장하는 안경이다. 2부에서는 대체로 비슷한 성격을 보이나, 이야기가 요구하는 바에 따라 순간순간 '예술과 군사력의 여왕이자 프랑스의 재앙인 고귀한 우리 조국'이니 뭐니 하는 자랑을 늘어놓는 동시에 자신이 사랑한다고 공언한 조국에 관한 온갖 수치스러운 사실을 누설하는 백치 같은 성향을 보이기도 한다. 3부에서는 1부에서와 상당히 비슷하나, 주로 궁정인들이나 학자들하고만 어울리기 때문에 신분이 상승하기라도 한 듯하다는 인상을 받게 된다. 4부에서는 인류에 대하여 앞에서는 분명치 않던(혹은 이따금씩만 드러나던) 혐오감을 품게 되며, 바라는 것이라곤 적막한 곳에서 휴이넘인의 덕에 대한 묵상에 전념하는 것 하나뿐인 일종의 비종교적 은자隱者로 변해버린다. 그런데 스위프트가 이러한 불일치를 감수할 수밖

---

[1] 이 책은 4부로 구성되어 있다. 1부는 걸리버가 소인국 릴리푸트에 가서 왕의 총애를 받다가 라이벌 소인국인 블레푸스쿠를 식민지로 만드는 데 협조하지 않아 반역죄로 처벌받을 위기에 처하자 블레푸스쿠로 탈출한 뒤 영국으로 돌아온다는 이야기. 2부는 거인국 브롭딩낵에 가서 왕비의 사랑을 받고 지내다 영국으로 돌아온다는 이야기. 3부는 하늘을 나는 섬 라퓨타 왕국에서 지내다 발나바르비, 럭낵, 글럽덥드립, 그리고 일본을 거쳐 돌아온다는 모험담. 4부는 지적이고 덕스러운 말馬人 종족인 휴이넘Houyhnhnm인들이 야만스럽고 사악한 인간 종족 야후Yahoo인들을 다스리는 나라에서 지내다가 야후와 같은 종족이라는 위험 때문에 추방되어 영국으로 돌아온 뒤, 사람과의 접촉을 피하고 주로 마구간의 말들과 이야기하며 지낸다는 이야기다.

에 없는 것은, 대조 효과를 보여주는 것이 걸리버의 주된 역할이기 때문이다. 이를테면 걸리버는 1부에서는 분별 있어 보이며 2부에서는 적어도 이따금씩은 어리석어 보일 필요가 있는 것이다. 그것은 1부와 2부의 목적이 같은 것, 즉 인간을 키 6인치의 존재로 상상하게 함으로써 우스꽝스러운 대상으로 만드는 것이기 때문이다. 걸리버는 꼭두각시 노릇을 할 때 말고는 언제나 성격이 대체로 일관되며, 이는 특히 그가 수완이 뛰어나며 예리한 관찰력을 보인다는 점에서 잘 드러난다. 그는 블레푸스쿠 나라의 전함들을 끌고 올 때, 거대한 쥐의 배를 칼로 딸 때, 야후 종족의 가죽으로 만든 약한 조각배를 타고 망망대해로 나갈 때, 같은 산문 투의 말을 구사하는 거의 같은 종류의 사람이다. 더욱이 좀 더 약삭빠를 때의 걸리버는 다름 아닌 스위프트 자신이라는 느낌을 떨치기 어려우며, 스위프트가 당대 사회에 대하여 사적인 불만을 토로하는 듯한 장면이 적어도 한 번은 있다. 기억에 남을 이 장면은 릴리푸트 나라 황제의 궁전에 불이 났을 때 걸리버가 오줌을 눠서 불을 끄는 대목이다. 그런데 여기서 걸리버는 자신이 비상시에 침착히 대응함으로써 치하받을 공을 세운 게 아니라, 궁전 경내에서 대놓고 방뇨를 하는 중죄를 범한 것임을 알게 된다.

    나는 황후가 내 행동을 더없이 혐오스러운 것으로 받아들이고는 건물들을 어떻게 고치든 자기는 절대 쓰지 않겠다고 굳게 결심하고서 거처를 궁정에서 가장 먼 쪽으로 옮겼으며, 측근들 앞에서 복수하겠다는 맹세를 차마 억누르지 못했다는 것을 은근하지만 확실히 알게 되었다.

G. M. 트리벨리언[2] 교수(『앤 여왕 치하의 영국』)에 따르면 스위프트가 승진하지 못한 이유 중 하나는 『통 이야기』[3]를 여왕이 괘씸히 여겼다는 데 있었다. 하지만 스위프트는 이 팸플릿에서 영국 국교회는 건드리지 않고 비국교도를, 특히 가톨릭을 혹평했기 때문에 왕에게 큰 공을 세웠다고 생각했는지도 모른다. 아무튼 『걸리버 여행기』가 염세적인 만큼 원한 가득한 책이라는 점, 그리고 특히 1부와 3부에서 협소한 의미의 정치적 당파주의 수준으로 떨어질 때도 종종 있다는 점은 누구도 부인하지 못할 것이다. 달리 말해 이 책 속에는 옹졸함과 관대함이, 공화주의와 권위주의가, 이성理性에 대한 사랑과 호기심의 결여가 전부 섞여 있는 것이다. 스위프트와 특별히 관련이 많은 인체에 대한 혐오는 4부에서만 두드러지게 나타나지만, 왠지 이 새로운 집착이 그리 놀라워 보이진 않는다. 그 모든 모험이, 그 모든 심기의 변화가 같은 사람한테서 일어날 수 있으며, 스위프트의 정치적 충절과 그의 궁극적 절망 사이의 관련성이 이 책의 가장 흥미로운 특징이라는 느낌이 드는 것이다.

정치적으로 스위프트는 당대 진보정당의 우매함에 심사가 뒤틀려 토리주의자가 되어버린 셈인 사람들 중 하나였다. 『걸리버 여행기』의 1부는 표면적으로는 인간의 위대함에 대한 풍자이지만 좀 더 자세히 들여다보면 실은 영국에 대한, 정권을

---

2   G. M. Trevelyan(1876~1962). 휘그당을 지지한 역사가.

3   『A Tale of a Tub』(1704). 스위프트의 풍자소설로, 종교와 정치가 분리되지 않은 당대의 현실을 강하게 비판한 난해한 작품이지만 큰 인기를 누렸다. 여왕이 이 작품을 불경스럽게 받아들임에 따라 스위프트는 국교회 성직자로서 승진에 지장을 받은 것으로 보인다. '통 이야기'는 '터무니없는 이야기'란 뜻의 관용어로 굳어지기도 했으며, 작가가 서문에서 밝히듯 바다에서 고래를 만나면 통을 던져주어 흥밋거리를 제공함으로써 난을 피했다는 옛이야기에서 착안한 것이라고 한다.

장악한 휘그당[4]에 대한, 그리고 프랑스와의 전쟁(동맹국들의 동기가 아무리 불순했다 하더라도 유럽이 반동 세력 하나의 압제에 시달릴 위험을 막아준 전쟁이긴 했다)에 대한 공격으로 볼 수 있다. 스위프트는 제임스 2세의 지지파도 아니었고 엄밀히 말해 토리당원도 아니었다. 그리고 프랑스와의 전쟁에 대하여 그가 바란다고 공표한 바는 온건한 평화조약일 뿐이었지 영국의 완패가 아니었던 것이다. 그럼에도 불구하고 그의 태도에는 매국적인 기미가 있으며, 그것은 1부 말미에 등장하여 이야기의 우화적인 성격을 약간 방해한다. 걸리버가 릴리푸트(영국)에서 블레푸스쿠(프랑스)로 도망갈 때, 키가 6인치인 인간은 본래 경멸스러운 존재라는 가정은 폐기되는 듯하다. 릴리푸트 사람들은 걸리버에게 극도로 기만적이고 비열하게 행동하는 데 비해 블레푸스쿠 사람들은 그를 관대하고 정직하게 대하는데, 과연 책의 이 부분은 이전 장들에서 일관되던 환멸과는 다른 어조를 띤다. 확실히 스위프트의 적의는 우선 '영국'에 대한 것이다. 거인국 브롭딩낵의 왕이 "자연이 지금껏 지구상에서 기어다니도록 허용한 작고 밉살스러운 짐승들 중에서 제일 해로운 존재"로 본 게 "그대의 동족"(즉 걸리버의 동포)이며, 끝부분에서 식민지 건설과 해외 정복을 비난하는 긴 구절은, 반대되는 발언도 공들여 하지만, 분명히 영국을 겨냥한 것이다. 영국의 동맹이자 스위프트의 가장 유명한 팸플릿의 표적이기도 한 네덜란드인들은 3부에서 좀 지나치다 싶을 정도로 공격당한다. 걸

---

4 휘그당은 17세기 후반(1679~1680)에 제임스 2세의 즉위와 절대군주제를 옹호하는 토리당에 반대하고 입헌군주제를 지지하며 결성한 정당 또는 결사로, 향후 80년 동안 다수의 귀족과 경제력 있는 중산층을 대변하며 정국을 주도했다. 나중에 자유당의 주축이 되었다.

리버가 자신이 발견한 여러 나라들은 영국 왕의 식민지가 될 수 없다는 점을 흐뭇해하며 기록한 구절은 사적인 수기 같다는 느낌마저 든다.

휴이넘은 과연 전쟁에 대한 방비는 별로 잘되어 있는 것 같지 않다. 전쟁은 그들에겐 완전히 생소한 활동 같으며, 특히 투석기 같은 무기에 대한 방비는 더 허술한 듯하다. 하지만 내가 만일 국무대신이라면, 나는 그들을 침략하라는 조언 같은 것은 절대 하지 못할 것이다. …… 휴이넘 군사 2만이 '유럽인' 군대의 한가운데로 쳐들어와 그 무시무시한 뒷발굽으로 대열을 흩어버리고, 마차를 뒤집어엎고, 전사들의 얼굴을 후려갈겨 뻗어버리게 만든다는 상상을 해보라.

스위프트가 말을 낭비하는 사람이 아니라는 점을 고려할 때, "전사들의 얼굴을 후려갈겨 뻗어버리게 만든다"는 표현은 말버러 공작[5]의 무적을 자랑하는 군대가 그런 꼴을 당하는 모습을 봤으면 하는 은근한 바람을 드러내고 있는지도 모른다. 비슷한 필치들이 다른 곳에서도 눈에 띈다. 심지어 3부에서 "어찌 보면 국민의 태반이 각자의 여러 아첨꾼과 앞잡이를 둔 폭로자, 목격자, 밀고자, 고소인, 기소자, 증인, 선서인으로만 이루어져 있으며, 그들 모두가 국무대신들의 수하로서 고용되어 명령을 받는" 나라 이름이 랭던Langdon인 것은 한 글자만 다

---

[5] Duke of Marlborough. 영국의 세습 귀족 작위. 최초의 말보로 공작은 윈스턴 처칠의 조상이기도 한 존 처칠(1650~1722) 장군으로, 스페인 왕위계승 전쟁에서 프랑스에 대승을 거두었다.

를 뿐 영국England의 철자 순서를 바꿔 부른 말, 즉 애너그램 anagram이다. (이 책의 초기 판본들에 오자가 많은 것으로 보아, 본래는 완벽한 애너그램을 의도했는지도 모른다.) 스위프트가 인간에 대해 느끼는 '신체적' 혐오감은 충분히 사실적인 것이다. 하지만 우리는 인간이란 실은 고상한 존재가 아니라며 비웃고 귀족이나 정치가나 궁정 총신寵臣 등을 통렬히 비난하는 그의 입장이 보편적으로 적용되기는 어려우며, 그가 패배한 정당 소속이기 때문이 아닌가 하는 느낌을 받게 된다. 스위프트는 부정과 압제를 고발하긴 하지만, 민주주의를 좋아한다는 증거를 대지는 않는다. 그리고 그는 실제로는 훨씬 더 영향력이 있으면서도 자신의 지위가 아주 미약하다는 암시를 하는데, 그 지위란 지금 우리 시대에 아주 많은 어리석으면서 영리한 보수당원들의 그것과 아주 비슷하다. 이를테면 앨런 허버트 경, G. M. 영 교수, 엘튼 경, '토리 개혁위원회', W. H. 몰록Mallock 이래로 배출돼온 많은 가톨릭 옹호론자들 같은 이들이 그러한데, 그들은 기발한 농담을 하기 위해 '근대적'이고 '진보적'인 것은 무엇이든 깔아뭉개는 데 전문이며, 대세에 영향을 끼칠 수 없음을 알기에 더더욱 극단적인 견해를 내놓곤 하는 사람들인 것이다. 결국 『기독교 폐지에 반대하는 의론』[6] 등과 같은 팸플릿은 '티머시 샤이'[7]가 〈브레인스 트러스트〉[8]를 제법 통쾌하게 조롱하

---

6 『An Argument Against Abolishing Christianity』(1708). 스위프트가 당시 다양한 반대자들의 공격으로부터 기독교, 특히 국교인 성공회를 방어하기 위해 쓴 에세이의 통칭으로, 원제목은 이보다 훨씬 길고 좀 다르다.

7 Timothy Shy. 보수지에 해학적인 칼럼을 많이 쓴 유명 저널리스트이자 전기 작가인 D. B. 윈덤-루이스Wyndham-Lewis(1891~1969)의 필명. 1921년에 가톨릭으로 개종했다.

8 〈The Brains Trust〉. 1940년대에 큰 인기를 누린 BBC 라디오 프로그램. 청취자의 서면 질문에 전문가 그룹이 답변하는 형식의 정보 제공 프로그램.

거나 로널드 녹스 신부가 버트런드 러셀의 오류를 웃음거리 삼는 것과 아주 비슷하다. 그리고 스위프트가 『통 이야기』로 저지른 불경에 대하여 용서를 받은 것을 보면(경건한 신자들한테도 용서를 받곤 했다) 확실히 정치적인 정서에 비한다면 종교적인 정서는 약했다는 것을 알 수 있다.

하지만 스위프트의 심중에 있는 반동적인 기미는 주로 정치적인 제휴 관계에서 드러나는 게 아니다. 중요한 건 과학에 대한, 더 광범위하게는 지적인 호기심에 대한 그의 태도다. 『걸리버 여행기』 3부에 나오는 유명한 '라가도 학술원'은 스위프트 당대의 이른바 과학자들 대부분에 대한 정당한 풍자인 게 분명하다. 의미심장하게도 그곳에서 일하는 사람들은 '기획자들Projectors'이라 불리는데, 그들은 사심 없는 연구에 종사하는 게 아니라 노동을 줄이고 돈을 벌어줄 기계장치를 고안해내는 데만 골몰하고 있는 것이다. 하지만 '순수' 과학이 스위프트에게 가치 있는 활동으로 받아들여졌다는 기미는 없다(오히려 책 전체에서 정반대의 기미가 많이 발견된다). 보다 진지한 유형의 과학자는 2부에서 이미 모욕을 당하며, 거인족 왕의 후원을 받는 '학자들'이 걸리버의 왜소함을 설명하려 하는 장면에서 그렇게 된다.

상당한 토의 끝에 그들은 만장일치로 내가 '렐플룸 스칼카스Relplum Scalcath'일 뿐이라는 결론을 내렸다. 글자 그대로 해석하자면 '기형'이란 뜻이었다. 오늘날의 '유럽' 근대 철학에 딱 들어맞는 판단이었다. 근대 이전에 아리스토텔레스 신봉자들은 모르는 것에 대해선 '신비로운 원인'이라며 회피함으로써 자신들의 무지함을 감추려고 했지만, 결국 (무지함을 감추는 데) 실패하고 말았다. 그런데 오늘날 유럽의 철학 교수들은 그들의 방법을 경멸하고선, 모든 어려운 문제를 풀 수 있는 경이로운 해법으로 이 '기형'이란 설명을 발명했고, 그로써 인류의 지식을 이루 말할 수 없이 발전시킨 것이다.

이 인용문만 놓고 본다면 스위프트는 '가짜' 과학의 적일 뿐이라는 생각이 들 만하다. 하지만 그는 실용적인 목적에 쓰이지 않는 모든 학문이나 사색이 무용하다는 선언을 여러 곳에서 의도적으로 하고 있다.

(브롭딩낵 사람들의) 학문은 연구가 허용되는 윤리학, 역사학, 시학, 수학으로만 이루어져 있어 대단히 결함이 많다. 하지만 이 중에서 수학은, 우리야 거의 부러워하지 않겠지만, 오직 실생활에 도움이 될 만한 것, 즉 농업의 발전이나 갖은 기계적 기술에만 응용된다. 그리고 관념이나 존재, 추상이나 선험 같은 것에 대해서는, 나로서는 그들의 머릿속에 최소한의 개념도 주입할 수가 없었다.

스위프트가 이상으로 삼는 존재인 휴이넘인은 기계적인 감각에서도 뒤떨어져 있었다. 그들은 아직 금속의 존재를 모르고, 배라는 것이 있다는 걸 들어본 적이 없고, 딱히 농사를 짓는다고도 할 수 없으며(그들의 주식인 귀리가 "절로 자란다"는 말이 나온다), 아직 수레바퀴를 발명하지 못한 것으로 보인다.[9] 그

---

[9] 나이가 많아 걷지 못하는 휴이넘인은 "썰매" 또는 "썰매처럼 끄는 일종의 탈것"에 실려 다닌다는 말이 나온다. 이 탈것엔 바퀴가 없는 것으로 보인다. (저자 원주)

들에겐 문자가 없으며, 물리적인 세계에 대하여 아무래도 별 호기심이 없는 듯하다. 그들은 자기네 말고는 사람이 사는 나라가 존재한다는 생각을 하지 못하며, 해와 달의 운행과 일식·월식의 본질을 이해하긴 하지만, "그게 그들이 가진 천문학의 최고 수준"일 뿐이다. 그에 반해 날아다니는 섬 라퓨타의 학자들은 언제나 수학적인 사색에 골몰해 있어서 그들에게 말을 걸려면 풍선으로 귀를 찰싹 때려줘야만 주목을 끌 수 있다. 그들은 1만 개의 항성恒星을 분류했고, 93개 혜성의 주기를 산출했으며, 화성에 두 개의 위성이 있다는 것을 유럽의 천문학자들보다 먼저 알아냈다. 그런데 이 모든 정보를 스위프트는 우스꽝스럽고 무익하고 시시한 것으로 여기는 게 분명하다. 예상할 수 있는 바와 같이, 그는 과학자의 본분은(본분이라는 게 있기는 하다면) 실험실에 있는 것이며 과학 지식은 정치 문제와는 아무런 상관이 없다고 생각하는 것이다.

내가 …… 도무지 이해할 수 없었던 것은, 그들이 뉴스와 정치에 대해 비상한 관심을 갖는다는 점이었다. 그들은 쉴 새 없이 사회문제에 대해 알려고 하고, 나랏일에 대해 왈가왈부하며, 정당의 견해에 대해 조목조목 논쟁을 하는 것이었다. 나는 내가 아는 '유럽'의 수학자들 대부분에게서도 같은 성향을 관찰한 바 있다. 나로서는 두 분야 사이에서 아무런 유사성도 발견할 수 없었는데도 말이다. 그것은 그들이 아무리 작은 원도 아주 큰 원과 각도가 같다는 점에서, 세계를 단속하고 관리하는 일이 지구의를 만지고 돌리는 것보다 더한 능력을 요하는 일이라고 생각하지 않기 때문인지도 모른다.

"나로서는 두 분야 사이에서 아무런 유사성도 발견할 수 없었"다는 말은 익숙한 표현이 아닌가? 그것은 과학자가 하느님의 존재나 영혼의 불멸성 같은 문제에 대해 발언하는 것이 깜짝 놀랄 일이라고 말하는 유명한 가톨릭 옹호론자들의 말과 어조가 똑같다. 우리는 과학자가 제한된 한 분야에서만 전문가라는 말을 듣곤 한다. 그러니 다른 분야에선 그의 의견을 존중할 수 없다는 것이다. 이러한 주장에는 신학은 이를테면 화학 같은 정밀과학이며, 사제는 특정 주제들에 대한 그의 판단이 마땅히 존중되어야 하는 전문가라는 암시가 있다. 스위프트는 사실상 정치인에 대해서도 같은 주장을 하고 있으며, 과학자가 ('순수' 과학자든 특수 연구자든) 나름으로 유용한 존재일 수도 있다는 것을 인정하지 않으려 한다는 점에서는 한발 더 나아가고 있다. 우리는 그가 『걸리버 여행기』의 3부를 쓰지 않았다 하더라도, 책의 나머지 부분에서 그가 톨스토이나 블레이크처럼 자연의 이런저런 작용을 연구한다는 생각 자체를 혐오한다는 추론을 할 수 있었을 것이다. 그가 휴이넘인의 속성으로서 그토록 찬미하는 '이성'의 우선적인 뜻은 관찰되는 사실로부터 논리적 추론을 이끌어내는 힘이 아니다. 그보다는 딱히 말은 안 해도, 대부분의 문맥에서 상식(즉 명백한 것은 받아들이고 억지나 추상을 경멸하는 것)을, 또는 격정이나 미신이 없는 것을 뜻한다. 대체로 그의 견해는, 우리는 알아야 할 것들을 이미 다 알고 있으며 우리의 지식을 오용하고 있을 뿐이라는 것이다. 이를테면 의학이 무용한 학문인 것은, 우리가 보다 자연적인 생활을 하면 병이 나지 않을 것이기 때문이다. 하지만 스위프트는 생활을 간소하게 하자거나 '고결한 야만인'이 되자고 하는 게 아니다. 그는 문명에도, 그 산물인 온갖 기술에도 찬성한다. 그는 훌륭한 예의범절과 대화법의 가치를, 심지어 문학이나 역사 같은 공부의 가치를 인정할 뿐만 아니라, 농업이나 항해나 건축을 연구할 필요가 있으며 유리하게 발전시킬 수 있다는 점도 알고 있다. 하지만 그가 은근히 추구하는 바는 정적이면서 지적 호기심이 결여된 문명이다. 달리 말해 그의 동시대보다 좀 더 깨끗하고 건전하며, 급변하지 않고, 알 수 없는 것을 파고들지 않는 세상인 것이다. 그는 과거를, 특히 고전 시대를 떠받들며, 근대인이 이전 100년 동안 급속히 타락했다고 믿는데, 이는 스위프트만큼 그릇된 속설로부터 자유로운 사람에게서 예상하기 어려운 태도다.[10] 죽은 자의 영혼을 마음대로 불러낼 수 있는 마법사들의 섬에서 걸리버는 이렇게 말한다.

> 나는 내 앞의 대의사당 한 곳에는 로마 원로원이 나타나고 다른 곳에는 그들에 반대하는 지금의 의회가 나타나기를 바랐다. 그랬더니 전자는 영웅과 반신半神의 회합 같았고, 후자는 행상인과 소매치기와 노상강도와 깡패의 패거리 같아 보였다.

스위프트는 3부의 이 부분을 기록된 역사의 신빙성을 공격하는 수단으로 삼고 있지만, 그리스인과 로마인을 다루기 시작하자마자 비판 정신은 그를 떠나버리고 만다. 물론 그는 제정

---

10 스위프트가 목격했다고 주장하는 육신의 타락은 당대의 현실일 수 있다. 그는 그것을 매독 탓으로 보고 있는데, 매독은 당시 유럽의 새로운 질병이었으며 지금보다 맹위를 떨쳤을 것이다. 증류주 역시 17세기에 처음 등장한 것으로, 이로 인해 처음엔 만취자 수가 크게 늘었을 것이다.(저자 원주)

로마의 부패에 대해 언급하지만, 고대 세계의 일부 지도적 인물들에 대해 비이성적이다 할 만한 찬탄을 쏟아낸다.

나는 브루투스의 모습을 보고 깊은 존경심을 느꼈다. 그리고 그의 용모 하나하나에서 더없이 고결한 인격, 최고의 용맹과 불요불굴의 기개, 진정한 애국심, 보편적 인류애를 쉽게 알아볼 수 있었다. …… 나는 브루투스와 오래 이야기하는 영예를 누렸다. 또한 그의 선조인 유니우스, 소크라테스, 에파미논다스, 소小 카토, 토머스 모어 경, 그리고 그 자신이 영원히 함께 있다는 말도 들었다. 이 여섯 명이 세계의 역사를 통틀어도 일곱 번째 인물을 추가할 수 없는 6두정치 Sextumvirate를 펼치고 있다는 것이다.

이 6인 가운데 기독교인은 한 명밖에 없다는 게 눈에 띌 터인데, 이게 중요한 점이다. 스위프트가 염세적이고, 과거를 숭배하고, 지적 호기심이 별로 없으며, 인체를 혐오한다는 점을 함께 고려할 때, 우리는 반동적 종교가들의 공통된 태도에 도달하게 된다. 달리 말해 그들은 현세는 근본적으로 개선할 수 없으며 '내세'만이 중요하다고 주장함으로써 부당한 사회질서를 옹호하는 사람들인 것이다. 하지만 스위프트에겐 하다못해 보편적인 의미의 종교적 신념조차도 갖고 있다는 흔적이 보이지 않는다. 그는 사후의 삶을 진지하게 믿는 것 같지 않다. 그리고 선에 대한 그의 관념은 공화주의와 자유 애호, 용기, '박애'(사실상 공공의식을 의미한다), '이성' 등의 이교도적 특질과 결부되어 있다. 이로써 우리는 진보를 불신하고 인류를 대체로 혐오하는 스위프트의 성향과는 별로 어울리지 않는 별도의 면모가 스위프트에게 있다는 느낌을 받게 된다.

먼저, 스위프트는 '건설적'이면서 '진보적'이기까지 한 면모를 이따금 보이기도 한다. 그런데 유토피아 문학에서 종종 일관적이지 않은 모습을 보이는 것은 활력이 있다는 증거라고 해도 좋으며, 스위프트는 풍자적이기만 해야 할 부분에 때때로 찬사를 끼워 넣곤 한다. 그래서 아동교육에 관한 그의 견해는 릴리푸트인의 그것과 같으며, 릴리푸트인은 그 문제에 관해 휴이넘인과 같은 견해를 갖고 있는 것이다. 또한 릴리푸트인은 스위프트가 자기 조국에도 보급되길 바라는 다양한 사회제도와 법률제도를 갖추고 있다(이를테면 노령연금 제도가 있으며, 법을 어기면 벌을 받는 것과 마찬가지로 지키면 보상을 받는 제도가 있다). 스위프트는 이 구절 한가운데서 자신의 풍자적 의도를 기억하고는 이렇게 덧붙이기도 한다. "이상과 이하의 각종 법률들에 관하여, 내가 말하는 건 본래의 제도이지 인간의 퇴폐적 본성 때문에 이 사람들이 빠져든 더없이 추악한 부패상을 가리키는 건 아니라고 해야 말뜻이 이해될 것이다." 하지만 릴리푸트가 영국을 상징한다는 것은 저자가 독자에게 한 일종의 약속이고, 그가 말하는 법들은 영국에 비슷한 것도 없으니, 건설적인 제안을 하려는 충동이 너무 앞서 나간 게 분명하다. 그러나 스위프트가 좁은 의미의 정치사상에 가장 크게 기여한 바는, 특히 3부에서 지금은 전체주의라 불릴 만한 것을 공격했다는 점이다. 그는 실제로는 국민의 불만을 전쟁 히스테리로 전환시켜 해소할 목적인 이단 사냥과 반역죄 재판이 끊이지 않는, 스파이 널린 '경찰국가'에 대하여 대단한 선견지명을 보인다. 여기서 우리는 스위프트가 꽤 작은 일부에서 전체를 추론해내고 있다는 점을 기억해야 한다. 당시의 힘없는 정부들을 표본으로 삼을 수는 없는 노릇이었던 것이다. 그의 선견지명을 보여주는 일례로 '정치 기획자 학교'의 교수를 들 수 있는데, 그는 "나에게 반정부 모략과 음모를 색출하라는 두툼한 훈령 뭉치를 보여준" 사람이며, 배설물을 검사해봄으로써 사람들의 은밀한 생각을 알아낼 수 있다고 주장한 사람이다.

사람들이 변기에 앉아 있을 때 그 언제보다 진지하고 사색적이고 집중할 수 있기 때문이며, 그는 그것을 수많은 실험을 통해 알게 되었다. 이를테면 순전히 시험 삼아 왕을 살해할 최선의 방법이 무엇일지 궁리해볼 때 대변은 녹색 빛을 띠었다. 그런가 하면 내란을 일으키거나 수도에 불을 지를 생각만을 할 때는 결과가 상당히 달랐다고 한다.

스위프트가 이런 교수와 이론을 생각해낸 것은 오늘의 우리가 보기엔 특별히 놀랍거나 역겹지 않은 사실, 즉 당시의 한 국사범 재판에서 누군가의 변소에서 발견된 몇 통의 편지가 증거물로 제출된 사건 덕분이었다. 같은 장(章)의 뒷부분에선 마치 러시아 숙청의 현장에 와 있는 게 아닌가 하는 느낌이 들 정도다.

현지인들은 랭던이라 부르는 트리브니아 왕국은 …… 어찌 보면 국민의 태반이 폭로자, 목격자, 밀고자, 고소인, 기소자, 증인, 선서인으로만 이루어져 있다. …… 누구를 음모 용의자로 기소할 것인지는 그들 사이에서 일찌감치 결정된 문제다. 그다음은 용의자의 모든 편지와 문서를 압수하고, 용의자를 감금하기 위한 효과적인 조치를 한다. 압수한 문건들은 단어, 음절, 문자의 비밀스러운 의미를 해독하는 데 일가견이 있는 전문 기술자들에게 넘어간다. …… 해독에 실패할 경우, 그들은 그보다 효과적인 두 가지 방법을 더 사용하게 되는데, 관련 학자들이 아크로스틱스acrostics 및 애너그램이라 부르는 방법이다. 먼저, 그들은 모든 단어의 머리글자를 정치적인 의미를 띤 것으로 해독할 수 있다. 이를테면 N은 음모를, B는 기병 연대를, L은 해상 함대를 뜻할 수 있는 것이다. 또 하나는 어느 의심스러운 문건의 각 알파벳의 위치를 바꿈으로써 불순한 도당의 가장 은밀한 계획을 밝히는 방법이다. 예컨대 내가 친구에게 보낸 편지에 '우리 형제 톰이 한몫 잡았다Our Brother Tom has just got the Piles'고 썼다면, 실력 좋은 해독 전문가는 본래 문장을 이루는 같은 글자들을 '저항하라-음모는 확정되었다-탑(Resist-a Plot is brought Home-The Tour[11])'이라는 말로 풀어낼 수 있다. 이것이 애너그램을 이용한 방법인 것이다.

같은 학교의 다른 교수들은 단순화된 언어를 개발하기도 하고, 기계로 책을 쓰기도 하고, 웨이퍼 과자 표면에 교재를 새겨 삼키도록 하는 교육법을 이용하기도 하고, 뇌의 일부분을 도려내 다른 사람의 뇌에 이식해서 한 사람의 개성을 말살해버리

---

11 Tower.(저자 원주) 부연하자면, 애너그램을 이용하여 앞 문장을 뒤 문장으로 바꾸면 저항 음모의 결정적 장소가 'tour'(투어)인데, 확대해서 해석할 경우 발음이 비슷한 'tower'(타워)가 된다는 뜻이다.

자는 제안을 하기도 한다. 이런 내용이 소개된 장(章)들의 분위기는 어딘가 묘하게 친숙하다. 왜냐하면, 장난이 많이 섞이긴 했어도, 전체주의의 목적 중 하나가 그저 사람들이 온건한 생각을 하도록 하는 것만이 아니라 사람들을 사실상 '덜 의식화'시키는 것이라는 인식이 있기 때문이다. 뿐만 아니라, 대개 야후들의 어느 한 무리를 다스리는 우두머리에 대한, 그리고 처음엔 우두머리의 수족 노릇을 하다가 결국 희생되고 마는 "총신"에 대한 스위프트의 서술[12]은, 우리 시대의 패턴에도 놀랍도록 잘 들어맞는다. 그렇다면 우리는 이 모든 것들로부터 스위프트가 그 무엇보다 우선 압제의 적이며 지적 자유의 투사였다고 추론할 수 있을까? 아니다. 그의 견해는 우리가 분간할 수 있는 한 별로 자유주의적이지 않다. 그가 귀족과 왕, 주교, 장군, 상류사회 귀부인, 그리고 훈장과 작위와 공치사를 대체로 혐오한 것은 틀림없다. 하지만 그렇다고 그가 지배자보다 서민을 더 좋게 본다거나, 사회적 평등을 확대하는 데 호감을 갖는다거나, 대의정치에 열의를 느낀다거나 하는 것 같지는 않다. 휴이넘 사회는 일종의 차별적 계급제도를 토대로 조직되어 있다. 이를테면 천한 일을 하는 말은 그 주인과 빛깔이 다르며 상호 교배도 하지 않는 것이다. 스위프트가 찬미하는 릴리푸트의 교육제도는 세습적인 계급 차별을 당연시하며, 극빈층 아이들은 학교에 가지 않는데, 그것은 "그들이 할 일은 농사짓는 것

---

[12] 4부 7장에 나오는 이야기. 걸리버를 데리고 있는 휴이넘인 주인은 그곳 야후 우두머리들이 대개 자기를 많이 닮은 수족을 거느리며(그의 구두와 둔부를 핥아주고 암컷들을 그의 소굴로 태워다주는 것이 수족의 임무다), 그 수족은 주변의 질시를 받아 결국 버림받고 마는데, 그게 걸리버 나라의 왕실과 그 총신의 경우와 얼마나 비슷한지는 걸리버 자신이 가장 잘 판단할 수 있는 문제라고 말한다.

뿐이니 …… 그들을 교육하는 문제는 일반인에게 별 관심사가 아니"기 때문이다. 그는 또 자신의 저술이 관용을 향유하고 있는데도 언론 출판의 자유를 강력히 지지하지는 않는다. 브롭딩낵 왕은 영국에 종교 및 정치 분파가 많다는 말에 깜짝 놀라며, "국가 사회에 불리한 견해"(문맥으로 볼 때 이단적인 견해 정도의 뜻으로 보인다)를 가진 사람들은 자신의 의견을 굳이 바꿀 필요는 없더라도 숨길 수밖에 없다고 여긴다. 왜냐하면 "어떤 정부에서 견해를 바꾸라고 요구하는 게 압제라면, 견해를 숨기라고 강요하지 않는 건 우유부단"이기 때문이다. 걸리버가 휴이넘 땅을 떠나는 방식에서는 스위프트 자신의 태도가 미묘한 형태로 드러난다. 스위프트는 적어도 간헐적으로는 일종의 무정부주의자였으며, 『걸리버 여행기』4부는 일반적인 의미의 법이 아니라 모두가 자발적으로 받아들이는 '이성'의 명령이 지배하는 무정부주의 사회를 그린 것으로 볼 수 있다. 휴이넘 총회는 걸리버의 주인에게 걸리버를 추방하라는 "권고"를 하며, 이웃들은 그에게 권고를 따르라는 압력을 넣는다. 그들을 두 가지 이유를 든다. 하나는 이 별난 야후, 즉 걸리버가 있으면 야후 종족 전체가 동요하게 될 수 있다는 것이고, 또 하나는 휴이넘과 야후 사이에 친근한 관계가 성립된다는 것은 "이성이나 본성에 합치되지 않고 일찍이 들어본 적도 없는" 일이라는 것이다. 걸리버의 주인은 좀 못마땅하지만 "권고"를 무시할 수는 없다(휴이넘인은 무얼 하도록 '강요'당하는 법은 결코 없으며 단지 '권고'나 '충고'를 받을 뿐이다). 이는 무정부주의자나 평화주의자의 사회관에 내재된 전체주의적 경향을 아주 잘 예시해준다. 법이 없는, 그리고 이론상으로 강제가 없는 사회에서, 행동을 중재할 수 있는 수단은 여론뿐이다. 그러나 군거성 동물은 순응 충동이 대단히 강하기 때문에, 여론은 어떤 법체계보다도 덜 관용적인 것이 된다. 인간이 "~하지 말지니라 thou shalt not"라는 계율의 지배를 받게 되면, 개개인은 어느 정도 별난 언동을 보일 수 있다. 그에 비해 '사랑'이나 '이성'의 지배를 받게 될 경우, 인간은 다른 모든 사람과 똑같이 행동하고 생각해야 한다는 압박을 계속해서 받게 된다. 휴이넘인들은 거의 모든 주제에 대하여 만장일치의 합의를 보인다. 그들이 '논의'란 걸 한 적 있는 유일한 문제는 야후족을 어떻게 처리할 것이냐의 문제뿐이다. 그것 말고는 그들 사이에 의견이 불일치할 여지가 없으니, 그들에겐 진실이란 언제나 자명한 것 아니면 알아낼 수 없고 중요하지도 않은 것이기 때문이다. 그들의 언어에는 '의견'을 뜻하는 단어도 없는 듯하며, 대화를 나눌 때 '정서의 차이'란 것도 없는 것 같다. 그들은 사실상 전체주의 체제 최고의 단계, 즉 순응이 워낙 일반화되어 있어 경찰력이 필요 없는 단계에 도달한 것이다. 스위프트가 그런 사회에 동의하는 것은, 그의 많은 자질 중에 지적 호기심과 선한 천성은 없기 때문이다. 그에게 불일치는 언제나 순전한 심술 같아 보일 것이다. 그는 휴이넘인들 사이에서 "이성은 우리의 경우와 마찬가지로 어떤 문제의 대립적인 두 가지 가능성을 가지고 논쟁을 할 수 있는 그런 불확실한 게 아니며, 감정이나 이해관계 때문에 복잡해지거나 흐려지거나 변색되는 법 없이, 직관적 확신으로서 떠오르는 무엇"이라고 말한다. 달리 말해 우리는 모든 걸 이미 알고 있는데 왜 다른 의견을 용인해야 하느냐는 것이다. 자유도 발전도 없는 휴이넘의 전체주의적 사회는 그런 사고방식에서 비롯될 수밖에 없는 귀결이다.

우리는 스위프트를 반역자나 우상 파괴자로 보아도 좋다. 그러나 여성도 남성과 같은 교육을 받아야 한다는 주장과 같은 어느 정도 부차적인 문제들을 제외한다면, 그를 '좌파'로 분류할 수는 없다. 그는 권위를 경멸하는 동시에 자유를 불신하는, 아울러 귀족주의적 사회관을 견지하는 동시에 기존의 귀족주의가 타락한 경멸스러운 것임을 분명히 인정하는 '토리 아나키스트'다. 스위프트가 부자와 권력자에게 특유의 통렬한 비난을 퍼부을 때는, 앞서 말한 바와 같이 그가 패배한 정당에 속했고 개인적으로 좌절했다는 사실을 감안할 필요가 있다. '야당'이 언제나 '여당'보다 과격한 데는 분명한 이유가 있다.[13] 그런데 스위프트에 관해 가장 본질적인 것은 그가 인생을(합리화하거나 미화한 인생이 아니라 땅에 엄연히 발 딛고 사는 보통의 인생을) 살 만한 것으로 만들 수 있다고 믿을 수 없었다는 점이다. 물론 정직한 사람이라면 행복이 '지금' 어른인 인간에게 정상적인 상태라고 주장할 수 없을 것이다. 하지만 그런 상태는 정상화될 '수도' 있으며, 모든 진지한 정치 논쟁은 사실상 그런 문제를 중심으로 돌아가고 있는 것이다. 스위프트는 톨스토이, 즉 행복의 가능성을 불신했던 또 한 사람과 상당히 비슷하다(지금까지 알려진 것보다 더 그렇다고 나는 생각한다). 우선 두 사람 다 무정

---

13 책 말미에서 스위프트는 인간의 어리석음과 악독함의 전형적인 표본으로서 "법조인, 소매치기, 대령, 광대, 귀족, 도박사, 정치인, 포주, 의사, 증인, 매수인, 대리인, 반역자 등"을 거명한다. 여기서 볼 수 있는 건 권력 없는 자의 무책임한 곡해다. 이 목록은 인습적 규범을 깨는 자들과 지키는 자들을 한데 뭉뚱그려놓았다. 예컨대 대령을 그 자체로 그냥 비난한다면, 반역자는 무슨 근거로 비난할 것인가? 또 소매치기를 억제하려면 법이 있어야 하는데, 그러자면 법조인이 있어야 한다. 그런데 마지막 구절 전체는, 증오는 확실히 믿을 만하지만 근거는 워낙 부적절해서 어떤 확신을 심어주지 못한다. 그러니 개인적인 반감이 작용한 게 아닌가 하는 느낌이 드는 것이다.(저자 원주)

부주의적 관점을 지녔고, 그것은 권위주의적 기질을 감추는 노릇을 했다. 또한 과학에 적대감을 느끼고, 반대자의 견해를 참지 못하며, 자신이 흥미를 못 느끼는 문제의 중요성을 인식하지 못한다는 점에서도 같다. 그리고 톨스토이의 경우엔 더 늦게 다른 경로로 찾아왔지만, 둘 다 인생살이 자체에 일종의 혐오감을 느꼈다. 두 사람의 성적인 불행은 같은 종류의 문제가 아니었으나, 둘 다 혐오의 본질이 병적인 집착과 뒤섞여 있다는 점에서는 같았다. 톨스토이는 개심한 방탕자로서 만년엔 완전한 성적 금욕 생활을 설교했으나, 자신은 고령이 되도록 계속해서 정반대의 생활을 했다. 스위프트는 성불구였던 것으로 보이며, 사람 똥을 지나치게 혐오했는데, 그러면서도 그의 작품들 도처에 분명히 드러나듯 끊임없이 똥 생각을 했다. 이런 사람들은 대부분의 인간들에게 돌아가는 얼마 안 되는 행복조차도 향유하려 하지 않으며, 뻔한 이유로 세속적 삶에도 상당한 개선의 여지가 있다는 것을 인정하지 않기가 쉽다. 그들이 무관심한 것도, 그래서 아량이 부족한 것도, 같은 뿌리에서 비롯되는 것이다.

 스위프트의 혐오와 원한과 염세관은, 현세는 서막에 불과한 '내세'를 배경으로 삼아야 의미가 통할 것이다. 그런데 그는 그런 내세 같은 걸 진지하게 믿는 것 같지 않으니, 지상에 존재하리라 생각되는 천국을 세울 필요가 있는 것이다. 하지만 이 천국은 우리가 아는 것과는 사뭇 다른, 그가 탐탁지 않게 생각하는 것들(거짓, 우매, 변혁, 열광, 쾌락, 사랑, 불결)이 모두 제거된 무엇이다. 그리하여 그는 배설물이 역겹지 않은 동물인 말을 이상적인 존재로 택한다. 휴이넘족은 삭막한 동물이며, 이는 널리 인정되어 굳이 자세히 설명할 필요가 없다. 스위프트의 천재성은 그들을 신뢰할 만한 존재라 여기게 만들긴 하지만, 그들에게서 반감 이상의 인상을 받은 독자는 아주 드물 것이다. 이는 인간보다 동물이 나은 대접을 받는 것을 보고 자존심이 상해서가 아니다. 왜냐하면 둘 중에 휴이넘족이 야후족보다 인간에 훨씬 더 가까우며, 걸리버가 야후족을 혐오하는 데는 그들이 자신과 같은 유의 존재라는 인식과 더불어 논리적 모순이 포함되어 있기 때문이다. 그가 이런 혐오감을 느끼게 되는 것은 그들을 처음 본 순간부터다. "나는 여행 내내 그토록 불쾌한 짐승도, 그토록 심한 반감을 절로 갖게 하는 짐승도 본 적이 없다"고 그는 말한다. 그런데 과연 야후족이 무엇에 비해 혐오스럽다는 것인가? 휴이넘족은 아니다. 그 무렵 걸리버는 아직 휴이넘인을 본 적이 없었기 때문이다. 그렇다면 비교 대상은 그 자신, 즉 인간일 수밖에 없다. 하지만 나중에 우리는 야후가 인간이며, 인간 사회를 걸리버가 지지할 수 없는 것은 모든 인간이 야후이기 때문이라는 말을 듣게 된다. 그러면 그는 왜 이전에는 인간에 대한 혐오감을 느끼지 않았던 것인가? 사실상 우리는 야후가 인간과는 너무나 다르면서도 같다는 말을 듣게 된다. 스위프트는 지나친 분노에 휩싸여 같은 인간들에게 이렇게 외친다. "당신들은 당신네들 이상으로 지저분해!" 하지만 야후족에 대해 특별히 연민을 느낀다는 것은 불가능하며, 휴이넘족이 매력적이지 않은 것은 그들이 야후족을 억압하기 때문이 아니다. 그들이 매력적이지 않은 것은 그들을 지배하는 '이성'이란 게 실은 죽음에 대한 갈망이기 때문이다. 그들은 사랑과 우정, 호기심, 두려움, 슬픔, 그리고 (그들 사회에서 나치 독일의 유대인과 비슷한 지위를 누리는 야후족에 대한 감정인 경우 말고는) 분노와 증오도 면제받은 존재다. "그들은 자기 자녀한테 아무 애착도 갖고 있지 않지만, 자녀 교육에서 보이는 배려는 전적으로 '이성'의 명령을 따른다." 그들은 "우정"과 "선의"를 중요시하지만, "그런 것들은 특정 대상에 국한되는 게 아니고 종족 전체에 보편적으로 적용된다". 그들은 대화도 중시하지만 대화에서 의견 차이를 찾아볼 수는 없으며, "더없이 간결하고 의미심장한 낱말들로만 표현되는 유용한 말이 아니면 하는 법이 없다." 그들은 엄격한 산아제한을 하는데, 부부가 자녀를 둘만 낳고 그 뒤로는 성교를 끊는 식이다. 결혼은 어른들이 우생학적 원리에 따라 정해주는 대로 하고, 그들의 언어에는 성적인 의미에서의 '사랑'을 뜻하는 말이 없다. 누가 죽어도 슬픔을 느끼지 않고 전과 전혀 다를 바 없이 살아간다. 그들이 지향하는 바가 육체적인 생명은 유지하되 가능한 한 시체처럼 살아가는 데 있는 것처럼 보일 정도다. 그런데 그들의 특징 중 한두 가지는 사실 그들이 사용하는 의미에서 볼 때 엄밀히 '이성적'이라 할 수 없을 것 같다. 그래서인지 그들은 신체적 강건함뿐 아니라 운동 경기에도 큰 가치를 두며, 시에도 몰입한다. 하지만 이런 예외는 생각보다 엉뚱한 게 아니다. 아마도 스위프트가 휴이넘족의 체력을 강조하는 것은 그들이 그가 혐오하는 인간 종족에게는 절대 정복될 수 없다는 점을 분명히 하기 위해서인지도 모른다. 그런가 하면 시에 대한 취미가 그들의 자질 중에 두드러지는 것은, 시가 스위프트의 관점에서 가장 무익한 추구인 과학에 대립되는 것으로 보였기 때문일 수 있다. 3부에서 그는 라퓨타의 수학자들에게 전적으로 결여된 바람직한 능력으로 "상상, 공상, 창의"를 지목한다(그들은 음악을 아주 좋아하긴 한다). 여기서 우리는 스위프트가 해학시의 명수이긴 해도 그가 가치 있다고 생각한 시는 아마도 교훈시에 더 가까웠으리란 점을 명심할 필요가 있다. 그는 휴이넘의 시에 대해 다음과 같이 말한다.

> 시에 관해서라면 다른 어떤 존재보다 뛰어나다고 해야 할 것이다. 비유의 적절함, 묘사의 정확함과 세밀함은 도무지 흉내 낼 수 없을 정도다. 그들의 시는 이 두 가지 점에서 아주 뛰어나며, 대개 우정과 박애의 관념을 고양하거나 경주 등 운동의 우승자를 찬미하는 내용이다.

아, 그런데 스위프트의 천재성도 휴이넘의 시를 판단할 수 있는 표본을 제시하지는 못했다. 하지만 인용문으로 보건대 (2행 연구의 영웅시인 듯하다) 그들의 시는 삭막한 것으로서 그들의 '이성' 원리와 크게 상충하지는 않는 것이지 싶다.

행복에 대해 묘사한다는 건 어렵기로 정평이 나 있으며, 공정하고 질서가 잘 잡힌 사회를 그려낸 이미지치고 매력적이거나 그럴듯한 경우는 드물다. 하지만 '호감'을 느낄 만한 유토피아를 그려낸 창작자들 대부분은 보다 충실하게 산다면 삶이 어떨 수 있다는 것을 보여주려고 노력한다. 스위프트는 삶을 간단히 거부해버리자고 하며, 이를 정당화하기 위해 '이성'은 본능을 떨쳐버리는 데 있다고 주장한다. 역사를 기록하지 않는 휴이넘족은 인구를 늘 같은 수준으로 유지하고, 모든 격정을 피하고, 질병을 앓지 않고, 죽음을 냉담하게 받아들이고, 자식들을 똑같은 원리로 교육하면서 세대를 거듭하여 분별 있는 삶을 이어간다. 그런데 무엇을 위해 그렇게 살아야 하는가?

똑같은 과정이 무한히 지속되도록 하기 위해서다. 지금 여기서의 삶이 살 만하다는, 아니면 그것을 살 만하게 만들 수 있다는, 아니면 밝은 미래를 위해 삶을 희생해야 한다는 관념 자체가 아예 없는 것이다. 삭막한 휴이넘의 세계는 스위프트가 구성할 수 있는 최고의 유토피아였다. 단, 여기서 그는 '내세'를 믿지도 않고, 일상생활에서 즐거움을 찾아낼 수도 없다는 점을 인정한다. 하지만 이 세계는 딱히 그 자체로 바람직한 무엇이 아니라, 인간에 대한 또 다른 공격을 정당화하기 위한 수단으로서 고안된 유토피아였다. 그 목적은 늘 그렇듯, 인간이 나약하고 가소로우며 무엇보다 냄새가 지독한 존재라는 점을 상기시켜줌으로써 인간에게 모욕을 주는 것이다. 그리고 궁극적인 동기는 아마도 일종의 시샘일 것이다. 그것은 죽은 자가 산 자에 대해 느끼는 선망, 또는 자신이 행복할 수 없음을 아는 자가 (염려스럽게도) 자기보다 조금 더 행복할지도 모르는 자에게 느끼는 선망이다. 그런 관점을 정치적으로 표현하자면 반동적이거나 허무주의적인 모습을 띨 수밖에 없다. 왜냐하면 그런 관점을 가진 사람은 자신의 염세관이 우롱당할지 모르는 어떤 방향으로 사회가 발전하는 것을 막고자 할 것이기 때문이다. 그렇다면 그는 모든 걸 산산조각 내거나 사회의 변혁을 저지해야 한다. 스위프트는 결국 원자탄이 고안되기 전에 실현 가능했던 유일한 방식으로 모든 걸 산산조각 내버린 사람이었다(즉 그는 미쳐버렸다). 단, 앞서 언급한 바와 같이, 그의 정치적 입장은 대체로 반동적이었다.

지금까지의 논조로 볼 때, 나는 내가 스위프트를 '반대'하며, 이 글의 목적이 그를 논박하고 비하하는 데 있다는 인상을 심어주었는지도 모른다. 나는 정치적이고 도덕적인 의미에서는, 내가 그를 이해하는 한 반대하는 입장이다. 그러나 묘하게도 그는 내가 유보할 것 없이 찬탄하는 작가들 중 하나이며, 특히 『걸리버 여행기』는 나로서는 싫증이 난다는 게 불가능할 것 같은 책이다. 나는 여덟 살 때(여덟 번째 생일날 선물로 받을 것을 그 전날 슬쩍해서 몰래 읽었으니 정확히는 여덟 살 하루 전이다) 처음으로 이 책을 읽은 뒤로 적어도 여섯 번은 읽었다. 이 책의 매력은 무진장한 것 같다. 만일 책을 여섯 권만 남기고 나머지는 전부 없애야만 한다면, 나는 단연코 『걸리버 여행기』를 그중 하나로 꼽을 것이다. 여기서 드는 의문이 하나 있다. 어느 작가의 의견에 동의하는 것과 그의 작품을 즐기는 것 사이에는 무슨 관계가 있는가?

지적으로 공평무사할 수 있는 사람이라면 자신과 입장이 전혀 다른 작가의 장점을 '알아볼' 수 있을 것이다. 그러나 '즐기는' 건 다른 문제다. 좋거나 나쁜 예술이란 게 있다고 한다면, 좋거나 나쁜 속성이 예술 작품 자체에(그것도 보는 사람보다는 보는 사람의 기분과 전혀 무관하게) 존재해야 한다. 때문에 어느 시에 대해 월요일에는 좋고 화요일에는 나쁘다고 평한다면, 어떤 의미에서 옳을 리 없는 말이다. 그러나 그 시가 불러일으키는 감상感想에 따라 판단한다면, 그 말은 분명 옳을 수 있다. 왜냐하면 감상이나 향유는 주관적인 상태이며, 남이 강요할 수 있는 게 아니기 때문이다. 아무리 교양 있는 사람이라도 깨어 있는 시간의 상당 부분을 아무런 미적 감정 없이 보내며, 감정을 느끼는 능력은 너무나 간단히 훼손될 수 있다. 공포나 허기에 시달리거나 치통이나 뱃멀미를 앓을 때, 『리어 왕』은 『피터 팬』보다 하등 나을 게 없을 수 있다. 지적으로는 더 낫다는 걸 알 수 있을지 몰라도, 그야 기억하는 사실일 뿐이다. 『리어 왕』의 장점을 '느끼게' 되려면 정상 상태가 되어야만 하는 것이다. 미적인 판단은 정치적이거나 도덕적인 의견 차이 때문에 마찬가지로 극심하게(이 경우 원인을 알아차리기가 더 어려우므로 더 심할 수 있다) 뒤바뀔 수 있다. 어떤 책 때문에 노하거나 마음의 상처를 받거나 놀랄 경우, 책의 장점이 무엇이든 즐기지 못할 수 있다. 책이 자신에게 대단히 해롭거나 남들에게 바람직하지 않은 방식으로 영향을 끼칠 것 같아 보인다면, 그 책에 아무런 장점도 없다는 걸 보여주기 위한 미학 이론을 세울 수도 있다. 오늘날의 문예비평이란 주로 그런 두 가지 기준 사이를 교묘히 오가는 식이다. 그런가 하면 정반대의 경우도 발생한다. 즉, 즐거움이 견해차를 압도할 수 있는 것이다. 자기한테 해로운 걸 즐기고 있음을 분명히 알고 있더라도 말이다. 스위프트처럼 도무지 받아들이기 어려운 별난 세계관을 가졌으면서도 엄청난 인기가 있는 작가가 바로 그런 예다. 우리가 자신은 야후가 '아니'라고 굳게 믿으면서도 우리가 야후라 불리는 걸 개의치 않는 것은 무슨 까닭인가?

 스위프트는 물론 옳지도 않았고 사실 제정신도 아니었지만 '좋은 작가'이긴 했다는 익숙한 답으론 충분하지 않다. 어떤 책의 문학적 질은 다소간은 주제와 분리될 수 있는 게 사실이다. 승부를 읽는 타고난 '감식안'을 가진 사람이 있듯, 언어를 다루는 재주를 타고나는 사람도 있는 것이다. 이 재주란 주로 타이밍의 문제, 그리고 강조를 어느 정도로 할 것인지를 본능적으로 아느냐의 문제다. 가까운 예로 앞서 인용한 "현지인들은 랭던이라 부르는 트리브니아 왕국은……"으로 시작되는 구절을 다시 보기로 하자. 이 구절의 힘은 상당 부분 마지막 문장인 "이것이 바로 애너그램을 이용한 방법인 것이다"에서 비롯된다. 엄밀히 말해 이 문장은 불필요하다. 앞에서 애너그램을 어떻게 풀이하는지 이미 봤기 때문이다. 그러나 짐짓 엄숙한 체하며 반복되는 이 문장은 우리에게 스위프트 자신의 음성을 느끼게 해주는 동시에 이미 설명한 일들의 바보스러움을, 못질의 마지막 일타—J처럼 확실히 납득시켜준다. 하지만 스위프트의 산문이 가진 모든 힘과 간결함도, 또한 하나도 아니고 줄줄이 이어지는 불가사의한 세계를 대다수의 역사책보다 더 그럴듯해 보이도록 만들어내는 그의 상상력도, 스위프트의 세계관이 정말 해롭거나 충격적이었다면 우리로 하여금 그의 작품을 즐기도록 할 수 없었을 것이다. 많은 나라의 숱한 사람들이 『걸리버 여행기』를 즐기며 이 작품에 함축된 반인간적 정서를 조금은 느꼈을 것이다. 1부와 2부를 단순한 이야기로만 받아들이는 어린아이일지라도 인간의 키가 6인치밖에 안 된다는 건 말이 안 된다고 생각할 것이다. 그렇다면 스위프트의 인기는 스위프트의 세계관이 완전히 틀린 것 같지는 '않다'는 데 있다고 해야 설명이 될 것이다. 아니면 항상 틀린 것 같지는 않다고 해야 더 정확할지 모르겠다. 스위프트는 병을 많이 앓은 작가였다. 대부분의 사람에겐 이따금씩만 나타나는 우울한 기분이 그에겐 항시적인 상태였다. 말하자면 그는 황달을 앓거나 독감 후유증에 시달리면서도 겨우 책 쓸 기운은 있는 사람과도 같았던 것이다. 우리는 그게 어떤 기분인지를 알기에, 그게 표현되면 우리 안에 있는 무언가가 반응하는 것이다. 이를테면 그의 개성이 가장 잘 드러나는 작품 중 하나인 시 「숙녀의 화장실The Lady's Dressing Room」을 예로 들어보자. 비슷한 시 「자러 가는 미소녀Upon a Beautiful Young Nymph Going to Bed」를 추가해도 좋다. 이 두 시에 드러나는 관점과 블레이크의 시구 "여인의 거룩한 나신The naked female human form divine"에 암시된 관점 중 어느 게 더 객관적 진실에 가까운가? 물론 블레이크가 더 진실에 가깝겠지만, 여성의 아름다움이라는 속임수가 한 번이라도 깨지는 모습을 보는 데서 일종의 쾌감을 맛보지 않을 사람이 있을까? 스위프트는 인간의 삶에서 더러움과 어리석음과 사악함 말고는 아무것도 보지 않으려는 태도로 온 세상에 대한 자신의 그림을 왜곡했지만, 그가 전체로부터 뽑아내는 일부분은 엄연히 존재하는 것이며, 그것은 우리가 언급하길 꺼려서 그렇지 있는 줄은 다 아는 무엇이다. 우리 마음의 일부는(정상인의 경우 가장 우세한 부분이다) 인간이 고귀한 동물이며 삶은 살 만한 것이라는 믿음을 갖고 있다. 그에 비해 적어도 이따금씩은 존재의 끔찍스러움에 아연실색하는 일종의 내적 자아 같은 게 있는 것이다. 참으로 묘하게도, 쾌락과 혐오는 서로 연결되어 있다. 인간의 신체는 아름답다. 그런가 하면 인체는 역겹고 우스꽝스럽기도 한데, 이는 아무 수영장에나 가보면 확실히 검증할 수 있는 사실이다. 인간의 성기는 갈망의 대상이기도 하고 혐오의 대상이기도 한데, 예컨대 다는 아니어도 많은 언어에서 성기의 명칭 자체가 욕설로 쓰인다. 고기는 맛있지만 푸줏간에 가면 속이 메스꺼워진다. 마찬가지로 우리가 먹는 모든 음식은 궁극적으론 다른 무엇보다 우리가 끔찍스러워하는 똥과 시체에서 비롯되는 것이다. 어린아이는 유아기를 지나도 세상을 여전히 새로운 눈으로 보며, 경이로움 못지않게 혐오스러움에도 마음이 움직인다. 이를테면 코딱지와 침, 인도에 싸놓은 개똥, 구더기가 가득한 채로 죽어가는 두꺼비, 어른의 땀 냄새, 대머리에 주먹코인 노인의 흉한 몰골이 주는 혐오감에도 크게 끌리는 것이다. 병과 더러움과 기형에 대해 끊임없이 되풀이하는 스위프트는 사실상 무언가를 지어낸다기보다는 배제하고 있는 셈이다. 인간의 행동 역시(특히 정치의 경우에) 그가 인정하려 하지 않는 보다 중요한 요소들을 많이 포함하긴 하지만, 많이 배제하고 있기도 한 것이다. 우리가 알 수 있는 한, 지상에서 살아가자면 공포와 고통이 따르기 마련인데, 그 때문에 스위프트 같은 염세주의자들은 "공포와 고통이 늘 우리를 따라다닐 수밖에 없다면 어떻게 삶을 획기적으로 개선할 수 있단 말인가?"라는 말을 하기가 쉽다. 그의 태도는 사실상 기독교인의 태도에다 '내세'라는 뇌물이 빠진 무엇이다(그런데 이 내세라는 것은 아마도 신자들에게, 이 세상은 눈물의 골짜기이며 무덤은 안식처라는 확신보다 호소력이 떨어질 것이다). 나는 이러한 태도가 그릇된 것이며, 우리의 행동에 해로운 영향을 끼칠 수 있는 것이라 생각한다. 그러나 우리 속에 있는 무언가는 그런 태도에 반응한다. 장례식의 음울한 조사弔辭나 시골 교회의 달큰한 시체 냄새에 반응하듯 말이다.

  흔히들 어떤 책이 명백히 그릇된 인생관을 표방한다면 '좋은' 책이라 할 수 없다는 주장을 하곤 한다(적어도 주제의 중요성을 인정하는 사람들은 그렇게 주장한다). 예컨대 우리는 우리 시대에 진정한 문학적 장점을 지닌 책은 어느 정도 '진보적' 성향을 보인다는 말을 듣곤 한다. 그런데 이는 사실을 무시하는 말이다. 역사를 통틀어 지금과 같은 진보 대 반동의 투쟁은 언제나 있어왔으며, 어느 시대든 최고의 양서들은 항상 다양한 관점을(다른 것들에 비해 명백히 잘못된 관점들까지도) 반영해왔던 것이다. 어느 작가가 선전원 노릇을 하는 한, 우리가 그에게 요구할 수 있는 최선은 그가 자신이 하는 말을 진정으로 믿을 것, 그리고 심하게 어리석은 말은 하지 않을 것 정도다. 오늘날에는 이를테면 가톨릭 신자나 공산주의자, 파시스트, 평화주의자, 무정부주의자, 또는 옛날 스타일의 자유주의자나 일반 보수주의자가 좋은 책을 쓸 거라고 생각할 수 있다. 하지만 심령술사나 버크먼[14] 추종자, KKK 단원이 좋은 책을 쓸 거라는 생각은 할 수 없을 것이다. 작가의 관점은 정신건강 차원의 온전함, 그리고 자기 생각을 밀어붙이는 힘과 조화를 이루어야 한다. 그 이상으로 우리가 요구할 수 있는 게 있다면 재능일 것이며, 그것은 확신의 다른 이름이라 할 수 있을 것이다. 스위프트는 정상적인 의미의 지혜를 가진 사람은 아니었다. 하지만 무서울 정도로 강렬한 비전은 확실히 갖고 있었으며, 그것은 숨겨진 진실 하나를 골라내어 확대하고 비틀어서 볼 줄 아는 능력이기도 했다. 『걸리버 여행기』가 오랜 생명력을 유지하는 것을 보면, 작가의 세계관이 온전함이라는 기준을 겨우 만족시키는 수준일지라도, 작가의 확신이 뒷받침해준다면 위대한 예술 작품을 충분히 낳을 수 있음을 알게 된다.

---

14 Frank Buchman(1878~1961). 도덕재무장운동MRA('옥스퍼드 그룹'이라고도 함)을 창설한 미국의 복음주의 목사. 자신의 죄에 집착하는 청소년들을 대상으로 한 이 운동은 고백을 통해 죄를 씻을 수 있다고 가르쳤다.

가난한 자들은 어떻게 죽는가

「How the Poor Die」. 1946년 11월 〈나우〉지에 게재. 식민지 경찰 생활을 접고 밑바닥 생활을 체험하며 습작에 몰두하던 오웰은 1928년 봄부터 1929년 말까지 파리에서 생활한다. 많지는 않지만 짧은 글들을 파리와 런던의 매체에 싣기도 하던 그는 1929년 2월에 폐렴에 걸려 몇 주 동안 입원을 하게 되고, 오랜 시간이 지난 뒤에 그 경험을 살려 쓴 글이 이 작품이다.

1929년, 나는 파리 15구에 있는 'X병원'[1]에서 몇 주를 보낸 적이 있다. 병원 창구 직원들은 접수처에서 내게 통상적인 고문 코스를 거치게 했다. 한 20분 내내 질문에 답하게 만들고 나서야 나를 받아주었던 것이다. 라틴계 국가에서 서식을 작성해본 사람이라면 내가 말하는 질문이란 게 어떤 것인지 알 것이다. 그때까지 며칠 동안 나는 열씨를 화씨로 환산할 줄 몰랐지만 내 체온은 화씨 103도[2] 정도였고, 면담이 끝날 무렵에는 내 발로 서 있기가 힘들 정도였다. 내 뒤로는 체념한 환자들 무리가 색색의 보따리를 들고서 질문받을 차례를 기다리고 있었다.

질문 다음은 목욕이었다. 감옥이나 구빈원의 경우처럼 새로 온 사람이면 누구나 거쳐야 하는 과정인 듯했다. 옷을 다 벗어서 내놓은 다음, 나는 깊이가 5인치밖에 안 되는 미지근한 온탕에 앉아 몇 분을 덜덜 떨다가 리넨 잠옷과 짧은 파란색 플란넬 가운을 지급받은 뒤(슬리퍼는 내 사이즈만큼 큰 게 없다고 했다) 야외로 인도되어 갔다. 때는 2월 하고도 밤이었고, 나는 폐렴을 앓고 있었다. 우리가 향하고 있던 병동은 200야드쯤 떨어진 곳에 있었고, 거기까지 가려면 병원 공터를 건너가야 하는 것 같았다. 내 앞에선 누군가가 랜턴을 든 채 비틀거리고 있었다. 자갈길은 발바닥이 얼어붙을 듯 차가웠고, 바람은 잠옷으로 맨 종아리를 채찍질하듯 매서웠다. 병동에 도착해보니 묘하게 익숙한 느낌이 들었는데, 왜 그런지는 밤이 이슥해서야 겨

---

1 'X병원Hôpital X'이란 오웰이 폐렴으로 입원했던 코솅Cochin 병원이며, 15구가 아니라 14구에 있었다.
2 열씨列氏는 프랑스 물리학자 레오뮈르Réaumur의 중국 음역어의 준말이고, 화씨華氏는 독일 물리학자 파렌하이트Fahrenheit의 중국 음역어의 준말이며, 섭씨攝氏는 스웨덴 천문학자 셀시우스Celsius의 중국 음역어의 준말이다. 화씨 103도는 섭씨 39도 4분.

우 알 수 있었다. 병동은 기다랗고 천장이 좀 낮으며 조명이 어둑한 공간으로, 중얼거리는 음성이 가득했으며 세 줄로 늘어서 있는 병상들 사이의 거리가 놀랍도록 가까웠다. 대변 냄새에다 단내 섞인 악취가 진동을 했다. 내 자리에 누우니, 맞은편 병상에 작고 어깨가 둥글고 머리가 연갈색인 남자가 반쯤 벗은 채 앉아 있고, 의사와 의대생이 그 사람한테 이상한 처치處置를 하고 있는 모습이 보였다. 먼저 의사가 자신의 검은 가방에서 포도주 잔 같은 작은 유리잔 여남은 개를 꺼내자, 학생은 성냥불을 유리잔 속에 넣어 공기를 다 태워버렸다. 그다음엔 그 잔을 남자의 등이나 가슴에 턱턱 올려놓았고, 진공의 힘에 의해 큼직하고 누런 물집이 잡혀버렸다. 나는 그들이 대체 무얼 하는지를 조금 뒤에야 알 수 있었다. 그것은 부항이라고 하는 옛날 의학 교과서에 나오는 치료법인데, 나는 그때까지만 해도 말馬한테나 하는 처치인 줄로만 알았다.

바깥의 찬 공기 덕분에 체온이 좀 내려갔던지 나는 그런 야만스러운 치료를 초연하게, 심지어 제법 흥미롭게 관찰하고 있었다. 하지만 바로 다음에 의사와 학생이 내 침대로 오더니 날 일으켜 세우고는 한마디 말도 없이 소독도 전혀 안 한 같은 유리잔을 내 몸에 올려놓는 것이었다. 힘없이 약간 항의를 해보았으나 짐승의 저항에 대한 것만큼의 반응도 없었다. 인간미라곤 전혀 없이 두 사람이 나를 대하는 태도는 대단히 인상적이었다. 나는 병원의 공중 병동에 가본 게 그때가 처음이었으며, 아무 말도 없고 인간적인 의미에서 사람을 알아보는 척도 않는 의사한테서 처치를 받아보는 것도 처음이었다. 그들은 단지 내 몸에 유리잔 여섯 개를 댈 뿐이었고, 물집이 잡히자 터뜨리고는 다시 유리잔을 댔다. 유리잔 하나마다 디저트 스푼 하나 분량의 죽은피가 나왔다. 나는 그들이 내게 한 짓 때문에 굴욕과 혐오와 공포를 느끼며 다시 자리에 누우면서, 이젠 적어도 날 가만 내버려두겠거니 했다. 하지만 천만에였다. 또 하나의 처치가 남아 있었는데 겨자 습포濕布란 것으로, 온수 목욕처럼 다들 거치는 과정 같아 보였다. 단정치 못한 간호사 둘이 벌써 습포를 준비해두고 있다가 내 가슴에다 구속복처럼 단단히 동여맸는데, 그사이 셔츠에 바지 차림으로 병동을 돌아다니던 남자 몇 명이 약간 동정적인 미소를 지으며 내 침대 주변으로 몰려들었다. 나중에 알고 보니 환자에게 겨자 습포를 대는 광경은 병동에서 제법 인기 좋은 구경거리였다. 이 습포는 보통 15분 정도 대고 있어야 하는데, 두르고 있는 당사자가 아니라면 꽤 재밌는 광경인 건 분명했다. 처음 5분 동안은 상당히 아프긴 하지만 참을 수 있을 거라 생각한다. 그다음 5분 동안엔 그런 믿음이 사라져버리지만, 습포가 등에 매여 있어 떼어낼 수가 없다. 보는 사람들이 제일 즐거울 때가 바로 이때다. 마지막 5분 동안은 내 경우엔 일종의 마비 증세가 나타났다. 간호사들은 습포를 떼어내고 나서는 얼음 채운 방수 베개를 머리 밑으로 밀어 넣더니 그대로 내버려두고 갔다. 나는 잠을 이룰 수 없었고, 내가 기억하는 한 내 평생 단 1분도 잠을 자지 못한 건 그날 밤이 유일했다(단, 침대에서 보낸 밤 중에 유일하다는 것이다).

  그 병원에 가서 처음 얼마 동안, 나는 다양하고 황당한 일련의 처치를 받았는데, 참으로 알 수 없는 노릇이었다. 의료진에게 흥미롭고 공부가 되는 병을 앓는 게 아닌 한, 치료는 좋든 나쁘든 아주 조금만 받는 게 보통이었기 때문이다. 새벽 5시엔 간호사들이 돌아다니며 환자들을 깨워 체온을 쟀지만, 씻겨주지는 않았다. 몸 상태가 어지간하면 본인이 직접 씻었고, 아니면 걸을 수 있는 환자의 친절에 의지해야 했다. 병상용 소변기와 '냄비 요리la casserole'라는 별칭으로 불리는 역겨운 대변기를 비우는 것도 대개 환자가 했다. 8시가 되면 아침이 나왔는데, 군대식 '수프la soupe'라고들 했다. 눅눅한 빵 조각이 둥둥 떠 있는 야채 국물이긴 해도 수프는 수프였다. 나중에는 키가 크고 근엄하며 검은 턱수염을 기른 의사가 회진을 했는데, 인턴 하나와 학생들 한 부대가 그의 뒤를 따랐다. 하지만 병동에는 환자가 60명은 되었고, 그가 돌봐야 할 병동들이 또 있는 게 분명해 보였다. 그가 날마다 오면서도 그냥 지나치는 병상이 많았고, 가끔 지나치는 그에게 애원의 외침을 던지는 이들도 있었다. 그런가 하면 학생들이 익히고 싶어 하는 병을 가진 사람은 상당한 주목을 받았다. 나로 말하자면 가르랑거리는 소리를 내는 기관지폐렴 환자의 탁월한 표본이었기에, 학생들이 여남은 명씩 줄을 서서 내 가슴 소리를 들어보곤 했던 것이다. 그 기분이란 참으로 묘한 것이었다. 환자가 인간이라는 인식은 거의 없는 듯한 태도로 일 배우는 데만 열중하는 그들의 모습이 묘했던 것이다. 말로 설명하긴 좀 이상하지만, 어린 학생들 몇몇은 자기 차례가 되어 환자를 처치하려고 나설 때 흥분으로 몸을 떨었고, 그 모습은 아주 비싼 기계를 드디어 만져보게 된 소년의 그것과도 같았다. 학생들은 차례로 내 등에 귀를 갖다 대고(젊은 남자들과 여자들 그리고 흑인들의 귀였다) 진지하지만 서투르게 손가락으로 두드리기도 했는데, 누구 하나 한마디 말도, 한 번의 눈길도 건네는 법이 없었다. 유니폼인 잠옷 차림의 무료 환자인 나는 다른 무엇보다 우선 하나의 '표본'이었으니, 나로서는 괘씸하기보다는 도무지 적응이 안 되는 노릇이었다.

며칠이 지나자 나는 일어나 앉아 주변 환자들을 살필 수 있을 만큼 좋아졌다. 공기가 탁한 실내엔 좁은 병상들이 다닥다닥 붙어 있어 옆에 있는 환자의 손을 쉽게 만질 수 있을 정도였고, 심각한 전염병 말고는 온갖 병이 다 모인 듯했다. 내 오른편 이웃은 몸집이 작은 빨간 머리의, 한쪽 다리가 다른 쪽보다 짧은 구두 수선공으로, 신통하게도 언제나 누구보다 빨리 다른 환자의 죽음을 알아내어 주변 사람들에게 알리곤 했다. 이를테면 나를 향해 휘파람을 불고는 "43번!"이라 외치며 두 팔을 머리 위로 치켜드는 식이었다. 그는 특별히 많이 아픈 데가 없었으나, 내 시야에 들어오는 다른 병상들 대부분에는 궁상스러운 비극 아니면 삭막한 공포가 펼쳐지고 있었다. 나와 발을 마주하고 있는 병상에는 나로서는 병명을 모르지만 죽을 때까지 (그가 다른 침대로 옮겨졌기 때문에 죽는 걸 보지는 못했다) 온몸이 몹시 아픈 병으로 고통스러워했던 작고 말라빠진 사람이 있었다. 그는 몸을 조금만 돌려도, 때로는 이불 무게에도 통증이 너무 심해 비명을 지르곤 했다. 그런 그에게 가장 고통스러운 것은 소변보는 일이었는데, 그때마다 큰 곤경을 치러야 했다. 간호사 하나가 소변기를 갖다주고는 침대 곁에 서서 마부가 말에게 하듯 쉬이 소리를 내주며 오랫동안 기다려야 했고, 결국 그가 "오줌 나온다!"라며 고통스러운 비명을 질러야 해결이 되던 것이다. 그의 옆에서는 전에 부항을 떴던 연갈색 머리의 남자가 피 섞인 가래를 계속해서 토해냈다. 내 왼편의 이웃은 키가 크고 축 늘어져 보이는 젊은이로, 등에다 정기적으로 관을 꽂고는 신체 어느 부위에선가 거품 섞인 체액을 놀라울 정도로 많이 뽑아내곤 했다. 그 침대 뒤로는 1870년 전쟁에 참전했던 용사가 죽어가고 있었다. 짧은 턱수염이 허연 그 잘생긴 노인의 병상 둘레엔, 면회가 허락될 때마다 나이 많은 여자 친척 네 명이 검은 옷을 입고 와서 까마귀처럼 앉아 있었다. 보잘것없는 유산을 노리고 있는 게 분명해 보였다. 내 맞은편 뒤쪽 줄 침대에는 콧수염이 축 늘어진 대머리 노인이 있었는데, 얼굴과 몸이 몹시 부어 있었고 계속해서 소변을 봐야만 하는 병을 앓고 있었다. 그의 병상 곁에는 커다란 유리 용기가 항상 놓여 있었다. 어느 날 그의 아내와 딸이 그를 찾아왔다. 그들을 보자 노인의 부은 얼굴은 놀랍도록 온화한 미소를 띠며 화색이 돌았다. 스무 살쯤 된 예쁜 딸이 침대로 다가갈 때 나는 그의 손이 이불 속에서 천천히 움직이는 것을 보았다. 나는 곧 펼쳐질 광경을 미리 본 듯했다. 딸이 침대 곁에서 무릎을 꿇으면 노인이 딸의 머리에 손을 얹고서 죽어가는 자로서 축복을 내리는 장면 말이다. 그러나 아니었다. 그는 소변통을 쑥 내밀 뿐이었고, 딸은 당장 그것을 받아 들고서 용기에다 비워버리는 것이었다.

내 침대에서 여남은 병상 떨어진 곳에는 간경변을 앓는 '57번' (아마 그의 번호가 맞을 것이다)이 있었다. 우리 병동에선 모두가 그의 얼굴을 알았으니, 그가 자주 의학 수업의 연구 대상 노릇을 했기 때문이다. 일주일에 두 번은 오후에 그 키 크고 근엄한 의사가 병동으로 와서 한 무리의 학생들에게 강의를 했다. 그들은 나이 많은 '57번'을 적어도 한 번 이상 운반차 비슷한 것에 실어 병동 한복판으로 밀고 갔고, 거기서 의사는 그의 잠옷을 말아 올리고는 그의 배에서 크게 불룩 튀어나온 부분(아픈

간 부위인 듯했다)을 더 커 보이게 잡고서, 와인을 즐겨 마시는 나라의 서민들이 알코올중독 때문에 걸리는 병이라고 엄숙하게 설명했다. 여느 때처럼 그는 환자에게 말을 하지도 않았고 미소를 짓지도 않았으며, 고갯짓이나 그 밖의 알은체하는 행동도 전혀 하지 않았다. 그는 대단히 근엄하고 꼿꼿한 자세로 말을 하면서 환자의 피폐한 육신을 두 손으로 잡고 있다가 이리저리 슬며시 밀곤 했는데, 꼭 부인네들이 밀방망이 다루듯 했다. '57번'은 자신을 그런 식으로 다루는 걸 딱히 불쾌해하지 않았다. 그는 이 병원에 오래 있으면서 강의의 단골 교재 노릇을 한 게 분명해 보였다. 그의 간은 병리학 박물관 같은 곳에 놓일 표본으로 쓰이기 위해 일찌감치 예약이 돼 있을 터였다. 자신에 대해 하는 말에는 아무 관심이 없는 듯 그는 아무것도 응시하지 않는 흐린 눈빛으로 누워 있을 뿐이었다. 그리고 그런 그를 의사는 골동품 도자기 자랑하듯 보여주고 있었다. 그는 60세쯤 된, 몹시 마른 사람이었다. 송아지 피지처럼 창백한 그의 얼굴은 어찌나 말라붙었던지 인형의 그것보다 커 보이지가 않았다.

어느 날 아침, 옆자리의 구두 수선공이 내 베개를 잡아당겨 나를 깨우며 "57번!"이라 말하더니 양팔을 머리 위로 치켜들었다. 간호사들이 오기도 전이었다. 병동 안은 식별이 가능할 정도는 밝았다. '57번'이 구겨놓은 듯 모로 누워 있는 게 보였다. 침대 밖으로 삐죽 나온 얼굴이 내 쪽을 향해 있었다. 그는 밤사이 아무도 모르게 숨을 거둔 것이었다. 간호사들이 오더니 그가 죽었다는 소식을 냉담하게 받아들이고는 제 할 일들을 계속했다. 한참 지나서, 한 시간도 더 지나서 다른 간호사 둘이 쿵쾅거리며 군인처럼 나란히 걸어 들어오더니 주검을 시트로 싸맸고, 치우기까진 또 한참이 걸렸다. 그사이 날이 더 밝아와 나는 '57번'을 제대로 살펴볼 수 있었다. 아닌 게 아니라 나는 아예 모로 누워 그를 바라보았다. 묘한 건 내가 죽은 유럽 사람을 본 게 그때가 처음이었다는 사실이다. 나는 그 전에도 죽은 사람을 많이 보았지만, 전부 아시아인이었고 대개는 험하게 죽은 사람들이었다. '57번'의 눈은 여전히 반쯤 뜨여 있었고, 입도 벌어져 있었으며, 조그만 얼굴은 고통을 표현하듯 일그러져 있었다. 그런데 무엇보다 인상적이었던 건 그의 낯빛이 새하얗다는 점이었다. 전에도 창백하긴 했지만 이제는 시트보다 약간 짙은 정도였던 것이다. 그 조그맣고 일그러진 얼굴을 응시하고 있자니, 곧 실려 나가 해부실 안치대에 부려질 이 혐오스러운 폐물덩어리가 이른바 '자연사'의 한 사례라는 사실이 문득 떠올랐다. 연도 連禱[3] 때 기원하는 그 죽음 말이다. 그러자 앞으로 20년, 30년, 40년 뒤에 우리를 기다리고 있는 게 바로 여기 있다는 생각도 들었다. 그것은 운 좋은 사람들, 즉 늙을 때까지 사는 사람들이 맞이하는 죽음이었다. 사람은 물론 살고 싶어 하며, 죽음에 대한 두려움 덕분에 계속 살아가는 게 사실이다. 하지만 그때 이후로 나는 험하게, 그리고 너무 늦지 않았을 때 죽는 게 낫다는 생각을 하게 되었다. 사람들은 전쟁의 참상에 대해 얘기하곤 하는데, 인간이 만들어낸 무기치고 서민이 병으로 죽어가는 참혹함에 근접이라도 하는 게 있을까? '자연사'란 정의상 더디고 냄새나고 고통스러운 무엇이어야 하는 것인지

---

[3] litany. 사제가 먼저 기원을 하면 회중이 정해진 응답을 하는 형식을 반복하는 공동 기도.

도 모른다. 그리고 자연사를 하더라도 공공시설이 아니라 자기 집에서 죽음을 맞을 수 있다면 질적으로 다른 일이다. 거의 다 타버린 초처럼 깜빡깜빡하다 꺼져버린 그 가련한 노인은 임종하는 사람 하나 없을 정도로 하찮았다. 그는 숫자 하나에 불과했으며, 의대생들의 해부 '교재'일 뿐이었다. 그리고 그런 장소에서, 아무나 다 보는 데서 죽어가는 비참함이란! X병원은 병상들끼리 다닥다닥 붙어 있었고, 가림막도 없었다. 가령 한동안 나와 발을 맞대다시피 하고 지내던, 이불만 닿아도 아파서 비명을 지르던 그 작은 사람처럼 죽어간다고 생각해보라! 나는 감히 그가 마지막으로 남긴 말이 '오줌 나온다!'였을 것이라고 말하겠다. 죽어가는 사람들은 그런 것 따위엔 신경 쓰지 않는지도 모른다. 적어도 그게 일반적일 것이다. 그러나 죽어가는 사람도 마지막 하루 남짓은 정신이 제법 멀쩡한 경우가 많은 게 사실이다.

  병원의 공중 병동에서는 자기 집에서 죽을 수 있는 사람들에게선 접하기 힘든 끔찍한 광경을 보게 된다. 어떤 질병들이 꼭 소득수준이 낮은 사람들만 공격하기라도 하듯 말이다. 하지만 내가 X병원에서 본 것들 중 일부는 영국의 어떤 병원에서도 보기 어려울 것이다. 예컨대 아무도 지켜보지 않고 관심도 갖지 않아 아침까지 죽은 줄도 모를 정도로, 말하자면 사람이 무슨 짐승처럼 죽어가는 일이 내가 있는 동안 한 번만 있었던 게 아니다. 영국에선 그런 광경을 보기가 확실히 어려우며, 다른 환자들이 다 보도록 시신을 방치해두는 모습은 더욱 보기 어려울 것이다. 나는 영국 시골의 어느 작은 병원에서 다른 환자들과 차를 마시고 있는 사이 한 남자가 죽었던 일을 기억하고 있다. 그때 병동엔 나를 비롯한 환자가 여섯뿐이었는데, 간호사들이 어찌나 기민하게 일 처리를 했던지 우리는 티타임이 끝날 때까지도 사람 하나가 죽고 그 시신이 깨끗이 치워졌다는 얘기조차 듣지 못했다. 아마도 우리가 영국에 대해 과소평가하는 것 가운데 하나는 양질의 교육과 엄한 훈련을 받은 간호사들이 많은 득을 본다는 점일 것이다. 물론 영국의 간호사들도 꽤 답답한 구석이 있다. 그들은 찻잎을 가지고 점을 치거나, 국기 배지를 달거나, 자기 집 벽난로 위에 여왕의 사진을 놓아두거나 하는 사람일 수도 있다. 하지만 적어도 그들은 순전히 게으른 탓에 침대보를 갈지도 않은 병상에다 환자를 씻기지도 않은 채 변비에 시달리도록 방치하지는 않는다. X병원의 간호사들은 여전히 갬프 부인[4] 같은 면모가 있었으며, 나중에 나는 스페인 공화군 편 군인병원 몇 곳에서 체온 재는 법을 모를 정도로 무지한 간호사들도 볼 수 있었다. 영국에서는 X병원만큼 불결한 곳도 찾아볼 수 없을 것이다. 나중에 혼자 화장실에 가서 씻을 수 있을 만큼 나았을 때에, 나는 커다란 상자에다 병동에서 나온 온갖 음식 쓰레기며 더러운 붕대를 팽개쳐둔 것을 발견했고, 벽판에 귀뚜라미가 우글우글한 것도 보았다.

  나는 옷을 되찾고 걸어 다닐 정도가 되자마자, 때가 되어 정식으로 퇴원을 하기 전에 X병원을 탈출해버렸다. 그곳이 내가 탈출한 유일한 병원인 건 아니었다. 하지만 그 음침함과 삭막함, 불쾌한 냄새, 그리고 무엇보다도 그 병원 특유의 묘한 정서적 분위기는 내 기억 속에 예외적인 것으로 남아 있다. 내가 그

---

[4] Mrs Gamp. 디킨스의 소설 『마틴 추즐위트Martin Chuzzlewit』(1843)에 등장하는 간호사로, 산파 일도 하고 염습 일도 하는 뚱뚱한 알코올중독자.

병원에 간 것은 그곳이 내가 거주하는 지구에 있었기 때문이며, 나는 입원한 뒤에야 그곳 평판이 좋지 않다는 걸 알 수 있었다. 내가 나오고서 1~2년쯤 뒤에는 저명한 사기꾼인 아노 Hanaud 부인이 수감 중에 병이 들어 X병원으로 실려 갔다가, 며칠 뒤 간수들을 용케 따돌리고 택시를 타고서 교도소로 돌아가서는 감옥이 더 편하다는 말을 했다고 한다. X병원은 그 시절에도 프랑스에서 꽤 별난 병원이었던 게 분명하다. 거의 대부분이 노동자인 그곳 환자들은 놀라울 정도로 체념적이었다. 그들 중 일부는 그만하면 지낼 만하다고까지 여기는 것 같았다. 적어도 두 사람은 겨울을 나기 좋겠다는 생각으로 입원한 가난한 꾀병 환자였던 것이다. 간호사들은 알면서도 모르는 체 했는데, 꾀병 환자들이 허드렛일을 자청함으로써 도움이 되었던 까닭이다. 하지만 대다수의 태도는 이런 것이었다. '물론 여긴 형편없는 곳이다. 하지만 더 이상 뭘 기대하겠는가?' 그들에게는 새벽 5시에 깨워져 세 시간을 기다린 후에 멀건 수프를 먹는 것으로 일과를 시작해야 하는 것도, 아무도 곁에 있어주지 않는 가운데 사람이 죽어야 하는 것도, 심지어 치료받을 기회조차 의사가 지나칠 때 얼마나 눈길을 잘 끄느냐에 달려 있다는 것도 별난 일이 아니었다. 그들이 살아온 바에 따르면 병원이란 으레 그런 곳이었다. 심각하게 아프면, 그리고 자기 집에서 치료를 받을 만한 형편이 못 되면 병원에 가야 하는 것이고, 일단 병원에 가면 군대에 간 기분으로 거칠고 불편한 환경을 감수해야 한다는 것이다. 그런데 무엇보다 흥미로웠던 건, 지금 영국인의 기억에선 거의 사라져버린 옛이야기들, 이를테면 순전히 호기심 때문에 메스를 들이대거나 마땅한 권한을 위임받기도 전에 수술부터 해버리는 걸 즐겁게 여기는 의사에 대한 이야기들을 내가 여전히 조금은 믿고 있음을 알게 되었다는 점이다. X병원에선 목욕탕 바로 너머에 작은 수술실이 있다는 비밀스러운 소문과 함께, 그 방에서 끔찍한 비명이 들린다는 얘기가 있었다. 그런 얘기들이야 사실임을 입증할 만한 것도 없었고 전부 헛소리인 게 분명해 보였지만, 나는 의대생 둘이 16세 소년 하나를 죽이는 건 분명히 목격했다. 아니면 거의 죽였다고 해야 할 텐데(내가 병원을 나올 때 죽어가고 있었지만 나중에 회복되었을 수도 있으니), 아무튼 유료 환자한테는 절대 해볼 수 없었을 장난기 어린 실험을 했던 것이다. 내가 어릴 때만 해도 런던에는 일부 큰 병원에서 해부용 교재를 구하느라 환자를 일부러 죽이기도 한다는 소문을 믿는 사람들이 꽤 있었다. 나는 X병원에서 그런 소문을 들어본 적은 없지만, 만일 그런 얘기가 돌았다면 환자들 중 일부는 그럴싸하다 여겼으리라 생각한다. 그 병원은 운영 방식이 그렇진 않았지만 어딘가 19세기 분위기를 풍기는 곳이었고, 나는 거기서 묘한 흥미를 느꼈다.

지난 50여 년 동안 의사와 환자의 관계엔 큰 변화가 있었다. 19세기 후반이 되기 전까지는 어떤 문학책을 봐도 병원은 거의 감옥에 가까운, 그것도 옛날식 지하 감옥에 가까운 무엇으로 묘사되는 게 보통이었다. 거기서 병원은 불결과 고문과 죽음의 장소, 달리 말해 무덤의 곁방 같은 곳이었다. 가난에 찌든 사람이 아니고선 그런 곳에 치료를 받으러 갈 생각을 하지 않았다. 특히 19세기 초에는 의학이 전보다 더 발전하지는 않았으면서도 더 대담해지기는 하여, 의사 노릇이란 것 자체를 보통 사람들이 몹시 두려운 눈으로 바라보았다. 그중에서도 외과 수술은 유달리 소름 끼치는 사디즘의 한 형태로 받아들여졌고, 시체 도굴꾼의 도움 없인 불가능했던 해부는 강령술降靈術과 혼동이 될 정도였다. 19세기엔 또 의사나 병원과 관련된 호러 문학을 많이 접할 수 있었다. 노망이 든 가련한 조지 3세[5]가 자신의 외과 의사들이 "졸도할 때까지 피를 뽑겠다"며 다가오는 것을 보고 비명을 지르며 자비를 구하는 장면을 생각해보라! 그냥 패러디로만 보기 힘든 밥 소여와 벤저민 앨런의 대화를, 『패주』와 『전쟁과 평화』의 야전병원을, 멜빌의 『화이트재킷』에 나오는 끔찍한 절단 수술 장면을 떠올려보라![6] 19세기 영국 소설들에 나오는 의사들에게 붙여진 슬래셔, 카버, 소이어, 필그레이브 등과 같은 이름들을, 그리고 '소본스'처럼 우스꽝스러운 만큼 잔인한 일반적인 별칭을 생각해보라.[7] 수술에 반대하는 정서를 가장 잘 묘사한 것은 아마도 테니슨의 시 「아동병원」일 것이다. 1880년쯤 쓰인 것으로 보이지만 마취제인 클로로포름 이전 시대를 그린 이 시는, 테니슨이 포착한 관점 때문에 더욱 주목할 만하다. 마취제 없는 수술이 어떠했을지, 그게 얼마나 끔찍한 일이었을지 생각해보면, 그런 짓을 한 사람들의 동기를 의심하지 않기가 어렵다. 학생들이 그토록 해보고 싶어 하던 이 끔찍스러운 짓은("슬래셔가 하면 정말 볼 만하겠지!") 다분히

---

5 George III(1738~1820). 하노버 왕가의 세 번째 왕으로서 60년의 재위(1760~1820)를 누리며 장수했다.

6 Bob Sawyer와 Benjamin Allen은 디킨스의 첫 소설 『피크윅 보고서 The Pickwick Papers』(1836)에 등장하는 의대생들. 『패주 La Débâcle』(1892)는 보불전쟁을 배경으로 하는 에밀 졸라의 소설. 『화이트재킷 White-Jacket』(1850)은 멜빌이 해군 병사로서의 항해 경험을 바탕으로 쓴 고발적인 소설.

7 각각 난도질하고 slash 썰고 carve 톱질하고 saw 무덤을 채우는 fill grave 사람을 뜻하며, 'sawbones'는 뼈를 톱질하는 사람, 즉 의사 중에서도 특히 외과 의사를 지칭하는 속어이다.

376

불필요한 처치였다. 환자들이 쇼크로 죽지 않으면 대개 괴저壞疽[8]로 사망했으며, 그게 당연시되었던 것이다. 동기가 의심스러운 의사들은 지금도 종종 찾아볼 수 있다. 많이 아파본 사람이라면, 의대생들이 나누는 대화를 들어본 사람이라면 무슨 말인지 알 것이다. 그러다 마취제가 발견된 것이 전환점이 되었고, 소독약 역시 또 하나의 전환점이 되었다. 이제는 아마 세계 어디를 가도 악셀 문테가 『산 미켈레 이야기』[9]에서 묘사한 것과 같은 장면을 보기는 어려울 것이다. 중산모에 프록코트 차림의 음흉한 외과 의사가 빳빳이 풀 먹인 와이셔츠 앞부분에 피와 고름을 튀기며 칼 한 자루로 환자들의 팔다리를 차례로 썰어 수술대 옆에 쌓아두는 광경 말이다. 게다가 국민건강보험 덕분에 노동계급 환자는 가난뱅이니 별로 신경 쓰지 않아도 그만이라는 의식이 어느 정도 사라졌다. 20세기 초만 하더라도 큰 병원의 '무료' 환자들의 경우 마취제 없이 이를 뽑는 게 보통이었다. 돈도 안 내는데 마취제를 왜 쓰느냐, 하는 식이었는데, 이젠 그런 태도도 바뀌었다.

그렇다 해도 어떤 시설이든 과거의 기억이 어느 정도는 남아 있기 마련이다. 군대 막사에는 키플링의 유령들이 여전히 출몰하고, 구빈원에 들어가면 『올리버 트위스트』를 떠올리지 않을 수 없는 것이다. 병원은 본래 나병 환자와 같이 곧 죽을 부랑자들의 임시수용소로 시작되어, 줄곧 의대생들이 가난한

---

8 gangrene. 주로 팔다리의 조직이 썩는 현상으로, 환부에 혈액이 충분히 공급되지 않는 게 원인이다.

9 『The Story of San Michele』(1929). 스웨덴 출신의 의사이자 작가인 악셀 문테Axel Munthe(1857~1949)가 영어로 쓴 자전적 소설로 국제적인 베스트셀러였다. '산 미켈레'는 그가 오래 살았던 이탈리아 카프리섬에 지은 저택 이름이며, 지금은 고급 호텔이 되었다.

자들의 주검으로 기술을 연마하는 장소였다. 병원 특유의 음산한 건축양식을 보면 그 역사를 희미하게나마 감지할 수 있다. 나는 지금 영국의 어떤 병원에서 내가 받아본 치료에 대해 불만을 제기하는 게 전혀 아니다. 그보다는 사람들이 되도록이면 병원과 거리를 두려 하고, 공중 병동에 대해선 특히 더 그러는 것이 정상적인 본능이라는 건 분명히 안다는 것이다. 법적인 지위가 어떻든 간에 '수칙을 따르거나 나가거나'를 택해야 하는 입장인 경우, 자신이 받는 치료에 대한 통제력이 훨씬 떨어지며, 황당한 실험의 대상이 되지 않으리라 확신하기가 훨씬 어려워질 것임은 의심할 여지가 없다. 되도록이면 자기 집 침대에서 죽는 게 좋으며, 나다니다 갑자기 죽으면 더 좋다. 병원이 아무리 친절하고 유능하다 해도, 병원에서의 죽음은 어떤 경우든 비참하고 불쌍한 꼴을 남길 것이다. 어떤 것들은 거론하기엔 구차할 정도로 소소할지 모르지만 엄청나게 고통스러운 기억이 될 것이다. 모르는 사람들 사이에서 매일같이 누군가가 죽어가는, 급박하고 바글바글하고 비인간적인 곳에서 벌어지는 일이라 더욱 그렇다.

  병원에 대한 두려움은 극빈자들 사이에선 아직도 남아 있을 터이며, 일반인들의 경우에도 최근에 와서야 사라졌다. 그것은 우리 의식의 표피 속으로 조금만 들어가면 발견되는 어두운 일면이다. 앞에서 나는 X병원의 병동에 들어가면서 묘한 익숙함을 의식했다는 말을 했다. 그 풍경에서 내가 떠올린 것은 물론 악취가 진동하고 고통이 가득한 19세기의 병원이었고, 그것은 내가 한 번도 본 적은 없지만 사람들 사이에 전해 내려오는 이야기로 알게 된 것이었다. 그리고 무언가가, 아마도 너저분한 검은 가방을 든 검은 옷차림의 의사가, 아니면 단지 그 지독한 악취가 내 기억 속에서 20년 동안 잠들어 있었던 테니슨의 시 「아동병원」을 들추어내는 요술을 부린 것인지도 모른다. 나는 어릴 때 간호사에게 그 시를 소리 내어 읽어달라고 한 적이 있었는데, 그 간호사는 테니슨이 그 시를 쓴 당시에도 간호사 노릇을 했을지 모를 정도로 나이가 많았다. 그녀에겐 그 옛날 병원의 공포와 고통이 생생한 기억으로 남아 있었다. 우리는 그 시를 함께 읽고 들으며 몸서리쳤고, 그 뒤로 나는 그 시를 잊고 살았다. 시 제목을 들었다 해도 아무 기억도 떠올리지 못했을 것이다. 그러다 침대들이 다닥다닥 붙어 있는 어둑하고 웅성웅성한 실내를 얼핏 보자마자, 거기에 관련된 생각들이 줄줄이 엮여 나오기 시작했고, 그날 밤에는 그 시의 내용과 분위기가, 그리고 여러 구절들이 완벽하게 기억나는 것이었다.

리어, 톨스토이 그리고 어릿광대

「Lear, Tolstoy and the Fool」. 1947년 3월 〈폴레믹〉지에 게재. 런던에서 이 글을 쓴 직후인 4월에 오웰은 아픈 몸을 이끌고 두 살 된 아들 리처드와 여동생 애브릴 블레어와 함께 주라섬으로 간다. 이후 그는 약간의 경우를 제외하고는 언론에 정기적으로 기고하는 글은 더 이상 쓰지 않는다. 그리고 7월엔 결혼 직전이었던 1936년 봄부터 유지해오던 월링턴의 시골집을 포기하고 주라의 농가를 여름 거처로 이용한다.

톨스토이의 팸플릿 글들은 그의 작품 가운데 가장 덜 알려져 있으며, 그중에 셰익스피어에 대한 공격[1]은 적어도 영어 번역본으로는 구하기조차 쉽지 않은 문헌이다. 그러니 이 팸플릿에 대해 이야기하기 전에 먼저 그 내용을 요약해보는 게 도움이 될 것이다.

톨스토이는 셰익스피어가 자신에게 평생 "어찌할 수 없는 반감과 따분함"을 불러일으켰다는 말부터 시작한다. 문명 세계의 평가가 자신에게 불리하다는 걸 의식한 그는 셰익스피어의 작품들을 러시아어와 영어와 독일어로 읽고 또 읽기를 거듭했으나 "매번 같은 느낌을 받았다"고 말한다. 그것은 "반감과 지루함과 당혹감"이었다. 그러던 그는 75세가 된 마당에 셰익스피어의 전작을 역사극까지 포함하여 전부 다시 읽어보고는 이렇게 소감을 밝히고 있다.

> 나는 같은 느낌을 훨씬 더 강렬하게 받게 되었다. 하지만 이번엔 당혹감이 아니라 의심할 바 없는 확신이었다. 그것은 셰익스피어가 누리는, 그리하여 우리 시대의 작가들이 그를 모방하고 독자와 관객이 그에게서 있지도 않은 미덕을 발견할 수밖에 없도록 하는(그럼으로써 미적이고 윤리적인 이해를 왜곡시키는) 위대한 천재로서의 확고한 영광이, 모든 허위가 그렇듯 엄청난 악이라는 확신이었다.

톨스토이는 셰익스피어가 천재가 아닐 뿐만 아니라 "평균적

---

[1] 「셰익스피어와 드라마」. 1903년에 어니스트 크로스비가 쓴 또 하나의 팸플릿 『셰익스피어와 노동계급』의 서문으로 실린 글이다.(저자 원주)

인 작가"도 못 되며, 그런 사실을 입증하기 위해 『리어 왕King Lear』을 살펴보겠다고 한다. 그가 보기에 『리어 왕』은 셰익스피어의 대표작이지만, 그동안 너무 과찬을 받아왔으며, 그 점을 해즐릿이나 브라네스[2] 같은 이들을 인용함으로써 설명할 수 있다는 것이다.

이어서 톨스토이는 『리어 왕』의 플롯을 소개하면서 어딜 보나 바보스럽고 수다스러우며, 부자연스럽고, 이해하기 어렵고, 과장되고, 조야하고, 지루하다고 말한다. 뿐만 아니라 터무니없는 사건, "광적인 헛소리", "억지스러운 농담", 시대착오, 부적절함, 외설, 진부한 무대 습속陋俗[3], 그 밖의 도덕적이고도 미적인 결함이 꽉 들어차 있다고도 말한다. 어쨌거나 그는 또 『리어 왕』은 알려지지 않은 작가가 이전에 쓴 훨씬 나은 희곡 『레어 왕King Leir』을 표절한 것으로, 셰익스피어가 훔쳐다가 망쳐놓은 작품이라는 말도 한다. 톨스토이가 어떤 식으로 말하고 있는지 한 문단을 예로 들어보는 게 좋겠다. 3막 2장(리어, 켄트, 어릿광대가 폭풍우 속에 함께 있는 장면이다)을 그는 다음과 같이 요약한다.

리어는 히스 덤불 무성한 황야를 걸어다니며 자신의 절망을 표현하는 말을 한다. 그는 바람이 그들의 뺨을 때릴 정

---

[2] William Hazlitt(1778~1830)은 새뮤얼 존슨, 조지 오웰과 더불어 영문학 최고의 에세이스트로 손꼽히는 평론가로, 평론집 『셰익스피어 연극의 인물들』(1817)이 유명하다. Georg Brandes(1842~1927)는 덴마크의 저명한 평론가로, 그의 셰익스피어 연구서는 영어로 번역되어 가장 권위 있는 셰익스피어 연구 성과라는 평을 받았다.

[3] stage convention. 연극 무대와 관객 사이에 '관습'적으로 전해 내려오는 묵시적 '약속'. 이를테면 셰익스피어 연극에서는 무대 위의 모든 등장인물이 퇴장했다가 다시 나타나면 같은 무대일지라도 장소가 바뀐 것으로 간주한다.

도로 세게 불기를, 비가 모든 걸 잠기게 하기를, 번개가 그의 흰머리를 그슬리기를, 천둥이 온 세상을 납작하게 만들고 "배은망덕한 인간을 만드는" 모든 병균을 다 없애버리기를 바란다! 어릿광대는 뭔지 더 모를 소리를 계속 지껄인다. 이윽고 켄트가 등장한다. 리어는 무슨 이유에선지 이 폭풍우가 휘몰아치는 동안 범인들이 다 발각되어 유죄 선고를 받게 될 것이라고 말한다. 리어가 여전히 알아보지 못하는 동안 켄트는 오두막으로 피신하자며 그를 설득하려 애쓴다. 그 순간 어릿광대는 상황과는 아무 상관이 없는 예언을 하고, 모두 함께 자리를 뜬다.

『리어 왕』에 대한 톨스토이의 최종 판결은, 최면에 걸리지 않은 이상 그 어떤 독자도 "반감과 지루함"을 느끼지 않고는 끝까지 읽을 수 없으리란 것이었다. 뿐만 아니라 "격찬을 받는 셰익스피어의 다른 모든 드라마"의 경우도 매한가지며, "『페리클레스』, 『십이야』, 『템페스트』, 『심벨린』, 『트로일러스와 크레시다』처럼 말도 안 되게 극화한 얘기들은 거론할 것도 없다"고 했다.

『리어 왕』을 다룬 뒤, 톨스토이는 셰익스피어에 대하여 보다 일반적인 비난을 개시한다. 그는 셰익스피어에게 있는 특정 기술이 그가 배우였다는 사실과 어느 정도 관련이 있으며, 그것이 전혀 장점이 되지 못한다고 지적한다. 그는 또 셰익스피어가 등장인물을 묘사하거나 상황에 따라 말과 행동을 자연스럽게 끌어내는 능력이 없으며, 언어가 일관되게 과장되고 우스꽝스럽다고 말하기도 한다. 셰익스피어가 되는대로 떠오르는 자기 생각을 편한 대로 아무 인물의 입에다 쑤셔 넣고, "미적인 감각이라곤 철저히 결여"되어 있으며, 그의 표현은 "예술이나 시라는 것들과 아무런 공통점이 없다"고도 지적한다. 그리하여 톨스토이가 내리는 결론은 "셰익스피어는 독자가 바라는 어떠한 존재였는지는 몰라도 아무튼 예술가는 아니었다"는 것이다. 더욱이 셰익스피어의 견해는 독창적이지도 흥미롭지도 않으며, 그의 성향은 "가장 저급하며 가장 부도덕하다"고까지 말한다. 이상하게도 톨스토이는 마지막 판단은 셰익스피어의 발언이 아닌, 평론가 게르비누스[4]와 브라네스의 말을 근거로 한다. 게르비누스에 따르면(아무튼 톨스토이가 읽은 게르비누스를 말한다) "셰익스피어는 …… 사람이 '너무 선할 수 있다'고 가르쳤"으며, 브라네스에 따르면 "셰익스피어의 기본 원칙은 …… '결과가 수단을 정당화한다'는 것"이다. 여기에 톨스토이는 자신의 견해를 덧붙이는데, 셰익스피어가 가장 나쁜 유형의 호전적 애국주의자이며, 그것과 별개로 자신은 게르비누스와 브라네스가 셰익스피어의 인생관을 적절히 잘 그려냈다고 생각한다는 점이었다.

이어서 톨스토이는 다른 어디선가 좀 더 길게 표현한 바 있는 예술론을 몇 문단에 걸쳐 요약한다. 이 예술론을 훨씬 더 짧게 요약한다면, 주제와 진정성과 기교를 중시하라는 요구라 할 수 있다. 달리 말해 위대한 예술 작품은 "인류의 삶에 중요한" 주제를 다루어야 하고, 저자 자신이 진정으로 느끼는 바를 표현해야 하며, 바라는 효과를 낼 만한 기법을 사용해야 한다는

---

[4] Georg Gervinus(1805~1871). 독일의 역사가. 『헨델과 셰익스피어』라는 책을 썼다.

것이다. 그런데 셰익스피어는 세계관이 저급하고, 솜씨가 깔끔하지 못하며, 한순간도 진지할 줄을 모르니, 비난받아 마땅하다는 것이다.

그런데 여기서 어려운 문제가 발생한다. 셰익스피어가 톨스토이가 말하는 그대로라면, 어떻게 그토록 보편적인 추앙을 받을 수 있단 말인가? 아무래도 답은 일종의 집단 최면, 혹은 "유행성 연상epidemic suggestion"에 있을 수밖에 없다. 어쩐 일인지 문명 세계 전체가 혹해서 셰익스피어는 훌륭한 작가라는 생각을 하게 되었고, 반대되는 논증은 아무리 명백한 것도 아무런 인상을 남기지 못하는데, 이는 합리적인 의견이 아니라 종교적 신념에 가까운 무언가가 개입되어 있기 때문이라는 것이다. 톨스토이는 역사를 통틀어 이런 "유행성 연상"이 끊임없이 이어져왔다고 말한다. 이를테면 십자군 원정, '현자의 돌'[5]에 대한 추구, 네덜란드를 휩쓸었던 튤립 재배 열풍 등과 같은 일들이 다 그런 현상이었다는 것이다. 당대의 경우로는 드레퓌스 사건[6]을, 온 세상이 충분한 이유 없이 지나치게 흥분한 사건으로 꽤 의미심장하게 언급한다. 뿐만 아니라 새로운 정치이론이나 철학이론, 이런저런 작가, 화가, 과학자(이를테면 1903년 당시에 벌써 "잊히기 시작한" 다윈)에 대한 갑작스럽고 일시적인 열광에 대해서도 언급한다. 그리고 어떤 경우에는 전혀 무가치한 대중

---

5 philosopher's stone. 비금속을 금으로 변화시키는 힘이 있다고 연금술사들이 믿었던 가상의 물질.
6 1890년대와 1900년대 초에 프랑스를 양분했던 정치 스캔들. 유대계인 육군 대위 알프레드 드레퓌스(1859~1935)가 1894년에 반역죄 누명을 쓰고 종신형을 선고받아 유배되었다가 1906년이 되어서야 풀려난 사건으로, 당시 프랑스를 지배했던 반유대주의 정서를 잘 대변해준다.

적 우상이 여러 세기 동안 인기를 누리기도 하는데, "그런 열광은 어쩌다 유리하게 조성된 특별한 원인의 결과로서, 사회와 특히 문단에 널리 퍼져 오랫동안 유지되는 인생관과 어느 정도 부합하기에 가능한 일"이라고 설명한다. 그러면서 셰익스피어의 희곡들이 오랫동안 흠모의 대상이 된 것은 "당대와 우리 시대 상류층의 비종교적이고 비도덕적인 정신구조와 일치하기" 때문이라고 말한다.

셰익스피어의 명성이 '시작'된 정황에 대하여, 톨스토이는 18세기 말 독일 교수들의 "자극"이 있었다는 설명을 단다. 그의 명성은 "독일에서 발원한 다음 영국으로 전이됐다"는 것이다. 톨스토이의 말로는 독일인들이 셰익스피어를 띄우기로 한 것은, 이렇다 할 독일 드라마는 없고 프랑스 고전문학은 딱딱하고 인공적인 느낌을 주기 시작하던 무렵, 셰익스피어의 "기발한 장면 전개"에 사로잡히고 그에게서 자신들의 인생관이 표현되고 있음을 발견했기 때문이다. 괴테가 셰익스피어를 위대한 시인이라 칭송하자, 다른 모든 비평가들이 앵무새 군단처럼 떼를 지어 그를 따랐고, 그 뒤로 다 같이 셰익스피어에게 홀리는 현상이 지속됐다는 것이다. 그 결과 드라마는 질이 더욱 떨어졌고(톨스토이는 당대의 연극판을 힐난하면서 자신의 희곡들도 포함시키는 세심함을 발휘한다) 보편화된 도덕관은 더욱 타락하게 되었다고 그는 말한다. 이어서 톨스토이는 "셰익스피어에 대한 그릇된 찬미"가 그 자신이 싸울 의무를 느끼는 중요한 해악이라고 말한다.

여기까지가 톨스토이 팸플릿의 요지다. 이에 대한 우리의 첫 인상은, 그가 셰익스피어를 형편없는 작가로 묘사하면서 명백한 허위를 말하고 있다는 점이다. 하지만 그런 느낌을 옳다고 할 수는 없다. 사실 셰익스피어든 다른 어느 작가든 '훌륭한' 작가임을 입증할 수 있는 증거나 논거 같은 건 없기 때문이다. 마찬가지로 이를테면 워릭 디핑[7]을 '형편없는' 작가라 확실히 증명할 방법도 없는 것이다. 궁극적으론 문학작품의 가치를 판별하는 기준은 얼마나 오랫동안 살아남느냐 말고는 없다. 생존이야말로 그 자체로 다수 의견이 무엇인지를 말해주는 지표인 것이다. 톨스토이식의 예술론은 완전히 무가치한 것이다. 자의적인 가정에서 출발한 것일 뿐만 아니라, 아무렇게나 해석할 수 있는 모호한 용어들('진정한'이니 '중요한'이니 하는 말들)에 의존하기 때문이다. 정확히 말하자면 톨스토이의 공격은 '응대'를 할 수 없는 무엇이다. 여기서 흥미로운 의문이 떠오른다. 그는 왜 그런 공격을 했는가? 아울러, 그가 근거가 빈약하거나 부정직한 주장을 많이 한다는 점도 눈여겨볼 필요가 있다. 그런 주장들 중 일부를 지적할 필요가 있겠는데, 그것들이 그의 주된 공격을 무효로 만들어버리기 때문이 아니라 말하자면 악의의 증거이기 때문이다.

먼저, 그의 『리어 왕』 해석은 그가 두 번이나 주장하듯 "공평무사"한 게 아니다. 오히려 긴긴 허위 진술 행위라고 할 수 있다. 읽어보지 않은 사람을 위해 『리어 왕』을 요약해준다고 할 경우, 중요한 대사(리어가 죽은 코딜리어를 안고서 하는 대사)를 다음과 같은 식으로 소개한다면 정말 공평무사하다고 할 수 없는 게 분명하다. "리어의 끔찍한 헛소리가 또 시작되는데, 농담

---

[7] Warwick Deeping(1877~1950). 역사소설과 복고풍 낭만소설을 많이 쓴 대중작가.

에 실패하고서 그러는 것 같아 보기가 민망하다." 톨스토이는 또 자신이 비판하는 구절들을 연거푸 조금씩 바꾸거나 윤색하며, 이 때문에 구성이 더 복잡하고 어색하다거나 언어가 좀 더 과장되어 있다는 느낌을 준다. 이를테면 그는 리어가 "퇴위할 필요도 동기도 전혀 없다"고 말하는데, 리어가 퇴위하는 이유는 1막 1장에 분명히 나타나 있다(나이가 많아 국사에서 물러나고 싶다고 말하는 것이다). 톨스토이가 문맥상 충분히 이해될 만한 말을 우스꽝스럽게 만들어 대사를 의도적으로 곡해하기도 하고 의미를 슬쩍 바꾸기도 하는 경우는 앞서 인용한 구절만 봐도 알 수 있다. 이런 오독은 하나하나로는 그리 대단한 게 아니지만, 누적될수록 극이 앞뒤가 안 맞는다는 인상을 부풀리는 효과를 낳는다. 뿐만 아니라 톨스토이는 셰익스피어의 희곡들이 어째서 사후 200년이 넘도록(즉 "유행성 연상"이 시작되기 '이전'부터) 계속해서 출판되고 무대에 올려지는지를 설명하지 못한다. 그리고 셰익스피어가 명성을 얻게 된 것에 대한 그의 이야기는 전부 노골적인 허위 진술이 간간이 끼어든 어림짐작이다. 또한 그의 이런저런 비난들은 서로 앞뒤가 안 맞는 경우가 많다. 예를 들어 셰익스피어는 "진지하지 않은" 엔터테이너일 뿐이지만, 다른 한편으로는 등장인물들의 입에 계속해서 자기 사상을 담는 이라는 것이다. 그러니 전체적으로 봐서 톨스토이의 비판은 성실한 것이라 보기가 어렵다. 아무튼 그가 자신의 주된 주장을 확실히 믿었을 가능성은 없다고 봐야 한다. 달리 말해, 한 세기 혹은 그 이상의 기간 동안 문명 세계 전체가 거대하고 명백한 거짓에 놀아났고, 그런 사실을 간파한 건 자신뿐이라는 식의 주장을 스스로 믿었을 리는 만무하다. 그가 셰익스피어를 정말 싫어했다는 건 분명해 보인다. 하지만 그 이유는 그가 공언하는 바와는 어느 정도 다를지 모르겠는데, 그의 팸플릿이 흥미로운 건 바로 이 점에 있다.

여기서 독자는 그 이유가 무얼지 추측해보지 않을 수 없을 것이다. 그런데 여기엔 실마리가, 아니면 적어도 실마리를 찾아낼 수 있게 해주는 의문점이 하나 있다. 그것은 어째서 톨스토이가 서른 편이 넘는 희곡 중에 하필 『리어 왕』을 특정 표적으로 삼았느냐는 점이다. 물론 『리어 왕』은 워낙 유명하고 워낙 칭송이 자자해서 셰익스피어의 대표작으로 손꼽힐 만하다. 그렇긴 하되, 톨스토이는 적대적인 분석을 할 목적으로 자신이 가장 싫어하는 작품을 선택했을 수 있다. 그가 리어의 이야기와 자신의 경우가 비슷하다는 것을 의식적으로든 무의식적으로든 알았기 때문에 이 특정 작품에 특별한 반감을 느꼈다고 볼 수는 없을까? 그렇다면 이 실마리를 반대 방향으로 접근해보는 게 나을 것이다. 즉, 『리어 왕』이란 작품 자체를, 그리고 톨스토이가 언급하지 못한 특성들을 직접 살펴보는 접근을 해보자는 것이다.

톨스토이의 팸플릿을 읽은 영어권 독자의 눈에 제일 먼저 띄는 점 하나는, 글이 셰익스피어를 시인으로 다루지 않는다는 사실이다. 이 책자에서 셰익스피어는 극작가로 다뤄지며, 그의 인기가 위조된 게 아니라면 그 인기의 비결은 영리한 배우들에게 좋은 기회를 주는 연출에 있다는 게 톨스토이의 주장이다. 그런데 적어도 영어권 나라들만 놓고 볼 때 그런 주장은 사실이 아니다. 셰익스피어 애호가들이 가장 높이 사는 희곡들(이를테면 『아테네의 타이먼』)은 좀처럼 또는 아예 상연되지 않으며, 반면에 제일 공연하기 좋은 『한여름 밤의 꿈』 같은 작품은 제일 추앙을 덜 받는 까닭이다. 셰익스피어를 제일 좋아하는 사람들이 으뜸으로 꼽는 그의 장점은 언어 구사력이다. 이는 또 한 명의 혹독한 비판자인 버나드 쇼 같은 사람도 "저항할 수 없는" "언어 음악"으로 인정하는 바이다. 하지만 톨스토이는 그런 사실을 인정하지 않으며, 시가 해당 언어를 구사하는 사람들에게 특별한 가치가 있을 수 있다는 점을 모르는 듯하다. 그런가 하면 톨스토이의 입장이 되어 셰익스피어를 외국 시인으로 생각하려 해도 톨스토이가 빠뜨린 무언가가 있는 게 분명해 보인다. 시는 소리와 연상의 문제이기만 한 것도, 해당 언어권 밖이라고 해서 무가치한 것도 '아닌' 것 같다. 그렇지 않다면 어떤 시들이(사어死語로 된 시들을 포함해서) 경계를 넘어서도 성공하는 경우를 어떻게 설명한단 말인가? "내일은 성 밸런타인의 날" 같은 서정시는 확실히 만족스럽게 번역할 수 없겠지만, 셰익스피어의 주요 작품에는 그 말과는 별개로 시라고 할 만한 무엇이 있다. 『리어 왕』이 희곡으로서 그다지 훌륭한 편은 아니라는 톨스토이의 말은 옳다. 너무 늘어지며, 인물과 서브플롯도 너무 많다. 못된 딸은 하나만 있어도 충분했고, 에드거는 불필요한 인물이다. 사실 글로스터와 그의 두 아들은 없었으면 극이 더 나았을 것이다. 그럼에도 불구하고, 일종의 패턴이랄지 아니면 그냥 분위기랄지 하는 무언가는 복잡함과 지루한 대목에 아랑곳없이 살아남는다. 『리어 왕』은 인형극이나 마임, 발레, 혹은 그림의 연속으로 볼 수 있다. 그리고 시들 중에 일부는(아마도 가장 본질적인 일부는) 이야기 자체에 내재되어 있으며, 낱말의 특정한 조합이나 살아 있는 연기에 좌우되는 게 아니다.

눈을 감고 가능하다면 아무 대사도 떠올리지 않으면서 『리어 왕』을 한번 생각해보라. 무엇이 보이는가? 내 경우에는 이런 게 보인다. 길고 검은 옷을 걸친 위엄 있는 노인이 허연 머리와 수염을 휘날리면서 폭풍우 속을 헤매며 하늘을 저주하는 모습이다. 블레이크의 그림에 나오는 이 인물은(참으로 묘하게도 톨스토이를 꽤 닮았다) 어릿광대와 광인을 하나씩 대동하고 있다. 장면은 곧 바뀌어 같은 노인이 여전히 아무것도 이해하지 못한 채 욕을 해대며 죽은 딸을 안고 있고, 어릿광대는 배경 어디엔가 있는 교수대에 매달려 있다. 이것이 이 작품의 가장 기본적인 골격인데, 여기서도 톨스토이는 본질적인 것들 대부분을 잘라내려 한다. 그는 폭풍우는 불필요해서, 어릿광대는 그가 보기에 지겹고 성가신 존재이자 시원찮은 농담을 하기 위한 구실이라서, 그리고 코딜리어의 죽음은 극의 교훈을 앗아가는 것으로 보여서 반대한다. 톨스토이는 셰익스피어가 각색한, 이전의 희곡 『레어 왕』에 대해 이렇게 말한다.

『레어 왕』은 결말이 더 자연스럽고, 셰익스피어의 극보다 관객의 교훈적 요구에 더 근접한다. 즉 언니들의 남편들을 갈리아 왕이 정벌하고, 코딜리어가 죽는 게 아니라 레어 왕의 이전 지위를 되찾아주는 것이다.

달리 말해 이 비극은 희극이나 멜로드라마가 되었어야 한다는 것이다. 비극의 정서가 하느님에 대한 믿음과 어울리는 것인지는 확실치 않다. 단, 아무튼 인간의 존엄에 대한 불신이나

선이 승리하지 못했을 때 속았다는 느낌을 갖게 하는 "교훈적 요구" 같은 것과는 어울리지 않는다. 비극적 상황은 정확히 선이 승리하지 '못하지만' 인간이 자신을 파괴하는 힘보다 고귀하다고 여전히 느껴질 때 성립되는 것이다. 톨스토이가 어릿광대의 존재에 대해 타당한 이유를 찾지 못하는 것은 아마도 더 의미심장한 점일 것이다. 어릿광대는 이 극에 없어서는 안 될 존재이기 때문이다. 그는 다른 인물들보다 명석한 발언을 함으로써 중요한 상황을 더 명확히 인식하게 해주는 일종의 코러스 노릇을 할 뿐만 아니라, 리어의 광기를 돋보이게 한다. 그의 농담, 수수께끼, 운율 잘 맞는 말투, 그리고 리어의 고상한 어리석음에 대한 단순한 조롱에서부터 일종의 애수 띤 시("다른 칭호는 다 줘버렸잖아. 그건 당신이 가지고 태어났고."[8])에 이르는 그의 끝없는 빈정거림은 극 전체를 관통하는 분별의 시냇물과 같다. 이 시냇물은 여기선 불의와 잔혹, 음모, 기만, 오해가 판을 친다 해도 다른 어디선가는 삶이 어느 때와 별다를 바 없이 계속되고 있음을 상기시켜주는 노릇을 한다. 톨스토이가 어릿광대를 참지 못하는 것을 보면 그가 셰익스피어와 한층 깊은 싸움을 벌이고 있다는 것을 언뜻 감지할 수 있다. 그가 셰익스피어 극의 거친 면모에, 엉뚱함에, 허황된 구성에, 과장된 언어에 반대하는 것은 어느 정도 정당하다. 그런데 그가 근본적으로 가장 싫어하는 점은 일종의 생기발랄함인지도 모른다. 그것은 쾌락이라기보다는 인생살이에 흥미를 느끼는 경향을 말한다. 그렇다고 톨스토이를 예술가를 공격하는 도덕가로 폄하해버린다면

---

[8] 1막 4장에서 어릿광대가 리어를 교묘히 조롱하자 리어가 "너 나를 바보라고 부르는 거냐?"라고 한 데 대한 대답. 리어는 타고난 바보라는 뜻이다.

오산이다. 그는 예술이 그 자체로 악하거나 무의미하다는 말을 한 적이 전혀 없으며, 뛰어난 기량이 중요하지 않다고 말한 적도 없다. 하지만 그가 주로 추구한 바는, 만년에 와서는 인간 의식의 범위를 좁히는 것이었다. 흥미는, 물질세계에 대한 애착은, 나날의 노고는 가능한 한 적어야 한다는 것이다. 문학은 세부 묘사가 제거되고 언어와는 거의 상관없는 우화로 이루어져야 한다는 것이다. 이 우화는 그 자체로 예술 작품이어야 하지만(이 점에서 톨스토이는 진부한 일반 청교도와 다르다) 쾌락과 호기심이 제거된 것이어야 한다. 과학 역시 호기심과는 분리된 것이어야 한다. 그는 또 과학의 임무는 무슨 일이 벌어지는지를 알아내는 게 아니라 사람들에게 어떻게 살아야 하는지를 가르쳐주는 것이라고 말한다. 그것은 역사와 정치의 경우에도 마찬가지다. 그는 많은 문제들을 굳이 해결할 가치가 없다고 여기며(일례로 드레퓌스 사건도 그렇게 본다), 때문에 문제들을 기꺼이 미해결 상태로 남겨두려 한다. 실제로 십자군 원정이나 네덜란드의 튤립 재배 열풍 같은 일들을 뭉뚱그려 보는 그의 "열광" 혹은 "유행성 연상"의 이론은, 인간의 여러 활동을, 이리저리 분주히 오가는 불가해하고 재미없는 개미의 움직임 같은 것으로 보려는 경향을 보인다. 확실히 그는 셰익스피어처럼 혼란스럽고 세밀하고 산만한 작가를 참지 못한다. 그의 반응은 시끄러운 아이한테 들볶이는 성마른 노인의 그것 같다. "너 왜 자꾸 펄쩍펄쩍 뛰어다니냐? 왜 나처럼 가만히 앉아 있질 못하지?" 노인은 한편으로는 옳다. 하지만 문제는 노인이 잃어버린 감각을 아이는 팔다리로 느낀다는 점이다. 그리고 그런 느낌이 있다는 걸 안다면 노인은 짜증만 늘게 될 것이며, 가능하면 아이를 노인처럼 만들어버리려고 할 것이다. 어쩌면 톨스토이는 자신이 셰익스피어에 대해 놓치고 있는 것이 정확히 '무엇'인지는 몰라도, 무언가를 놓치고 있다는 것은 알고 있어서, 남들도 그것을 놓치게 하려고 작심한 것인지도 모른다. 그는 천성이 독선적인 만큼 오만하기도 했다. 그는 성인이 된 뒤에도 화가 나면 하인을 때리곤 했고, 영국인 전기 작가인 데릭 레온에 따르면 그보다 좀 더 시간이 흐른 뒤에는 "조금만 화가 나도 마음에 안 드는 사람의 뺨을 갈기고 싶은 욕구를 자주" 느꼈다고 한다. 그런 유의 기질은 종교적인 회심을 한다 해도 반드시 없어지는 게 아니다. 그리고 사실 거듭났다는 착각을 하게 되면 타고난 악이 더 교묘한 형태로 전보다 더 자유롭게 활개를 칠 수도 있다. 톨스토이는 물리적 폭력을 포기할 수 있었고 그게 무엇을 의미하는지를 알 수 있었지만, 관용이나 겸손을 수용할 능력은 없었다. 그리고 그의 다른 저작에 대해 전혀 모르는 사람도 이 팸플릿 하나만 보면 그가 정신적으로 악당 기질이 있다는 점을 유추해낼 수 있다.

그런데 톨스토이는 자신이 공감할 수 없는 쾌락을 남들에게서 앗아가는 데 그치지 않는다. 그는 실제로 남들에게서 쾌락을 앗아가며, 그럼으로써 셰익스피어와의 싸움을 더 크게 벌인다. 그것은 삶에 대한 종교적 태도와 인본주의적 태도 사이의 싸움이다. 여기서 우리는 『리어 왕』의 중심 테마로 되돌아가게 되는데, 톨스토이는 구성은 제법 자세히 설명하면서도 이 테마에 대해서는 언급하지 않는다.

『리어 왕』은 셰익스피어의 희곡들 중에서도 확실히 무언가에 '대해' 쓴 소수의 작품들 중 하나다. 톨스토이가 정당하게 불평하는 바와 같이, 철학자니 심리학자니 "위대한 도덕 교사"니 하는 등등으로서의 셰익스피어에 대해서는 쓰레기 같은 글이 상당히 많이 쓰였다. 셰익스피어는 체계적인 사상가가 아니었고, 그의 가장 진지한 사상은 엉뚱하거나 간접적인 방식으로 표현되곤 한다. 그리고 우리는 그가 어느 정도까지 어떤 '의도'를 갖고 글을 썼는지, 심지어 그의 것이라고 하는 작품들 중 얼마만큼이 정말 그가 쓴 것인지도 알지 못한다. 그는 자신이 쓴 소네트(14행시)에서 배우로서의 자기 직업에 대해 부끄러워하며 언급하면서도, 자신의 업적의 일부인 희곡에 대한 언급은 전혀 하지 않는다. 그가 자기 희곡 중 적어도 절반은 단순한 돈벌이 수단으로만 생각했으며, 대개 훔쳐 온 소재를 바탕으로 무대에 올려도 될 만한 얘깃거리를 엮어낼 수만 있다면 의도나 개연성 따위는 거의 개의치도 않았을 가능성은 다분하다. 하지만 그게 다는 아니다. 먼저, 톨스토이 자신이 지적한 바와 같이, 셰익스피어는 온갖 주제넘은 상념들을 등장인물들의 입에 억지로 욱여넣는 버릇이 있다. 이는 극작가로선 심각한 결함이긴 하지만, 그렇다고 셰익스피어를 나름의 견해라곤 없고 최소한의 노력으로 최대한의 효과를 내려고만 하는 속된 글쟁이로 보는 톨스토이의 그림과 맞아떨어지지는 않는다. 더구나 그의 희곡들 중 주로 1600년 이후에 쓴 여남은 편은 의심할 바 없이 의의도 있고 교훈까지 갖춘 것들이다. 그것들은 경우에 따라 한 단어로 압축될 수 있는 주제를 중심으로 삼고 있다. 이를테면 『맥베스』는 야망을, 『오셀로』는 질투를, 『아테네의 타이먼』은 돈을 다루고 있는 것이다. 『리어 왕』의 주제는 포기이며, 셰익스피어가 무슨 말을 하는지 이해할 수 없다는 건 일부러 눈을 감고 있다는 말밖에 되지 않는다.

  리어는 왕좌를 버리지만 모두가 자신을 계속해서 왕으로 대접해주기를 바란다. 그는 자신이 권력을 넘겨주면 남들이 그의 약점을 이용하리란 걸 알지 못한다. 그리고 아첨을 제일 많이 하는 이들, 즉 리건과 고너릴이 바로 그에게 등을 돌릴 자들이란 것도 알지 못한다. 그는 더 이상 사람들을 이전처럼 복종하게 만들 수 없다는 걸 알게 되는 순간, 톨스토이가 "이상하고 부자연스러운"이라 표현하는 격노에 빠져드는데, 실은 확실히 리어다운 반응이다. 그는 광기와 절망 속에서 역시 그 상황에 충분히 자연스러운 두 가지 기분을 맛보게 된다(둘 중 한 경우에 그는 셰익스피어 자신의 견해를 어느 정도 대변하는 노릇을 하긴 하지만). 하나는 리어가 말하자면 왕이었던 것을 후회하며 형식적인 정의와 속된 도덕이 썩은 것임을 처음으로 깨달을 때 맛보는 혐오감이다. 또 하나는 자신을 홀대한 자들에게 상상의 복수를 하는 부질없는 분노다. "붉게 타는 쇠꼬챙이 든 일천 악마, 획획 날아 그것들을 덮쳤으면!"[9] 다음의 구절도 복수심을 표현한 것으로 유명하다.

    이 천으로 말들에게 신발을 만들어 신기면
    기막힌 계략이 될 게야. 시험 한번 해보고
    요 사위 놈들에게 조용히 다가가서
    죽여, 죽여, 죽여, 죽여, 죽여![10]

---

9 3막 6장. "그것들('em)"은 배신한 두 딸을 말하는 것으로 보인다.
10 4막 6장.

그는 마지막에 가서야 제정신이 들어서는 권력도, 복수도, 승리도 부질없다는 것을 깨닫는다.

> 아니, 아니, 아니, 아니! 자, 감옥으로 가자꾸나
> ······
> 잘난 것들 패거리 차고 기우는 꼴들 보며,
> 우리 그 속에서 견뎌내겠지.[11]

하지만 이런 발견을 할 무렵, 때는 너무 늦었다. 그와 코딜리어의 죽음은 이미 결정되어 있는 것이다. 이건 그럴싸한 이야기고, 전개 방식이 좀 서투르긴 해도 대단히 훌륭한 이야기다.

그런데 이 이야기는 묘하게도 톨스토이 자신의 개인사와 비슷하지 않은가? 여기에는 외면하기 힘든 전반적인 유사성이 있으니, 톨스토이의 인생에서 가장 인상적인 사건은 리어처럼 대가 없이 엄청난 것을 포기하는 행위였던 것이다. 그는 노년에 땅과 작위와 저작권을 버렸으며, 특권적인 지위에서 벗어나 농민으로 살려는 시도를 했다(성공하진 못했어도 진지한 시도였다). 그런데 더 깊은 유사성은 톨스토이가 리어처럼 잘못 헤아린 동기에 따라 행동했다가 바라던 결과를 얻지 못했다는 점이다. 톨스토이에 따르면 모든 인간의 목표는 행복이며, 행복은 하느님의 뜻대로 함으로써만 얻을 수 있다. 그런데 하느님의 뜻대로 행한다는 건 모든 속된 쾌락과 야심을 포기하는 것, 그리고 남을 위해서만 사는 것을 뜻한다. 따라서 톨스토이는 궁

---

11 5막 3장.

극적으로 그렇게 하면 자신이 더 행복해지리라는 기대를 하고서 속세를 버린 것이었다. 그러나 그의 만년에 관해 확실한 게 하나 있다면, 그가 행복하지 '않았다'는 점이다. 오히려 그는 자신을 대하는 주변 사람들의 행동을 보고 거의 미칠 지경이 되었는데, 그들은 바로 그의 포기 행위 때문에 그를 괴롭혔다. 리어와 마찬가지로 톨스토이는 겸손하지도 성격이 원만하지도 않았다. 그는 농민의 블라우스를 걸치고 있을지언정 순간순간 귀족의 거동으로 되돌아가고 싶은 충동을 느끼곤 했으며, 리건과 고너릴의 경우처럼 충격적인 정도는 아니었어도 믿었던 두 자식으로부터 결국 배신을 당하기까지 했다. 성애에 대한 과장된 반감 역시 리어의 경우와 분명히 비슷했다. 결혼은 "예속이요 포만이요 혐오"이며 "추함과 더러움과 악취와 아픔" 비슷한 무엇을 견디는 일이라고 한 톨스토이의 발언은 리어의 유명한 격분과 상통한다.

> 그러나 허리띠까지만 신들이,
> 그 아래는 모조리 악마들이 소유했어.
> 거기엔 지옥이, 어둠이, 유황불 구덩이가 있어.
> 타고, 지지고, 악취에 부패에! ……[12]

또한 톨스토이는 셰익스피어에 대한 에세이를 쓸 때는 예견하지 못했겠지만, 인생의 결말에 있어서도 리어의 환영을 연상하게 하는 부분이 있다. 믿을 만한 딸 하나만 데리고 갑자기 집

---

12 4막 6장.

을 떠나 들판을 헤맸고, 낯선 시골 마을의 조그만 집에서 숨을 거두었던 것이다.

물론 톨스토이가 이런 유사성을 알고 있었다거나, 그런 점을 지적받았다면 인정했으리라고 단정할 수는 없다. 하지만 『리어 왕』에 대한 그의 태도는 극의 주제에 영향을 받은 게 분명하다. 권력을 버리는 것, 땅을 내놓는 것은 그가 상당한 관심을 가질 만한 주제였다. 아마도 그래서 그는 그의 인생과 밀접한 관련이 없는 다른 희곡(이를테면 『맥베스』)의 경우에 비해 리어를 통해 셰익스피어가 이끌어낸 교훈에 대해 더 화가 나고 불편해졌을 것이다. 그렇다면 『리어 왕』의 교훈은 과연 무엇인가? 눈에 띄는 두 가지 교훈이 있는데, 하나는 노골적으로 드러나 있고 또 하나는 이야기 속에 암시되어 있다.

셰익스피어는 스스로를 무력화하는 건 공격을 자초하는 일이라는 가정에서부터 출발한다. 이는 '모두'가 그 사람에게 등을 돌린다는 게 아니라(켄트와 어릿광대는 처음부터 끝까지 리어 곁을 지킨다) '누군가'는 그럴 가능성이 다분하다는 뜻이다. 스스로 무기를 던져버리면 덜 양심적인 누군가가 그것을 집어들게 마련이라는 것이다. 다른 쪽 뺨을 대어주면, 처음 맞은 것보다 더 센 손찌검을 당하게 된다는 것이다. 반드시 그런 건 아니지만 충분히 예상할 만한 일이며, 그렇게 된다 해서 불평할 수 없는 노릇이다. 두 번째로 얻어맞는 건 말하자면 다른 쪽 뺨을 대어주는 행위의 일부이다. 그래서 어릿광대는 우선 통속적이지만 상식적인 교훈을 끌어내는 것이다. "권력을 내놓지도, 땅을 줘버리지도 마시라." 그렇다면 또 하나의 교훈은 무엇일까. 셰익스피어는 그걸 여러 마디로 표현하는 법도 없고, 그가 그

걸 확실히 인식하고 있긴 했는지가 그리 중요한 것도 아니다. 그것은 결국 그가 만들어낸, 혹은 그가 뜻하는 바대로 개작한 이야기에 녹아 있는 것으로 다음과 같이 풀이할 수 있다. "원한다면 땅을 줘버리되 그렇게 함으로써 행복해지려고 하지는 말라. 행복을 얻지 못할 수도 있다. 남을 위해서 살 것이면 '남을 위해서만' 살아야 한다. 우회적으로 자신을 위하는 수단이어서는 안 된다."

분명히 어느 결론도 톨스토이에게 달갑지 않았을 것이다. 처음 것은 톨스토이가 진정으로 벗어나고자 애쓰던 범속하고 천박한 이기주의다. 두 번째 것은 케이크를 먹고도 싶고 갖고도 싶은, 즉 자신의 이기심을 깨어버리고 싶기도 하고 그렇게 함으로써 영생을 얻고 싶기도 한 욕구와 상충된다. 물론 『리어왕』은 이타주의를 지지하는 설교가 아니다. 그저 이기적인 이유 때문에 자기부정을 행할 때 벌어질 수 있는 일을 지적할 뿐이다. 셰익스피어는 상당히 세속적인 성향을 보인 사람이었고, 만일 자기 희곡에서 누구의 편을 들 수밖에 없는 입장이었다면 아마 어릿광대에 공감하는 쪽을 택했을 것이다. 하지만 적어도 그는 전체를 볼 수 있었고, 그것을 비극의 차원으로 다룰 수 있었다. 악은 처벌받되 선은 보상받지 않는다. 셰익스피어 후기 비극들의 교훈은 일반적인 의미에서 종교적이지 않으며, 확실히 기독교적이지도 않다. 시대 배경이 기원후라는 가정을 하고 있는 작품은 『햄릿』과 『오셀로』 둘 뿐인데, 이 두 작품 중에서도 『햄릿』에 나오는 유령의 좀 우스꽝스러운 행동들을 제외하면 만사에 정의가 실현되는 '내세'를 가리키는 부분은 없다. 이들 비극은 전부 인생이 슬픔으로 가득하긴 해도 살 만한 가치가 있으며 인간은 고귀한 동물이라는 인본주의적 가정에서 출발하는데, 이는 노년의 톨스토이가 동의하지 않았던 믿음이다.

톨스토이는 성인聖人은 아니었지만 성인이 되기 위해 몹시 노력했으며, 그가 문학에 적용한 기준은 탈속적인 것이었다. 성인과 범인의 차이는 정도가 아닌 부류의 차이라는 점을 이해하는 게 중요하다. 달리 말해 범인을 성인의 불완전한 형태로 봐서는 안 된다는 것이다. 그런데 아무튼 톨스토이가 생각하는 유의 성인은 속세의 삶을 개선하려고 하지 않는다. 그는 그런 삶을 끝내고 그 대신에 다른 걸 갖다 놓으려고 한다. 그런 태도를 확실히 표현해주는 것이 결혼보다는 금욕적 독신 생활이 더 '고매'하다는 주장이다. 톨스토이는 사실상 우리가 번식과 싸움과 투쟁과 향유를 그만둘 수만 있다면, 우리의 죄뿐만 아니라 우리를 지상에 묶어두는 다른 모든 것들(한 인간을 다른 인간보다 편애한다는 일반적인 의미에서의 사랑을 포함해서)을 제거할 수만 있다면, 모든 고통스러운 생의 과정은 끝나버리고 하늘나라가 이루어질 것이라고 말한다. 하지만 정상적이고 평범한 인간은 하늘나라를 원치 않는다. 지상에서의 삶이 계속되기를 바라는 것이다. 그것은 그가 '나약'하거나, '죄'가 많거나, '재미' 보기를 갈망하기 때문만은 아니다. 대부분의 사람들은 살면서 꽤 많은 즐거움을 누리지만, 전체적으로 볼 때 인생은 고통이며 아주 어리거나 아주 어리석은 자들만이 달리 생각한다. 궁극적으로 봐서 이기적이고 쾌락주의적인 건 기독교적 태도다. 그런 태도의 목적은 언제나 속세 생활의 고통스러운 투쟁을 벗어나는 것이며, 일종의 천국이나 열반 속에서 영원한 평화를 찾겠다는 것이기 때문이다. 그에 비해 인본주의적 태도는 투쟁이 계속되어야 하며, 죽음은 삶의 대가라고 본다. "사람은 오는 것도 그랬듯 가는 것도 견뎌야 합니다. 다 때가 있겠지요"[13]라고 하는 태도는 비기독교적 정서다. 인본주의자와 신앙인 사이에 휴전이 이루어지는 경우도 종종 있는 듯하지만, 두 입장은 사실 화해할 수 있는 게 아니다. 이 세상 아니면 저세상을 택해야만 하는 것이다. 그리고 문제의 본질을 이해한다면, 대부분의 인간은 이 세상을 택하게 되어 있다. 다른 어디선가 존재의 새로운 임대계약을 얻을 희망 때문에 타고난 능력을 불구로 만드는 대신 일하고, 번식하고, 죽어가기를 계속한다면, 그들은 이 세상을 택할 것이다.

우리는 셰익스피어의 종교적 신념에 대해서는 별로 알지 못하지만, 그가 쓴 글들로 보건대 그가 어떤 신앙을 가졌다고 증명하기는 어려울 것이다. 아무튼 그는 성인도 아니었고 성인이 되고자 하는 이도 아니었다. 그는 인간이었으며, 어떤 의미에서 썩 훌륭한 인간은 아니었다. 이를테면 그는 부자나 권력자에게 인정받고 싶어 했고, 그들에게 대단히 비굴하게 아첨할 줄 알았던 게 분명하다. 그는 또 인기 없는 견해를 밝힐 때면 비겁하다고 할 순 없어도 확연히 조심스러운 태도를 취한다. 또한 자신과 동일시될 만한 등장인물에겐 전복적이거나 회의적인 대사를 주는 법이 없다. 그의 희곡들을 통틀어 예리한 사회 비판자들, 즉 일반적으로 받아들여진 오류에 속아 넘어가지 않는 이들은 어릿광대나 악한이나 광인, 또는 제정신이 아닌 척하거나 광기에 휩싸인 상태에 있는 사람들이다. 『리어 왕』은

---

13 5막 2장 끝부분. 위장한 에드거가 자살하려는 아버지 글로스터를 유인하며 죽음에 대해 이야기하는 명대사.

그런 경향이 특히 더 돋보이는 희곡이다. 이 작품에는 위장된 사회 비판이 아주 많은데(톨스토이가 놓치고 있는 점이다) 모두 어릿광대나 미친 척할 때의 에드거, 아니면 광증에 휩싸일 때의 리어에 의해 발설된다. 제정신일 때의 리어는 재치 있는 말을 거의 한마디도 하지 않는다. 그런데 셰익스피어가 그런 눈가림을 해야 했던 사실 자체가 그의 사고력이 얼마나 폭넓었는지를 말해준다. 그는 거의 모든 것을 논평하지 않고는 견딜 수 없었고, 그러자니 계속해서 이런저런 가면을 써야 했다. 셰익스피어를 주의 깊게 읽어본 사람이라면 하루라도 그를 인용하지 않고 지내기가 쉽지 않다는 걸 알 것이다. 왜냐하면 꽤 중요한 문제들 중에서, 그가 체계적이진 않아도 이해하기 좋은 방식으로 어디선가 논하지 않은, 또는 언급하지 않은 문제는 별로 없기 때문이다. 심지어 그의 희곡들 여기저기에 흩어져 있는 엉뚱한 부분들(말장난과 익살, 숱한 명칭들, 『헨리 4세』에서 짐꾼들의 대화 형태로 소개되는 르포의 발췌, 음담패설, 잊힌 발라드를 되살린 파편들)도 실은 넘치는 활력의 산물이다. 셰익스피어는 철학자도 과학자도 아니었지만 호기심만은 대단했다. 그는 지상을, 인생의 과정을 사랑했다. 이는 재미를 보고 가능한 한 오래 살기를 바라는 것과는 '다르다'는 것을 다시 반복할 필요가 있다. 물론 셰익스피어가 살아남은 것은 사상의 우수성 때문이 아니며, 만일 시인이기도 한 게 아니었다면 그는 극작가로서는 기억되지도 않았을지 모른다. 그가 우리를 사로잡는 것은 주로 언어를 통해서다. 셰익스피어 자신이 언어의 음악에 얼마나 심취했는지는 피스톨[14]의 대사를 보면 어느 정도 알 수 있다. 피스톨이 하는 말은 대부분 무의미하지만, 대사 한 줄 한 줄을 따로 떼어놓고 보면 대단히 수사修辭적인 운문임을 알 수 있다. 셰익스피어의 머릿속에서는 울림이 큰 난센스 시가 끊임없이 절로 솟구쳤던 게 분명해 보인다("큰물은 흘러넘치고, 아귀는 악을 쓰라지!"¹⁵ 등등). 그리고 그런 시들을 써먹자면 반쯤 정신이 나간 인물이 필요했을 것이다. 톨스토이의 모국어는 영어가 아니었으니, 그가 셰익스피어의 시를 보고 감동하지 않은 것도, 어쩌면 셰익스피어의 말재간이 보통 이상이라고 믿지 않으려 했던 것조차도 탓할 수 없는 노릇이다. 그런데 톨스토이는 시를 그 짜임새로, 즉 일종의 음악으로 평가해야 한다는 개념 자체도 부인했을 것이다. 만일 셰익스피어가 명성을 얻게 된 배경에 대한 그의 모든 설명이 오류였고, 영어권에서 셰익스피어의 인기는 아무튼 진정한 것이고, 셰익스피어가 한 음절 옆에 다른 음절을 갖다 붙이는 기술만으로도 영어권 사람들에게 대대로 대단한 즐거움을 주었다는 게 입증됐다고 하더라도, 그는 이 모든 것들을 셰익스피어의 장점으로 보지 않았을 것이다. 오히려 그 반대였을 것이다. 그는 그것들을 셰익스피어와 그 찬미자들의 무종교적이고 세속적인 본질을 드러내주는 또 하나의 증거일 뿐이라 보았을 것이다. 톨스토이는 시는 그 의미로 판단해야 하며, 유혹적인 소리는 그릇된 의미를 알아보기 어렵게 만들 뿐이라고 말했을 것이다. 어떤 차원으로 보나 같은 문제, 즉 이 세상 대 저세상의 문제인 것이다. 그리고 언어

---

14 『헨리 5세』에 등장하는 코믹한 조연으로, 우스개를 잘하는 병사.
15 "Let floods o'erswell, and fiends for food howl on!" 『헨리 5세』 2막 1장에서 프랑스로 함께 출병하게 된 바돌프Bardolph가 왜 병사들끼리 서로 칼을 들이대며 싸워야 하느냐고 묻자 피스톨Pistol이 하는 대답.

의 음악은 확실히 이 세상에 속하는 무엇인 것이다.

　톨스토이라는 인물에 대해서는 간디의 경우처럼 언제나 의심이라 할 만한 게 따라다녔다. 그는 어떤 사람들이 공언하는 식의 속된 위선자는 아니었으며, 아마 주변 사람들한테(특히 자기 부인한테) 사사건건 간섭을 당하지만 않았더라면 실제보다 훨씬 많은 희생을 스스로에게 부과했을 것이다. 그런가 하면 톨스토이 같은 사람들을 그 제자들의 평가대로 받아들이는 것은 위험한 일이다. 그들이 모종의 이기심을 모양만 다른 무엇하고 맞바꾸었을 뿐인 가능성은(그보다는 개연성은) 언제나 있기 때문이다. 톨스토이는 부와 명예와 특권을 버렸다. 그는 모든 형태의 폭력도 포기했으며, 그로 인한 손해를 감수할 각오가 되어 있었다. 하지만 그가 강제의 원리를, 혹은 적어도 남에게 강제를 행사하고픈 '욕구'를 버렸다고 믿기는 쉽지 않다. 이런 가정이 있다고 하자. 아빠는 자식한테 "너 또 그러면 귓방망이 얻어맞을 줄 알아"라고 하는 반면에, 엄마는 눈물을 막 쏟을 듯한 얼굴로 아이를 껴안고는 다정한 목소리로 "아가, 엄마가 그렇게 해도 되겠니?"라고 속삭인다. 전자보다 후자가 덜 압제적이라고 주장할 수 있겠는가? 정말 중요한 차이는 폭력이냐 비폭력이냐가 아니라, 힘에 대한 욕구가 있느냐 없느냐 하는 것이다. 군대와 경찰력이 나쁘다고 확신하는 사람들 중에, 상황에 따라서는 폭력을 쓸 필요가 있다고 믿는 보통 사람들보다 훨씬 더 관점이 편협하고 심문하기 좋아하는 사람들이 있다. 그들은 남한테 "이렇게 저렇게 해, 아니면 감옥에 갈 줄 알아"라는 식으로 말하진 않겠지만, 가능하다면 남의 머릿속으로 들어가 더없이 세세한 일들까지 생각을 지배하려 할 것이다. 평화주의와 무정부주의는, 겉으로는 힘을 완전히 포기한 듯한 인상을 주지만, 실은 그런 심리적 습성을 부추긴다. 이를테면 당신이 일반적인 정치의 추잡함으로부터 자유로워 보이는 어떤 신조를(스스로 어떤 구체적 이익도 기대할 수 없는 신조를) 받아들였다고 할 때 그 자체만으로 당신이 옳다고 할 수 있는가? 자신이 옳다고 생각할수록, 남들도 다 자기처럼 생각해야 한다며 괴롭히기 십상이다.

톨스토이가 팸플릿에서 말한 대로라면, 톨스토이는 셰익스피어에게선 아무 장점도 발견할 수 없었으며, 동료 작가인 투르게네프나 페트[16] 등과 같은 이들의 생각이 자신과 다른 것을 보고 언제나 몹시 놀라곤 했다. 우리는 거듭나지 않았던 시절의 톨스토이였다면 이런 결론을 내렸으리라 확신해도 좋을 것이다. "당신은 셰익스피어를 좋아하고, 나는 안 좋아할 뿐. 그쯤만 해두자." 그러다 나중에 세상엔 온갖 일이 다 있기 마련이라는 인식이 그를 떠나버리자, 그는 셰익스피어의 글이 자신에게 위험한 무엇이라는 생각을 하게 되었다. 사람들은 셰익스피어에게서 더 많은 즐거움을 발견할수록 톨스토이의 말은 들으려 하지 않았다. 그러니 술을 마시거나 담배를 피우는 걸 누구에게도 허용해선 안 되듯이, 셰익스피어를 즐기는 걸 누구에게도 허용해서는 안 되는 것이었다. 물론 톨스토이는 강제로 막으려 하지는 않았다. 그는 경찰이 셰익스피어의 책들을 전부 압수해야 한다고 주장하는 것이 아니다. 대신에 그는 할 수만 있다면 셰익스피어에 대해 심술을 부리려고 한다. 그는 모든

---

[16] Afanasy Afanasievich Fet(1820~1892). 19세기 러시아 시단을 주름잡던 시인으로, 투르게네프와 더불어 톨스토이의 친구였다.

셰익스피어 애호가의 마음속에 들어가 생각할 수 있는 온갖 수법(그의 팸플릿을 요약하며 언급한 바와 같이 자기모순적이거나 정직성이 의심되는 주장들을 포함한다)을 동원해 그들의 기쁨을 말살하려 한다.

그러나 결국 제일 놀라운 것은 그래봤자 무슨 소용이 있겠느냐 하는 점이다. 앞에서도 언급했듯, 톨스토이의 팸플릿은 적어도 주된 논점들에 대해서는 누가 '답변'할 수 있는 성질의 것이 아니다. 어떤 시를 변호할 수 있는 주장 같은 건 없다. 시는 살아남음으로써 스스로를 변호하거나 옹호할 여지가 없거나 둘 중의 하나다. 그런 시험이 타당하다면, 나는 셰익스피어 건에 대한 판결은 '무죄'이어야 한다고 생각한다. 다른 모든 작가들처럼, 셰익스피어 역시 조만간 잊힐 것이다. 그러나 그에 대해서는 더 호된 고발이 나올 수 있을 것 같지가 않다. 톨스토이는 아마도 당대에 가장 존경받은 문인이었을 것이며, 팸플릿 작가로서의 실력도 떨어지는 편이 아니었다. 그런 그가 셰익스피어를 향해 전함의 모든 포문을 한꺼번에 열듯이 온 힘을 다해 비난을 퍼부었다. 결과는 어찌 됐는가? 40년이 지난 지금, 셰익스피어는 아무 영향도 받지 않은 채 여전히 그 자리에 있다. 그리고 그를 쓰러뜨리려는 시도는, 누렇게 바랜 팸플릿 종잇장들 외에 아무것도 남은 게 없다. 거의 아무도 읽지 않는, 만약 톨스토이가 『전쟁과 평화』와 『안나 카레니나』의 작가마저도 아니었다면, 완전히 잊혔을 팸플릿 말이다.

정말, 정말 좋았지

「Such, Such Were the Joys」. 1947년 5월에 쓴 글로, 사후인 1952년 〈파르티잔 리뷰〉 지 9~10월 호에 게재된다. 제목은 블레이크(1757~1827)의 시집 『순수의 노래』(1789) 중 「메아리 풀밭The Echoing Green」에서 따왔다. 마을 공터에서 즐겁게 노는 아이들을 보며 한 노인이 마찬가지로 즐겁게 뛰놀던 어린 시절을 떠올리며 하는 말의 첫마디다("Such, such were the joys"). 오웰이 여덟 살이던 1911년부터 1916년까지 다닌 학교(St Cyprian's School)에서 받은 상처를 예리한 필치로 그려내고 있는, 작가 자신이 편집자에게 보낸 편지에서 "긴 자서전적 스케치"라고 말하는 이 작품은 한 편의 짧은 소설처럼 읽힌다. 오웰의 대표적인 에세이 중 하나인 이 작품이 그의 사후, 그것도 2년 뒤에야 미국에서 발표된 것은 명예훼손의 위험이 있었기 때문이고, 그래서 영국에서는 학교장 부인이 사망한 뒤인 1967년에야 출간될 수 있었다.

1

　세인트 시프리언스 학교에 도착하고 얼마 지나지 않아(당장은 아니었고, 1~2주쯤 지나 학교의 일상에 막 적응했다 싶던 때였다) 나는 침대에 오줌을 지리기 시작했다. 내 나이 여덟이었으니, 그로써 나는 적어도 4년 이전에 뗐던 게 분명한 버릇으로 되돌아간 셈이었다.

　지금 같으면 그런 여건에서 침대를 적시는 일은 당연시될 듯싶다. 강제로 집을 떠나 낯선 곳에 가게 된 어린아이의 정상적인 반응으로 말이다. 하지만 그 시절에는 아이가 일부러 저지른 혐오스러운 짓이니 버릇을 고쳐놓는 데는 매질이 최고라고 보는 게 보통이었다. 내 경우에는 그게 죄라는 말을 들을 필요도 없었다. 나는 밤마다 전에 없이 열심히 기도를 올렸다. "하느님 제발 제가 침대를 적시지 않도록 해주세요! 제발 하느님, 제가 침대를 적시지 않게 해주세요!" 하지만 별 소용이 없었다. 실수를 하는 날도, 하지 않는 날도 있었다. 무슨 의지가 있었던 것도 아니고 의식이 있었던 것도 아니다. 정확히 말해서 내가 그 짓을 '한' 것도 아니었다. 그냥 아침에 일어나보면 침대보가 흠뻑 젖어 있었던 것이다.

　두세 번 그러고 나자 나는 다음번엔 매를 맞게 될 것이라는 경고를 받았는데, 그 경고란 게 묘하게 우회적인 것이었다. 어느 날 오후 우리가 티타임을 마치고 줄지어 나가고 있을 때였다. 교장 사모인 W부인이 한 테이블 상석에 앉아 어느 여인과 담소를 나누고 있었다. 오후에 학교를 방문했다는 것 말고는 나로서는 알 길이 없는 그 방문객은 승마복(아니면 내가 승마복으로 착각한 어떤 옷) 차림에 남자 같아 보이는 위협적인 인상이었다. 내가 막 식당 문을 나서는 참이었다. W부인이 그 방문객에게 소개라도 하려는 듯 날 불러 세우는 것이었다.

W부인은 별명이 플립Flip[1]이었으니 여기서 나는 그렇게만 부르기로 하겠다. 다른 이름으론 그녀를 잘 떠올릴 수 없기 때문이다. (하지만 공식적으로 우린 그녀를 맘Mum[2]이라 불렀는데, 사립학교[3] 학생들이 교장의 부인을 '맴Ma'am'[4]이라 부르던 게 와전된 것이지 싶다.) 그녀는 땅딸막한 체구에 어깨가 떡 벌어진 여성으로, 붉고 단단한 볼과 상고머리, 돌출된 눈썹과 움푹하면서 의심 많은 눈이 인상적이었다. 그녀는 남자들이 주로 쓰는 말투로("힘내라구 이 친구!" 등등) 우리를 추어올리거나 성姓 아닌 이름까지 불러가며 한껏 사람 좋은 척을 할 때가 많았지만, 눈빛은 늘 안달하고 책망하는 기색을 보였다. 그녀의 얼굴을 정면으로 쳐다보면서 죄책감을 느끼지 않기는 대단히 힘들었다. 특별히 잘못한 게 전혀 없을 때도 그랬다.

"이 아이는 말이에요." 플립이 낯선 여인에게 날 소개하며 말했다. "밤마다 침대를 적시는 아이지요. 너 또 침대에 실례하면 어떻게 되는 줄 알아?" 날 바라보며 그녀는 덧붙였다. "'식스 폼'한테 널 때려주라고 할 거다."

---

1 채찍이나 무엇으로 찰싹 때린다는 뜻이 있다. 고든 보우커Bowker가 쓴 전기 『조지 오웰』(2003)에 따르면 교장 부인이 뒤뚱거리는 걸음 때문에 큰 가슴이 덜렁거리는 것을 보고 학생들이 그렇게 불렀다고 한다.
2 '엄마'라는 뜻이 있는데, 보우커의 전기에 따르면 하인들이 여주인을 부르던 호칭이라고 한다.
3 public school. 영국에서는 이튼이나 해로 같은 중고등 과정의 사립 기숙학교를 말한다.
4 마담madam의 준말로, 지체 높은 여성에 대한 호칭.

낯선 여인은 몹시 놀라는 시늉을 하며 탄성을 질렀다. "그러면 되겠네요, 정말!" 여기서 어린 시절엔 늘 겪곤 하는 아주 엉뚱한 오해가 벌어졌다. '식스 폼 Sixth Form'[5]은 '덕성'을 갖췄다 하여 어린 학동들을 때려도 되는 권능을 부여받은 한 무리의 큰 아이들이었다. 나는 아직 그들의 존재를 알지 못했기에 '식스 폼'이란 말을 '미시스 폼 Mrs Form'으로 잘못 알아듣고 말았다. 나는 그 말이 그 낯선 여인을 가리키는 것인 줄 알았다. 그러니까 그녀의 이름이 '미시스 폼'이라고 생각했던 것이다. 그런 이름이 다 있나 싶었지만, 어린애가 그런 걸 알 리 없었다. 그래서 나는 날 때리도록 위임받은 게 바로 그녀라고 생각했다. 학교와 아무 상관도 없는 단순 방문객에게 그런 일을 맡기는 게 이상하다는 생각은 전혀 들지 않았다. 나는 그저 '미시스 폼'이 사람 때리는 걸 즐기는 가혹한 규율 담당인 줄 알았고(어쩐지 그녀의 외모는 그런 생각을 뒷받침해주는 듯했다) 당장 나는 그녀가 승마 장구를 완전히 갖추고 사냥용 채찍으로 무장한 채 나타나는 끔찍한 광경을 떠올렸다. 지금도 그때를 생각하면 아찔할 정도로 수치스럽다. 무릎까지 오는 코르덴 바지를 입은 조그마하고 얼굴 동그란 어린애가 두 여인 앞에 서서 떨고 있었던 것이다. 나는 말을 할 수 없었다. '미시스 폼'한테 맞으면 죽을 것만 같았다. 하지만 나를 압도하는 감정은 두려움이 아니었고 분함은 더욱 아니었다. 그보다는 나의 혐오스러운 죄를 알게 된 사람이(그것도 여자가) 하나 더 늘어났다는 수치심이었다.

---

5 본래는 중고등학교에서 대학 입시 준비를 하는 마지막 두 학년을 가리키는 말이지만, 세인트 시프리언스 학교는 초중등 과정의 예비학교인 만큼, 선도부 역할을 하는 고학년 학생들에 대한 별칭으로 보인다.

얼마 뒤 나는, 어떻게 알았는지는 잊어버렸지만, 날 때릴 사람이 '미시스 폼'이 아니라는 사실을 결국 알게 됐다. 바로 그 날 밤 그랬는지는 분명치 않으나, 아무튼 나는 사실을 안 후 머지않아 다시 침대를 적시고 말았다. 그토록 기도를 하고 결심을 했건만 또다시 축축한 침대 시트 속에서 깨어날 때의 그 절망감, 그 잔인한 부당함이란! 저지른 짓을 감출 기회는 없었다. 건장하고 엄한 사감인 마거릿은 기숙사에 오면 내 침대부터 특별히 검사했던 것이다. 그녀는 침대 시트를 걷어내더니 몸을 곧추세웠다. 그리고 천둥같이 무시무시한 호령이 떨어졌다.

"아침 먹고 교장 선생님한테 **보고해!**"

'**보고해**'를 굵게 표시한 건 당시 나에게 그만큼 강하게 들린 말이었기 때문이다. 세인트 시프리언스 초년 시절 나는 그 말을 몇 번이나 들었는지 모른다. 그 말이 매질을 뜻하지 않는 경우는 극히 드물었다. 내겐 언제나 둔중한 북소리처럼, 사형선고처럼 불길한 소리였던 것이다.

보고를 하러 가니 서재 앞 대기실에 놓인 기다랗고 반짝반짝하는 테이블에서 플립이 무언가를 하고 있었다. 그녀의 못마땅한 눈빛이 지나가는 나를 살살이 훑었다. 서재에 들어가니 별명이 삼보Sambo[6]인 W교장이 기다리고 있었다. 삼보는 어깨가 구부정하고 어딘가 멍해 보이는 사람으로, 몸집이 크진 않지만 걸음이 느릿했고 얼굴은 너무 자란 아기처럼 토실토실해서 보면 괜히 기분이 좋아지곤 했다. 물론 그는 내가 왜 자기를 찾아왔는지 알고 있었고, 벽장에서 뼈로 된 손잡이가 달린

---

[6] 흑인 혼혈이란 뜻이 있고, 유도와 레슬링을 섞은 러시아 격투기란 뜻도 있다.

말채찍을 이미 꺼내놓고 있었다. 하지만 자기 입으로 자기 죄를 실토해야 하는 건 벌의 일부였다. 내 말이 끝나자 그는 짧지만 거만한 연설을 한 뒤 내 목덜미를 움켜쥐고 엎드리게 하더니 말채찍으로 때리기 시작했다. 삼보는 때리면서도 연설을 하는 버릇이 있었는데, 그날은 박자를 맞춰 "이 지저-분한 꼬마-녀석"이라 외치며 매질을 했다. 매질은 아프지 않았고(아마 처음이라 별로 세게 때리지 않았던 것 같다) 나올 때는 기분이 한결 나아졌다. 매질이 아프지 않았다는 건 일종의 승리였고 오줌을 지렸다는 수치를 어느 정도 씻어주었다. 때문에 나는 경솔하게도 활짝 웃기까지 했다. 대기실 문밖 복도에는 어린 학동 몇이 어정대고 있었다.

"매 맞았어?"

"안 아프더라." 내가 자랑스럽게 말했다.

그 소리를 플립이 다 들었다. 당장 날 부르는 날카로운 소리가 들려왔다.

"이리 와! 당장 이리로 와! 너 방금 뭐라고 했어?"

"안 아프다고 했어요." 내가 머뭇머뭇 대답했다.

"감히 그런 소릴 해? 그게 지금 네가 할 말이야? 당장 들어가서 **다시 보고해!**"

삼보는 이번엔 진짜 매질을 했다. 그는 한 5분 동안 날 겁주고 놀라게 하며 매질을 했고 결국엔 채찍이 부러지고 말았다. 뼈 손잡이가 서재를 가로지르며 휙 날아갔다.

"너 때문에 이게 뭐야!" 그는 부러진 채찍을 집어들며 화를 냈다.

나는 가늘게 훌쩍이며 의자에 털썩 주저앉았다. 내 소년 시절을 통틀어 매질을 당해 눈물까지 흘리고 만 건 그때뿐이었던 것 같은데, 이상하지만 그때도 나는 아파서 운 게 아니었다. 두 번째 매질 역시 별로 아프지 않았던 것이다. 공포감과 수치심이 마취 효과를 낸 것인지도 모른다. 내가 운 건 그게 상대가 기대하는 바라는 느낌이 들어서이기도 했고 정말 뉘우치는 마음이 있어서이기도 했는데, 그게 다는 아니었다. 어린 시절에만 느끼는 것이라 전달하기 쉽지 않은, 보다 깊은 슬픔이 있었던 것이다. 그건 적대적인 세상에 갇혀버렸다는, 지배가 너무 완강해서 나로서는 어찌할 도리가 없는 선악의 세상에 감금돼버렸다는 처량한 고독감과 무력감이었다.

  나는 침대를 적시는 게 (a) 나쁜 짓이면서 (b) 내 통제력을 벗어난 일임을 알았다. 두 번째 사실은 내가 개인적으로 자각하고 있었고, 첫 번째는 의문도 갖지 않던 바였다. 때문에 저지르는지도 모르면서, 저지르고 싶지도 않으면서, 그리고 피할 수도 없으면서 죄를 저지르는 게 가능했던 것이다. 죄는 누가 저지르는 무엇이기만 한 게 아니었다. 누구에게 그냥 일어날 수도 있는 무엇이었던 것이다. 그런 생각이 삼보한테 매를 맞던 바로 그 순간에 전혀 새롭게 번뜩 떠올랐다고 주장하고 싶지는 않다. 내 유년 시절이 행복하기만 했던 건 아니었으니, 집을 떠나기 전부터 이미 그런 생각을 어렴풋이 했을 게 뻔하기 때문이다. 아무튼 그 일은 내 소년 시절에 지속적으로 큰 영향을 끼친 교훈, 즉 나는 내가 착해지는 게 '가능하지 않은' 세계에 던져졌다는 교훈을 심어주었다. 그리고 두 번에 걸쳐 맞은 일은 내게는 하나의 전기轉機가 되었다. 덕분에 나는 내가 던져진 곳의 환경이 냉혹하다는 사실을 처음으로 깨달았던 것이다. 인생은 내가 생각했던 것보다 끔찍했고, 나는 생각보다 못된 아이였다. 아무튼 나는 삼보의 서재에 있는 어느 의자 끄트머리에 앉아 훌쩍이며, 전에 느껴본 기억이 없는 나의 죄와 어리석음과 나약함을 확신하고 있었다. 삼보가 날 마구 몰아치는 동안 일어서야 한다고 침착하게 생각할 겨를도 없이 말이다.

대개 어느 시기에 대한 사람의 기억은 당시로부터 멀어질수록 약해지기 마련이다. 사람은 끊임없이 새로운 사실을 알아가기에, 지난 일들은 새로운 사실에 자리를 내주기 위해 잊혀야만 한다. 스무 살 때였더라면 지금으로선 가히 불가능하리만큼 정확하게 내 학창 시절의 역사를 쓸 수 있었을지도 모른다. 하지만 시간이 한참 흐른 후에 기억이 더 날카로워지는 경우도 있다. 오랜 시간이 지나면 과거를 새로운 눈으로 볼 수 있으며, 전에는 다른 것들과 무차별적으로 뒤섞여 있던 것을 따로 떼어놓고 볼 수 있기 때문이다. 이 사건의 경우엔 내가 한편으로 기억하고는 있었지만 최근까지 별로 이상하거나 흥미롭게 느끼지는 않았던 점이 두 가지 있다. 하나는 두 번째 매질을 내가 정당하고 합리적인 처벌인 듯 받아들였다는 점이다. 한 번 매질을 당한 것, 그리고 어리석게도 그게 안 아팠다고 자랑을 하다 그보다 훨씬 심하게 또 매질을 당한 것—모두 내게는 아주 자연스러운 일이었다. 신들은 시샘이 많기 때문에 운이 좋을 때는 그것을 숨겨야 하는 것이었다. 또 하나는 말채찍이 부러진 것을 내 잘못으로 받아들였다는 점이다. 나는 채찍 손잡이가 카펫에 널브러져 있는 모습을 보았을 때의 기분을 아직도 기억하고 있다. 버릇없이 어설프게 굴다가 비싼 물건만 망가뜨렸다는 느낌이었다. 그걸 부러뜨린 건 바로 '나'라고 삼보가 말했고, 나는 그렇게 믿었다. 그리고 그렇게 받아들인 죄책감은 20~30년 동안 내 기억 속에 고스란히 남아 있었던 것이다.

침대에 오줌 지린 이야기는 이만 할까 한다. 단, 언급할 필요가 있는 게 하나 더 있다. 그 뒤로는 내가 침대를 적시지 않게 되었다는 것이다. 딱 한 번 더 실수를 하고 한 번 더 얻어맞긴 했다. 하지만 그 뒤로는 문제가 해결되었다. 그래서 나는 비록 비싼 대가를 치르긴 했지만 그 야만적인 방법이 확실히 효과가 있다는 점은 의심치 않는다.

2

세인트 시프리언스는 학비가 비싸고 속물근성이 넘쳐나는 학교였는데, 시간이 흐를수록 (내가 알기론) 더 그런 곳이 되어 가고 있었다. 특별히 연고가 있는 사립학교는 해로Harrow[7]였지만, 내가 다니던 동안에는 이튼으로 진학하는 아이들이 점점 늘어가고 있었다. 그런 아이들 대부분은 부모가 부자였다. 단, 그 부모들은 대체로 귀족 혈통은 아닌 부자로, 본머스나 리치먼드에 있는 숲이 우거진 대저택에서 자동차도 굴리고 집사도 두고 살지만 시골에 부동산은 없는 유의 사람들이었다. 학생들 중에는 얼마 안 되긴 해도 외국에서 온 아이들도 있었다. 남미에서 온 아이들도 있고, 아르헨티나 부호의 아들들도 있고, 러시아 아이도 한둘 있고, 샴(태국) 왕자도 있고, 다른 어디 왕자

---

[7] 오웰이 졸업한 이튼과 쌍벽을 이루는 명문 학교. 이튼과 크리켓 라이벌전을 벌이곤 했다.

라고 하는 아이도 있었던 것이다.

　삼보는 두 가지 큰 야심이 있었다. 하나는 작위가 있는 소년들을 학교로 끌어오는 것이었고, 또 하나는 학생들을 열심히 훈련해 사립학교, 특히 이튼에 장학금을 받고 진학시키는 것이었다. 그는 내가 졸업할 즈음, 진짜 영국 작위가 있는 아이 둘을 데려오는 데 결국 성공했다. 그중 하나는 내 기억에 침을 질질 흘리는 불쌍하고 조그만 아이였다. 그 아인 알비노albino에 가까울 정도로 머리와 피부가 허옜고, 시력 약한 눈을 잔뜩 치켜뜬 채 무언가를 바라봤으며, 기다란 코 끄트머리엔 언제나 이슬방울이 맺힌 채 흔들거렸다. 삼보는 이 두 소년을 제3자에게 언급할 때면 언제나 작위를 붙여 말했고, 둘이 온 뒤 처음 며칠 동안은 실제로 둘이 보는 앞에서 누구누구 '경卿'이라 불렀다. 방문객에게 학교 안내를 할 때마다 무슨 구실을 만들어 그들을 주목하게 했다는 건 말할 필요도 없다. 한번은 머리 색깔이 옅은 그 작은 아이가 식사 도중에 목이 막혀 발작적으로 기침을 하는 바람에 마구 쏟아져 나온 콧물이 접시에 줄줄 흐르는 못 볼 꼴이 벌어지고 말았다. 그 아이보다 신분이 낮은 아이였으면 누구든 더러운 녀석이란 소리를 듣고 당장 식당에서 나가란 명령이 떨어졌을 것이다. 하지만 삼보와 플립은 "애들이 다 그렇지 뭐" 하는 식으로 웃어넘기고 말았다.

　아주 부유한 집 아이들은 공공연히 총애를 받았다. 이 학교엔 '특별 기숙생'[8]이 있던 빅토리아 시대의 사립학교 분위기가

8　parlour boarder. 본래는 18~19세기 영국에서 남의 집에 개인 응접실을 따로 둘 정도로 부유한 하숙인을 지칭했으나, 나중엔 사립 기숙학교에서 교장 사모의 특별 대우를 받는(하인이 따로 있는 경우도 있었다) 부잣집 자제를 일컫는 말로 쓰이기도 했다.

아직 좀 남아 있었고, 나는 새커리[9]의 책에서 그런 학교에 대한 대목을 읽은 뒤 두 학교의 닮은 점을 대번에 알 수 있었다. 부잣집 아이들은 오전에 따로 우유와 비스킷을 먹었고, 일주일에 한두 번 승마 교육을 받았다. 플립은 그 아이들을 엄마처럼 챙겨주었고, 성姓이 아닌 이름을 불렀다. 그리고 무엇보다 그들은 절대 매질을 당하지 않았다. 부모가 멀리 떨어져 있는 남미 아이들을 제외하면, 아버지의 연간 수입이 2000파운드[10] 이상인 아이가 삼보한테 맞은 적은 없지 싶다. 하지만 삼보는 때로는 학교의 명성을 위해 경제적 이익을 기꺼이 포기하기도 했다. 장학금을 받고 명문 사립학교에 진학하여 학교의 명예를 높여 줄 만한 아이다 싶으면 학비를 대폭 깎아주고 특별히 데려오는 경우가 이따금 있었던 것이다. 내가 세인트 시프리언스에 오게 된 건 바로 그런 조건이었다. 아니면 내 부모가 그렇게 비싼 학교에 날 보낼 엄두도 내지 못했을 것이다.

나는 학비 감면 혜택을 받고 그 학교에 가게 되었다는 사실을 처음엔 몰랐다. 플립과 삼보가 그 사실로 나를 책망하기 시작한 것은 내가 그곳에 간 지 3년 뒤부터였다. 처음 2~3년 동안은 나도 다른 아이들과 똑같은 교육과정을 거쳤다. 그다음부터는 그리스어를 배우게 되었고(라틴어는 여덟 살 때, 그리스어는 열 살 때 시작했다), 고전 과목의 경우 주로 삼보가 직접 가르치

---

9 William Thackeray(1811~1863). 영국 소설가. 영국 사회를 풍자한 소설들로 유명하며, 특히 존 버니언의 『천로역정』에서 제목을 따온 『허영의 시장Vanity Fair』이 유명하다.

10 오웰이 이 학교에 다닌 시기(1911~1916)와 100년 뒤인 지금의 파운드(한화로 약 2000원) 시세를 비교해보면 소비자물가 기준으로 76배쯤이라고 한다. 따라서 당시(1911년)의 2000파운드면 지금 우리 돈으로 3억 원 정도라 추산할 수 있다(화폐단위 비교 사이트인 'Measuring Worth' 참조).

418

는 장학반으로 옮겨 가게 되었다. 그로부터 2~3년에 걸쳐, 장학반 아이들은 성탄절 거위구이 뱃속 채워지듯 학습으로 꽉꽉 채워져야 했다. 그리고 그 학습이란! 재능 있는 소년의 진로를 불과 열두세 살에 치르는 경쟁 치열한 시험에 좌우되도록 하는 일이란 잘 봐줘도 고약한 짓인데, 성적표에 기재된 과목과 과정을 전부 가르치지도 않으면서 이튼이나 윈체스터 같은 곳에 장학생을 보내는 예비학교[11]들이 지금도 있는 것 같다. 세인트 시프리언스의 경우에는 솔직히 모든 게 일종의 신용 사기를 위한 준비 과정이었다. 우리의 임무는 실제로 아는 것보다 더 많이 안다는 인상을 심사위원에게 심어줄 것들만 배우고, 뇌에 부담이 되는 것들은 가능한 한 피하는 것이었다. 시험을 잘 안 보는 지리학 같은 과목은 거의 무시됐고, '문과classical'인 경우에는 수학도 무시됐다. 과학은 어떤 식으로도 가르치지 않았고 (자연사에 조금만 관심을 보여도 머쓱해질 만큼 멸시하는 분위기였다) 여가 시간에 읽으라는 책들도 '국어 시험'에 나올 만한 것들뿐이었다. 라틴어와 그리스어는 장학생 선발의 주요 과목이어서 중요한데도 의도적으로 겉만 번지르르하고 부실하게 가르쳤다. 이를테면 우리는 그리스어나 라틴어 저자의 책은 단 한 권도 통독을 해본 적이 없었다. 번역 문제로 나올 만해서 골라놓은 짧은 구절들만을 읽을 뿐이었던 것이다. 장학생 선발 시험을 보기 전 1년 남짓 동안, 우리는 대부분의 시간을 기출 문제를 달달 외는 데 바쳤다. 삼보가 주요 사립학교들의 시험지를 몽땅 모아둔 게 몇 다발은 되었다. 그런가 하면 제일 통탄

---

[11] preparatory school. 중고등 과정인 사립학교에 보내기 위한 초등학교로, 대개 사립이자 기숙학교다.

할 만한 건 역사 수업이었다.

그 시절엔 '해로 역사 상Harrow History Prize' 대회라는 말도 안 되는 행사가 매년 열렸고, 거기에 많은 예비학교들이 참가했다. 그 상을 해마다 차지하는 게 세인트 시프리언스의 전통이었는데, 그럴 만도 한 일이었다. 왜냐하면 우리는 대회가 시작된 이후로 출제된 모든 문제를 벼락치기로 다 외워두었고, 출제 가능한 문제가 무진장한 건 아니었기 때문이다. 문제는 이름이나 인용구 하나를 큰 소리로 대답하면 그만인 어리석은 유형이었다. 인도 귀부인들을 약탈한 사람은? 작은 배에서 목이 달아난 사람은? 휘그당원들이 목욕하는 걸 보고 옷을 훔쳐 달아난 사람은? 우리의 역사 수업이란 게 거의 그런 수준이었다. 우리에게 역사는 무관하고 불가해하지만 굉장한 수식이 따라 붙는 중요한(이유는 전혀 설명해주지 않았다) 사실들의 연속이었다. 디즈레일리는 평화와 함께 명예를 가져왔다. 클라이브는 자신의 온건함에 깜짝 놀랐다. 피트는 구세계의 균형을 바로잡기 위해 신세계에 원조를 요청했다. 뭐 이런 식이었다. 그리고 그 숱한 연도와 암기법이란! (이를테면 "어느 흑인 여자가 내 숙모였는데 헛간 뒤에 그녀의 집이 있었다"란 문장의 단어 머리글자들이 '장미전쟁' 전투들의 머리글자와 같다는 걸 아셨는지?)[12] 역사를 가르칠 때면 더 고상해지는 플립은 그런 것들을 몹시도 즐겼다. 연도 외우기 놀음이 펼쳐지던 장면은 지금도 생생하다. 더 열

---

[12] 장미전쟁(1455~1485)은 영국 왕좌를 차지하기 위한 랭커스터 가문과 요크 가문 사이의 오랜 내전을 말한다(그 결과 튜더왕조가 세워졌다). 이 암기법은 장미전쟁의 대표적인 열두 전쟁을 외우기 좋도록 머리글자로 말을 지어내 활용하고 있다("A Black Negress Was My Aunt: There's Her House Behind The Barn"). 이 전쟁은 크게 봤을 때 '1차 세인트 올번스 전투(A)'에서 시작하여 '보스워스 필드 전투(B)'로 끝났다고 할 수 있다.

중한 아이들은 자신들이 내뱉는 신기한 사건들의 의미에는 조금도 관심이 없으면서도, 정답을 먼저 외치고 싶어서 그 자리에서 펄쩍펄쩍 뛰었다.

"1587년은?"

"성 바르톨로뮤 대학살이요!"

"1707년은?"

"아우랑제브의 사망이요!"

"1713년은?"

"위트레흐트 조약이요!"

"1773년은?"

"보스턴 차 사건이요!"

"1520년은?"

"저요 저요, 맘. 아아, 저요 마암~"

"저요 맘. 제발 저요 맘! 제가 말할래요!"

"좋아! 1520년은?"

"금란金襴 평원 회동이요!"

뭐 이런 식이었다.

하지만 역사와 같은 부차적인 과목들은 그리 나쁘지도 재미가 아주 없지도 않았다. 정말 괴로운 건 '고전'이었다. 돌이켜 보면 그때만큼 내가 열심히 공부한 적은 없지만, 그때는 시키는 만큼 공부를 한다는 게 언제나 불가능해 보이기만 했다. 우리는 빛깔이 아주 엷고 단단한 나무로 만든 기다랗고 반짝반짝한 테이블에 둘러앉아 있었고, 삼보는 들들 볶거나 겁을 주거나 훈계를 했으며, 이따금 농담을 하기도 하고 아주 가끔은 칭찬도 했다. 단, 집중력을 최대한 높이기 위해 언제나 우리의 정신을 콕콕 쑤셔댔다. 조는 사람을 깨어 있게 하려고 바늘로 쑤시는 것처럼.

 "정신 차려, 요 게으름뱅이 녀석! 정신 차리라니까, 이 놈팽이 같은 놈! 너는 제일 문제인 게 게을러터졌다는 거야. 너무 퍼먹어서 그런 거야. 그렇게 먹어대니 여기 오면 잠만 오지. 자, 정신 차리고 열심히 좀 해봐. 넌 도대체가 '생각'을 안 해. 생각한다고 뇌에서 땀 나냐?"

 그는 은색 연필로 사람 머리를 톡톡 두드리곤 했다(내 기억에 그 연필은 바나나만 해 보였고 무게도 여간한 게 아니어서 맞으면 혹이 생길 것 같았다). 그는 또 귀 주변에 있는 짧은 머리털을 잡아당기기도 하고, 이따금 테이블 밑으로 정강이를 걷어차기도 했다. 어쩌다 누가 영 마음에 들지 않으면 이런 식으로 나오기도 했다. "좋아. 네가 뭘 원하는지 알겠다. 아침 내내 그걸 바라고 있었구나. 이리 와, 이 게으름뱅이 녀석. 당장 서재로 들어가." 이어서 퍽, 퍽, 퍽, 퍽 소리가 났고, 아이는 맞은 데가 벌겋게 부어올라 욱신거리는 상태로 돌아와서(나중에 삼보는 말채찍 대신에 훨씬 더 아픈 등나무 회초리를 이용했다) 다시 공부를 했다. 아주 잦았던 건 아니지만 나 역시 라틴어 문장을 더듬다가 교실 밖으로 불려나가 매를 맞고는 다시 돌아와 더듬던 문장을 다시 읽은 기억이 적어도 두 번은 있다. 그런 방법이 통하지 않는다고 생각하면 오산이다. 특별한 목적을 달성하는 데는 아주 탁월한 방법이기 때문이다. 사실 나는 체벌 없는 고전 교육이 성공한 적이 있었는지, 혹은 성공할 수 있을지에 대해 의심하는 편이다. 아닌 게 아니라 소년들 스스로도 체벌의 효험을 믿었다. 비첨Beacham이라는 아이가 있었는데, 머리는 썩 좋은 편이 아니지만 장학금이 몹시 필요한 처지였다. 삼보는 목표를 향해 처져 있는 말을 다그칠 때 그러듯 그 아이를 몹시도 두들겨 댔다. 비첨은 어핑엄Uppingham 스쿨에 장학생 선발 시험을 보러 갔다가 시험을 망치고 돌아왔고, 이틀쯤 뒤엔 게으름을 피우다 매를 호되게 맞고 말았다. "시험 보러 가기 전에 매를 맞았다면 좋았을 텐데." 비첨은 슬퍼하며 그렇게 말했다. 나로서는 한심하다 싶기는 했지만 십분 이해할 수 있는 말이기도 했다.

 장학반 아이들이 모두 똑같은 대우를 받았던 건 아니다. 학비 감면이 별로 중요하지 않을 정도로 부유한 부모를 둔 아이인 경우, 삼보는 다그치더라도 제법 아버지처럼 농담도 하고 옆구리도 장난스레 쿡 찌르기도 했다. 그리고 이따금 연필로 두드리기는 해도 머리털을 잡아당기거나 매질을 하는 경우는 결코 없었다. 당하는 건 가난하지만 '재주'는 있는 아이였다. 그런 우리의 머리는 그가 돈을 묻어둔 금광이었으니, 그는 자기 몫을 되찾기 위해 우리 머리를 쥐어짜야 했다. 나는 삼보와 나의 금전적 관계의 성격을 파악하기 오래전부터, 내가 대부분의 다른 아이들과는 처지가 다르다는 걸 이해하게 되었다. 학교에는 사실상 세 개의 계급이 있었다. 귀족 또는 백만장자라는 배경을 가진 소수가 있었고, 교외에 사는 어지간한 부잣집 아이들이 다수 있었고, 나처럼 성직자나 인도 공무원이나 살려고 발버둥치는 과부 같은 부류의 자식인 아랫것들도 약간 있었다.[13] 이 가난한 것들은 사격이나 목공 같은 '특활'은 단념해야 했고, 옷이나 소지품 때문에 수치를 맛보아야 했다. 이

---

13 오웰의 부친 리처드 블레어는 인도 아편국 관리로 오래 근무하다 오웰이 이 학교에 재학 중이던 1912년에 퇴직하고 영국으로 영구 귀국했다.

를테면 나는 나만의 크리켓 배트를 결국 마련하지 못하고 말았는데, "네 부모는 그럴 형편이 못 될걸"이란 말 때문이었다. 이 말은 학창 시절 내내 날 따라다니며 괴롭혔다. 우리는 집에서 가져온 돈을 학교에서 사적으로 보관할 수가 없었다. 대신에 매 학기 첫날 돈을 '내놔'야 했고, 지도를 받아가며 이따금 쓰는 것만 허용되었다. 나를 비롯해 비슷한 처지의 아이들은 맡겨둔 돈이 충분한데도 모형 비행기 같은 비싼 장난감을 사려고 하면 언제나 제지당하고 말았다. 특히 플립은 가난한 집 아이들에게 보잘것없는 처지를 각인시켜주려고 작정을 한 듯했다. "그게 너 같은 애가 사도 되는 물건이라고 생각하니?" 그녀가 어떤 애한테, 그것도 모두가 보는 앞에서 이런 말을 했던 것도 기억난다. "너는 돈하고는 거리를 두고 살아야 한다는 걸 모르니? 너희 부모님은 부자가 아니야. 알 건 알아야지. 분수를 좀 알아!" 우리는 매주 용돈을 받기도 했는데, 나가서 사탕이나 초콜릿 사 먹을 돈을 플립이 커다란 테이블에서 나눠주었다. 백만장자 자제들은 매주 6페니를 받았지만, 대부분의 아이들이 받은 액수는 3페니였다. 그리고 나와 한두 명의 아이들에게 허락된 건 겨우 2페니였다. 내 부모가 그렇게 하라고 한 것도 아니었고, 일주일에 1페니를 아낀다고 우리 집 형편이 달라지는 것도 아니었다. 그것은 지위의 표시였던 것이다. 그보다 더한 것은 생일 케이크였다. 생일을 맞이한 아이는 초가 꽂힌 커다란 케이크를 받고, 그걸 모두가 티타임에 나눠 먹는 게 보통이었다. 케이크는 통상적으로 나오고 값은 부모가 치르는 것으로 되어 있었다. 나는 그런 케이크를 한 번도 받은 적이 없었다. 우리 부모님이 알았다면 기꺼이 지불하려 했을 텐데도 말이다. 나는 감히 물어볼 생각은 못하고 해마다 올해는 케이크가 나왔으면 하는 가련한 희망을 품었다. 한두 번은 경솔하게도 친구들한테 이번엔 '분명히' 케이크를 받게 될 것인 양하기도 했다. 하지만 생일날 티타임에 케이크는 나오지 않았고, 내 인기는 나아질 수 없었다.

나는 사립학교 장학금을 타지 못하는 한 그럴싸한 앞날을 누릴 가망이 없다는 인상을 아주 일찌감치 받았다. 장학금을 타거나, 아니면 열네 살에 학교를 졸업한 뒤 삼보가 즐겨 하던 말대로 "연봉 40파운드인 사무실 사환 아이"가 되거나 둘 중 하나였다. 내 여건에서는 그런 말을 믿는 게 당연했다. 세인트 시프리언스에서는 누구나 '좋은' 사립학교(거기에 해당하는 학교는 15개 정도밖에 되지 않았다)에 진학하지 못하면 인생을 망치는 줄로만 알았던 것이다. 모든 걸 결정해버리는 끔찍한 전투 같은 시험이 다가옴에 따라(열한 살, 열두 살, 열세 살, 그리고 마침내 운명의 나이!) 아이가 느끼는 중압감과 불안감은 어른에게 전달하기는 쉽지 않다. 약 2년이라는 기간 동안, '시험'이란 것은 깨어 있는 동안의 내 의식을 단 하루도 떠난 적이 없었던 것 같다. 시험은 가장 중요한 기도거리였다. 아울러 내가 차골叉骨[14]의 더 긴 쪽을 갖게 되었을 때, 말발굽에 대는 편자를 주웠을 때, 초승달에다 일곱 번 고개를 숙였을 때, '소원의 문 wishing-gate'을 몸이 닿지 않게 통과했을 때—그럴 때마다 빌 기회를 얻은 나의 소원은 당연히 '시험'에 대한 것이었다. 그런

---

14 갈래뼈란 뜻. 닭이나 오리 등의 목과 가슴 사이에 있는 V자형 뼈로, 이것의 양 끝을 둘이서 잡아당겨 긴 쪽을 갖게 된 사람이 소원을 빌면 이루어진다고 해서 위시본wishbone이란 이름이 붙었다.

가 하면 나는 이상하게도 공부를 하지 '않으려는' 저항할 수 없는 충동 때문에 애를 먹기도 했다. 해야 할 공부를 생각하면 가슴이 답답해지고, 아주 초보적인 어려움 때문에 짐승처럼 멍하니 있기만 하던 날들이 있었다. 그리고 방학 때도 공부를 할 수가 없었다. 장학반 아이들 중에는 배철러Batchelor 씨라는 사람한테서 학비 지원을 받는 경우가 있었다. 그는 시내 어딘가에서 전형적인 독신남bachelor '소굴'(벽에 책이 가득하고 담배 냄새에 전 집)에 사는, 허름한 양복 차림에 수염 텁수룩한 호인이었다. 방학이면 배철러 씨는 우리에게 라틴어 저자의 문장을 해석하는 숙제를 보내줬고, 우리는 일주일에 한 번씩 숙제한 것을 한 뭉치씩 돌려보내야 했다. 나는 왠지 그것도 할 수가 없었다. 탁자에 놓인 빈 종이와 검은 라틴어 사전, 그리고 공부를 해야 한다는 의무감이 내 여가 시간을 망쳐놓는 듯했다. 아무튼 난 아무리 애써보아도 공부를 시작할 수 없었고, 방학이 다 끝나도록 배철러 씨에게 숙제를 50줄이나 100줄밖에 보내지 못한 상태이곤 했다. 삼보와 그의 회초리가 멀리 있었다는 게 어느 정도의 이유였던 건 분명하다. 하지만 나는 학기 중에도 빈둥빈둥 멍하니 지낼 때가 제법 있었다. 그럴 때면 수치심이 점점 깊어졌고 심지어 제법 징징거리듯 반항적인 자세를 보이기까지 했는데, 죄책감을 확연히 느끼면서도 더 잘할 수 없었거나 잘할 마음조차 들지 않았다(어느 쪽인지 알 수가 없다). 그러면 삼보나 플립이 날 불렀고, 그럴 땐 매질조차 없었다.

 플립은 험한 눈빛으로 날 샅샅이 훑었다. (그녀의 눈빛을 무슨 색이라고 하면 좋을까? 내 기억으로는 녹색이었는데, 사람 눈이 완전히 녹색일 수는 없으니 녹갈색 정도였다고 하자.) 그녀는 구슬리듯 겁을 주는 특유의 스타일로 말을 시작했는데, 그것은 상대방의 방어벽을 못 뚫는 법이 없었으며 언제나 상대의 나은 본성을 자극했다.

"지금 너처럼 군다는 건 그다지 바람직하지 않은 것 같다, 그지? 네 어머니 아버지가 옆에 있어도 그렇게 떳떳이 몇 주고 몇 달이고 허송세월을 보낼 수 있겠니? 너한테 올 기회를 다 던져버리고 싶은 거니? 넌 너네 부모님이 부자가 아니란 걸 알잖니. 다른 아이들 부모하곤 형편이 다르다는 걸 알잖아. 네가 장학금을 못 타면 부모님이 널 어떻게 사립학교에 보낼 수 있겠어? 난 네 어머니가 널 얼마나 자랑스러워하는지 알아. 어머니를 실망시키고 싶은 거냐?"

"저 애는 이제 사립학교에 가고 싶지 않은가 봐." 삼보는 내가 그 자리에 없는 것처럼 플립에게 그렇게 말하곤 했다. "포기한 것 같아. 연봉 40파운드 받는 사환이 되고 싶은 거야."

그러노라면 어느새 눈물이 쏟아질 듯한 불쾌한 느낌이 엄습했다. 가슴이 벅차오르고 콧속이 간질간질했던 것이다. 그리고 플립은 제일 센 카드를 꺼내 들었다.

"그리고 지금 네가 하는 행동이 '우리'한테 할 만한 짓이라고 생각하니? 우리가 너한테 해준 걸 다 알면서? 넌 우리가 너한테 베푼 게 뭔지 '잘' 알잖니?" 그녀의 눈빛이 날 깊숙이 찔렀고, 그러면 그녀가 일일이 다 말하지 않아도 나는 이미 알 수 있었다. "우린 지난 몇 년 동안 널 여기에 있게 해주었잖니. 심지어 방학 중에도 배철러 씨의 지도를 받을 수 있도록 일주일 동안 여기 있게 해주었고 말야. 우린 널 내보내야 하는 일이 벌어지길 바라지 않아. 하지만 학기마다 양식만 축내는 아이를 여기 둘 수는 없어. 지금 너처럼 행동하는 건 별로 옳지 않다는 건 알겠지?"

나는 상황이 상황이니만큼 불쌍하게 "아니요, 맘" 아니면 "네, 맘"이라고만 할 뿐 아무 대꾸도 할 수 없었다. 내 행동이 확실히 옳은 건 아니기도 했던 것이다. 그러면 어느 순간부터 원치 않던 눈물이 꼭 눈가로 비어져 나와 코를 타고 흐르다 뚝뚝 떨어졌다.

플립은 내가 학비를 감면받은 학생이라고 있는 그대로 말하는 법이 결코 없었다. 물론 "우리가 너한테 해준 게 얼마냐"는 애매한 표현이 감성을 자극하는 바가 훨씬 컸던 까닭이다. 학생들한테 사랑받고 싶은 마음이라곤 아예 없는 삼보는 늘 그랬듯 말투는 근엄해도 더 무지막지하게 말했다. 그럴 때 그가 제일 즐겨 쓰는 표현은 "너는 내 선심 덕분에 사는 거야"였다. 나는 적어도 한 번은 회초리로 맞는 도중에 그런 소리를 들었다. 그런 광경이 자주 벌어진 건 아니며, 한 번을 빼면 다른 아이들이 보는 앞에서 펼쳐진 것도 아니라는 말을 할 필요가 있다. 그들은 다들 있는 자리에서 내가 가난한 집 아이며 내 부모는 이런저런 걸 대줄 "형편이 못 된다"는 점을 상기시키기는 했어도, 공공연하게 내가 그들에게 의존하는 처지라는 사실을 명심시킨 것은 아니었다. 그런 말은 내 공부가 영 신통찮을 때 일종의 고문 수단처럼 내놓는 반박 불가능한 주장이었던 것이다.

이런 유의 일들이 열 살이나 열두 살 아이한테 어떤 영향을 끼치는지 이해하기 위해서는, 아이들은 균형 또는 그럴듯함에 대한 감각이 둔하다는 점을 기억할 필요가 있다. 아이는 자기중심주의와 반항심으로 똘똘 뭉친 존재인지 모르나, 자기 판단을 확신하게 해줄 만한 경험이 축적되어 있지 않다. 그래서 대체로 들은 것들을 받아들이며, 주변 어른들의 지식과 힘을 너무 터무니없이 믿어버리는 것이다. 예를 하나 들어보면 이렇다.

나는 앞서 세인트 시프리언스에서 학생은 돈을 가지고 있는 게 금지되어 있다고 말한 바 있다. 하지만 1~2실링 정도는 꼬불치는 게 가능해서, 나는 이따금 운동장 벽에 자라는 담쟁이 넝쿨 속에 숨겨둔 돈으로 단것들을 몰래 사 먹곤 했다. 한번은 심부름을 나갔다가 학교에서 1마일 남짓 떨어진 곳에 있는 과자점에 가서 초콜릿을 산 일이 있다. 가게를 나서는데 건너편 보도에서 키 작고 인상이 날카로운 남자가 내 학생모를 뚫어져라 노려보고 있는 것 같았다. 순간 나는 지독한 공포감에 휩싸였다. 그 사람이 누구인지는 생각할 필요도 없었다. 그는 삼보가 배치해둔 스파이였던 것이다! 나는 태연하게 고개를 돌렸지만, 다리가 절로 움직이더니 갑자기 어설프게 달음박질을 하기 시작했다. 하지만 모퉁이를 돌면서 나는 억지로나마 다시 걸어야 했다. 뛴다는 건 뭔가를 잘못했다는 표시이고, 시내 여기저기에 다른 스파이들이 깔려 있을 게 분명했기 때문이다. 그날도 그다음 날도 나는 언제 서재로 불려 가려나 마음을 졸였지만 교장의 소환이 없어서 오히려 놀라고 말았다. 어린 나로서는 사립 초등학교의 교장이 다수의 정보원을 거느린다는 게 이상하다 싶지 않았고, 그러자면 교장이 그들에게 보수를 지급해야 한다는 생각조차 할 수 없었다. 나는 학교 안에서든 밖에서든 어른이라면 누구나 우리가 규율을 위반하지 못하도록 자발적으로 협력할 거라고 여겼던 것이다. 삼보는 전능한 존재이니, 그의 요원들이 어디에나 깔려 있는 건 당연했다. 당시 내 나이가 적어도 열두 살은 되었을 테지만 그렇게 생각했던 것이다.

나는 삼보와 플립을 증오했다. 어느 정도 부끄러움과 양심의 가책을 느끼면서도 그랬다. 하지만 그들의 판단을 의심하는 법은 없었다. 그들이 내게 사립학교 장학금을 타든지 아니면 열네 살에 사환이 되든지 둘 중 하나라는 말을 했을 때, 나는 그것들이 내 앞에 놓인 피할 수 없는 두 갈래 갈림길인 줄로만 알았다. 그리고 무엇보다 나는 삼보와 플립이 자신들은 내 은인이라고 한 말을 믿었다. 물론 지금은 삼보 입장에서 볼 때 내가 좋은 투기감이었다는 사실을 안다. 그는 나한테 묻어둔 돈이 있었고, 그걸 명성의 형태로 되찾고자 했던 것이다. 만일 내가 장래성 있던 아이들이 이따금 그랬듯 "맛이 가버렸다"면, 그는 나를 지체 없이 내쳤을 것이다. 결국 나는 때가 되어 장학금 두 개를 따냈으니, 그는 학교 안내서에 나를 충분히 활용했을 게 뻔하다. 하지만 학교란 게 우선적으로 장사라는 걸 어린아이가 깨닫기는 어렵다. 아이는 학교라는 게 교육을 위해 존재하며, 교장이 훈육을 하는 것은 아이를 위해서가 아니라면 남 괴롭히는 걸 좋아해서라고 생각한다. 플립과 삼보는 내 친구가 되어주기로 했고, 그들의 우정은 매질과 나무람과 창피 주기를 아우르는 것이었으며, 그 덕분에 나는 사환부터 시작하는 사무실 붙박이 인생을 면할 수 있었던 것이다. 그게 그들의 설명이었고, 나는 그 말을 그대로 믿었다. 따라서 나는 그들에게 엄청난 신세를 진 것이었다. 하지만 나는 스스로 잘 의식하고 있었다시피, 감사하는 마음이 '전혀' 없었다. 오히려 두 사람을 미워했다. 나는 내 감정을 억누를 수 없었으며, 그런 감정을 나 자신에게 숨길 수도 없었다. 그러나 은인을 미워한다는 건 몹쓸 노릇이 아닌가? 나는 그렇게 배웠고 또 그렇게 믿었다. 아이는 자신에게 주어지는 행동 규범을 (그것 때문에 자신이 부러지더라도) 받아들이는 것이다. 여덟 살, 아니면 더 일찍부터, 죄의식은 내 주변을 멀리 떠나 있는 법이 없었다. 내가 애써 냉담하거나 반항적인 듯 보이려 했다면, 그건 단지 응어리진 수치와 낙담을 가리기 위한 얇은 덮개일 뿐이었다. 나는 소년 시절 내내 내가 변변찮은 존재이며, 허송세월을 보내고 있고, 재능을 망가뜨리고 있으며, 너무도 어리석고 못되고 배은망덕하게 행동하고 있다고 아주 깊이 확신하고 있었다. 그리고 그것들에서 도저히 벗어날 수 없을 것 같았다. 나는 중력의 법칙처럼 절대적인 법의 지배를 받으며 살았으나, 그 법을 지킬 수가 없었던 것이다.

3

누구든 자신의 학창 시절을 돌이켜보면서 그 시절이 불행하기만 했다고 진심으로 말할 수는 없을 것이다.

내 경우에도 세인트 시프리언스에서의 수많은 나쁜 기억들 사이사이 좋은 추억이 있다. 여름날 오후면 가끔 다운스Downs라는 낮은 산맥을 넘어 벌링갭Birling Gap이나 비치헤드Beachy Head 같은 마을로 소풍을 가는 신나는 때도 있었다. 우리는 석회암투성이인 그곳 바닷가에서 험하게 물놀이를 하고서 몸 여기저기 생채기가 난 채로 돌아오곤 했다. 그보다 더 신났던 건 한여름 밤에 평소처럼 잠자리로 몰아넣지 않고, 긴 황혼 녘 동안 운동장에서 마음대로 노닐다가 마무리로 9시쯤 수영장에 뛰어들게 해주는 특별한 경우였다. 여름날 아침엔 일찍 일어나, 모두가 잠든 햇빛 쏟아지는 기숙사 방에서 한 시간 동안 아무 방해 없이 책을 읽는 즐거움도 있었다(소년 시절 내가 좋아한 작가는 이언 헤이, 새커리, 키플링, H. G. 웰스였다). 크리켓을 하는 즐거움도 있었는데, 나는 영 재주가 없으면서도 열여덟 살 때까지 가망 없이 크리켓을 짝사랑했다. 애벌레를 모아두는 재미도 있는가 하면(초록빛과 보랏빛의 비단 같은 퍼스 나방 유충, 으스스한 느낌의 연두색 포플러호크 나방 유충, 가운뎃손가락만 한 프리빗호크 나방 유충 같은 것들의 표본을 시내 가게에서 6페니에 몰래 살 수 있었다) 산책을 나갔다가 교장이 "주변을 둘러보는" 사이 그의 감시를 충분히 멀리 벗어날 수 있을 때면, 다운스 구릉에 있는 인공 연못들 바닥을 다 훑다시피 해서 배가 오렌지빛인 거대한 도롱뇽을 잡는 흥분도 맛볼 수 있었다. 이렇게 산책을 나갈 때는 너무나 흥미로운 무언가를 발견하게 되고, 그러다 교장의 고함 소리에 목줄 잡아당겨진 개처럼 흥미의 대상으로부터 멀어져야 하는 일이 벌어지곤 했는데, 이는 학교생활의 중요한 특징이기도 하거니와 많은 아이들에게 가장 바라는 것을 매번 얻을 수는 없다는 확신을 강렬하게 심어주는 데 기여했다.

아주 가끔씩은 (아마도 여름마다 한 번쯤은) 학교의 군부대 같은 분위기에서 완전히 벗어나는 것도 가능했다. 그건 교감인 브라운이 오후에 아이 한둘을 데리고 몇 마일 떨어진 공유지로 나비를 잡으러 가는 걸 허락받았을 때였다. 브라운은 머리가 허옇고 얼굴이 딸기처럼 붉은 사람으로, 자연사에 대한 지식이 많고 모형을 만들어 석고 본을 뜨거나 환등기를 조작하는 것 등의 일에 능했다. 학교와 어떤 식으로든 연결된 어른들 중에서, 그와 배철러 씨 두 사람만은 싫거나 무섭지 않았다. 그는 한번은 날 자기 방으로 데려가더니 비밀을 지킨다는 조건으로 손잡이를 진주로 만든 도금된 권총을 보여주기도 했다. "6연발"이라 부르던 그것을 그는 침대 밑 상자에다 보관해두고 있었다. 아, 그리고 가끔씩 나간 탐험의 환희란! 고적한 철도 지선을 2~3마일 달리는 기분, 큰 녹색 그물을 들고 이리저리 내닫는 오후, 풀 끄트머리를 맴도는 큼직한 잠자리의 아름다움, 냄새 지독하고 불길한 느낌을 주는 살충병瓶, 그리고 희끄무레한 케이크를 큼직하게 썰어 함께 내주는 주점 응접실의 차! 그런 원정의 진수眞髓는 기차 여행에 있었고, 덕분에 나 자신과 학교의 거리가 마술처럼 멀어진 듯했다.

플립은 딱히 막지는 않아도 그런 원정을 기질적으로 싫어했다. "그래 '쪼끄만 나비' 잡으러 잘 갔다 왔냐?" 그녀는 우리가 돌아오면 몹시 경멸하듯 한껏 아기 목소리 시늉을 하며 그렇게 말했다. 그녀가 보기에 자연 체험은(그녀는 "벌레 사냥"이라 불렀던 것 같다) 어른이 가능한 한 일찌감치 비웃어줌으로써 아이가 벗어나야 할 유치한 놀이였다. 더구나 그것은 왠지 좀 세련되지 못한 취미로 받아들여졌으며, 전통적으로 운동을 못하는 안경 쓴 소년을 연상시켰다. 또 시험을 통과하는 데 도움이 되는 것도 아니었고, 무엇보다 과학 냄새를 풍겨서 고전 교육에 해로울 듯 여겨졌다. 때문에 브라운의 초대를 받아들이

자면 상당한 도덕적 노력이 필요했다. "쪼끄만 나비"란 조롱을 내가 얼마나 두려워했던가! 하지만 개교 초창기부터 학교에 있었던 브라운은 어느 정도의 독립을 누리는 사람이었다. 그는 삼보를 다룰 줄 알았고 플립을 상당히 무시했다. 간혹 삼보 부부가 모두 학교를 비우는 일이 있으면 브라운이 교장 직무를 대행했고, 그럴 때면 그는 아침 예배 때 그날 봉독해야 할 성서 대신 외경外經[15]의 이야기를 읽어주었다.

내 경우엔 어린 시절과 스무 살 여름까지의 좋은 기억은 대부분 어떤 식으로든 동물과 관련이 있다. 한데 세인트 시프리언스에 관한 한, 좋은 기억은 전부 여름하고 관련이 있는 듯도 하다. 겨울에는 언제나 콧물이 줄줄 흘렀고, 손가락이 곱아 셔츠 단추를 못 채울 정도였고(이튼 칼라[16]를 착용해야 하는 일요일이면 특히 더 괴로웠다), 날마다 하는 축구는 악몽이었다—추위, 질퍽한 땅, 얼굴로 획 날아오는 흉측하고 미끈미끈한 공, 까지는 무릎, 더 큰 아이 발에 밟히기! 겨울이 괴로웠던 건 열 살 무렵부터 적어도 학기 중에는 건강이 거의 좋지 않았기 때문이기도 했다. 나는 기관지에 문제가 있었고, 한쪽 폐에 병변病變이 있다는 걸 긴 세월이 지나서야 알았다. 때문에 나는 늘 기침을 달고 살았고, 달린다는 게 고역이었다. 하지만 그 시절엔 숨을 쌕쌕거리거나 심폐 기능이 허약하면 당사자의 상상이라는 진단을 받거나, 본질적으로 과식에 의한 도덕적 장애로 받아들여

---

15 서기 405년에 완성된 라틴어 성경인 불가타Vulgate 성경에는 포함되어 있어 로마 가톨릭교회와 그리스정교회에서는 정전canon으로 받아들여지지만, 개신교 및 성공회에서는 히브리 성서에 포함되지 않는다는 이유로 인정되지 않는 책들.
16 Eton collars. 본래는 이튼 학교 교복 재킷에 착용하던 폭이 넓고 뻣뻣하고 하얀 옷깃.

졌다. "너는 꼭 콘서티나[17]처럼 쌕쌕거리는구나." 삼보는 내 자리 뒤에 서서 못마땅한 듯 그렇게 말하곤 했다. "그렇게 먹어대기만 하니 그런 거야." 내 기침을 두고 "위장胃臟 기침"이라 했으니, 역겹고 비난받아 마땅한 것으로 여겨지게 하는 소리였다. 치료법은 열심히 뛰는 것이었는데, 오래 뛰면 결국엔 "가슴이 뻥 뚫린다"는 것이었다.

그 시절 상류층의 학교에서 당연시되던 일들의 정도(실질적인 고달픔보다는 불결함과 소홀함의 정도를 말하려고 한다)를 생각해보면 지금도 의아해진다. 새커리 시절과 거의 마찬가지로 여덟 살이나 열 살 남짓한 어린아이가 콧물 범벅의 가련한 존재인 게 당연시되었던 것이다. 얼굴은 거의 항상 지저분하고, 손은 잔뜩 터서 갈라져 있고, 손톱은 물어뜯어서 엉망이고, 손수건은 시커멓게 젖은 게 경악스럽고, 엉덩이는 수시로 시퍼렇게 멍들어 있었다. 방학이 끝나기 며칠 전부터 학교로 돌아가야 한다는 생각이 가슴속에 납덩이처럼 맺히는 이유 중 하나는 몸이 겪을 불편을 예상하는 데 있었다. 세인트 시프리언스 학교 하면 떠오르는 전형적인 기억 하나는 매번 학기 첫날 밤엔 침대가 너무 딱딱하게 느껴졌다는 것이다. 비싼 학교였던 만큼 나는 그 학교에 다님으로써 사회적 신분이 한 단계 올라간 셈이었다. 그러나 육신의 안락이라는 기준으로 보자면 학교는 어느 면에서나 우리 집보다 훨씬 못했고, 아마도 살 만한 노동계급의 가정보다 훨씬 못한 수준이었을 것이다. 이를테면 온수로 하는 목욕은 일주일에 한 번뿐이었다. 음식은 형편없는 건 물

---

[17] 작은 손풍금.

론이고 부족하기까지 했다. 나는 그 이전에도 그 이후에도 빵에 버터나 잼을 그렇게 얇게 바르는 걸 본 적이 없다. 우리가 제대로 못 먹었다는 사실이 내 상상일 수 있다고는 생각지 않는다. 먹을 걸 훔치기 위해 우리가 가곤 하던 먼 길을 분명히 기억하고 있기 때문이다. 나는 식품저장실에 있는 오래된 빵을 훔치기 위해 새벽 두세 시쯤 캄캄한 계단과 복도를 기다시피 한 일이 여러 번 있었다. 똑같이 두려운 삼보나 유령이나 도둑이라도 있을까 봐 맨발로 한 걸음 디딜 때마다 굳어지며 귀를 기울이자니 몇 마일은 되는 느낌이었다. 교사들은 우리와 함께 식사를 했는데 그들의 음식은 우리보다 좀 나아서, 그릇을 치울 때 약간의 틈만 있어도 그들 접시에 남은 베이컨이나 감자튀김 조각을 슬쩍하는 게 보통이었다.

다른 경우들과 마찬가지로, 나는 그렇게 제대로 먹이지 않는 것에 영리적으로 타당한 이유가 있다는 것을 알지 못했다. 어린 소년의 식욕이란 최대한 억제해야 하는 종양과도 같은 것이라는 삼보의 견해를 대체로 받아들였던 것이다. 세인트 시프리언스에서는 우리한테 식사는 앉을 때만큼 배고픈 채 일어나는 정도로 하는 게 건강에 좋다는 격언을 자주 되풀이했다. 당시보다 한 세대 이전만 하더라도 학교의 끼니는 감미료를 넣지 않은 소기름 푸딩 한 조각으로 시작하는 게 보통이었고, 그게 "소년들의 식욕을 떨어뜨린다"고 솔직히 말했었다. 그런가 하면 모자라게 먹이는 건 아이들이 학교에서 주는 것만 먹고 지내야 하는 예비학교가 사립학교에 비해 덜 노골적이었을 것이다. 사립학교에선 별도의 음식을 학생이 알아서 사 먹는 걸 허용했다(그러기를 바랐다고 하는 게 더 정확할 것이다). 어떤 학교에서는 학생이 계란이나 소시지나 정어리 같은 걸 따로 정기적으로 사 먹지 않으면 그야말로 충분히 먹지 못했고, 그래서 부모가 따로 돈을 더 챙겨줘야 했다. 이튼을 예로 들자면, 점심식사 이후로는 양을 채울 만한 음식을 아예 주지 않았다. 오후 티타임 때는 차에다 빵과 버터만 주었고, 저녁 8시에는 수프나 생선튀김이 초라한 저녁식사의 전부였으며 그보다는 빵과 치즈에다 물만 주는 게 더 흔했다. 삼보는 자기 큰아들을 보러 이튼에 갔다 와서는 그곳 학생들이 누리는 호사에 대하여 뻐기듯 황홀해했다. "거긴 저녁에 생선튀김이 나온다구!"[18] 그는 토실토실한 얼굴 가득 환한 미소를 지으며 탄성을 질렀다. "그렇게 좋은 학교는 세상 어디에도 없어." 생선튀김이라! 아무리 가난한 노동계급이라도 저녁마다 먹는 것 아닌가! 학비가 아주 싼 기숙학교의 사정은 보나 마나 더했을 것이다. 내가 아주 어릴 때의 기억 중에는 문법학교[19] 기숙생들이(아마 농민이나 상점 주인의 아들들이었으리라) 주로 삶은 가축 허파를 먹고 지내던 모습이 있다.

 자기 어린 시절에 대한 글을 쓰는 사람이라면 모름지기 과장과 자기 연민을 경계해야 한다. 나는 내가 순교자였거나 세인트 시프리언스가 '두더보이즈 홀'[20] 같은 곳이었다고 주장하고 싶지는 않다. 하지만 당시의 기억이 대체로 혐오스러운 것

---

18 시대와 지역, 신분 등에 따라 다르나 영국에선 점심에 정찬 midday dinner을 먹고 저녁에 가벼운 식사 supper를 하는 게 보통이었다.
19 grammar school. 국가에서 관리하던 중고등 과정으로, 대학 진학을 목표로 하는 학생을 선발하여 라틴어 및 그리스어 고전을 가르쳤다.
20 Dotheboys Hall. '애 잡는 곳'이란 뜻. 찰스 디킨스의 코믹 소설 『니콜라스 니클비』(1839)에 나오는 학교. 불쌍한 학생들에게 걸핏하면 매질을 하는 잔인한 애꾸눈 악당 교장이 주인공인 니콜라스에게 혼쭐이 난다.

이었다고 적지 않는다면, 내 기억을 조작하는 일일 것이다. 바글바글한 곳에서 충분히 못 먹고 잘 씻지 못했던 우리의 생활은, 내가 기억하는 한 '분명' 혐오스러운 것이었다. 눈을 감고 "학교"라고 말할 때 나에게 제일 먼저 떠오르는 것은 물론 물리적 환경이다. 크리켓 경기장이 있는 납작한 운동장과 소총 사격장 옆에 있는 작은 헛간, 외풍이 심한 기숙사, 먼지투성이에 꺼끌꺼끌한 복도, 체육관 앞의 아스팔트 광장, 뒤뜰에 있는 멋없는 목조 예배당. 그리고 이것들 대부분의 경우 불결한 무언가가 동시에 떠오른다. 일례로 우리에게 죽을 담아 주던 백랍 그릇 가장자리에는 돌출된 부분이 있었는데, 그 밑부분에는 상한 죽이 켜켜이 쌓여 있었고, 긁어내면 기다란 띠처럼 벗겨질 정도였다. 죽 자체에도 누가 일부러 넣지 않은 이상 가능할까 싶을 정도로 많은 덩어리와 머리카락, 그리고 정체불명의 거무튀튀한 것들이 섞여 있었다. 그러니 먼저 검사를 해보지 않고 죽을 먹는다는 건 결코 안전하지 못한 일이었다. 목욕탕 물은 끈적끈적했고(탕은 길이가 12피트 혹은 15피트 정도였는데 아침마다 온 학생들이 다 들어가게 되어 있었지만 물을 자주 갈기는 하는지 모를 일이었다) 언제나 축축한 타월에서는 치즈 냄새가 났다. 겨울이면 가끔 가던 근처 수영장은 더러운 바닷물을 바로 끌어왔는데, 한번은 사람 똥이 떠다니는 것을 보기도 했다. 땀 냄새 진동하는 탈의실의 세면대는 언제나 기름기투성이였고, 바로 옆에 줄지어 있는 불결하고 낡은 변소는 문에 잠금장치 같은 게 아예 없어 변기에 앉아 있을 때마다 누가 불쑥 밀고 들어오곤 했다. 나는 학창 시절을 떠올릴 때마다 차고 냄새 고약한 무언가를 한번 훅 들이켜는 듯한 기분을 느끼지 않기가 어렵다. 그것은 땀내 구린 스타킹, 더러운 타월, 복도에 진동하는 똥 냄새, 갈래에 오래된 음식물이 끼어 있는 포크, 양 모가지로 끓인 스튜, 덜컹거리는 변소 문, 기숙사에 메아리치는 요강 물소리가 뒤섞인 무엇일 터다.

내 천성이 단체 생활과 맞지 않기도 하거니와, 변소나 지저분한 수건 같은 문제는 많은 사람이 좁은 공간에 몰려 있다 보면 더 쉽게 눈에 띄게 마련이다. 군대의 경우도 마찬가지고, 감옥은 아마 더할 것이다. 게다가 소년 시절이란 뭘 많이 혐오스러워하는 때이기도 하다. 구별할 줄은 알게 됐고 아직 굳어지기는 전이니(일곱 살부터 열여덟 살까지라고 하자) 사는 게 늘 오물 구덩이 위에서 줄타기를 하는 느낌이기 쉽다. 하지만 그렇다고 내가 학교생활의 불결함을 과장한다고 생각지는 않는다. 맑은 공기니 찬물이니 맹훈련이니 야단법석을 떨었지만, 건강과 청결이 오히려 등한시되던 걸 기억하기에 더욱 그렇다. 며칠씩 변을 못 봐 애를 먹는 건 보통이었다. 그런데 딱히 장을 잘 비울 수 있도록 도와주는 것도 아니었다. 하제下劑로 준다는 게 아주까리기름 아니면 그 못지않게 끔찍한 감초가룻물이었던 것이다. 아침이면 모두가 목욕탕에 들어가야 했는데, 어떤 아이들은 며칠 동안 종소리가 울려도 아예 나타나질 않거나, 탕에 온다 해도 가장자리에 섞여 있다 바닥에 고인 더러운 물로 머리를 적시기만 할 뿐이었다. 여덟아홉 살짜리 아이들이란 누가 지켜보지 않는 한 군이 알아서 청결을 유지하려 하질 않는다. 내가 그곳을 떠나기 얼마 전에 온 헤이즐이란 신입생이 있었는데, 엄마의 사랑을 독차지할 듯 아주 예쁘게 생긴 아이였다. 그 아이를 처음 보았을 때 가장 인상적이었던 건 진주처럼 희고 말끔한 치아였다. 그러다 학기 말쯤 보니 아이의 치아엔 기이한 초록빛이 돌고 있었다. 양치질을 제대로 하도록 충분히 관심을 가져준 이가 학기 내내 아무도 없었던 탓일 것이다.

그런가 하면 집과 학교의 차이는 물론 물리적인 것 이상이었다. 학기 첫날 밤 딱딱한 매트리스의 툭 튀어나온 부분은 문득 내게 어떤 자각을 하게 했다. 그건 "이게 현실이야, 이게 네가 부딪쳐야 할 무엇이야"라는 느낌이었다. 집은 완벽함과는 거리가 먼 곳일지 모르나, 적어도 두려움보다는 사랑이 지배하는 곳이었다. 자기 주변에 있는 사람들을 언제나 경계해야 하는 곳은 아니었던 것이다. 나이 여덟에 따뜻한 보금자리에서 갑자기 떨어져 나와 강제와 기만과 비밀의 세계로 내동댕이쳐진 것이다. 창꼬치 가득한 수조에 내던져진 금붕어처럼. 아무리 괴롭힘을 당한다 해도 바뀌는 건 없었다. 자기를 지키자면 일러바치는 수밖에 없었는데, 고자질은 아주 특수한 경우를 빼고는 용서할 수 없는 죄였다. 집에 편지를 써서 부모한테 자길 좀 데리고 나가달라고 한다는 건 더 생각하기 힘든 일이었다. 그건 자신이 불행하며 인기가 없다는 걸 인정하는 일일 텐데, 아이들은 절대 그러려고 하지 않는다. 아이들이란 에러원[21] 사람 같아서, 불행은 불명예이며 무슨 수를 써서라도 감춰야 한다고 생각하는 것이다. 음식이 형편없다거나, 부당하게 매질을 당했다거나, 아이가 아닌 교사한테 다른 학대를 당했다는 불평을 부모에게 털어놓는 일은 어느 정도 용인되었는지도 모른다.

---

21 빅토리아 시대를 대표하는 작가 새뮤얼 버틀러(1835~1902)가 1872년에 익명으로 발표한 유토피아 풍자소설의 제목이자 가상의 나라 이름. 에러원Erewhon이란 노웨어Nowhere를 거꾸로 읽은 것이다('h'와 'w'의 자리를 바꾸긴 했다).

삼보가 아주 부잣집 아이들은 절대 때리지 않았던 게 그런 불평이 이따금 있었음을 시사한다고 할 수 있기 때문이다. 하지만 나처럼 특수한 경우에는 부모한테 자기편이 되어 학교 문제에 개입해달라는 부탁을 하려야 할 수 없었다. 나는 학비 감면에 대해 알게 되기 전부터 이미 우리 부모가 삼보에게 어떤 식으로든 신세를 지고 있으며, 때문에 나를 그로부터 보호해줄 수 없다는 것을 파악하고 있었던 것이다. 세인트 시프리언스 시절 내 소유의 크리켓 배트를 가져본 적이 없다는 건 앞에서 언급했다. 나는 그 이유로 "네 부모는 그럴 형편이 못 될걸"이란 말을 들었다. 방학 중 어느 날, 부모님은 나에게 지나가는 말로 배트 살 돈 10실링을 학교에 줬다고 했다. 하지만 내 배트는 없었다. 나는 부모에게 항의하지 않았고, 삼보 얘기는 더욱 꺼낼 수 없었다. 어떻게 감히? 나는 그에게 의존하는 처지였고, 10실링은 그에게 진 빚의 일부일 뿐이었다. 물론 지금의 나는 삼보가 돈에만 집착했다고 본다는 건 상당한 무리라는 걸 알고 있다. 그 문제는 분명 그의 기억에서 사라져버렸을 것이다. 그러나 중요한 건 당시의 내가 삼보는 돈에만 집착하며, 원한다면 그럴 권리가 그에게 있다고 생각했다는 점이다.

 아이 입장에서 진정으로 독자적인 태도를 보인다는 게 얼마나 어려웠는지는 플립에 대한 우리의 행동을 보면 알 수 있다. 나는 학생들 모두가 그녀를 미워하면서 두려워했다고 해도 틀린 말은 아니리라 생각한다. 하지만 우리 모두 더없이 비굴하게 그녀에게 아양을 떨었고, 그런 감정의 표층을 형성한 건 죄책감에 사로잡힌 충성심 같은 것이었다. 플립은 삼보보다 학교의 규율을 좌지우지하는 영향력이 컸음에도 엄한 법으로 다스리는 척을 하는 일이 거의 없었다. 그녀는 노골적으로 변덕을 부렸다. 어떤 날엔 매 맞을 만한 일을 다음 날엔 소년다운 장난으로 웃어넘기고, 심지어 "배짱이 있다"며 칭찬해주기도 했다. 그녀가 움푹한 눈으로 추궁하듯 바라보면 모두가 몸을 움츠리는 날이 있는가 하면, 그녀가 연인 같은 신하들에게 둘러싸여 웃고 농담하고, 아낌없이 돈을 뿌리거나 그럴 것을 약속하며 추파를 던지는 여왕처럼 행세하는 날이 있었다("너 이번에 '해로 역사 상'을 타면 내가 카메라 케이스를 사주지!"). 가끔은 마음에 드는 아이 서넛을 자신의 포드 승용차에 태우고 시내 찻집에 가서 커피와 케이크를 사도록 허락해주기도 했다. 그런 플립을 보며 나는 엘리자베스 여왕을 떠올리지 않을 수 없었다. 여왕과 레스터, 에식스, 롤리 같은 이들의 관계[22]를 나는 아주 어릴 때부터 알고 있었던 것이다. 우리 모두 플립에 대해 말할 때면 언제나 쓰던 말이 '총애'였다. "나는 총애를 받고 있어" 혹은 "나는 총애를 못 받고 있어"라는 말을 하곤 했던 것이다. 엄청나게 부유하거나 작위가 있는 소수의 아이들을 제외하면 그녀의 총애를 항상 받는 경우는 없었고, 다른 한편으론 눈 밖에 난 아이라도 어쩌다 일말의 총애를 받는 경우가 있기도 했다. 때문에 플립에 대한 나의 기억은 주로 적대적인 것이지만, 내가 그녀로부터 은총 같은 미소를 받은 시기도 적잖이 있었다. 그럴 때 그녀는 나를 "이 친구"라 부르고, 성姓 아닌 이름을 불렀

---

[22] 평생 독신으로 지낸 엘리자베스 1세(1533~1603)는 여러 신하와의 염문이 있었다. 레스터Leicester는 여왕과 어린 시절부터 친구 사이로 오랫동안 총애를 받은 백작 로버트 더들리Dudley이고, 에식스Essex는 여왕의 사랑을 받기도 했으나 쿠데타 실패로 처형된 백작 로버트 데버루Devereux이고, 롤리Raleigh는 여왕의 총애를 받아 출세했으나 여왕의 시녀와 결혼한 월터 롤리 경이다.

으며, 자신의 개인 서재에 자주 들를 수 있게 해주었다(그곳에서 나는 새커리의 소설 『허영의 시장』을 알게 되었다). 최고 수준의 총애를 받는다는 증거는 플립과 삼보가 손님을 접대하는 일요일 만찬에 테이블 시중을 들도록 불려 가는 것이었다. 물론 그럴 때는 접시를 치울 때 남은 음식을 먹어치울 기회를 누릴 수 있었다. 뿐만 아니라 앉아 있는 손님들 뒤에 서 있다 필요한 게 있으면 재빠르게 공손히 다가가는 비굴한 기쁨을 맛볼 수도 있었다. 알랑거릴 틈만 나면 알랑거리는 게 당연했는데, 그러다 처음으로 플립의 미소라도 만나게 되면 미움은 어느새 순종적인 사랑으로 돌변하곤 했다. 나는 플립을 웃게 만드는 데 성공할 때마다 언제나 굉장한 자부심을 느꼈다. 심지어 나는 그녀의 지시에 따라 학교 역사상 기념할 만한 일들을 축하하는 코믹한 기념시를 쓰기도 했다.

 나는 상황에 내몰리지 않는 한 반항아가 아니었다는 점을 분명히 밝히고 싶다. 나는 엄연히 존재하는 규율은 받아들였다. 그곳 생활 막바지에 나는 심지어 동성애 사건으로 의심되는 일을 브라운에게 일러바치기도 했다. 나는 동성애가 무엇인지 잘은 몰랐으나, 그런 일이 일어났고 그게 나쁜 일이며 정황상 일러바칠 때가 되었음은 알았다. 그러자 브라운은 나를 "좋은 아이"라고 했고, 그 말에 나는 얼마나 수치심을 느꼈는지 모른다. 플립 앞에 서면 우리는 뱀 부리는 사람 앞의 뱀처럼 꼼짝을 못 하는 신세였다. 그녀는 칭찬을 하든 혼을 내든 거의 변함이 없는 어휘와 정해진 문구를 사용했고, 매번 즉각적으로 적절한 반응을 이끌어냈다. 그녀가 "힘내라구 이 친구!"라고 하면 발작적인 에너지가 솟아났고, "그런 바보짓 마!"(또는 "참 딱

한 일이지?")라고 하면 천치가 되어버린 느낌이었다. "별로 잘한 일 같지 않지?"라고 하면 언제나 눈물이 왈칵 쏟아질 듯했다. 그런데 그 모든 것들을 겪는 내내 마음속 한가운데 결백하게 남아 있는 내면의 자아가 있었으니, 무엇을 어떻게 하든(웃든 훌쩍이든 조그만 호의에 어쩔 줄 몰라 감사하든) 자신의 진심은 증오뿐임을 아는 자아였다.

4

나는 사람이 자기 의지와 어긋나게 잘못을 저지를 수 있음을 일찌감치 알게 되었으며, 머지않아 사람이 자기가 무엇을 했는지도 그게 왜 잘못됐는지도 모르면서 잘못을 저지를 수 있다는 것도 알게 되었다. 너무 미묘해서 설명할 수 없는 죄란 게 있었으며, 너무 끔찍해서 딱히 뭐라 할 수 없는 죄도 있었다. 이를테면 언제나 표층 바로 밑에 억눌려 있다가 내 나이 열두 살 무렵 느닷없이 폭발해버려 엄청난 소란을 불러일으킨 성(性)이란 게 있었다.

동성애 문제가 없는 예비학교도 있겠지만, 내 생각에 세인트 시프리언스가 '악평'을 얻게 된 건 대개 영국 소년들보다 한두 해 더 빨리 성숙해지는 남미 소년들 덕분이었다. 당시 나는 관심도 없었고 뭐가 어떻게 돌아가는지 딱히 알지도 못했지만, 지금 생각해보면 그건 집단 자위행위였다. 아무튼 그 일은 어느 날 갑자기 우리 머리 위에서 한바탕 휘몰아친 폭풍우였다. 소환과 심문, 자백과 매질과 회개가 있었으며, "추잡한 짓" 혹은 "짐승 같은 짓"이라 알려진 구제할 길 없는 죄를 저질렀다는 것 말고는 아무것도 이해할 수 없는 근엄한 설교가 있었다. 목격자들에 따르면, 주모자 중 하나인 혼Horne이라는 아이는 15분 동안 내내 매질을 당한 끝에 퇴학 처분을 받았다. 그 아이의 비명 소리가 건물 전역에 울려 퍼졌다. 우리는 모두 실제로 얼마쯤 연루되어 있었거나, 아니면 자신도 연루된 기분이었다. 죄의식이 자욱한 연기처럼 공기를 짓누르고 있는 듯했다. 교사 중에 근엄하고 머리가 검은 얼간이 같은 이는(나중에 국회의원이 된 사람이다) 상급 학년 아이들을 외딴 방으로 불러 "육신의 성전"[23]에 대해 연설을 했다.

"너희는 너희 몸이 얼마나 위대한 것인지 모른단 말이냐?" 그가 근엄하게 말했다. "너희는 롤스로이스니 다임러니 하는 너희네 자동차 엔진에 대해 말하지. 그런데 아무리 잘 만든 엔진도 너희들 몸과는 비할 바가 아니란 건 모른단 말이냐? 그래서 육신을 영영 망가뜨리고 만단 말이냐!"

그러더니 그는 움푹한 검은 눈으로 나를 바라보며 슬픈 듯 덧붙였다.

"그리고 너. 꽤 괜찮은 아이인 줄 알았는데, 너도 최악 중에 하나라고 하더구나."

순간 최악의 운명이 나에게 내려진 듯했다. 이젠 나 또한 유죄였다. 그게 무엇이었든 간에, 나 역시 내 육신과 영혼을 평생토록 망쳐버리고 결국 자살이나 정신병원 신세로 생을 마감하고 말 끔찍한 짓을 저지른 것이었다. 그때까지 나는 내가 결백

---

[23] 성경 고린도전서(3:16~17)에 언급된 말. 육신은 성령이 거하는 거룩한 성전이니 더럽히면 하느님이 그 사람을 멸한다고 되어 있다.

하기를 바라고 있다가 죄를 범했다는 확신에 짓눌리게 되었는데, 그 중압감이 더 컸던 것은 내가 무슨 일을 저지른 것인지 몰랐기 때문인지도 모른다. 당시 나는 심문이나 매질을 당하지 않았고, 내 이름이 연루된 사소한 사건에 대해 알게 된 것도 풍파가 가라앉은 뒤였다. 그리고 그때도 나는 아무것도 이해하지 못했다. '육신의 성전'에 대한 설교가 무엇을 뜻하는지 완전히 이해하게 된 건 그로부터 2년쯤 뒤였다.

사건 당시 나는 그만한 연령대의 소년들이 대개 그렇듯 거의 성性과는 무관한 생활을 하고 있었다. 때문에 나는 '생의 진실facts of life'[24]이란 것에 대해 알기도 하고 모르기도 하는 처지였다. 나는 많은 아이들이 그렇듯 대여섯 살 때 나름의 성애기를 통과한 바 있다. 한동네 친구들 중에 배관공의 아이들이 있었는데, 우리는 이따금 막연히 성적인 놀이들을 하곤 했다. 그중 하나는 '의사 놀이'라 부르던 것으로, 나는 청진기 대신 장난감 트럼펫을 어린 여자애의 배에 갖다 댈 때의 그 잘은 모르지만 분명히 유쾌한 짜릿함을 기억하고 있다. 거의 같은 무렵 나는 내가 다니던 수녀원 학교[25]의 엘시Elsie라는 여자아이한테 푹 빠졌고, 그것은 그 뒤로 내가 그 누구에게 느껴본 감정보다 훨씬 더 숭배에 가까운 사랑이었다. 그녀는 내가 보기엔 다 큰 사람 같았으니, 실제로는 아마 열다섯쯤이었을 것이다. 그러다 그 뒤로는 흔히 그러하듯 모든 성적인 감정이 여러 해 동안 나를 떠나 있었던 것 같다. 열두 살 때 나는 어린 소년치고는 많

---

24 '섹스와 생식에 관한 기본적인 사실'이라는 뜻으로 굳어진 숙어.
25 오웰은 6세 때부터 8세 때까지 거주 지역 성공회 교구학교에 다녔다.

이 알았지만 이해하는 건 적었다. 왜냐하면 성행위에 쾌락이란 게 있다는 본질적인 사실은 알지 못했기 때문이다. 대략 일곱 살부터 열네 살 무렵까지 성에 관한 모든 주제에 대해 나는 흥미를 느끼지 못했고, 어떤 이유 때문에 그것에 대해 생각할 수밖에 없을 때엔 역겨움을 느낄 뿐이었다. 소위 '생의 진실'이란 것에 대한 나의 지식은 짐승들을 보고서 얻은 것이었기에 곡해가 있었으며, 그나마도 이따금씩만 얻을 수 있었다. 나는 짐승이 교미를 한다는 걸 알았고, 인간이 짐승의 그것과 비슷한 신체를 가졌다는 사실을 알았다. 하지만 인간 역시 성교를 한다는 것은, 성경의 한 구절 같은 것 때문에 상기할 수밖에 없을 때에나 마지못해 인정하는 사실이었다. 욕구가 없으니 호기심이 있을 리 없었고, 때문에 나는 많은 문제들을 미해결 상태로 남겨두는 걸 별로 개의치 않았다. 그러니 여자의 몸속에서 아기가 어떻게 만들어지는지는 이론상으로 알았으되 아기가 어떻게 나오는지는 알지 못했다. 그 문제를 철저히 따져본 적이 없었던 것이다. 나는 온갖 지저분한 말을 다 알았으며, 불쾌할 때는 그런 말을 혼자 지껄이곤 했으나, 그런 말이 최악의 경우 어떤 뜻일 수 있는지는 몰랐고 알고 싶지도 않았다. 그런 말들은 추상적으로 악한, 말하자면 마법의 주문 같은 것이었다. 그런 상태에 머물러 있었으니, 내가 주변에서 일어나는 성적인 비행에 대해 무지한 상태로 남아 있는 것도, 난리가 났을 때 깨달은 바가 거의 없는 것도 무리가 아니었다. 플립과 삼보와 다른 모든 교사들의 은근하고 섬뜩한 경고에도 불구하고, 나는 우리 모두가 범한 죄가 성기와 관련이 있다는 사실을 파악한 게 고작이었다. 나는 별 흥미를 느끼지는 못했지만 남자의 성기가 때로는 제멋대로 일어서기도 한다는 건 이미 알고 있었고 (이는 소년이 성욕을 의식하기 오래전부터 벌어지는 일이다), 그때는 바로 그게 죄임이 분명하다고 적어도 반쯤은 믿게 되었다. 아무튼 그건 남자의 성기와 관련이 있는 문제였고, 나는 그만큼은 이해할 수 있었다. 아마 다른 소년들 상당수도 나처럼 아무것도 몰랐을 것이다.

'육신의 성전'에 대한 설교가 있은 뒤(며칠 뒤였던 것 같고 난리는 며칠 동안 이어졌던 듯하다) 우리들 10여 명은 삼보가 장학반 수업용으로 쓰던 기다랗고 반짝이는 테이블에 앉았다. 플립이 험악한 눈빛으로 우릴 내려다보고 있었다. 위층 어느 방에선가 길고 처량한 울부짖음이 들려왔다. 열 살도 채 안 됐을 로널즈Ronalds라는 아주 작은 아이가 어떤 식으로든 연루되어 매질을 당하는 중이거나 매를 다 맞고 회복되는 중이었던 것이다. 그 소리에 플립의 눈초리가 우리의 낯빛을 샅샅이 살피더니 내 얼굴을 응시했다.

"알지?" 그녀가 말했다.

그녀가 "무슨 짓을 했는지 알지?"라고 했다고 단언하지는 않겠지만, 아무튼 그런 뜻이었다. 우리는 모두 창피해서 고개를 숙이고 있었다. 그건 '우리'의 잘못이었다. 어찌 됐든 우리가 불쌍한 로널즈를 타락시킨 것이었다. 그의 고통과 파멸은 모두 '우리'의 책임이었다. 이윽고 플립은 히스Heath라는 아이를 노려보았다. 30년 전 일이라 그녀가 성경의 일부를 인용하기만 했는지, 아니면 성경을 가져와 히스에게 읽도록 했는지는 분명치 않다. 아무튼 그 글은 이런 것이었다.

"누구든 나를 믿는 작은 자 하나를 실족하게 하면 연자 맷돌을 그 목에 달아 깊은 바다에 빠뜨리는 게 나으리라."[26]

그 역시 끔찍한 소리였다. 로널즈는 작은 자들 중 하나였고 우리가 그를 실족하게 했으니, 우리는 목에 맷돌을 달고 깊은 바다에 빠뜨려지는 게 나았던 것이다.

"너 그 생각을 해봤니 히스—그게 어떤 건지 생각해봤어?" 플립이 그렇게 말하자 히스는 마구 흐느끼기 시작했다.

앞서 언급했던 비첨이란 아이는 "눈언저리가 시커멓다"라는 비난에 마찬가지로 창피해서 어쩔 줄을 몰랐다.

"너 요새 거울을 보는 거냐, 비첨?" 플립이 말했다. "넌 그런 얼굴로 다니면서 부끄러운 줄도 모르냐? 어린애가 눈언저리가 시커메져서 다니는데 아무도 그게 어떤 건지 모른다고 생각해?"

다시 한번 죄의식과 두려움이 나를 짓누르는 것 같았다. '내' 눈언저리도 까매진 건 아닐까? 나는 몇 해 뒤에야 그게 자위를 한다는 증거로 여겨질 수 있는 증상임을 알게 되었다. 하지만 그런 줄 모르던 당시에도 이미 나는 눈언저리가 검은 것을 '모종'의 타락에 대한 확실한 증거로 받아들였다. 그리고 무슨 뜻인지 알기 전에도 그 무서운 낙인의 첫 흔적이, 몰래 죄를 저지른 자가 제 얼굴에 남기는 그 고백의 흔적이 나타나는지 살피려고 거울을 걱정스레 들여다보곤 했다.

그런 공포심은 나의 공식적인 믿음이라 할 만한 것에 영향을 끼치지는 않으면서 차츰 사라져가거나 이따금씩만 되살아날 뿐이었다. 정신병원이니 자살자의 무덤이니 하는 얘기는 여

---

[26] 마태복음 18:6.

전히 정말인 줄로만 알았지만, 더 이상 지독히 공포스럽지는 않았다. 몇 달 뒤 나는 매질을 당하고 쫓겨났던 주모자 혼을 우연히 다시 보게 되었다. 혼은 가난한 중산층 부모를 둔 아이라 일찌감치 눈 밖에 나 있던 처지였고, 삼보가 그토록 거칠게 다뤘던 것도 어느 정도 그래서였다. 혼은 퇴학을 당한 다음 학기에 이스트본Eastbourne 칼리지[27]로 갔다. 지역의 작은 사립학교인 그곳을 세인트 시프리언스에선 몹시도 우습게 알았고 '진짜' 사립학교도 아니라고 여겼다. 세인트 시프리언스 출신 중에 그곳으로 진학한 아이는 거의 없었고, 그런 경우를 삼보는 언제나 참으로 딱하다는 듯 언급했다. 그런 학교에 가면 가망이 없으며, 기껏해야 사무원 노릇밖에 못 한다는 것이었다. 때문에 나는 혼을 나이 열셋에 그럴싸한 장래에 대한 모든 희망을 박탈당해버린 인간으로 여기게 되었다. 육체적으로나 도덕적으로나 사회적으로나 끝장이 나버렸다고 말이다. 더욱이 나는 그의 부모가 그를 이스트본 칼리지로 보낸 건 그가 당한 불명예 때문에 '좋은' 학교 어디서도 그를 받아주지 않았기 때문일 거라고만 생각했다.

다음 학기에 우리는 산책을 나갔다가 길에서 혼과 마주치게 되었다. 그는 아주 멀쩡해 보였다. 몸은 건장했고, 검은 머리의 상당한 미소년이 되어 있었다. 나는 마지막으로 봤을 때보다 그가 더 나아 보인다는 걸 대번 알 수 있었다. 전에는 좀 창백하던 혈색이 제법 붉어졌고, 우릴 봐도 전혀 부끄러워하지

---

[27] 한국의 중고등 과정인 일부 사립학교에 칼리지란 명칭을 붙이며, 이튼의 경우도 공식 명칭이 '이튼 칼리지'다. 이스트본은 세인트 시프리언스 학교가 소재한 자치구(시)에 있으며, 훗날 세인트 시프리언스가 통폐합될 때 운동장이 이스트본 칼리지로 넘어간다.

않는 기색이었다. 그는 퇴학을 당한 것도, 이스트본 칼리지로 가게 된 것도 창피해하지 않는 것 같았다. 줄지어 지나가는 우리를 바라보는 표정에서 읽어낼 수 있었던 건, 그가 세인트 시프리언스를 탈출한 걸 기뻐한다는 점이었다. 하지만 그런 마주침이 내게 별다른 인상을 남겼던 건 아니다. 나는 육신과 영혼을 망쳐버린 혼이 행복하고 건강해 보인다는 사실에서 다른 추론을 할 수 없었다. 나는 여전히 삼보와 플립이 가르쳐준 성에 관한 신화를 믿고 있었던 것이다. 신비롭고 끔찍한 위험은 여전히 도사리고 있었다. 아침에 눈언저리가 까만 날이면 자기 역시 구제 불능의 영혼임을 알 수 있었던 까닭이다. 더 이상 그게 큰 문제가 아닌 듯 여겨진다는 것만 다를 뿐이었다. 아이의 마음속에 그런 모순이 쉽게 공존할 수 있는 건, 그만큼 아이에게 생명력이 있기 때문이다. 아이는 어른이 하는 말도 안 되는 소리를 받아들이되(안 그럴 방법이 있는가?) 아이의 생기 있는 신체와 물질세계의 달콤함은 아이에게 다른 얘기를 해준다. 지옥의 경우도 마찬가지였다. 나는 열네 살 무렵까지 공식적으로는 지옥을 믿었다. 지옥은 거의 확실히 존재하는 것이었으며, 생생한 설교에 몸이 떨릴 정도로 공포스러울 때도 있었다. 하지만 늘 그런 게 아니었다. 나를 기다리고 있는 지옥불은 진짜 불이었다. 말하자면 손가락을 델 때와 다를 바 없이, 그것도 '영원토록' 사람을 고통스럽게 할 수 있는 불이었다. 하지만 대부분의 경우 지옥은 생각은 하되 근심거리는 안 되는 무엇이었던 것이다.

5

 세인트 시프리언스에서 내놓는 여러 규범들(종교적, 도덕적, 사회적, 지적 규범들)은 그것들이 암시하는 바를 따져보면 서로 모순되기 십상이었다. 그것은 본질적으로 19세기의 금욕주의 전통과 1914년 이전 시대의 사치 및 속물근성 사이의 충돌이었다. 한편에는 저교회파[28] 성서 기독교, 성적인 청교도주의, 근면에 대한 강조, 학문적 능력에 대한 존중, 방종에 대한 반감이 있었다. 그리고 다른 한편에는 '똑똑함'에 대한 경멸과 운동 경기에 대한 숭배, 외국인과 노동계급에 대한 멸시, 가난에 대한 신경증적 공포, 그리고 무엇보다, 돈과 특권은 중요한 것이며 그것을 자기 힘으로 이루는 것보다 물려받는 게 낫다는 사고방식이 있었던 것이다. 대체로 말해서 그것은 기독교인인 동시에 사회적으로 성공을 하라는, 불가능한 명령이었다. 나는 우리에게 제시된 여러 이상들이 서로 상쇄되어 무효가 된다는 것을 당시에는 간파하지 못했다. 내가 알았던 건 그것들이 모두(또는 거의 다) 나로서는 얻을 수 없는 것들이라는 사실뿐이었다. 모든 게 내가 무엇을 하느냐뿐만 아니라 내가 어떤 신분이냐에도 달려 있었던 것이다.

 일찌감치, 열 살이나 열한 살밖에 안 됐을 때 나는 10만 파운드가 없는 한 아무 소용도 없다는 결론에 도달했다. 누가 말해준 것도 아니고, 그렇다고 내 머리로만 생각해낸 것도 아니었다. 아무튼 그것은 내가 숨 쉬는 공기 중에 있는 무엇과도 같았

---

28 low church. 성공회의 한 교파로, 교회 전체의 전통적인 의식이나 형식보다는 개인의 복음주의 신앙과 예배를 중시한다.

다. 아마 나는 새커리를 읽고서 그런 특정 액수를 떠올렸을 것이다. 10만 파운드의 이자는 1년에 4000파운드는 될 터였고(최소 4퍼센트로 잡으면 안전하다 싶었던 것이다), 나는 최소한 그 정도는 되어야 시골에 저택을 가진 진짜 최상층에 속할 수 있으리라 본 것이었다. 하지만 내가 그런 천국으로 가는 길을 발견할 리는 만무했다. 그곳은 그 속에서 태어나지 않는 한 진정으로 속할 수 없는 곳이었던 것이다. '도회지로 나가는' 알 수 없는 수법을 써서 돈을 '벌' 수는 있되, 10만 파운드를 벌어 도회지를 떠날 때쯤이면 뚱뚱하고 늙은 모습일 터였다. 그런데 최상층이 정말 부러운 것은 젊을 때 부유하다는 점이었다. 나처럼 야심 있는 중산층이나 시험 합격자 같은 사람들에겐 삭막하고 수고스러운 유형의 성공만 가능했다. 장학금이라는 사다리를 타고 기어올라봤자 본국 공무원이나 인도 공무원, 아니면 변호사가 될 수 있을 뿐이었다. 그리고 어느 지점에서 '해이'해지거나 '시들'해져서 사다리의 가로대를 하나라도 놓치면, "1년에 40파운드 받는 사환 아이"가 되는 것이었다. 그런가 하면 자신에게 허용되는 최고의 지위까지 오른다 해도, 정말 중요한 사람들의 부하나 측근이 될 수 있을 뿐이었다.

  그런 사실을 삼보와 플립한테서 배우지 못했다 한들, 아마 다른 아이들한테 배우게 되었을 것이다. 돌이켜보건대 우리 모두 얼마나 지적으로 철저히 속물이었나를 생각해보면 참으로 놀랍다. 우리 모두 온갖 이름과 주소를 얼마나 잘 알았으며, 악센트나 매너나 옷 재단의 미묘한 차이를 얼마나 빨리 간파했던가. 어떤 아이들은 겨울 학기가 한창이라 춥고 궁색할 때에도 땀을 뚝뚝 흘리듯 돈 자랑을 했다. 특히 학기 초나 말이면 스위스에 대해, 스코틀랜드의 길리[29]와 들꿩 사냥터에 대해, "우리 삼촌의 요트"나 "시골에 있는 우리 땅"이나 "내 조랑말"이나 "우리 아버지 오픈카"에 대해 순진하면서도 속물적인 잡담을 하는 경우가 많았다. 내가 보기에, 역사상 1914년 이전 시절만큼 기름기 절절한 부富의 천박함이, 보완이 될 만한 어떠한 귀족적 고상함도 없이, 노골적으로 드러나던 시대는 없었던 것 같다. 당시는 비단 모자에 보랏빛 조끼 차림의 정신 나간 백만장자들이 템스강의 로코코식 선상 가옥에서 샴페인 파티를 하던 시절이었다. 디아볼로와 통이 좁은 치마의 시대였고, 회색 중산모와 앞자락 갈라지는 코트 차림의 '멋쟁이'의 시대였으며, 「즐거운 과부」[30]와 사키[31]의 소설과 『피터 팬』과 「무지개가 끝나는 곳」[32]의 시대였다. 아울러 사람들이 초콜릿과 시가와 근사한 토핑[33] 얘기를 하고, 주말이면 우아하게 브라이튼 같은 멋진 휴양지에 가서 맛있는 차를 사 마시던 시절이었다. 1914년 이전의 10년은 보다 천박하고 미성숙한 유의 사치의 냄새를, 머릿기름과 박하를 넣은 리큐어와 크림초콜릿의 향을 풍기는 듯하다. 말하자면 그것은 잔디밭에 앉아 이튼 학교의 뱃노래를 들으며 딸기 아이스크림을 영원토록 먹는 듯한 분위기였다. 묘한 것은 영국의 상류층과 상위 중산층이 그런 식

---

29 ghillie. 스코틀랜드의 사냥 및 낚시 전문 가이드.
30 「The Merry Widow」. 헝가리 출신으로 주로 오스트리아에서 활동한 작곡가 프란츠 레하르(1870~1948)의 오페레타. 영국에서는 1907년에 번안된 뒤로 오랫동안 대인기를 누렸다.
31 Saki. 단편소설의 대가로 유명한 헥터 먼로Munro(1870~1916)의 필명.
32 「Where the Rainbow Ends」. 1911년 크리스마스 때 상연된 어린이 음악극으로 1921년 영화로도 만들어졌다. 아이들이 마법의 양탄자를 타고 모험하는 이야기.
33 topping. 음식을 장식하고 맛을 더 내기 위해 위에 얹는 크림이나 치즈 같은 것들.

으로 흘리고 다니고 불거져 보이게 하던 부가 만물의 질서에 속하며 영영 계속될 것임을 모두가 당연시했다는 점이다. 하지만 전쟁이 끝난 1918년 이후는 전혀 이전 같지 않았다. 속물근성과 사치하는 습성이 되살아난 건 분명했지만, 전과 달리 의식적이고 방어적인 구석이 있었다. 전쟁 이전엔 돈에 대한 숭배가 전적으로 무반성적이었으며, 양심의 가책 때문에 불편해지는 법도 없었다. 돈의 미덕은 건강이나 아름다움의 미덕만큼이나 명백한 것이었고, 사람들이 생각하는 도덕관념에 번쩍번쩍하는 자동차나 작위나 한 무리의 하인들이 섞여 있었다.

세인트 시프리언스에서는 학기 중에는 생활이 전반적으로 단출해서 어느 정도 평등할 수밖에 없었으나, 방학 얘기라도 나와서 자동차니 집사니 시골 저택이니 하는 것에 대한 자랑 경쟁이 이어지면 당장 계급 차가 선명해졌다. 학교에는 또 이상한 스코틀랜드 숭배 문화가 만연해 있었고, 때문에 우리는 가치 기준의 근본적인 모순을 느껴야 했다. 플립은 자신이 스코틀랜드 혈통이라 주장했으며, 스코틀랜드 아이들을 편애하여 교복 대신 전통적인 체크무늬의 킬트를 입도록 장려했다. 심지어 그녀는 자기 막내아들에게 스코틀랜드식 이름을 지어 주기도 했다. 우리는 표면적으로는 스코틀랜드인들을 찬미해야 했다. 그들은 '완강'하고 '단호'한 데다('불굴'이 대표적인 낱말이었던 것 같기도 하다) 전쟁터에선 물리칠 수 없는 존재였던 것이다. 큰 교실에는 워털루 전투 당시 '스코츠 그레이스'[34]의 돌격을 묘사한 강판 鋼板 조각이 있었으며, 그들 모두 매 순간을

---

34 (Royal) Scots Greys. 영국의 기병 연대(1678~1971). 나폴레옹을 몰락시킨 워털루 전투(1815) 때 큰 희생을 치르며 결정적인 공을 세운 바 있다.

즐기는 듯한 표정이었다. 우리 머릿속의 스코틀랜드는 개울과 언덕, 킬트, 가죽 주머니, 큰 칼, 백파이프 같은 것들로 이루어져 있었고, 모든 게 어떤 식으로든 귀리죽과 개신교도, 그리고 추운 기후가 주는 활기찬 느낌과 뒤섞여 있었다. 하지만 그런 것들 밑에 깔려 있는 것은 사뭇 다른 무엇이었다. 스코틀랜드 숭배 문화의 진짜 이유는 대단한 부자라야 그곳에서 여름을 보낼 수 있다는 데 있었다. 그리고 스코틀랜드의 우월함을 믿는 척하는 것은 그곳을 점령한 잉글랜드가 느끼는 양심의 가책을 가리기 위한 것이었다. 잉글랜드인은 스코틀랜드 고지대 농민들을 몰아내고 농토를 사슴 사냥터로 만들어버렸으며, 그 보상으로 그들을 하인으로 삼았던 것이다. 플립은 스코틀랜드 얘기를 할 때면 언제나 악의 없는 속물근성을 내비치며 표정이 환해졌다. 심지어 이따금은 스코틀랜드 악센트를 슬쩍 흉내 내기도 했다. 스코틀랜드는 소수의 회원들만 이야기할 수 있고 비회원을 초라해지게 만드는 그들만의 천국이었다.

"이번 방학에 스코틀랜드 가니?"

"그럼! 우린 매년 가지."

"거기 우리 아버지 강이 3마일 있다."

"우리 아버진 내 열두 살 생일 선물로 총을 사준대. 거긴 검은 멧닭이 사냥감으로 아주 좋거든. 저리 가, 스미스! 뭘 듣고 있는 거야? 넌 스코틀랜드에 가본 적이 없잖아. 넌 멧닭 수컷이 어떻게 생겼는지 절대 모를걸."

그러면 수멧닭 우는 소리니, 수사슴 소리니, "우리 길리"의 악센트니 하는 것들을 흉내 내느라 야단이었다.

새로 온 아이인 경우에는 사회적 배경이 의심스럽다고 판단

될 때 이런저런 질문을 통과해야 했는데, 심문관들이 열두세 살밖에 안 됐다는 점을 고려할 때 질문의 비열함과 깐깐함은 자못 놀라웠다.

"너네 아버지 1년 수입이 얼마니? 런던 어디에 살고 있지? 나이츠 브리지야 켄징턴이야? 너네 집 화장실이 몇 개야? 집에 하인은 몇 명인데? 집사는 있어? 좋아, 그럼 요리사는 있어? 옷은 어디서 만들어 입니? 방학 때 공연은 몇 번이나 보러 갔지? 이번에 용돈은 얼마나 가져왔어?" 하는 식이었다.

나는 여덟 살이 될까 말까 한 신입생이 그런 교리문답을 통과하기 위해 거짓말을 해가며 용을 쓰는 광경을 본 적이 있다.

"너네 집에 자가용 있어?"

"응."

"어떤 찬데?"

"다임러."

"몇 마력짜리지?"

(잠시 멈췄다가 모험을 건다.) "15마력."

"라이트는 무슨 식이지?"

어린아이는 어리둥절한 표정이다.

"라이트가 무슨 식이냐구. 전기야 아세틸렌이야?"

(한참 뜸을 들이더니 다시 모험을 건다.) "아세틸렌."

"하! 쟤네 아버지 차는 아세틸렌 라이트를 쓴대. 그건 몇 년 전에 단종됐어. 엄청 오래된 거라구."

"뻥이야! 다 지어낸 소리야. 쟤넨 자가용 없어. 노가다 집이야. 너네 아버지 노가다지?"

뭐 이런 식이었다.

나에게 주로 적용되던 사회적 기준들로 볼 때, 나는 변변찮았으며 애써본들 나아질 수 있는 것도 아니었다. 그런데 온갖 종류의 미덕은 묘하게도 서로 연결되어 있으며, 거의 같은 부류의 사람들만의 속성인 듯했다. 중요한 건 돈만이 아니었다. 체력도, 남성미도, 매력도, 운동신경도 중요했다. '배짱'이나 '기개'란 것도 있었는데, 실은 남에게 자기 의지를 강요하는 힘을 말했다. 나는 그런 자질들이라곤 하나도 갖추지 못했다. 예를 들어 운동경기의 경우, 나는 절망적이었다. 수영은 꽤 잘했고 크리켓은 완전히 깔볼 만한 수준은 아니었으나, 그런 것들이야 선망을 살 만한 가치는 없었다. 아이들은 체력과 담력을 요하는 운동만을 중요하다고 생각했기 때문이다. 그래서 제일 중요한 건 축구였는데, 나로서는 젬병이었다. 나는 축구를 아주 싫어했다. 그러니 축구에서 무슨 재미나 가치를 발견할 수 없었고, 축구를 하며 나의 담력을 보여준다는 건 대단히 어려운 일이었다. 내가 보기에 축구는 딱히 공 차는 재미 때문에 하는 게 아니라 일종의 싸움박질이었다. 축구를 좋아하는 아이들은 자기보다 조금이라도 작은 아이들을 때려눕히고 짓밟는 데 능한 크고, 난폭하고, 속임수에 능한 아이들이었다. 학교생활 돌아가는 게 그런 식이었다. 언제나 강자가 약자에게 승리를 거두었던 것이다. 미덕은 이기는 데 있었다. 즉, 미덕이란 남들보다 더 크고, 강하고, 잘생기고, 부유하고, 인기 좋고, 세련되고, 거리낌 없는 데 있었다. 달리 말해 남을 지배하고, 괴롭히고, 고통스럽게 하고, 바보 같아 보이게 하며, 모든 면에서 남보다 앞서는 데 있었던 것이다. 삶이란 본래 위아래가 있어서 무슨 일이 벌어지든 그 자체가 옳은 일이었다. 강자가 있어 그들은 이겨 마땅하고 언제나 이겼으며, 약자가 있어 그들은 져 마땅하고 언제나, 끝없이 지기만 했다.

나는 그런 지배적인 기준들을 의문시하지 않았다. 적어도 내가 보기에 다른 기준이란 없었던 까닭이다. 부자고, 힘세고, 세련되고, 스타일 좋고, 영향력 있는 아이들이 어찌 틀릴 수 있단 말인가? 그것은 그들의 세계였고, 그들이 만든 규칙은 옳지 않을 리 없었다. 하지만 나는 아주 어릴 적부터 나 자신이 그런 식의 현실에 '자발적'으로는 도저히 순응하지 못한다는 것을 알고 있었다. 내 마음속 한가운데에는 언제나 깨어 있는 듯한 내면의 자아가 있어 도덕적 의무와 심리적 '실상'의 차이를 지적하고 있었던 것이다. 세속적이든 탈속적이든 모든 문제가 마찬가지였다. 이를테면 종교도 그랬다. 하느님을 마땅히 사랑해야 했고, 나는 그 점을 의심치 않았다. 나는 열네 살 무렵까지 하느님을 믿었으며, 하느님에 대한 이야기들을 진실로 받아들였다. 하지만 동시에 나는 내가 하느님을 사랑하지 않음을 알고 있었다. 오히려 미워했다. 내가 예수와 히브리 족장들을 미워했듯이. 내가 구약성서에서 연민의 정을 느낀 대상은 카인이나 이세벨[35], 하만[36], 아각[37], 시스라[38] 같은 사람들이었다. 신약에서 친구라 할 만한 이가 있다면 아나니아[39], 가야바[40], 유다, 본디오 빌라도 같은 이들이었다. 하지만 종교란 것에는 심리적으론 불가능한 것들이 곳곳에 널려 있는 듯했다. 예를 들

---

35 Jezebel. 이스라엘 왕 아합과 결혼하여 왕비가 된 시돈(페니키아)의 공주. 바알 신 숭배를 장려하고 이스라엘 선지자들을 제거하려다 결국 처형당했다. 오랫동안 악녀의 대명사로 저주받아왔으며, 처형 직전에 화장을 한 요염한 여인으로도 유명하다.(열왕기상 18장 및 21장, 열왕기하 9장)

어 기도서에선 하느님을 사랑하고 두려워하라고 말한다. 하지만 두려워하는 누군가를 어떻게 사랑할 수 있단 말인가? 개인적인 애정의 경우에도 마찬가지였다. 느껴야 '하는' 것은 대개 웬만큼 분명했지만 감정을 마음대로 할 수 있는 건 아니었다. 플립과 삼보에게 고마운 마음을 갖는 건 나의 의무인 게 분명했지만, 나는 고맙지가 않았다. 아버지를 사랑해야 하는 것도 마찬가지로 분명한 일이었지만, 내 경우엔 아버지를 싫어하기만 한다는 걸 너무나 잘 알고 있었다. 나는 아버지를 여덟 살 이전엔 거의 본 적이 없었으며, 내게 아버지는 언제나 "하지 마"란 소리부터 하는 목소리 걸걸한 노인일 뿐이었다. 마땅한 소양을 갖추거나 응당한 감정을 느끼는 게 싫어서가 아니라, 그럴 수

---

36 Haman. 페르시아의 재상. 유대인 학살을 기도했다 하여 유대 출신 왕후인 에스더의 간청으로 교수형을 당한다.(에스더 3장 및 5장)

37 Agag. 아말렉 왕. 이스라엘의 초대 왕 사울이 아말렉을 점령할 때 아각을 살려주고 노획물을 남기자, 사울을 왕으로 만들어준 선지자 사무엘은 사울이 아말렉을 "진멸"하라는 야훼의 뜻을 거슬렀다며 그의 관용을 비난한다. 이에 사울은 아각을 처형한다. 아각은 끌려나와 칼을 맞기 직전 "죽음의 쓴맛은 지나갔다"고 의연히 말한다.(사무엘상 15:32)

38 Sisera. 가나안 왕 야빈의 군대장. 당시 이스라엘 여러 부족을 다스리던 여성 선지자 드보라의 청을 받은 바락과 대결한 시스라는 대패한 뒤 도보로 탈주한다. 헤벨이라는 사람의 아내 야엘의 천막으로 피신한 시스라는 야엘의 영접을 받고 "젖"을 받아먹은 뒤 지쳐 자다 야엘에게 살해당한다. 야엘은 천막 말뚝을 시스라의 관자놀이에 박아 죽인다.(사사기 4:21) 같은 날 가나안 왕 야빈도 진멸당하고 만다.

39 Ananias. 예루살렘의 초대 기독교인으로 거짓말이 탄로 나자 즉사한 사람. 사도행전에 따르면 초대 기독교인들은 모든 것을 공동소유로 여겼고, 바나바는 교인은 땅을 판 돈을 전부 사도들에게 바쳤다.(사도행전 4:37) 그런데 아나니아란 사람은 땅 판 돈의 일부만 베드로에게 바쳤다가 "하느님까지 속였다"는 말을 듣고 그 자리에 쓰러져 숨이 끊어지고 만다.(사도행전 5:5) 또 세 시간 뒤엔 그의 아내 삽비라 역시 같은 추궁을 당하고 사망하여 남편 곁에 묻히게 된다.

40 Caiaphas. 예수를 심문한 대제사장. 마태복음에선 심문에 계속 응하지 않는 예수에게 가야바가 하느님의 아들인 그리스도냐고 묻자, 예수는 "당신이 그렇게 말하네요"라고 하고서 권능의 구름을 타고 오는 사람의 아들ㅅㄱ 비유를 한다. 이에 가야바는 예수를 신성모독 혐의로 고발한다.(마태복음 26:65) 요한복음에선 다른 제사장들이 예수를 내버려두면 로마인들이 와서 성소와 나라를 멸해버릴 것을 걱정하자, 그해의 대제사장인 가야바는 "온 나라가 망하는 것"보다는 "한 사람"이 죽는 게 낫다고 말한다.(요한복음 11:50)

가 없었던 것이다. 옳은 것과 가능한 것은 결코 일치하지 않는 것 같았다.

세인트 시프리언스에 있을 때는 아니고 그곳을 떠난 지 한두 해 뒤에 만나게 된 시 한 줄이 있다. 당시 내 가슴속에 묵직한 메아리 같은 것을 울리게 한 그 시구는 "변경 불가능한 법의 대군the armies of unalterable law"이었다. 나는 복수할 가망 없이 패배당하고, 또 마땅히 그래야 하는 사탄이 된다는 게 어떤 것인지 완벽하게 이해하고 있었다. 매를 든 학교장, 스코틀랜드에 성을 가진 백만장자, 머리 곱슬곱슬한 운동선수—이들이 변경 불가능한 법의 대군이었다. 당시에는 그게 실은 변경이 '가능'하다는 것을 깨닫기가 쉽지 않았다. 그리고 그런 법에 따르면 나는 이미 저주받은 몸이었다. 나는 돈도 없고, 약하고, 못생기고, 인기 없고, 기침을 달고 다니고, 겁 많고, 냄새나는 아이였던 것이다. 이런 면모가 내 공상만은 아니었다는 점을 덧붙여 말할 필요가 있다. 나는 매력 없는 소년이었다. 설령 그 전에는 아니었다 하더라도 세인트 시프리언스는 금세 나를 그렇게 만들었다. 하지만 아이가 자기 결점에 대해 갖는 믿음은 실제 사실에 크게 영향받는 게 아니다. 예컨대 나는 내가 '냄새난다'고 믿었는데, 순전히 개연성만을 근거로 한 판단이었다. 비위에 거슬리는 사람은 냄새가 난다고 하기 십상이었기에, 나 역시 지레짐작으로 그렇게 단정 지어버린 것이다. 또한 나는 그 학교를 영영 떠난 뒤로도 내가 초자연적으로 못생겼다는 믿음을 버리지 못했다. 그건 내 학우들이 한 말이었고, 나로서는 참고할 만한 다른 근거가 없었던 것이다. 내가 성공한다는 건 '가능하지 않은' 일이라는 확신은 어른이 된 지 한참이 지나서까지 내 행동에 아주 깊은 영향을 끼쳤다. 나는 서른 살 무렵까지 내 인생 설계를 할 때면 언제나 큰일을 맡다간 반드시 실패할 수밖에 없을 뿐만 아니라 앞으로 몇 년밖에 더 살지 못한다는 가정을 따랐다.

한편으로 그런 자괴감과 반드시 실패한다는 예감을 상쇄하는 것이 있었으니, 생존 본능이란 것이었다. 약하고, 못생기고, 겁 많고, 냄새나고, 그럴싸한 데라곤 없는 존재일지라도 살고 싶으며 나름대로 행복하고 싶은 욕구가 있는 것이다. 나는 기존의 가치 체계를 뒤집거나 성공하는 존재로 변모할 수는 없었지만, 내 실패를 받아들이고 나름대로 최선을 다할 수는 있었다. 그리고 내 처지를 감수하여 분에 맞게 살아남으려고 노력할 수 있었다.

살아남는다는 것, 또는 적어도 나름의 독자성을 유지하는 것은 범죄나 마찬가지였다. 자기 자신이 인정하는 규칙을 깨는 일이기 때문이었다. 나를 몇 달 동안 몹시도 못살게 굴던 조니 헤일Hale이란 아이가 있었다. 크고, 힘이 세고, 얼굴이 아주 붉으면서 검은 머리가 곱슬곱슬한 게 제법 잘생긴 그 아이 항상 누군가의 팔을 비틀거나, 귀를 비틀거나, 말채찍으로 때리거나(녀석은 '식스 폼'의 일원이었다) 했고, 축구장에서 천재적인 운동 실력을 보여주었다. 플립은 녀석을 아주 아꼈고(때문에 습관적으로 성 아닌 이름을 불렀다) 삼보는 '기개'가 있고 '통솔력 있는' 소년이라며 칭찬을 해주었다. 그리고 녀석을 '천하장사'라 부르며 따라다니는 한 무리의 알랑쇠들도 있었다.

어느 날 탈의실에서 오버코트를 벗고 있을 때 헤일이 무슨 이유로 날 집적거리기 시작했다. 내가 '대꾸'를 하자 녀석은 내 손목을 잡고는 팔뚝이 반대로 돌아가도록 몹시 아프게 비틀었다. 녀석이 잘생기고 붉은 얼굴을 조롱하듯 들이대던 모습이 눈에 선하다. 그는 나보다 힘이 엄청 더 셌을 뿐만 아니라 나이도 더 많았을 것이다. 녀석이 나를 놓아줄 때, 나는 나도 모르게 아주 독하고 고약한 마음을 먹고 말았다. 녀석이 예상하지 못할 때 다가가서 한 방 먹이기로 한 것이다. 마침 때가 좋았던 건, 산책 나갔던 교장이 곧 돌아올 때라 더 싸울 상황이 못 될 터였기 때문이다. 나는 1분쯤 기다렸다가 아무런 악의도 없는 듯 헤일에게 다가가서는, 온 체중을 한 주먹에 실어 녀석의 얼굴을 힘껏 때렸다. 녀석은 내 일격에 뒤로 벌렁 나자빠졌고, 입에선 피가 제법 났다. 언제나 자신감 넘치던 녀석의 붉은 얼굴이 분노로 새까매지다시피 했다. 녀석은 세면대로 가 입부터 헹구기 시작했다.

"어디, 두고, 보자!" 교장이 우릴 인솔해 나갈 때 녀석이 이빨 사이로 으르렁거렸다.

그로부터 여러 날 동안 녀석은 나를 따라다니며 싸움을 걸었다. 나는 정신을 못 차릴 정도로 무서웠지만 태연한 척 싸움을 피했다. 나는 얼굴을 때린 것으로 갚을 것을 갚았으니 그것으로 끝이라고 말했다. 그런데 참 이상하게도 녀석은 기회가 있을 때도 바로 그 자리에서 날 덮치지 않았다. 그냥 그래버려도 여론이 자신을 지지해줬을 텐데도 말이다. 그래서 그 문제는 서서히 잦아들었고, 더 이상의 싸움은 없었다.

한데, 나의 그런 행동은 녀석의 기준 못지않게 내 기준에서 봐도 잘못된 것이었다. 느닷없이 녀석을 때린 건 잘못이었다. 그런데 나중에, 싸웠다간 녀석에게 언어맞을까 봐 싸우길 거부한 것—그건 더 나빴다. 비겁한 짓이었던 것이다. 내가 싸움 자체를 탐탁지 않게 여겼거나 그 문제가 정말 끝났다고 생각해서 거부했다면 괜찮았을 것이다. 하지만 난 단지 무서워서 싸움을 거부했던 것이다. 바로 그런 사실 때문에 나의 복수조차도 무의미해져버렸다. 나는 제정신이 아닌 상태에서 욱하는 순간에 주먹을 휘둘렀으며, 일부러 멀리 내다보지도 않았다. 일단 한번 앙갚음을 하고 결과야 나도 모르겠다는 생각뿐이었던 것이다. 나에겐 내 잘못을 깨달을 시간이 있었다. 하지만 이 잘못은 어느 정도 만족감을 주기도 하는 일이었다. 그러다 뿌듯할 게 전혀 없어져버렸다. 첫 행동에는 나름의 용기가 있었으나 나중에 비겁해졌기 때문에 무효가 되어버린 것이었다.

그런데 내가 거의 눈치채지 못했던 건 헤일이 공식적으론 나와 싸우려고 덤볐으나 실제로 공격하지는 않았다는 점이었다. 게다가 그 한 방을 맞은 뒤 녀석은 나를 다시는 괴롭히지 않았다. 내가 이 사실의 의미심장함을 이해하기까지는 20년은 걸렸을 것이다. 당시의 나는 강자가 지배하는 세상에서 약자가 처하게 되는 도덕적 딜레마를 뛰어넘는 시야를 갖추지 못했다. 그때 내가 못 본 건 '규칙을 깨라, 아니면 죽는다'라는 교훈이었다. 나는 그런 경우에 약자가 자신을 위한 새로운 규칙을 만들 권리를 갖게 된다는 점을 몰랐다. 그런 생각을 했다 한들 내게 확신을 심어줄 사람이 주변에 아무도 없었기 때문이다. 나는 소년들의 세계에 살았고, 소년들이란 어울리기 좋아하고, 아무것도 의문시하지 않고, 강자의 법을 받아들이며, 자기보다 작은 아이에게 굴욕을 물려줌으로써 자신이 당한 굴욕을 갚는 존재였다. 내 처지는 수많은 다른 아이들의 그것과 같았고, 내가 만일 그들 대부분보다 반골 기질이 강했다면, 그 이유는 소년다운 기준으로 볼 때 내가 더 가난했다는 것 하나뿐이었다. 하지만 나의 반항은 감성적인 것이었을 뿐, 지적인 반항은 한 번도 없었다. 그런 나를 도울 수 있는 건 나의 맹목적인 이기심과 무능력(나 자신을 경멸하지 못하는 능력이 아니라 '싫어하지' 못하는 능력), 그리고 생존 본능밖에 없었다.

조니 헤일의 얼굴을 때린 지 1년쯤 지나서 나는 세인트 시프리언스를 영영 떠나게 되었다. 겨울 학기를 마쳤을 때였다. 집으로 떠나기 전 졸업생 넥타이를 맬 때 나는 암흑 속에 있다가 볕으로 나오는 심정이었다. 내 목을 감싸던 그 새 실크 넥타이의 감촉이 생생하다. 그것은 해방감이었다. 그 넥타이는 성인의 증표이자, 플립의 목소리와 삼보의 회초리를 막는 부적 같기도 했다. 나는 속박에서 벗어나고 있었다. 사립학교로 진학한다고 해서 세인트 시프리언스에 있을 때보다 더 잘되리라는 기대를 한 것도 아니고 그럴 마음도 없었다. 하지만 벗어난다는 것만으로도 좋았다. 사립학교에 가면 사생활도 더 보장되고, 간섭도 덜 받고, 태만과 방종과 타락을 즐길 기회도 많으리란 걸 알았던 것이다. 그 몇 해 이전부터 나는 일단 장학금만 따내면 느긋하게 공부할 것이며, 다시는 벼락공부를 하지 않기로 작심했었다(처음엔 무의식적이었다가 나중엔 의식적으로 그랬다). 그런데 그런 결심을 너무 잘 밀고 간 덕분인지, 나는 열세 살 때부터 스물두세 살이 되도록 피할 수 있다면 벼락공부를 하는 법이 거의 없었다.

플립은 작별의 악수를 청했다. 그녀는 특별히 성 아닌 이름으로 날 불렀다. 하지만 그건 일종의 은전을 베푸는 거라는, 냉소에 가까운 태도가 그녀의 표정과 목소리에 묻어 있었다. 그녀의 작별 인사는 그 어조가 '쪼끄만 나비' 소리를 하던 때와 거의 같았다. 나는 장학금을 두 건 탔지만 실패자였다. 성공은 내가 무엇을 했느냐가 아니라 내가 어떤 신분이냐로 판가름 나기 때문이었다. 나는 또 "원만한 타입의 소년"이 아니어서 학교의 명예를 높여주지도 못할 터였다. 게다가 기개나 담력도, 건강도, 체력도, 돈도, 심지어 신사다워 보이는 능력인 좋은 매너도 갖추지 못했던 것이다.

"잘 가거라." 하지만 플립이 짓는 작별의 미소는 이렇게 말하는 것 같았다. "지금 와서 왈가왈부해봤자 소용없지. 넌 세인트 시프리언스에서 별로 잘 지내지 못했겠지? 그런데 사립학교에 가서도 그다지 잘 지낼 것 같지가 않구나. 우리가 너한테 시간과 돈을 낭비한 건 정말 실수였어. 이런 유의 교육은 너 같은 배경과 전망을 가진 아이한텐 별로 해줄 게 없단다. 아니, 우리가 널 이해하지 못한다고는 생각 마! 우린 네가 속으로 무슨 생각을 하는지 다 아니까. 우리가 가르쳐준 모든 걸 네가 믿지 않는다는 것도 알아. 우리가 너한테 해준 모든 걸 조금도 고마워하지 않는다는 것도 알고. 그렇다고 그 모든 걸 지금 끄집어내봤자 아무 소용 없지. 우린 이제 너한테 아무 책임도 없고, 널 다시 볼 일도 없을 거야. 그냥 네가 우리의 실패작 중 하나란 걸 인정하고 나쁜 감정 없이 헤어지기로 하지. 그러니 잘 가거라."

적어도 그게 그녀의 표정에서 내가 읽을 수 있는 것이었다. 그럼에도 그 겨울날 아침 기차가 나를 싣고 떠날 때 나는 얼마나 행복했던가. 빛나는(내 기억이 맞다면 짙은 녹색에 밝은 파랑에 검정이었다) 새 실크 넥타이를 목에 감고서! 마치 잿빛 하늘에 파란 균열이 난 것처럼, 세상이 내 앞에 아주 조금이나마 열리고 있었다. 사립학교는 근본적으론 마찬가지로 나와는 이질적인 곳일 테지만, 세인트 시프리언스보다는 재미가 있을 것이었다. 가장 필수적인 것이 돈, 작위 가진 친척, 운동 실력, 재단사가 만든 옷, 단정히 다듬은 머리, 매력적인 미소인 세계에서 나는 변변찮은 존재였다. 그곳에서 내가 확보한 것이라곤 숨 쉴 만한 공간뿐이었다. 약간의 정적, 약간의 방종, 벼락공부로부터의 약간의 유예—그리고 그다음은, 몰락. 어떤 종류의 몰락일지는 나도 몰랐다. 식민지나 사무실 걸상, 아니면 감옥이나 요절일지도 몰랐다. 아무튼 처음 한두 해는 느긋하게 지내면서 파우스트 박사처럼 죄의 단맛을 보는 게 가능할 것이었다. 나는 내 운명이 궂으리라 믿으면서도 너무나 행복했다. 순간을 즐기며 살 뿐만 아니라 그 사실을 충분히 의식하면서 그럴 수 있다는 것, 장래를 예상하되 걱정은 안 할 수 있다는 것은, 열세 살 나이의 장점이다. 다음 학기에 나는 웰링턴에 가게 되어 있었다. 이튼 장학금도 탔지만 결원이 날지 확실치 않아 웰링턴에 먼저 가야 했다. 이튼에는 자기 방이 따로 있었고, 방에 벽난로가 있는 경우도 있었다. 웰링턴에도 작지만 자기 방이 있었는데, 저녁이면 손수 코코아도 타 먹을 수 있었다. 그런 사생활과 어른 대접이란! 도서관에 가서 어정거려도 되고, 여름날 오후 운동경기를 피해 교장의 인솔 같은 것 없이 혼자 전원으로 나가 빈둥거려도 될 터였다. 게다가 당장은 방학이었다. 나에겐 이전 방학 때 사둔 22구경 소총이 있었고(22실링 6페니 주고 산 '크랙숏Crackshot'이라는 총이었다), 크리스마스가 바로 다음 주였다. 마음껏 먹을 수 있다는 즐거움도 있었다. 나는 시내

가게에서 하나에 2페니 하는 굉장히 풍만한 크림빵을 사 먹을 생각을 하고 있었다. (1916년이었으니 아직 식량 배급이 시작되지 않았을 때다.[41]) 내 여비가 약간 잘못 계산돼서 1실링 남짓이 남는다는 사실만으로도 나는 더없이 행복했다(가는 도중에 생각지도 못했던 커피와 케이크 한두 개를 사 먹기에 충분한 액수였던 것이다). 미래가 나를 압박해오기 전에 조금이나마 행복을 누릴 시간이 있었다. 하지만 나는 미래가 어둡다는 것을 분명히 알고 있었다. 실패, 실패, 또 실패야말로 (과거의 실패와 다가올 실패를 포함한 것이다) 내가 지닌 가장 깊은 확신이었던 것이다.

6

이 모든 게 30년도 더 지난 일이다. 그렇다면 한 가지 질문. 지금 학교에 다니는 아이들도 같은 식의 경험을 할까?

정직한 답은 '우리는 확실히 모른다'뿐일 것이다. 물론 교육을 대하는 오늘의 '태도'야 과거에 비한다면 엄청나게 더 인간적이고 분별 있는 게 분명하다. 내가 받은 교육의 핵심이었던 속물근성은 지금은 거의 생각하기도 힘들 정도다. 그런 것을 조장하던 사회 자체가 죽어버렸기 때문이다. 세인트 시프리언스를 떠나기 1년 전쯤에 했던 대화가 떠오른다. 크고 금발이며 나보다 한 살 많았던 러시아 아이 하나가 내게 물었다.

"너네 아버지 1년에 얼마나 버시냐?"

---

[41] 당시는 1차대전(1914~1918) 중이었고, 독일이 영국으로 식량을 싣고 오던 미국 배들을 잠수함으로 공격한 게 1916년부터다.

더 낮게 느껴지라고 내가 짐작한 액수에 몇백 파운드를 더해서 말했다. 단정한 걸 좋아하던 러시아 소년은 연필과 수첩을 꺼내더니 계산을 하기 시작했다.

"우리 아버진 너네 아버지보다 200배 이상을 버는구나." 그는 제법 깔보듯 흐뭇해하며 그렇게 말했다.

그게 1915년의 일이었다. 몇 해 뒤에 그 돈이 다 어떻게 됐을지 자못 궁금하다.[42] 그보다 더 궁금한 건, 과연 그런 식의 대화를 요즘 예비학교에서도 하는가 하는 점이다.

확실히 세계관이 많이 변했고, 사람들의 '계몽' 수준이 별생각 없이 사는 일반 중산층의 경우에도 전반적으로 높아졌다. 이를테면 종교적인 신념도 다른 종류의 난센스들과 함께 대부분 사라졌다. 요즘은 아이한테 자위를 하면 정신병원에 끌려갈 것이라고 말하는 사람은 아주 적을 것이다. 매질도 신뢰성이 크게 떨어져서, 많은 학교에서 아예 하질 않고 있다. 충분히 먹이지 않는 것도 더는 정상적이며 칭찬할 만한 행동으로 간주되지 않는다. 이제는 공공연히 학생들한테 되도록이면 음식을 적게 주려고 하는 사람이 없을 것이며, 식사는 앉을 때만큼 배고픈 채 일어날 정도로 하는 게 건강에 좋다는 말을 하는 사람도 없을 것이다. 아이들의 지위는 전반적으로 향상됐는데, 부분적으론 아이들 수가 상대적으로 줄었기 때문이다. 그리고 약간의 심리학 지식이 전파됨에 따라 부모와 교사가 훈육이란 이름으로 자신의 일탈에 탐닉하는 게 더 힘들어졌다. 여기 사례가 하나 있다. 내가 개인적으로 알게 된 건 아니고 내가 보증할 수

---

42 러시아혁명이 1917년에 일어났다.

있는 누군가가 접한 사례이며, 내가 살아 있는 동안 일어난 일이다. 한 성직자의 어린 딸이 그럴 만한 나이가 지났는데도 계속해서 자다가 침대에 실례를 했다고 한다. 딸의 고약한 행실을 벌하기 위해 아버지는 딸을 성대한 가든파티에 데려가, 좌중 앞에서 딸을 소개하며 침대를 적시는 어린 아씨라고 했다. 그리고 딸의 나쁜 버릇을 강조하기 위해 딸의 얼굴에 미리 검정 칠을 해두기까지 했다. 나는 플립과 삼보가 딱히 그런 식으로 했다고 주장하려는 게 아니지만, 이 얘길 듣고 그들이 놀랐을 것 같지는 않다. 아무튼 모든 건 변한다. 그런데—!

어린 소년들을 아직도 일요일마다 이튼 칼라로 옥죄는지, 혹은 아직도 아기는 구스베리 덤불 밑에서 파 오는 것이라고 말하는지, 그런 것들은 이제 더는 문제가 되지 않는 것 같다. 진짜 문제는 어린 학생이 어처구니없는 공포와 정신병적인 몰이해의 틈바구니에서 몇 해씩 생활하는 게 아직도 정상적인가 하는 것이다. 여기서 우리는 아이가 정말 어떻게 느끼고 생각하는지를 알기가 대단히 어렵다는 사실에 직면하게 된다. 꽤 행복해 보이는 아이가 실은 드러낼 수 없거나 그럴 생각이 없는 공포에 시달리고 있을 수 있다. 아이는 일종의 이질적인 수중水中 세계에 살며, 우리가 그 세계를 이해하자면 기억이나 점술을 이용하는 수밖에 없다. 우리가 가진 최고의 단서는 우리도 한때 어린아이였다는 점인데, 많은 사람들이 자기 어린 시절의 분위기를 거의 깡그리 잊어버리는 것 같다. 이를테면 신학기가 되어 학교로 아이를 돌려보낼 때 무늬가 영 이상한 옷을 입혀 보내면서 그게 문제가 된다는 걸 인정하지 않음으로써 아이에게 불필요한 고통을 안겨주는 부모를 생각해보라! 그런 유의 문제에 대해 아이는 때때로 항의 표시를 하겠지만, 많은 경우 아이의 태도는 그저 감정을 숨기는 데 그치고 만다. 자신의 진짜 감정을 어른에게 노출하지 않는 것은 일고여덟 살 때부터 시작되는 본능 같은 게 아닌가 싶다. 어른이 아이한테 느끼는 애정이나 아이를 보호하고 아끼고자 하는 욕구도 몰이해의 원인이 된다. 어른이 다른 성인을 사랑하는 것보다 아이를 더 깊이 사랑할 수 있다고 하자. 하지만 그렇다고 아이가 보답으로 그 어른에게 사랑을 느낀다고 생각한다면 경솔한 판단이다. 내 어린 시절을 돌이켜보건대, 유아기가 끝난 뒤로는 어머니 말고는 어떤 어른에게도 사랑을 느껴본 적이 없는 것 같다. 심지어 어머니에 대해서도 신뢰가 없었는데, 쑥스러워서 진짜 감정은 대부분 숨겼다는 의미에서 그랬다. 내 경우에 자발적이고 전폭적인 사랑의 감정은 어린 사람에게만 느낄 수 있는 무엇이었다. 나이 든 사람들에 대해서는(아이한테 '나이 든' 사람이란 서른, 혹은 스물다섯이 넘은 사람임을 명심해야 한다) 경외나 존경, 찬탄이나 거리낌 같은 것을 느낄 수는 있었지만, 신체에 대한 혐오감에다 두려움과 수줍음이 더해져 이루어진 베일에 의해 차단된 기분이었다. 사람들은 아이가 어른에게서 '신체적'인 위축감을 느낀다는 사실을 너무 쉽게 망각하는 경향이 있다. 성인의 거대한 몸집, 볼품없고 뻣뻣한 신체, 거칠고 주름진 피부, 축 처진 눈꺼풀, 누런 치아, 그리고 움직일 때마다 풍기는 퀴퀴한 옷과 맥주와 땀과 담배의 냄새! 아이에게 어른이 못나 보이는 이유 중 하나는, 아이는 대개 밑에서 위로 올려다보며, 그렇게 봤을 때 최상인 얼굴은 거의 없다는 점이다. 게다가 아이는 자기 자신이 모든 면에서 생기 넘치고 깨끗하기 때문에 피부나 치아나 혈색에 대하여 지극히 높은 기준을 갖고 있다. 그런가 하면 무엇보다 가장 큰 장벽은 아이가 나이에 대해 갖는 착각이다. 아이는 서른 이후의 삶을 잘 상상하지 못하며, 사람의 나이를 판단할 때 엄청난 실수를 범한다. 이를테면 스물다섯인 사람을 마흔으로 보고, 마흔인 사람을 예순다섯으로 보는 식이다. 그래서 나는 엘시한테 푹 빠졌을 때 그녀가 어른인 줄로만 알았다. 열세 살 때 나는 그녀를 다시 만났는데, 실제로는 스물셋쯤이었을 그녀가 이번엔 중년의 여인처럼 보였다. 아무튼 한창 때는 지났다고 본 것이다. 그리고 아이는 나이 먹는 일을 거의 가당찮은 재앙처럼 여긴다. 무슨 신비로운 이유 때문에 자기한테는 절대 일어나지 않을 일로 보는 것이다. 때문에 아이가 보기에, 서른이 넘은 사람은 누구나 조금도 중요하지 않은 일에 대해 끊임없이 떠들어대고, 살아가는 이유도 없이 그냥 살아 있는, 즐거움이라곤 없는 괴상한 존재인 것이다. 아이가 보기엔 아이의 삶만이 진짜 삶이다. 학동들의 사랑과 신뢰를 받고 있다고 생각하는 학교장이 있을지 모르겠는데, 실제로는 아이들이 등 뒤에서 그를 흉내 내며 웃고 있다. 위험해 보이지 않는 어른은 거의 항상 우스워 보이는 것이다.

나는 내 어린 시절의 관점을 기억해내어 이러한 일반화의 근거로 삼고 있다. 기억이란 믿을 만한 게 못 되지만, 내가 보기엔 아이의 마음이 어떤 식으로 작용하는지 알아보기 위해 우리가 쓸 수 있는 최선의 수단 같다. 우리는 자신의 기억을 되살림으로써만, 아이가 세상을 바라보는 시선이 어른과 얼마나 다른지를 실감할 수 있을 것이다. 가령 내가 지금 나이에 1915년 당시의 세인트 시프리언스로 돌아갈 수 있다면 학교가 어때 보이겠는가? 그럴 경우 끔찍스럽고 전능한 괴물 같기만 하던 샘보와 플립이 어떻게 보일까? 아마 나는 생각 있는 사람이라면 누구나 붕괴 직전에 놓여 있는 줄 아는 사회계층의 사다리를 올라가려고 발버둥 치는 어리석고 천박하고 무능한 부부를 보게 될 것이다. 그리고 그들을 겨울잠쥐dormouse만큼도 두려워하지 않을 것이다. 더욱이 그 시절 그들은 지독히도 늙어 보였는데, 아마 실제로는 지금의 나보다 약간 더 젊었을지도 모른다. 그리고 팔뚝은 대장장이의 것 같고 붉은 얼굴에 조롱기 가득하던 조니 헤일은 어때 보일까? 다른 소년들 수백 명과 거의 구분이 안 될 꾀죄죄한 어린애일 것이다. 두 가지 사실이 나란히 자리할 수 있는 것은, 그 둘이 어쩌다 내 기억에 남았기 때문이다. 하지만 내가 다른 아이의 눈으로 본다는 건 대단히 어려운 일일 것이다. 그러자면 상상력을 짜내는 수밖에 없는데, 자칫 완전히 길을 잃고 헤매게 될지도 모른다. 아이와 어른은 다른 세계에 산다. 그게 사실이라면, 우리는 지금도 많은 아이들이 학교생활을, 또는 적어도 기숙학교 생활을 예전처럼 끔찍한 경험으로 받아들이지는 않는다고 확신할 수 없다. 하느님과 라틴어와 회초리와 계급 차별과 성적性的 금기를 없앤다 해도, 공포와 증오, 속물근성과 몰이해는 여전히 존재할 것이다. 내가 주로 겪은 어려움은 균형이나 개연성에 대한 감각이 철저히 부족한 탓이었다는 건 어느 정도 설명이 됐을 것이다. 때문에 나는 모욕을 받아들이고 불합리한 것을 믿어야 했으며, 실은 전혀 중요하지 않은 일로 고통을 겪어야 했다. 내가 '어수룩'했으며 '더 잘 알았어야 했다'고 말하는 것만으로는 충분치 않다. 자신의 어린 시절을 돌이켜보고, 자신이 믿던 난센스와 자신을 괜히 괴롭히던 사소한 문제에 대해 생각해보자. 물론 내 사례는 나름의 변주가 있는 경험이겠지만, 본질적으로 무수한 다른 아이들의 그것이기도 하다. 아이들의 약점은 백지상태에서 출발한다는 것이다. 아이는 자신이 사는 사회를 이해하지도 못하고 의문시하지도 않는다. 아이는 그렇게 잘 믿기 때문에 어른한테 영향받기 쉬우며, 그만큼 열등감에 물들거나 불가사의하고 끔찍한 법을 어기는 데 대한 공포감에 휘둘리기 쉽다. 세인트 시프리언스에서 나에게 일어났던 모든 일은 가장 '계몽'된 학교에서도(보다 미묘한 방식일진 몰라도) 벌어질 수 있는 일이다. 하지만 나는 기숙학교가 일반 통학학교보다 더 나쁘다는 것만은 거의 확신할 수 있다. 집이 가까이 있으면 아이가 안식을 얻기가 더 쉬운 것이다. 내가 보기에 영국 상류층과 중산층 특유의 결함은 여덟아홉, 심지어 일곱 살밖에 안 된 어린아이들을 최근까지 집에서 멀리 떨어진 기숙학교로 보내온 일반적인 관행에서 어느 정도 비롯된 게 아닌가 싶다.

나는 세인트 시프리언스엔 다시 가본 적이 없다. 동창회니 졸업생 만찬이니 하는 것들에는 내 기억이 비교적 우호적일 때에도 별 흥미를 느끼지 못한다. 나는 비교적 행복하게 지냈던 이튼에도 다시 가본 적이 없다. 1933년에 딱 한 번 지나치긴 했는데, 주변 가게들이 라디오를 판다는 것 말고는 아무것도 변한 것 같지 않다는 게 흥미롭긴 했다. 세인트 시프리언스의 경우, 나는 다년간 그 이름조차도 너무 혐오스러웠기 때문에 나에게 있었던 일들의 중요성을 알아볼 만큼 충분한 거리를 두고 볼 수가 없었다. 어찌 보면 내가 학창 시절에 대해 정말 제대로 생각해볼 수 있게 된 건 지난 10년 이내의 일이다. 물론 기억은 언제나 나를 떠나지 않았지만 말이다. 그곳이 여전히 존재한다 하더라도, 지금 그곳에 다시 가본다고 해서 별다른 인상을 받을 것 같지는 않다. (여러 해 전에 화재로 소실됐다는 소문을 들은 기억은 있다.[43]) 이스트본 지역을 지나갈 일이 있다면 일부러 학교를 피해 우회하지는 않을 것이다. 그리고 어쩌다 학교 자체를 지나치게 된다면 가파른 둑 위에 있는 야트막한 벽돌담 가에 잠시 멈춰 서서, 납작한 운동장 건너편에 있는 아스팔트 광장 딸린 흉한 건물을 바라볼지도 모른다. 또 안으로 들어가서 커다란 교실의 잉크와 먼지의 냄새를, 예배당의 송진 냄새를, 수영장의 고인 물 냄새와 변소의 냉기 품은 악취를 맡게 된다면, 어린 시절 지내던 곳에 다시 가볼 때 누구나 느끼기 마련인 것만을 느끼게 될 것이다. 모든 게 얼마나 작아졌으며, 나는 얼마나 쇠약해졌나 하는 것 말이다. 하지만 나는 오랫동안 그 모습을 차마 다시 보고 싶지 않았다. 어쩔 수 없는 경우가 아니었다면 이스트본 땅을 밟지도 않았을 것이다. 심지어 세인트 시프리언스가 포함된 군인 서식스Sussex 지역에 대해서도 편견을 갖게 되어서, 성인이 된 뒤로 서식스엔 딱 한 번, 그것도 잠시 들러본 적밖에 없다. 그러나 이젠 그곳도 내 마음을 완전히 떠나버렸다. 그곳의 마법은 더 이상 나에게 미치지 않으며, 내겐 플립과 삼보가 죽었으면 하거나 학교가 불탔다는 이야기가 사실이었으면 하고 바랄 만큼의 원한도 남아 있지 않다.[44]

---

43 이 학교는 1939년에 화재로 소실된 뒤로 자리를 옮겼으나 불운이 겹치면서 몰락하여 라이벌 학교에 통폐합된다. 운동장은 이 글 중간에 나오는 퇴학생 혼이 전학 간 이스트본 칼리지에 매각된 뒤로 지금도 이용되고 있다.

44 오웰은 이 글을 1947년 5월 말에 완성했는데, 5월 중순까지만 해도 집 밖을 잘 못 나갈 정도로 많이 아팠다.

475

작가와 리바이어던

「Writers and Leviathan」. 1948년 3월에 써서 같은 해 여름 〈폴리틱스 앤드 레터스〉에 게재한 글. 리바이어던은 본래 성서에 나오는 바다 괴물로, 거대한 배나 고래 같은 거대한 바다짐승을 가리키기도 한다. 영국의 철학자 토머스 홉스(1588~1679)는 사회계약론의 입장에서 절대 권력을 거대 괴물에 비유하는 국가론 『리바이어던』(1651)을 쓴 바 있다. 이 글에서 오웰은 작가가 정치 또는 이념이라는 괴물로부터 개인적으론 무관할 수 없다 하더라도, 작가로서의 본분은 지켜야 한다는 입장을 피력하고 있다. 이 무렵은 그가 병마와 싸워가며 『1984』를 완성하느라 고투하던 때이기도 하다.

국가 통제의 시대에 사는 작가의 위치는 이미 꽤 많은 논의가 있었던 주제다. 관련이 있을 만한 대부분의 증거를 아직 입수할 수 없는 형편이지만 말이다. 그런 상황에서 나는 국가가 예술을 후원하는 것에 대한 찬반 의견을 표명하고 싶지는 않으며, 다만 국가가 국민에 대하여 행사하는 '어떤 유형'의 통제는 지배적인 지적 분위기에 어느 정도 의존할 수밖에 없다는 점을 지적하고 싶을 뿐이다. 달리 말해 여기서는 어느 정도 작가와 예술가 자신들의 태도에, 그리고 그들이 자유주의 정신을 기꺼이 지켜나가겠다는 자세 같은 것에 달려 있다는 점을 지적하고 싶은 것이다. 앞으로 10년 뒤에 우리가 즈다노프[1] 같은 이 앞에서 굽실거리고 있다면, 그건 아마도 그런 현실을 자초한 우리 자신의 책임일 것이다. 영국 문단의 지식인들 사이에선 이미 전체주의로 가는 유력한 경향이 선명하게 드러나고 있다. 단, 여기서 나는 공산주의처럼 조직화되고 의식화된 운동에는 관심이 없다. 정치적인 사고가 선의를 가진 사람들에게 끼치는 영향, 그리고 정치적으로 어느 편을 들어야 할지에 대한 필요성에 관심이 있을 뿐이다.

지금은 정치적인 시대다. 전쟁, 파시즘, 집단수용소, 경찰봉, 원자탄 등등은 우리가 매일같이 생각하는 주제이며, 그래서 대놓고 거론하지는 않더라도 상당 부분 우리가 쓰는 글의 주제가 되었다. 이는 어쩔 수 없는 일이다. 만일 우리가 가라앉는 배에 있다면 우리의 생각은 가라앉는 배에 관한 것이 될 터이다. 그런데 지금 우리의 주제는 협소해졌을 뿐만 아니라, 문학에 대

---

[1] Andrei Zhdanov(1896~1948). 소련 대숙청의 주역 가운데 하나로, 1946년에 문화 정책을 총괄하는 자리에 올라 작가들의 검열을 주도한 인물.

한 우리의 태도 역시 우리가 적어도 이따금은 비문학적이라고 자각하는 충심에 완전히 물들어 있다. 나는 시절이 아무리 좋을 때라도 문학평론은 사기라는 느낌을 종종 받곤 했다. 왜냐하면 공인되다시피 한 기준 같은 게(어떤 책이 '좋다' 또는 '나쁘다'는 진술에 의미를 부여해줄 수 있는 '외부'의 참조 대상) 없는 한 모든 문학적 판단은 본능적인 선호를 정당화하기 위한 규칙을 꾸며내는 일이기 때문이다. 어떤 책에 대한 진정한 반응은(반응이란 게 있기나 하다면) 주로 '나는 이 책이 좋다'거나 '나는 이 책이 싫다'는 것이며, 그 뒤에 따라붙는 것은 합리화일 뿐이다. 그런데 나는 '나는 이 책이 좋다'는 것이 비문학적 반응이라 생각지 않는다. 비문학적 반응이란 '이 책은 우리 편이니까 장점을 발견해내야 한다'는 식의 태도다. 물론 어떤 책을 정치적인 이유로 칭찬할 때, 강렬하게 공감한다는 의미에서 진심일 수도 있겠지만, 당의 노선이 노골적인 거짓을 요구하는 경우도 흔히 있다. 정치적인 정기간행물에 서평을 써본 사람이라면 무슨 말인지 잘 알 것이다. 대체로 봐서, 동조하는 매체에 글을 쓸 때는 위반죄를 저지르고, 반대하는 매체에 글을 쓸 때는 태만죄를 저지르게 된다. 아무튼 논란을 일으킬 만한 무수한 책들(소련이나 유대주의나 가톨릭교회 등에 대한 찬반을 표명하는 책들)은 읽히기도 전에, 사실상 서평이 쓰이기도 전에 판단이 내려진다. 그런 책들이 어떤 신문에서 어떤 대접을 받을지도 미리 알 수 있다. 그러면서도 때로는 부정직한 태도임을 거의 자각하지도 못한 채 진정한 문학적 기준이 적용되고 있는 척을 하곤 한다.

물론 정치가 문학을 침범하는 현상은 벌어질 수밖에 없는 일이었다. 그것은 전체주의라는 특별한 문제가 생기지 않았어도 분명히 발생했을 것이다. 왜냐하면 우리는 우리의 조부모들은 느끼지 않았던 일종의 양심의 가책을, 세상의 엄청난 불의와 비참에 대한 자각을, 그런 세상을 어떻게 해야 한다는 죄책감을 키우게 되었으며, 그런 죄책감 때문에 삶에 대해 순전히 미학적인 태도를 취하는 게 불가능해졌기 때문이다. 이제는 누구도 조이스나 헨리 제임스같이 오로지 문학에만 전념할 수는 없게 되었다. 그런데 유감스럽게도 이제는 정치적 책임을 받아들인다는 게 정통성이나 '당 노선'에 자신을 내어준다는 뜻이 되어버렸으며, 아울러 온갖 소심함과 불성실이 수반된다는 뜻이 되어버렸다. 빅토리아 시대의 작가들과 비교해볼 때, 우리는 정치 이데올로기들이 확연히 구분되며, 얼핏 보기만 해도 어떤 생각이 이단인지를 대략 알 수 있는 시대에 산다는 불리함을 안고 있다. 오늘날 문단의 지식인들은 언제나 두려움 속에 살고 글을 쓴다. 그런데 이 두려움은 보다 넓은 의미에서의 여론에 대한 것이 아니라, 자신이 속한 그룹의 여론에 대한 것이다. 다행히 대개는 두 개 이상의 그룹이 있을뿐더러, 어느 순간이든 지배적인 정통성이 존재한다. 그리고 이 정통성을 거스르자면 낯이 두꺼워야 하며, 때로는 몇 년 동안 수입이 반으로 줄어드는 것에 대한 각오가 필요하다. 지난 15년 정도 동안, 지배적인 정통성은 특히 젊은 층 사이에선 확실히 '좌파'였다. 키워드는 '진보적'이니 '민주적'이니 '혁명적'이니 하는 말이 되었고, 무슨 일이 있어도 '부르주아'니 '반동적'이니 '파시스트'니 하는 단어가 자신에게 딱지로 붙는 경우를 피해야 한다. 요즘은 거의 모두가, 대다수의 가톨릭과 보수당원들까지도 '진보적'이며, 아니면 적어도 그렇게 여겨지기를 바란다. 내가 아는 한 자신을 '부르주아'라 칭하는 사람은 아무도 없다. 그것은 반유대주의라는 말을 들어봤을 정도의 지식이 있는 사람치고 자신이 반유대주의자임을 자백하는 이는 아무도 없는 것과 똑같은 이치다. 때문에 우리는 누구나 민주주의자요, 반파시스트요, 반제국주의자요, 계급 차별을 경멸하는 자요, 인종적 편견에 좌우되지 않는 자 등등이 되는 것이다. 오늘의 '좌파' 정통성이 20년 전, 그러니까 〈크라이테리언〉이나 (그보다 낮은 수준에서) 〈런던 머큐리〉가 유력 문학지이던 때를 풍미했던 다소 속물적이고 경건주의연하는 보수당의 정통성보다 낫다는 데는 별 의심의 여지가 없다. 왜냐하면 적어도 좌파 정통성이 지향하는 목적은 많은 사람들이 실제로 원하는, 실현 가능성이 있는 사회이기 때문이다. 하지만 좌파 정통성에도 나름의 허위가 있는데, 그런 허위를 인정할 수 없기 때문에 특정 문제를 진지하게 논의하는 게 불가능해진다.

과학적인 것이든 유토피아적인 것이든, 모든 좌파 이데올로기는 당장 권력을 잡는다는 기대를 갖지 않았던 사람들이 발전시킨 것이었다. 따라서 그것은 극단적인 이데올로기였다. 달리 말해 왕이나 정부, 법, 감옥, 경찰력, 군대, 깃발, 국경, 애국주의, 종교, 기존의 도덕관을, 그리고 사실상 모든 질서를 철저히 경멸하는 이념이었던 것이다. 모든 나라의 좌파 세력들이 도저히 이길 수 없어 보이던 압제에 맞서 싸웠던 기억은 살아 있는 사람들의 기억에 생생히 남아 있으며, 그런 '특정' 압제, 즉 자본주의만 전복하면 사회주의가 도래할 것이라 생각하기 쉬웠다. 더욱이, 좌파는 자유주의로부터 확연히 의심스러운 믿음을 이어받았다. 그것은 진실이 널리 알려지면 박해는 절로 패퇴하리라는, 혹은 인간은 본래 선량하며 외부 환경 때문에 부패하는 것일 뿐이라는 믿음이었다. 이러한 완벽주의적 이데올로기는 거의 우리 모두에게 여전히 남아 있으며, 우리는 이를테면 노동당 정부가 왕의 딸들에게 막대한 소득을 지원해주는 표결을 한다거나 철강산업 국유화를 망설이는 모습을 보일 때 그런 이데올로기의 이름으로 저항하는 것이다. 그런가 하면 우리는 거듭해서 현실과 충돌한 결과, 차마 인정하지 못하는 일련의 모순들을 마음속에 쌓아두게도 되었다.

첫 번째 대형 충돌은 러시아혁명이었다. 다소 복잡한 이유들 때문에 영국의 좌파 세력 거의 전부는 러시아의 체제를 '사회주의'로 받아들이도록 내몰리고 말았다. 그 체제의 정신과 행동이 이 나라에서 뜻하는 '사회주의'와는 사뭇 다르다는 것을 암묵적으로 인정하면서도 말이다. 그 결과 '민주주의' 같은 단어가 모순되는 두 가지 의미를 가질 수 있다거나, 강제수용소나 집단 추방 같은 게 옳으면서 그릇될 수도 있다는 식의 정신분열적 사고방식이 생겨나게 되었다. 좌파 이데올로기가 입은 또 하나의 타격은 파시즘의 발흥이었다. 파시즘이 대두하자 좌파는 이념을 확실히 재정비하지 않고서 무턱대고 평화주의와 국제주의를 외쳤다. 독일의 침략은 유럽의 여러 민족들에게 피식민 민족들은 이미 알고 있던 바를 가르쳐주었다. 그것은 계급 간의 반목이 전부가 아니라 국익이라는 것도 있다는 점이었다. 히틀러 이후로는 '적은 자국 안에 있다'는, 그리고 나라의 독립은 별로 중요하지 않다는 주장을 진지하게 하기가 어려워졌다. 하지만 우리 모두 그런 점을 알고 필요할 경우 그것에 따라 행동하면서도, 여전히 그것을 소리 내어 말한다는 것을 일종의 배신행위로 여기고 있다. 마지막으로 제일 어려운 문제는, 이제는 좌파가 권력을 잡고 있으므로[2] 책임을 져야 하며 자주적인 결정을 해야 한다는 사실이다.

그런데 좌파 정부는 거의 예외 없이 지지자들을 실망시킨다. 왜냐하면 그들이 약속했던 번영이 달성 가능한 것이라 해도, 국민에게 진작에 말해준 적이 거의 없는 불편한 이행 기간이 반드시 필요하기 때문이다. 지금 우리는 정부가 극심한 경제 위기 속에서 사실상 지난날 자신들이 했던 선전에 맞서 싸우고 있는 모습을 보고 있다. 지금 우리가 처해 있는 위기는 지진처럼 뜻밖에 갑자기 닥친 재난이 아니며, 전쟁 때문에 초래된 게 아니라 전쟁으로 앞당겨졌을 뿐이다. 수십 년 전부터 이런 종류의 일이 일어날 것이라는 게 예견되었던 것이다. 해외 투자 이익과 식민지의 안정적인 시장과 값싼 원자재에 크게 의존하던 우리의 국민소득은 19세기 이후로 대단히 불확실해졌다. 조만간 무슨 문제가 터져 수출을 늘려 수입을 상쇄하지 않으면 안 되는 상황이 닥칠 게 분명했다. 그리고 그렇게 되면 영국인의 생활수준은(물론 노동계급의 수준을 포함하여) 적어도 일시적으론 떨어질 게 뻔했다. 하지만 반제국주의자임을 요란스럽게 자랑하던 좌파 정당들은 그런 점들을 절대 분명히 하지 않았다. 그들은 영국의 노동자들이 아시아와 아프리카를 수탈함으로써 어느 정도 이득을 봤다는 사실을 이따금 인정하긴 했으나, 수탈을 그만둬도 어떻게든 번영을 계속 누릴 수 있다는

---

[2] 노동당은 1940년부터 1945년까지 전시戰時 연정에 참여하다 1945년 총선거에서 처칠의 보수당에 압승하여 1951년까지 집권했다.

식의 주장을 계속해서 했다. 실제로 많은 노동자들은 세계 전체라는 차원에서 보면 자신들도 착취자가 되는 야만스러운 진실에도 불구하고 자신들이 피착취자라는 말에 넘어가 사회주의를 지지하게 되었다. 그런데 이제는 어느 모로 보나 노동계급의 생활수준이 향상되기는커녕 유지될 수도 없는 지경에 다다르고 말았다. 부를 억지로 짜낸다 하더라도, 대다수의 국민들은 소비를 줄이든지 생산을 늘려야만 한다. 아니면 지금 내가 우리가 처한 난국을 과장하고 있는 것인가? 그럴 수도 있겠고, 내가 잘못 알고 있는 것이라면 오히려 잘된 일일 것이다. 그보다 내가 강조하고 싶은 바는, 이런 문제를 좌파 이데올로기에 충실한 사람들과는 허심탄회하게 논의할 수 없다는 점이다. 임금을 낮추고 노동시간을 늘리는 일은 생래적으로 반사회주의적인 조치라 생각되기 때문에, 경제 상황이야 어떻든 아예 논의 대상에서 제외돼야 할 문제다. 그런 조치가 불가피하다는 주장을 하는 사람은 우리 모두가 두려워하는 딱지들이 붙을 각오를 해야 한다. 그러니 이런 문제는 일단 비켜 가고 기존의 국민소득을 재분배함으로써 모든 걸 바로잡을 수 있는 척하는 게 훨씬 안전한 것이다.

　정통성을 받아들인다는 것은 언제나 해결되지 않은 모순을 이어받는 일이다. 이를테면 민감한 사람이라면 누구나 산업주의와 그 산물에 반감을 느끼면서도, 빈곤을 타파하고 노동계급을 해방하기 위해서는 산업화가 덜 필요한 게 아니라 더욱더 필요하다는 것을 안다는 사실을 생각해보자. 또는 어떤 노동은 절대적으로 필요하지만 일종의 강제가 아니면 절대 이루어지지 않는다는 사실을 보자. 아니면 강력한 군대가 없으면 긍정적인 외교정책을 펼치는 게 불가능하다는 사실을 보자. 비슷한 예는 더 많을 것이다. 그리고 어떤 경우든, 공식 이데올로기에 대해 사적으로는 충실하지 않은 사람만이 이끌어낼 수 있는 명명백백한 결론이 있다. 하지만 일반적인 반응은 문제를 미해결 상태로 마음 한구석에 제쳐두고서, 모순적인 선전 문구만 계속해서 반복하는 것이다. 이런 유의 사고방식이 어떤 결과를 초래하는지 알아보기 위해서는 논평이나 잡지를 찾아볼 필요도 없다.

물론 나는 양심적 불성실이 사회주의자들과 좌파 세력 일반에게 특수하거나 아주 흔한 속성이라는 주장을 하는 게 아니다. '어떤' 정치 이념을 받아들이면 문학적 성실성을 지키지 못하는 경향이 있다는 점을 지적하고 싶을 뿐이다. 이는 일반적인 정치투쟁의 영역 밖에 있다는 주장들을 하는 평화주의나 개인주의 같은 운동에도 똑같이 적용된다. 사실 무슨 주의-ism로 끝나는 말은 소리만 들어도 선전의 냄새가 나는 것 같다. 집단에 대한 충심은 필요하긴 하지만, 문학이 개인의 창작물인 한에서는 문학에 독이 된다. 그런 충심이 창조적인 글쓰기에 어떤 영향을, 심지어 부정적인 영향을 끼치게 된다면, 창의성이 왜곡될 뿐만 아니라 사실상 고사되는 경우가 허다하다.

그렇다면 어떻게 해야 할까? '정치와 거리는 두는' 게 모든 작가의 본분이라는 결론을 내려야 하는가? 결코 그렇지 않다! 앞에서도 말했지만 지금 같은 시대에는 생각이 있는 사람치고 진정으로 정치와 거리를 둘 수 있거나 실제로 그러는 사람은 아무도 없다. 나는 다만 지금 우리가 정치적 충심과 문학적 충심 사이에 그어둔 선을 보다 선명하게 긋자는 것이다. 그리고 비위에 거슬리지만 해야 하는 어떤 일을 기꺼이 한다고 해서 그런 일에 따르기 마련인 신념을 무턱대고 받아들일 의무가 있는 건 아니라는 것이다. 작가가 정치에 관여할 때는 일반 시민으로서, 한 인간으로서 관여해야지 '작가로서' 그래서는 안 된다. 나는 작가가 예민하다는 이유만으로 정치와 관련된 지저분한 일을 기피할 권리가 있다고는 생각지 않는다. 다른 어느 누구와도 마찬가지로, 그는 찬바람 새는 회관에서 연설을 하고, 길바닥에 분필로 글을 쓰고, 투표를 호소하고, 전단을 나눠주고, 심지어 필요하다 싶으면 내전에 참가할 각오도 되어 있어야 한다. 단, 자기 당에 대한 봉사로 다른 건 무엇이든 해도 좋지만 당을 위해 글을 쓰는 것만큼은 하지 말아야 한다. 그는 자신의 글이 당과는 무관한 것이라는 점을 분명히 해야 한다. 그리고 원한다면 당의 공식 이데올로기를 철저히 거부하면서도 당에 협력할 수 있어야 한다. 자신의 생각이 이단에 다다를지라도 그런 사고의 과정에 등을 돌려서는 안 되며, 자신의 비정통성이 남들에게 감지되더라도 너무 개의치 말아야 한다. 오늘날엔 작가가 반동적인 성향이 있다는 의심을 사지 않을 경우, 좋은 작가는 아니라는 증표가 될 수도 있다. 20년 전에는 공산주의에 동정적이라는 의심을 사지 않으면, 좋은 작가가 아니라는 증표였듯 말이다.

  그렇다면 작가는 정파 우두머리들의 지시를 거부할 뿐만 아니라 정치에 '대해' 쓰는 것도 삼가야 한다는 뜻인가? 이 역시 결코 그렇지 않다! 원한다면 아무리 서투르더라도 정치적인 글을 써서는 안 될 이유가 없다. 다만 한 개인으로서, 외부자로서, 기껏해야 정규군의 측면에 있는 환영받지 못하는 게릴라로서 그래야 한다는 것이다. 이런 태도는 일반적인 의미에서 정치적으로 도움이 되는 것과 충분히 조화를 이룰 수 있다. 예컨대 이겨야 하는 전쟁이라 생각해서 흔쾌히 전쟁에 나가 싸우면서도 전쟁 선전문을 쓰는 것은 거부하는 게 온당하다는 것이다. 정직한 작가라면 글과 정치 활동이 서로 상충되는 경우를 종종 볼 수 있다. 물론 그런 게 명백히 바람직하지 않은 경우도 있다. 단, 그럴 때의 처방은 자신의 충동을 왜곡하는 게 아니라 잠자코 있는 것이다.

 창의성 있는 작가가 격동기에 자기 삶을 두 영역으로 나눠야겠다는 뜻을 내비친다면, 패배주의자 아니면 어리석은 자로 보일 것이다. 하지만 나는 실제로 그가 달리 무엇을 할 수 있을지 모르겠다. 스스로를 상아탑에 가두는 것은 불가능한 일이며 바람직하지도 않다. 당의 기구는 물론이고 집단 이데올로기에도 자발적으로 굴복한다는 것은 작가로서의 자신을 죽이는 일이다. 우리는 이런 딜레마가 고통스러운 것임을 안다. 정치에 관여할 필요성을 느끼되 그게 얼마나 지저분하고 품위 없는 일인지를 알기 때문이다. 그런데 우리들 대부분은 모든 선택이, 그리고 모든 정치적인 선택 역시 선과 악의 문제이며, 필요한 일은 옳은 일이기도 하다는 오래 이어져온 신념을 아직도 갖고 있다. 나는 우리가 탁아소에나 어울리는 그런 신념을 버려야 한다고 생각한다. 정치에선 둘 중 어느 쪽이 덜 악한지를 판단하는 것 이상은 결코 있을 수 없으며, 악마나 미치광이처럼 행동해야만 가까스로 탈출할 수 있는 상황들이 있다. 이를테면 전쟁은 필요할 수도 있지만 옳거나 온전한 일이 분명코 아닌 것이다. 심지어 총선도 딱히 유쾌하거나 그리 바람직한 일이 아니다. 따라서 그런 일들에 관여하게 된다면(나는 노년이나 우둔함이나 위선의 갑옷을 입은 게 아닌 한 마땅히 그래야 한다고 생각한다) 자신의 일부는 불가침 영역으로 남겨두어야 한다. 대부분의 사람들에겐, 생활이 이미 분리되어 있기 때문에 같은 형태의 문제가 발생하지 않는다. 그들은 여가 시간에만 진정으로 살아 있으며, 그들의 일과 정치 활동 사이에는 아무 정서적 연결고리가 없다. 또한 그들은 노동자로서 정치적 충심이라는 이름으로 스스로의 품위를 떨어뜨리도록 요구받는 일이 없는 게 보통이다. 그에 비해 예술가는, 특히 작가는 바로 그런 요구를 받는다. 사실 그것은 정치인들이 그에게 유일하게 요구하는 바다. 그런 요구를 거부한다고 해서 아무것도 못 하게 되는 건 아니다. 어떤 의미에서 그의 전부이기도 한 그의 절반은 다른 누구 못지않게 단호하게, 필요하면 누구보다 맹렬하게 활동할 수 있기 때문이다. 그리고 그의 글은 어떤 가치를 갖는 한, 언제나 보다 온전한 자신에게서 나오는 것이다. 가담하지 않은 채 사태를 기록하고 사태의 필요성을 인정하되, 속아서 사태의 본질을 잘못 보게 되기를 거부하는 절반의 자신 말이다.

간디에 대한 소견

「Reflections on Gandhi」. 1948년 가을에 써서 1949년 1월 〈파르티잔 리뷰〉지에 게재한 글. 오웰은 집 밖에도 못 나갈 정도로 아픈 몸으로 1948년 11월에 『1984』를 마무리하고 손수 타이핑을 하여 12월에 원고를 보낸다. 이듬해인 1949년 1월엔 요양원 신세를 진 그는 3월엔 『1984』 교정을 마무리하고, 5월엔 마지막 서평이자 짧은 글 한 편을 완성한다. 계속 소설과 에세이를 쓸 구상을 하던 중이던 6월에는 『1984』가 영국과 미국에서 동시 발간되어 큰 성공을 거둔다. 9월에 다시 병이 심하게 도진 그는 런던의 한 병원에 입원하고, 11월엔 병실에서 〈호라이즌〉지의 편집자인 소니아 브라우넬과 결혼한다. 아내와 함께 스위스의 요양원으로 떠나기로 한 날을 며칠 앞둔 1950년 1월 21일, 조지 오웰은 폐결핵으로 47년의 길지 않은 인생을 마감한다.

성인聖人이라면 모름지기 결백이 입증될 때까지는 유죄 판결을 받아 마땅할 것이다. 단, 성인이 거쳐야 할 시험은 물론 모든 경우에 똑같지는 않다. 간디의 경우 던져봤으면 싶은 질문은 이런 것들이다. 간디는 얼마만큼이나 허영(즉 자신을 기도 방석에 앉아 영적인 힘으로만 제국들을 떨게 만드는 수수하고 벌거벗은 노인으로 의식하는 것)에 이끌려 행동했을까? 그리고 본질적으로 강제 및 사기와 불가분의 관계인 정치에 입문함으로써 자신의 원칙과 얼마만큼 타협했을까? 정답을 얻으려면 간디의 행적과 글을 아주 꼼꼼히 살펴보아야 할 것이다. 그의 온 삶은 행동 하나하나가 의미심장한 일종의 순례였기 때문이다. 1920년대로 끝나기에 부분적이라 할 그의 자서전[1]은 그의 편이 되어주는 강력한 증거인데, 그가 그의 삶에서 거듭나지 못한 부분이라 말할 면모를 가려주고, 성인으로서의 면모 속에 그가 원하기만 했다면 변호사나 행정가나 심지어 사업가로서 눈부신 성공을 거두었을지도 모를 대단한 수완과 능력도 있었다는 점을 상기시켜주기 때문에 더욱 그렇다.

　자서전이 처음 신문에 연재될 무렵, 나는 인쇄 상태가 엉망인 어느 인도 신문에서 첫 몇 장章을 읽은 기억이 난다. 그 글들은 나에게 좋은 인상을 남겼는데, 그때도 간디 자체에 대한 인상은 좋은 게 아니었다. 간디 하면 연상되는 것(손수 짜는 천, '영혼의 힘', 채식주의)은 매력적인 게 아니었고, 그의 중세 찬미적 강령은 굶주리고 인구 과밀인 후진국에서는 확실히 실현 가능한 게 아니었다. 또한 영국인들은 그를 이용하고 있었거나,

---

[1] 1940년대에 타계한 간디(1869~1948)가 1927년에 펴낸 『나의 진리 실험 이야기』로, 구자라트어로 쓴 것을 간디의 비서인 마하데브 데사이Mahadev Desai가 영어로 번역했다.

아니면 자신들이 그를 이용하고 있다고 생각했다. 민족주의자인 그는 엄밀히 말해 적이었으나, 어떤 위기에서도 폭력을 막기 위해(영국인들의 입장에서 보자면 효과적인 저항 수단은 무엇이든 그가 알아서 막는다는 뜻이었다) 노력했기 때문에 '우리 사람'으로 간주될 수 있기도 했다. 영국인들은 그런 점을 비공식적으로는 이따금 냉소적으로 인정하곤 했다. 인도 백만장자들의 태도도 비슷했다. 간디는 그들에게 뉘우칠 것을 요구했는데, 그들 입장에선 당연히 기회만 주어진다면 그들의 돈을 빼앗아 갈 사회주의자들이나 공산주의자들보다는 그가 나았다. 그런 계산이 장기적으로 얼마나 믿을 만한지는 확실치 않다. 간디 자신이 말하듯 "속이는 사람들은 결국 스스로를 속일 뿐이다"라는 게 사실일지도 모르기 때문이다. 아무튼 그가 거의 항상 관대한 대우를 받은 것은 그가 유용하다는 정서가 어느 정도 작용했기 때문이다. 영국 보수당원들이 그에게 비로소 정말 화가 나게 된 것은, 사실상 1942년에 그가 자신의 비폭력을 다른 정복자[2]에게 행사했을 때였다.

하지만 그때에도 나는 그를 재미있어하면서도 못마땅한 눈으로 바라보던 영국의 관리들이, 그를 어느 정도 정말 좋아하고 존경하기까지 한다는 것을 알 수 있었다. 누구도 그가 부패했다거나, 속된 야심이 있다거나, 두려움이나 악의로 무슨 일을 벌인다고 주장하지 않았다. 우리는 간디 같은 사람을 평가할 때 본능적으로 높은 기준을 적용하는 경향이 있어서 그의 미덕 중에는 거의 주목받지 못하고 잊혀버린 것들이 있다. 이

---

2 뒤에도 설명이 나오지만, 간디는 일본의 침략 위협에 대하여 비폭력 저항을 촉구했다.

를테면 자서전만 봐도 그의 타고난 담력이 대단했다는 걸 분명히 알 수 있다. 나중 일이지만 그가 어떻게 죽었는지를 보면 그런 점이 단적으로 드러난다. 왜냐하면 간디처럼 중요한 공인이라면 누구나 보다 적절한 경호를 받으려 했을 것이기 때문이다. 게다가 그는, 영국인의 악덕이 위선이듯, 인도인의 고질적 악덕이라 할 광적인 의심(E. M. 포스터가 『인도로 가는 길』에서 제대로 언급한 바다)으로부터 상당히 자유로웠던 것 같다. 또한 부정직함을 예리하게 간파해낼 줄 알았지만, 가능하면 언제나 타인이 선의에 따라 행동하며 가까이할 수 있는 보다 나은 본성이 있다고 믿었던 것 같다. 그리고 가난한 중산층 가정 출신이고, 유년기가 꽤 순탄치 못했고, 외모도 별로 인상적인 편이 아니었던 것으로 보이지만, 질투나 열등감에 휘둘리지 않았다. 인종차별 감정에 대해선, 그 최악의 경우를 남아프리카공화국에서 처음으로 당하고서 상당히 놀랐던 모양이다. 그는 또 사실상 피부색으로 야기된 전쟁에서 싸우면서도 사람들을 인종이나 지위로 판단하지 않았다. 한 지역의 정치 수반도, 면화 사업을 하는 백만장자도, 굶주리고 있는 드라비다인 쿨리도, 영국군 졸병도 그에겐 모두 똑같은 인간이었으며, 거의 같은 식으로 다가갈 수 있는 대상이었다. 최악의 상황, 이를테면 인도인 동포 사회의 대표[3]라서 인기가 없을 수밖에 없던 남아프리카공화국에서도, 그에게 유럽인 친구들이 부족하지 않았던 건

---

3 간디는 영국 유학을 통해 변호사 자격을 취득한 뒤 인도로 귀국했다가 2년 뒤인 1893년(24세), 인도와 마찬가지로 영국 식민지인 남아프리카공화국으로 떠난다. 나탈의 한 인도인 회사로부터 고문변호사 제의를 받고 간 그는, 몇 차례 인도와 영국을 잠시 다녀가는 경우를 제외하고 1914년까지 거의 20년을 그곳에서 지낸다. 처절한 인종차별을 몸소 체험한 그는, 인도 이주민의 민권을 지키기 위한 비폭력 투쟁을 활발하고 다양하게 전개하다가 여러 차례 투옥되기도 하지만, 결국 저항운동을 성공으로 이끌고 귀국한다.

주목할 만한 일이다.

신문에 연재한 글이라 짧은 단위로 쓴 자서전은 문학적인 걸작은 아니지만 평범한 소재를 많이 썼다는 점 때문에 더욱 인상적이다. 간디가 평범한 야심을 품은 젊은 인도 학생으로 출발했고, 극단적인 견해는 서서히, 경우에 따라서는 다소 마지못해 받아들였다는 점은 기억해둘 만한 사실이다. 그가 중산모를 쓰고, 댄스 교습을 받고, 프랑스어와 라틴어를 공부하고, 에펠탑에 올라가고, 심지어 바이올린을 배우려고 한 때도 있었다는 건 흥미롭다. 모두 유럽 문명을 가능한 한 철저히 흡수하려는 생각에서 한 일이었던 것이다. 그는 어린 시절부터 줄곧 경이로운 경건함이 두드러졌던 것도, 극적인 환락에 빠져본 뒤로 속세를 버린 것도 아니었다. 그는 청춘기의 비행을 낱낱이 고백하지만, 사실 별로 고백할 게 없다. 책의 권두 삽화 격으로 간디의 유품 사진이 있다. 그것들은 전부 5파운드 정도면 다 살 수 있을 정도로 간소한데, 간디의 죄를(적어도 육신의 죄를 말한다) 한데 다 모아놓을 수 있다면 그 정도가 아닐까 싶다. 담배 몇 개비, 몇 입 분량의 고기, 어릴 때 여자 하인한테서 슬쩍한 몇 푼, 두 번의 매음굴 방문(매번 그는 '아무것'도 하지 않고 그냥 나왔다), 플리머스에서 여자 집주인과 실수를 저지를 뻔한 일, 한 번 분노를 터뜨린 일—다 모아봤자 그 정도인 것이다. 그는 어린 시절부터 줄곧 대단히 진지한 태도를 보였으나(종교적이기보다는 윤리적인 것이었다) 서른쯤이 되기까지 그다지 뚜렷한 방향감각을 갖고 있지 않았다. 그가 공적인 삶이라 할 만한 생활을 처음 시작한 것은 채식주의 덕분이었다. 그의 비범한 자질들의 바탕을 보면, 언제나 그의 조상들인 견실한 중산층 실업가들이 느껴진다. 그가 개인적인 야심을 버리고 난 뒤에도, 우리는 그가 수완 좋고 정력적인 변호사요, 빈틈없는 정치 조직가요, 야무진 살림꾼이요, 유능한 회의 주관자요, 지칠 줄 모르는 신문 구독 권고자였던 게 분명하다는 느낌을 받게 된다. 그의 성격은 비상하게 복합적인 것이었으나, 나쁘다고 확실히 지적할 만한 게 거의 없었다. 그리고 나는 간디의 가장 큰 적들도 그가 살아 있는 것 자체만으로도 세상을 풍요롭게 만드는 흥미롭고 비범한 인물이라는 점을 인정했으리라 믿는다. 그가 사랑스러운 사람이었는지는, 그의 가르침이 그 기반이 되는 종교적 신념을 받아들이지 않는 사람들에게도 큰 가치를 가질 수 있는지는, 나로서는 완전히 확신할 수 없다.

근년에는 간디가 서구 좌파운동에 동정적이었을 뿐만 아니라 없어서는 안 될 일부이기도 했다는 식의 얘기가 유행이 되었다. 특히 무정부주의자들과 평화주의자들은 간디가 중앙집권주의와 국가 폭력에 반대했다는 점에만 주목하고 그의 교의가 내세적이고 반인본주의적인 성향을 띠는 점은 무시하고서, 그를 자신들을 대표하는 사람이라 주장해왔다. 하지만 나는 간디의 가르침이 인간이 만물의 척도라는 믿음, 그리고 우리한테는 하나뿐인 이 지상에서의 삶을 살 만한 것으로 만들어야 한다는 믿음과 조화를 이룰 수 없다는 점을 우리가 알아야 한다고 생각한다. 그의 가르침은 하느님이 존재하며, 구체적인 사물의 세계가 벗어나야 할 허상이라는 가정을 해야만 뜻이 통하는 무엇이다. 간디가 스스로에게 부과했으며, 하느님이나 인류를 섬기기 위해 없어서는 안 되는 것으로 본 기율들에 대해 잘 생각해볼 필요가 있다(물론 그는 그를 따르는 모든 사람에게 그것들을 낱낱이 지키라고 주장하지는 않았을 것이다). 먼저, 고기를 먹지 말 것이며, 가능하면 어떤 형태로든 동물성 식품을 먹지 말라는 기율이 있다. (간디 자신은 건강상의 이유로 우유에 대해서는 타협해야 했는데 이를 신앙의 퇴보로 인식한 듯 보인다.) 아울러 술이나 담배도, 심지어 식물성일지라도 양념이나 조미료도 먹지 말라고 했다. 음식은 음식 자체를 위해서가 아니라 건강을 유지하기 위해서만 취해야 한다는 이유에서였다. 두 번째로는 가능하면 성교를 하지 말라는 기율이 있다. 성교를 해야만 한다면, 오로지 자식을 얻기 위한 목적으로만 할 것이며 아주 가끔씩만 하라는 것이었다. 간디 자신은 30대 중반에 '브라마차리아'의 서약을 했으니, 그것은 완벽한 순결을 지킬 뿐 아니라 성욕까지 없앤다는 뜻이었다. 그런데 이는 특별한 식단과 잦은 단식 없이는 도달하기 어려운 상태인 듯하다. 그런 맥락에서 우유를 마시는 것이 위험한 이유 중 하나는 성욕을 자극하기 쉽다는 데 있다. 마지막으로 세 번째 기율은(이게 아주 중요하다) 선善을 추구하는 사람은 그 누구의 절친한 친구가 되어서도, 독점적인 연인이 되어서도 안 된다는 것이다.

간디는 절친한 친구가 위험한 것은 "친구끼리는 서로에게 반응하기" 때문이며, 친구에게 충실하다 보면 잘못을 저지르게 마련이라고 말한다. 이는 의심할 바 없이 맞는 말이다. 게다가 하느님이나 인류를 사랑하려면, 특정 개인을 선호해서는 안 된다고 말한다. 이 역시 맞는 말인데, 이 지점에서부터 인본주의적 태도와 종교적 태도가 더 이상 조화를 이룰 수 없게 된다. 보통의 인간에게 사랑이란 것은 남들보다 어떤 누구를 더 좋아하는 게 아니라면 아무 의미도 없는 것이다. 자서전을 보면 간디가 아내와 자식들에게 무심했는지는 분명치 않으나, 의사가 처방한 동물성 식품을 먹이느니 아내나 아이를 죽게 내버려두는 게 낫다는 태도를 보인 적이 세 번 있었다고 확실히 밝히고 있다. 의사가 경고했지만 정말 환자가 죽는 일은 없었던 것도, 간디가 매번 환자에게 죄를 저지르는 대신 살아남을 수 있는 선택의 기회를 준 것도(물론 그 반대로 행동하라는 도덕적 압력이 다분하다는 느낌이 든다) 사실이다.[4] 하지만 그가 단독으로 결정하는 상황이었다면, 그는 어떤 위험을 감수하고서라도 동물성 식품을 금하는 쪽을 택했을 것이다. 그는 우리가 살아나가기 위해 무엇을 할 것인가의 문제에서 어떤 제약이 있어야 하며, 그 제약은 닭고기 수프를 멀리하는 것이라고 말한다. 이러한 태도는 고귀한 것일지도 모르지만, 대부분의 사람들이 동의할 수 있는 것인가 생각해봤을 때, 비인간적이다. 인간됨의 본질은 완벽을 추구하지 않는 것이고, 때로는 신의를 위해 '흔쾌히' 죄를 저지르는 것이며, 정다운 육체관계를 불가능하게 만들 정도로 금욕주의를 강요하지 않는 것이고, 결국엔 생에 패배하여 부서질 각오가 되어 있는 것이다(이는 특정한 타인에게 사랑을 쏟자면 어쩔 수 없이 치러야 할 대가다). 물론 술이나 담배 같은 것들은 성인聖人이 피해야 할 대상이다. 그런가 하면 성인됨sainthood 또한 인간이라면 피해야 할 무엇이다. 이렇게 말하면 뻔한 반박이 따를 텐데, 신중하게 반박할 필요가 있다. 요가 수행자들이 넘쳐나는 이 시대에는, '무집착'이 세속적인 삶을

---

[4] 자서전을 보면, 아내의 병이 위중할 때 의사가 동물식(특히 쇠고기)을 주라고 하자 간디는 고민 끝에 아내의 뜻에 맡기는데, 아내가 힌두교 교리를 거스르느니 죽겠다는 용단을 내리는 일화가 비중 있게 소개되고 있다.

충실히 받아들이는 것보다 나을 뿐만 아니라, 일반인이 무집착을 거부하는 것은 그게 너무 어렵기 때문일 뿐이라는 가정을 너무 쉽게들 한다. 달리 말해, 보통의 인간은 실패한 성인이라는 것이다. 사실인지 의심스러운 말이다. 그보다는 많은 사람들은 사실 성인이 되길 바라지 않으며, 성인됨을 이루거나 갈망하는 사람들은 인간이 되고 싶은 유혹은 별로 못 느껴봤는지도 모른다. 그런 가정의 심리적 뿌리를 따라가본다면, '무집착'의 주된 동기는 삶의 고통으로부터, 그리고 무엇보다 사랑으로부터(사랑은 성적인 것이든 아니든 힘겨운 일이다) 벗어나고자 하는 욕구임을 알게 되리라 생각한다. 그렇다고 여기서 내세적인 이상과 인본주의적 이상 중 어느 쪽이 '우월'한지 논할 필요는 없을 것이다. 중요한 건 그 둘이 양립할 수 없다는 점이다. 우리는 하느님 아니면 인간을 택해야 한다. 그렇게 볼 때 제일 온건한 자유주의자에서부터 가장 극단적인 무정부주의자에 이르기까지, 모든 '급진주의자'나 '진보주의자'는 사실상 인간을 택한 사람들이다.

그런데 간디의 평화주의는 그의 다른 가르침과 어느 정도 분리될 수 있다. 그것의 동기는 종교적이었지만, 그는 그것이 바라는 정치적 결과를 얻어낼 수 있는 분명한 테크닉 또는 방안이라 주장하기도 했다. 간디의 태도는 서구 평화주의자 대부분의 그것과는 달랐다. 그가 남아프리카공화국에서 처음으로 발전시킨 '사티아그라하' 정신은 일종의 비폭력 전투행위였다. 달리 말해 자기도 다치지 않고 증오를 느끼거나 불러일으키지도 않으면서 적을 무찌르는 방법이었던 것이다. 그것은 시민 불복종이나 파업, 기찻길 앞에 드러눕기, 경찰의 돌격에 달아나지도 받아치지도 않고서 버티기 등과 같은 행위를 수반했다. 간디는 '사티아그라하'를 '수동적 저항'이라 번역하는 데 반대했다. 구자라트어로 이 단어는 '진리 안에서 단호함'이라는 뜻인 듯하다. 젊은 시절 간디는 보어전쟁 때 영국 편에서 들것 들어주는 봉사를 했으며, 1914~1918년 전쟁에서도 같은 일을 할 준비가 되어 있었다. 심지어 그는 폭력을 완전히 포기한 뒤에도 전쟁에서는 대개 어느 쪽의 편을 들어줄 필요가 있다고 볼 정도로 정직했다. 그는 어떤 전쟁이든 양쪽 다 똑같으며 누가 이기든 달라질 게 없다고 주장하는 무익하고 불성실한 노선을 취하지 않았다(그보다는 그의 모든 정치 역정이 나라의 독립 투쟁을 중심으로 전개됐으니 그럴 수밖에 없었다고 해야 더 정확할 것이다). 또한 그는 서구의 평화주의자들 대부분처럼 껄끄러운 질문은 피하기를 전문으로 하지 않았다. 최근에 있었던 전쟁(2차대전)에 관하여, 모든 평화주의자들이 답할 의무가 분명히 있는 질문 하나는 이런 것이었다. "그렇다면 유대인은 어떤가? 당신은 그들이 절멸되는 꼴을 볼 각오가 돼 있는가? 그게 아니라면 어떻게 전쟁에 의존하지 않고서 그들을 구한다는 주장을 할 수 있는가?" 나는 이 질문에 대하여 서구의 어느 평화주의자한테서도 정직한 대답을 들어본 적이 없다는 말을 해야겠다. 피해 가는 대답만, 대개 "당신은 어떻고?"라는 식의 대답만 잔뜩 들어봤을 뿐이다. 그런가 하면 우연히도 간디가 1938년에 비슷한 질문을 받고서 답변한 내용이 루이스 피셔가 쓴 『간디와 스탈린』이란 책에 기록되어 있다. 피셔 씨에 따르면, 간디의 견해는 독일의 유대인들이 집단 자살을 감행해야 한다는 것이었으며, 그랬다면 "온 세계와 독일 국민들을 자극하여 히틀러의 만행에 주목하도록 했을 터"라는 말을 했다고 한다. 전쟁 이후에 그는 해명 발언을 했는데, 유대인들은 어차피 살해당했을 테니 의미심장하게 죽는 편이 나았는지 모른다는 것이었다. 그의 그런 태도는 피셔 씨처럼 그를 흠모하는 사람도 동요하게 만들 정도였으나, 간디는 정직했을 뿐이라는 인상을 받게 된다. 자결할 각오가 되어 있지 않다면, 이따금 다른 식으로 목숨을 잃을 각오를 하기라도 해야 한다는 것이다. 간디는 1942년에 일본의 침략에 대하여 비폭력 저항을 촉구했을 때, 그렇게 되면 수백만 명이 목숨을 잃을지도 모른다는 점을 인정할 준비가 되어 있었다.

더불어서 우리는 간디가 결국 1869년에 태어난 사람인 만큼 전체주의의 속성을 이해하지 못했으며, 모든 것을 영국 정부에 대한 자신의 투쟁의 차원으로만 보았다는 점을 생각해볼 필요가 있다. 여기서 중요한 점은 영국이 그를 관대하게 대했다는 것보다는 그가 언제나 널리 이목을 집중시킬 수 있었다는 사실이다. 앞서 인용한 구절에서도 확인할 수 있듯이, 그는 "세계를 자극"할 수 있다고 믿었으며, 이는 세계가 그 사람이 무얼 하는지 들어서 알 기회를 가져야만 가능한 일이다. 간디의 방식이 체제의 반대자들이 오밤중에 사라져 소식이 끊어져버리는 나라에선 어떻게 적용될 수 있을지는 예상하기 어렵다. 언론의 자유와 집회의 권리가 없다면, 외부의 견해에 호소하는 것뿐만 아니라 대중운동을 자극하거나 심지어 자신의 의사를 적에게 알리는 것조차도 불가능하다. 지금 이 순간 러시아에는 간디 같은 인물이 있을까? 만일 있다면, 그가 지금 이루어내고 있는 일이 무엇인가? 러시아의 인민대중은 같은 생각이 모두에게 동시에 떠오를 경우에만 시민 불복종을 실행할 수 있는데, 그렇게 되더라도 우크라이나 대기근이라는 역사적 사실로 판단하건대 달라질 건 아무것도 없을 것이다. 그렇다면 비폭력 저항은 자국 정부 또는 점령 세력에게 효과적일 수 있는 것이라 가정해보자. 그러면 그것을 국제적으로 실행하려면 어떻게 해야 할까? 간디가 최근의 전쟁에 대해 한 상호 모순적인 발언들을 보면 그가 그 점에 대해 어려움을 느꼈음을 알 수 있다. 평화주의는 외교정책에 적용할 경우, 평화주의이기를 포기하거나 유화정책이 되어버리는 것이다. 더욱이 간디가 개별 인간을 대할 때는 그토록 잘 통했던 가정, 즉 모든 인간은 대체로 가까이하기 쉽고 관대한 제스처에 반응한다는 가정은 진지하게 의심해볼 필요가 있다. 그것은 이를테면 미치광이를 다룰 때는 반드시 옳은 게 아니다. 그렇다면 이런 질문을 해볼 수 있다. 온전한 건 누구인가? 히틀러가 온전한가? 어떤 문화 전체가 다른 문화의 기준으로 보면 온전하지 않을 수도 있는 것 아닌가? 만일 온 국민의 정서를 헤아릴 수 있다면, 관대한 행위와 우호적인 반응 사이에 무슨 뚜렷한 연결고리라도 있는가? 국제정치에서 감사라는 게 하나의 요인일 수 있는가?

 이런 식의 질문들은 논의될 필요가 있으며, 그것도 시급히 그럴 필요가 있다. 누군가가 단추를 눌러 로켓들이 마구 날아다니게 되기 전, 우리에게 남은 몇 년 안에 말이다. 문명이 또 한 번의 대전을 버텨낼 수 있을지는 의문스러우며, 적어도 출구는 비폭력이라는 생각을 해볼 만하다. 간디는 위에서 내가 제기한 것과 같은 식의 질문에 정직하게 고민해볼 준비가 되어 있었을 것이고, 그게 간디의 장점이다. 실제로 그는 그가 쓴 수

많은 신문 사설들 어디에서인가 그런 질문들을 다루었을지 모른다. 우리는 그가 이해하지 못한 것이 많긴 했지만 그가 말하거나 생각하기를 두려워한 것은 하나도 없었다는 느낌을 받게 된다. 나는 간디를 별로 좋아할 수는 없었지만, 정치사상가로서의 그가 대체로 부적절했다고 확신할 수는 없으며, 그의 삶이 실패였다고 생각지도 않는다. 그가 암살당했을 때, 그를 흠모한 많은 사람들이 그가 자신의 인생 역작이 망가지는 모습을 보게 될 정도만큼만 오래 살았다며 비탄했다는 건 좀 이상하다. 왜냐하면 인도가 내전에 빠져든 것은 권력 이양의 부산물로서 언제나 예견되었던 바이기 때문이다. 하지만 간디가 인생을 바쳐 한 일은 힌두교도와 이슬람교도의 대결을 진정시키는 게 아니었다. 그의 주된 정치적 목표는 영국의 지배를 평화롭게 종식시키는 것이었으며, 그것은 결국 성취되었다. 대개 그렇듯, 관련 있는 사실들은 서로 어느 정도 영향을 끼친다. 한편으로, 영국인들은 정말로 무력 충돌 없이 인도를 떠났는데, 이는 그렇게 되기 1년 전까지도 그것을 예측한 평론가가 거의 없을 정도로 놀라운 사건이었다. 다른 한편으로, 이 사건을 주도한 건 노동당 정부인데 보수당 정권, 특히 처칠이 수반인 정부였다면 크게 달라졌을 게 분명한 일이었다. 그렇다면 1945년에 영국에서 인도의 독립에 동정적인 여론이 크게 일었다고 할 경우, 간디 개인의 영향력은 어느 정도였을까? 그리고, 만일 인도와 영국이 결국 점잖고 우호적인 관계를 맺게 된다면(그럴 만한 일이다), 끝까지 증오 없이 집요한 투쟁을 전개함으로써 정치의 공기를 소독한 간디가 기여한 바는 얼마만큼일까? 이런 질문들을 생각해볼 수 있다는 자체가 간디의 위상이 어느 정도인지를 말해준다. 내가 그랬듯이 우리는 간디를 미학적으로 싫어할 수 있고, 그를 성인으로 추대하자는 주장을 거부할 수도 있다(간디 자신은 그런 주장을 한 적이 없다). 성인됨이라는 것 자체를 이상으로 받아들이기를 거부하고, 그 때문에 간디가 기본적으로 추구한 바를 반인간적이고 반동적인 것으로 여길 수도 있다. 그러나 그를 정치인으로만 볼 때, 그리고 우리 시대의 다른 유력 정치인들과 비교해볼 때, 그가 남긴 향기는 얼마나 맑은가!

| 조지 오웰 연보 |

1. 출생과 유년 시절

• 1903년

6월 25일 인도 북동부 모티하리Motihari 출생. 본명은 에릭 아서 블레어Blair. 영국 식민지인 인도 행정부의 아편국 관리인 아버지 리처드 블레어(1857년생)와 버마에서 자란 어머니 아이다Ida 블레어(1875년생이고 본래 성은 리무진Limouzin이다) 사이의 3남매 중 둘째로 태어난다. 다섯 살 위인 누나의 이름은 마저리Marjorie, 다섯 살 아래인 여동생은 애브릴Avril이다. 어머니가 자녀 교육 등의 문제로 영국으로 돌아가길 원하자, 아버지는 연말쯤 휴가를 내어 가족을 영국으로 데려간 것으로 보인다.

• 1904~1911년(1~8세)

아버지는 1904년에 인도로 돌아간 뒤 1912년에 영구 귀국하기까지 집에 딱 한 번 잠시 다녀갈 뿐이었다. 어머니는 런던에서 60킬로미터 거리인 '헨리 온 템스Henley-on-Thames'라는 타운에 자녀 둘과 함께 정착하여 새 환경에 잘 적응한다. 어머니는 사교적이고 예술에 취미가 많은 편이었다. 에세이 「나는 왜 쓰는가」에 따르면 에릭은 집안에 남자가 없기도 하고 누나와

동생이 아래위로 터울이 꽤 있기도 하여 좀 외로운 편이었으나, 이 시절은 훗날 그에게 좋은 추억이 많은 비교적 행복한 때로 남는다. 학교는 대여섯 살 때 누나를 따라 지역의 수녀원 학교를 다닌 것으로 보인다.

2. 예비학교 세인트 시프리언스

• 1911~1916년(8~13세)

에릭이 학교에 갈 나이가 되자 어머니는 아들에게 사립 기숙학교 교육을 받게 해주고 싶었으나 그만한 가정 형편이 아니었다. 그러다 외삼촌의 소개로 남해안에 있는 유명 예비학교인 세인트 시프리언스St Cyprian's 학교에 학비를 절반만 내면 되는 장학생으로 선발된 에릭은 방학 때만 집에 올 수 있는 생활을 5년 동안 하게 된다. 집을 떠나 부유층 자제들이 다니는 기숙학교에서 학교장 부부의 차별을 받으며 단체 생활을 해야 했고 명문 사립학교에 장학생으로 진학하여 학교의 이름을 빛내야 한다는 부담 때문에 불행했던 그는 나중에 반어적인 제목의 긴 에세이 「정말, 정말 좋았지」에서 당시에 받은 상처를 드러낸다.

1912년에는 완전히 귀국한 나이 많고 이해심 없는 아버지 때문에 방학 생활이 편치 않았으나, 1914년엔 이웃집 3남매와 친해져 함께 사냥과 낚시와 야생 조류鳥類 관찰을 즐길 수 있었다. 그들을 처음 만났을 때 오웰은 물구나무서기를 하고 있었는데, 왜 그러고 있느냐는 물음에 "바로 서 있는 것보다 거꾸로 서 있으면 눈에 더 잘 띄잖아"라고 대답한다. 특히 3남매의 맏

이이자 두 살 위인 제이신사 버디콤Jacintha Buddicom과 절친해진 에릭은 함께 책을 보거나 시를 쓰곤 했으며, 그녀에게 "유명한 작가"가 되겠다는 다짐을 하기도 한다.

학교생활은 불만스러웠지만 에릭은 시를 써서 두 번 지역신문에 실리기도 하고, 명문 사립학교 해로에서 주최하는 역사 퀴즈대회에 나가 2등상을 타기도 한다. 그리고 학업성적이 우수하여 결국 명문 사립 웰링턴과 이튼의 장학생으로 선발된다.

3. 사립학교 이튼

• 1917~1921년(14~18세)

입학이 먼저 확정된 웰링턴 칼리지의 지나친 군대 분위기가 싫었던 에릭은 한 학기를 마친 뒤인 1917년 5월 이튼 칼리지로 옮겨 간다. 왕립 장학생 자격으로 학비를 면제받은 그는 예비학교 시절과는 달리 이튼에선 학과목을 등한시하고서, 교지를 만들거나 시를 쓰고 단편소설을 쓰거나 '월 게임Wall Game'[1]을 즐기는 등 비교적 자유롭게 지낸다. 가정 형편이 넉넉지 않았던 그가 대학, 특히 옥스브리지(옥스퍼드와 케임브리지)에 가려면 장학금이 필요했으나 오웰의 학업성적은 입학 때와는 달랐다. 더구나 그는 자신이 태어나고 외가 친척이 있는 동양에 대한 호기심과 모험심이 강했고, 그래서 대학에 대한 관심보다는 동양에 가보겠다는 낭만적인 마음을 품고서 1921년 크리스

---

1 이튼 특유의 운동경기로, 양쪽 끄트머리에 벽이 있는 좁고 기다란 경기장에서 벌이는 럭비 비슷한 게임.

마스 때 이튼을 졸업한 것으로 보인다.

4. 버마 시절

• 1922~1927년(19~24세)

대학 대신 '인도 제국경찰'에 지원하기로 한 에릭은(이튼 출신으로는 유일무이한 경우로 알려져 있다) 1922년 1월, 아버지가 은퇴한 뒤 이사 간 동해안의 작은 타운 사우스월드Southwold에서 몇 달 동안 시험 준비를 하여 합격한다. 그가 선택한 곳은 영국 식민지인 인도의 관할이며, 외할머니가 살고 있는 버마였다. 같은 해 10월 버마로 떠난 그는 1927년 7월에 휴가를 얻어 영국에 오기까지 5년 동안 식민지 경찰 간부 생활을 한다. 이튼의 동급생들 대부분이 편안히 대학을 다니고 있는 사이, 그는 제국의 식민 통치와 그 앞잡이 노릇을 하는 자신에 대한 환멸을 맛보는 산 체험을 한다. 이 경험은 그의 작가 인생에 큰 자양분이 되어 소설 『버마 시절Burmese Days』(1934), 에세이 「교수형」(1931)과 「코끼리를 쏘다」(1936) 등을 낳게 된다.

5. 밑바닥 생활, 습작, 그리고 입문

• 1927~1929년(24~26세)

영국을 떠난 지 5년 만인 1927년 8월에 돌아온 스물네 살 에릭은 더 이상 볼이 통통한 새파란 청년이 아니었다. 열대의 볕에 시달리고 뎅기열을 앓은 탓인지 주름까지 진 해쓱한 얼굴이었다. 그는 버마로 돌아가지 않기로 결심하고 1928년 1월 1일부로 경찰직을 그만둔다. "압제의 일원"으로서 "양심의 가책"을 느낀 그에게 "실패만이 유일한 미덕" 같아 보였던 당시의 심경은 르포 『위건 부두로 가는 길The Road to Wigan Pier』(1937) 중에서 자서전의 일부라 봐도 좋을 8장과 9장에 잘 그려져 있다. 안정된 직장을 그만두고 글을 쓰겠다는 그의 선언은 부모에겐 충격이었다. 밑바닥으로 내려가 피억압자의 입장이 될 필요가 있었던 그는 흠모하던 작가 잭 런던의 논픽션 『밑바닥 사람들 The People of the Abyss』(1903)의 궤적을 따라 런던으로 가 빈민가에서 밑바닥 인생을 체험한다. 이 경험은 문예지에 실린 그의 첫 문학 에세이 「스파이크」(1931)와 그의 첫 책인 수기 『파리와 런던의 밑바닥 생활Down and Out in Paris and London』(1933) 후반부의 바탕이 된다. 그는 1928년 봄엔 파리로 가 1929년 12월까지 호텔이나 레스토랑의 접시닦이 노릇을 하기도 하고, 폐렴으로 입원하기도 하면서 틈틈이 많은 글을 썼고, 그것들이 때때로 파리와 런던의 매체에 실리기도 했다. 이때 쓴 글들은 얼마 남지는 않았으나 그에겐 의미 있는 습작이 되었다.

- 1930~1935년(27~32세)

영국으로 돌아온 에릭은 부모와 여동생이 뿌리를 내리고 사는 사우스월드에 주로 머물며 글을 쓰고, 이따금 부랑자나 노동자들과 어울리고, 이런저런 교사 노릇을 하기도 한다. 그러다 1933년 1월, 여러 해 동안 몇 차례의 거절과 수정을 거친 그의 첫 책 『파리와 런던의 밑바닥 생활』이 출간되며, 이때부터 조지 오웰이란 필명을 쓰게 된다(George는 가장 흔한 영국 남자 이름이고 Orwell은 그와 인연이 있는 강 이름이자 마을 이름이다). 이 책은 6월에 미국에서도 발간되어 꽤 성공을 거둔다. 같은 해 12월엔 폐렴을 심하게 앓다 입원을 하고, 몸을 추스르기 위해 학교 교사 일을 그만둔다. 이듬해인 1934년 10월엔 영국에선 출간을 부담스러워한 첫 소설 『버마 시절』이 약간의 수정 끝에 미국에서 먼저 출간된다. 이때 오웰은 사우스월드를 떠나 이모인 넬리 리무진Nellie Limouzin의 주선으로 런던에 있는 '북러버스 코너Booklovers' Corner'라는 헌책방의 파트타임 점원이 되어 오전에는 글을 쓰고, 오후에는 서점 일을 보고, 저녁에는 사교 생활을 하며 지내게 된다. 1935년 3월엔 교사 시절의 체험을 살려 쓴 두 번째 소설 『목사의 딸A Clergyman's Daughter』을 출간하고, 〈뉴 잉글리시 위클리〉지에 서평과 논설을 정기적으로 기고하기 시작한다.

6. 1936년과 『위건 부두로 가는 길』

• 1936년(33세)

이제 작가로서 어느 정도 이름이 알려지게 된 오웰은 연초에 서점 시절의 경험을 살린 세 번째 소설 『엽란을 날려라Keep the Aspidistra Flying』를 탈고할 무렵, 『파리와 런던의 밑바닥 생활』을 내준 출판사 대표 빅터 골란츠Victor Golancz로부터 좋은 제의를 받게 된다. 골란츠가 편집위원으로 있기도 한 진보단체인 '레프트 북클럽'에서 잉글랜드 북부 노동자들의 생활상을 취재하여 책을 써줄 작가로 오웰을 점찍은 것이었다. 오웰은 1월 말에 서점 일을 접고 3월 말까지 두 달 동안 위건, 맨체스터, 셰필드 등 북부 탄광지대 일대를 다니며 하층민들의 열악한 삶을 조사한다. 취재에서 돌아온 그는 조용히 집필할 공간이 필요했고, 파리에서 서점 일을 구하는 데도 도움을 주었던 이모 넬리 리무진이 살고 있던 런던 외곽의 시골 마을 월링턴Wallington에 작은 시골집을 얻어 4월부터 『위건 부두로 가는 길』을 집필하기 시작한다. 6월에는 서점 시절부터 알고 지내던 심리학 대학원생 아일린 오쇼너시Eileen O'Shaughnessy와 결혼하고, 며칠 뒤엔 「코끼리를 쏘다」를 기고한다.

오웰이 텃밭을 일구고 가축을 기르며 집필에 몰두하던 7월 스페인내전이 발발하자, 그는 사태를 예의 주시하다 12월에 『위건 부두로 가는 길』을 탈고하자마자 "파시즘에 맞서 싸우러" 스페인 전장으로 달려간다. 이러한 1936년은 33세 된 오웰이 보다 정치적인 작가로 거듭나는 계기가 된 특별한 해였다. 기념비적 에세이 「나는 왜 쓰는가」에서 그는 다음과 같이 술회한다. "1936년부터 내가 쓴 심각한 작품은 어느 한 줄이든 직간접적으로 전체주의에 '맞서고' 내가 아는 민주적 사회주의를 '지지하는' 것들이다. …… 돌이켜보건대 내가 맥없는 책들을 쓰고, 현란한 구절이나 의미 없는 문장이나 장식적인 형용사나 허튼소리에 현혹되었을 때는 어김없이 '정치적' 목적이 결여되어 있던 때였다."

7. 스페인내전과 『카탈로니아 찬가』

• 1937년(34세)

전년도 말에 스페인 POUM(마르크스주의 통일노동자당) 소속의 민병대원으로서 바르셀로나의 '레닌 병영'에서 짤막한 훈련을 받은 오웰은 1월 초에 전선으로 향한다. 그리고 1월 말엔 통일노동자당과 손을 잡은 영국 독립노동당ILP 분견대의 상병이 되어 다른 전선으로 옮겨 간다. 2월에는 아내 아일린이 오웰의 책 출간 마무리 작업을 돕고 가게를 그의 이모 넬리에게 맡겨 둔 뒤 스페인으로 넘어온다. 그리고 3월엔 『위건 부두로 가는 길』이 대중판 및 '레프트 북클럽'의 '이달의 책' 배포용으로 함께 나와 상당한 주목을 받는다. 단, 출판사 대표이자 북클럽 편집위원인 빅터 골란츠는 책의 2부의 내용이 회원들의 반감을 살까 두려워 저자에 대해 이의를 제기하는 서문을 달아놓는다.

당시 스페인 공화파를 돕던 세력들 사이엔 알력이 있었는데, 오웰이 속한 통일노동자당 민병대와 독립노동당 분견대는 스탈린을 지지하는 공산주의자들에게 탄압을 받는다. 5월에 전선을 떠나 휴가차 바르셀로나에 갔다가 공산주의자들이 오히려 혁명을 억압하는 세력임을 목도한 그는 분견대 소위가 되어 전선으로 돌아갔다가 파시스트 적군 저격수에 의해 목에 총상을 입는다. 후방으로 이송되어 회복 중이던 6월, 통일노동자당이 불법화되어 공산당 경찰에게 쫓기는 신세가 된 오웰은 아내와 함께 간신히 프랑스 국경을 넘는다. 7월 초에 월링턴 시골집으로 돌아온 그는 곧 스페인내전의 체험을 그린 『카탈로니아 찬가 Homage to Catalonia』 집필에 돌입하는데, 그의 책 두 권을 내었던 빅터 골란츠는 소련에 대한 비판이 못마땅하여 출판 제안을 거절한다. 이에 프레더릭 워버그Frederic Warburg 출판사와 계약한 이 저작은 원고가 이듬해 1월에 완성된다.

8. 요양과 2차대전, 그리고 『동물농장』

• 1938~1939년(35~36세)

35세 되던 1938년 3월, 오웰은 폐결핵 증상을 보여 요양원에 들어간다. 4월에는 『카탈로니아 찬가』가 발간되는데 상업적인 성공을 거두지는 못한다. 6월에 독립노동당에 가입한 오웰은 7월에는 다음 소설을 구상하다가 병이 도져 다시 요양원 신세를 진다. 당분간 글을 쓰지 말고 겨울을 따뜻한 곳에서 지내라는 의사의 조언이 있자 익명으로 해외 요양비를 대준 친구가 있었는데, 오웰은 돈을 빌리는 형식으로 9월에 아내와 함께 프랑스령 모로코로 떠난다. 마라케시에 거처를 얻은 그는 같은 달에 바로 소설 『숨 쉬러 나가다Coming Up for Air』를 집필하기 시작하여 한동안 다시 앓기도 하다가 이듬해인 1939년 3월 말, 완성된 원고를 들고 영국으로 돌아온다. 4월에 월링턴 시골집으로 돌아온 그는 그로부터 1년 동안 글을 쓰지 않을 때면 주로 텃밭과 꽃을 가꾸고, 염소와 닭을 기르는 생활을 하게 된다. 6월엔 『숨 쉬러 나가다』가 발간된다. 그리고 같은 달 아버지 리처드 블레어가 82세를 일기로 숨을 거둔다.

• 1939~1945년(36~42세)

1939년 9월에 2차대전이 발발하자 오웰은 한동안 좌절과 실의를 맛본다. 거듭되는 노력에도 불구하고 그는 건강상의 문제로 위기에 처한 나라에 도움이 되는 일을 할 기회를 얻지 못하고, 몇 달 동안 서평 몇 편 말고는 언론에 글을 거의 발표하지도 못한 것이다. 그리고 전쟁 초기에 그는 비현실적인 평화주의와 당 노선에 대한 강요에 불만을 품고 독립노동당을 탈당한다. 1940년 3월엔 헨리 밀러의 소설 『북회귀선』을 논한 에세이 「고래 뱃속에서」를 포함한 세 편의 에세이가 단행본으로 출간된다.[2]

경제적인 불안과 전쟁에서 아무 역할도 하지 못한다는 좌절감과 어수선한 시대 분위기 때문에 구상하던 소설에 손을 대지 못하던 오웰은 1940년 5월에 월링턴 시골집을 떠나(대신 1947년까지 이 시골집을 유지한다) 런던에 집을 구한다. 런던으로 간 그는 민방위대인 '홈 가드 Home Guard'에서 하사관 노릇을 하며, 가을에는 시리즈물의 첫 소책자가 될 긴 에세이 「사자와 유니콘 The Lion and the Unicorn」을 써서 이듬해 2월에 낸다. 1941년 8월에 오웰은 BBC에 입사하여 동양총국 Eastern Service의 인도 전담 프로듀서가 되어 교양 라디오 프로그램을 제작하게 된다. BBC에서 근무한 2년 동안 그는 풀타임으로 일하며 여러 매체에 글을 싣기도 하고, 민방위대 일까지 맡는 바쁜 생활을 한다. 1943년 3월엔 어머니 아이다 블레어가 67세를 일기로 세상을 떠난다. 같은 해 11월, 그는 건강상의 이유로 민방위대 일을 그만두고, BBC도 사직하며, 〈트리뷴〉지의 문예 부문 편집장이 된

---

2 『Inside the Whale and Other Essays』.

다. 또한 같은 달 『동물농장』 집필에도 착수한다.

　1944년 2월엔 『동물농장』을 탈고한다. 아이가 없던 오웰 부부는 5월엔 생후 한 달이 안 된 남아를 입양하여 리처드 호레이쇼 블레어라 이름 붙인다. 1945년 2월, 오웰은 〈트리뷴〉지의 문예 부문 편집장직을 그만두고 〈옵저버〉지의 전쟁 특파원이 되어 파리로 가게 된다. 아내 아일린은 한동안 건강이 좋지 않다가 기력을 좀 회복하여 3월 말에 수술을 받던 도중 숨지고 만다. 귀국한 오웰은 아내의 장례를 치르고 4월에 다시 파리로 가 취재를 마치고 5월에 귀국한 뒤, 6월과 7월엔 영국 총선 보도를 한다. 그리고 8월엔 1년 반 동안 출판사를 못 만나 출간이 지연되던 『동물농장』이 드디어 빛을 본다.

9. 주라섬과 『1984』

- 1946년(43세)

　아내의 사망 이후 입양한 아들을 포기할 것이라는 주변의 예상과는 달리 오웰은 가정부를 두어가며 아들 리처드를 돌보고 함께 많은 시간을 보내기도 한다. 1946년 2월에 평론집 『크리티컬 에세이Critical Essays』를 낸 오웰은 몇 달 동안 글을 쓰지 않고 지낸다. 5월에는 누나 마저리가 48세 짧은 인생을 마감하고, 같은 달 그는 스코틀랜드의 한적한 섬 주라에 농가를 얻어 아들과 가정부를 데려오는데, 가정부가 곧 그만두자 여동생 애브릴이 집안일을 맡아 하게 된다. 마흔셋 되던 1946년은 작가로서의 오웰에게 특별한 해였다. 『동물농장』이 전후의 분위기를 타 상당한 반향을 일으키고 세계적인 성공을 거두어 오웰은 명사가 된다. 이 책이 8월에 '미국 이달의 책 클럽'의 도서로 선정되어 50만 부가 팔려나가자 오웰은 작가 생활 20년 만에 최초로 경제적 걱정으로부터 벗어나게 된다. 그리고 같은 해 『1984』 집필에 착수하게 되며, 몇 달 동안의 공백이 있었음에도 130여 편의 글을 쓰고(본 에세이집의 글 31편 중 이해에 발표된 글만 11편일 정도다) 이런저런 정치 활동에도 참여한 것을 보면 죽은 아내의 공백이 생각보다 컸던 것인지도 모른다. 그 때문인지 그는 몇몇 여성에게 소용없는 구혼을 했다고도 한다.

- 1947~1949년(44~46세)

1947년 4월부터 오웰은 주로 주라섬에 틀어박혀 지내게 되며, 얼마 뒤엔 런던의 집과 월링턴의 시골집을 정리한다. 5월부터는 건강이 악화되자 잡지에 기고하는 글을 크게 줄이는데, 그사이 예비학교 시절의 아픈 추억을 강렬하게 그려낸 에세이 「정말, 정말 좋았지」를 쓴다. 여름과 가을에 그는 앓아누워가면서까지 『1984』의 초고를 완성하며, 연말엔 폐결핵 진단을 받고 결국 입원하게 된다. 1948년 3월엔 건강을 좀 회복하여 「작가와 리바이어던」 외에 몇 편의 에세이를 쓴다. 7월에 주라의 농가로 돌아온 그는 치료를 받으러 다니지 않고 소설 탈고에 매달린 끝에 12월에 『1984』의 완성 원고를 보낸다. 그사이 에세이 「간디에 대한 소견」을 발표하기도 한 그는 1949년 1월에 다시 입원하게 된다. 이후 6월에 영국과 미국에서 동시 출간된 『1984』는 나오자마자 평단과 대중의 갈채를 받고, '미국 이달의 책 클럽'의 선정 도서가 되기도 한다.

10. 마지막 나날과 타계

• 1949~1950년(46~47세)

1949년 9월에 다시 건강이 몹시 악화된 오웰은 런던의 한 대학병원으로 옮겨진다. 입원 직후 그는 〈호라이즌〉지 편집자 소니아 브라우넬Sonia Brownell과 결혼하게 된다. 결혼식은 10월에 병실에서 치러진다. 이후 그의 건강이 점점 악화되더니, 스위스 요양원으로 떠나기 며칠 전인 1950년 1월 21일, 작가 조지 오웰은 47세 길지 않은 생을 마감하게 된다. 오웰은 유언대로 자신이 숨을 거둔 지역의 성공회 교회 묘지에 묻히는데(런던에서 100킬로미터쯤 떨어진 작은 마을이다) 우연히도 그가 비교적 행복한 유년 시절을 보낸 템스강 유역과 가까운 곳이었다. 묘비엔 "에릭 아서 블레어 여기 잠들다. 1903년 6월 25일생 1950년 1월 21일 몰"이라고만 새겨져 있으니, 인간 에릭은 가고 작가 조지 오웰은 남은 것인가. 묘비 앞엔 그의 뜻에 따라, 그가 죽은 첫 아내 아일린의 묘에 심었던 장미 한 그루가 심어져 있다.

| 옮긴이의 말 |

언어의 타락과 오늘의 글쓰기

"우리 시대에 정치적인 말과 글은 주로 변호할 수 없는 것을 변호하는 데 쓰인다."
―「정치와 영어」

"예술은 정치와 무관해야 한다는 의견 자체가 정치적 태도인 것이다."
―「나는 왜 쓰는가」

1950년 이전에 활동한 작가 중에 오늘날 조지 오웰(1903~1950)만큼 널리 읽히는 이는 많지 않다. 오웰이란 작가를 아는 사람들 대부분은 그의 이름을 들으면 우선 『동물농장』과 『1984』부터 떠올리게 된다. 그럴 만도 한 게, 이 두 소설은 20여 년 전의 추정을 따르더라도 공식 영어판만 4000만 부 이상이 팔렸다고 할 정도로 엄청난 인기를 누린, 그의 대표작인 것이다. 그런데 이 두 소설은 작가이자 저널리스트로서 생계를 꾸리기 위해 그가 쓴 어마어마한 양의 저술 중에서 그야말로 빙산의 일각이라 해도 좋을 만큼 적은 일부에 불과하다. 그는 생전에 열한 권(소설 여섯 권, 르포 세 권, 에세이집 두 권)의 책을 낸 것 말고도 수백 편의 길고 짧은 에세이를 썼는데(서평과 칼럼 등을 포함해서다) 그의 에세이는 미국의 한 평론가[1]가 그를 18세기 영국 문단 최고의 문사였던 새뮤얼 존슨 이후 최고의 에세이스트로 꼽았을 만큼 탁월하다.

생전에 책으로 다 묶이지 못했던 그의 에세이들은 사후에 다종다양한 에세이집으로 계속해서 묶여 나오고 있다. 본 에세이집은 지금 우리에게 보다 큰 의미를 줄 수 있다 싶은 오웰의 에세이들을 양적으로 다소 무리가 따르더라도 한 권의 책으로 묶어보자는 시도의 결과물이다. 오웰의 그 많은 에세이들을 일일이 꼼꼼히 읽어보고 선별한다는 것은 나에게 허락된 시간과 능력으로는 불가능한 일이었다. 하지만 오웰의 산문 중 생전에 단행본으로 출간된 소설과 르포 이외의 중요한 글들을 모은 저작집[2]에서 오늘의 우리에게도 울림이 클 만한 에세이를 골라 번역하는 일은 어렵긴 해도 보람 있는 작업이었다. 오웰의 글이 매력적인 것은 문체 자체가 간결하고 명쾌할 뿐만 아니라 예리한 통찰, 특유의 유머와 독설이 빛나기 때문일 것이다. 그리고 그런 글을 쓰기 위해서는 그만큼 독특한 개성과 경험이 있어야 했다.

---

1 브랜다이스 대학 영문과 교수였던 어빙 하우((Irving Howe))(1920~1993).
2 『The Collected Essays, Journalism, and Letters of George Orwell』 1~4권(Nonpareil Books).

"자유라는 게 무슨 의미가 있다면, 남들이 듣기 싫어하는 소리를 그들에게 할 권리일 것이다." 오웰의 전기[3]를 쓴 피터 루이스는 『동물농장』의 미발표 서문에 나온다는 이 말이 오웰의 개성을 단적으로 잘 드러내준다고 말한다. 오웰은 "고약한 양심의 가책" 때문에 자신이 누리던 특권을 내팽개친 사람이다. 그는 사립 명문 이튼 졸업생으로선 유일하게 대학을 포기하고 식민지 경찰이 되었고, 안정된 경찰 간부직을 포기하고서 부랑자나 접시닦이가 되었다. 2차대전 전에는 런던에서 문단 사람들과 어울리기보다는 시골 마을에서 작은 가게를 하며 텃밭을 일구는 생활을 했고, 전쟁 후 명사가 되었을 때는 한적한 섬에서 은거하는 쪽을 택했다. 그런 그를 동시대 소설가 V. S. 프리쳇Pritchett은 "자국 내에서 원주민이 되어버린" 사람이라고 했다. 오웰은 자기 이력을 통해 패턴과 인습을 거부한 작가였던 것이다. 또한 그는 인간의 모순적이고 역설적이고 비이성적인 면에 주목한 작가이기도 했는데, 그 점은 본 에세이집의 어느 글을 보아도 뚜렷이 드러나는 그의 개성이지 싶다.

  책의 제목을 '나는 왜 쓰는가'로 한 것은, 같은 제목의 에세이가 그의 문학론과 정치적 입장을 단적으로 가장 잘 대변해주며, 작가로서의 자신에 대한 짤막한 자서전으로 봐도 좋을 상징적이고 대표적인 작품이기 때문이다. 그는 또 이 에세이에서 정치와 문학은 별개가 아니며, 어떤 글쓰기도 정치적 편향으로부터 진정으로 자유로울 수는 없다는 입장을 피력한다. 그렇다고 오웰을 정치적이기만 한 작가로 본다면 큰 오산이다. 작

---

[3] 『George Orwell: The Road to 1984』.

가로서의 그에겐 "정치적인 글쓰기를 예술로 만드는 일"이 가장 큰 관심사였던 것이다. 그는 또 작가가 정치적인 활동은 하되 일반 시민으로서 개입해야지 작가로서 어떤 정치 노선에 따라 글을 쓰는 것만큼은 거부할 줄 알아야 한다고 경고한다(「작가와 리바이어던」). 정치적 충심에 따라 행동하는 자신과 작가적·예술가적 양심에 따라 글을 쓰는 자신을 구분할 줄 알아야 한다는 것이다. 조금 다른 얘기일지 모르지만 나는 개인적으로 오웰의 에세이들 중에 평론적인 글보다는 소설가적 면모가 드러나는 경험적인 글이 더 좋았다. 물론 어느 한쪽만이 부각된 오웰은 작가 오웰의 온전한 모습이 아닐 테지만 말이다.

그렇다면 오늘 우리가 작가 오웰에게서 구할 수 있는 미덕은 무엇일까? 언어에 민감한 사람이라면, 심지어 업으로든 아니든 글쓰기를 하는 사람이라면, 오웰이 주목한 언어의 타락(「정치와 영어」)에 대하여 오늘 우리의 현실을 외면할 수 없을 것이다. 지난 연말부터 우리에게 무슨 일이 일어났는가? 현직 대통령이란 이가 헌법과 법률에 반하는 친위 쿠데타를 일으키면서 내세운 명분이 '내란'을 획책하는 '반국가 세력' 척결이었다. 오웰은 말한다. 생각이 언어를 타락시킬 수 있다면 언어도 생각을 타락시킬 수 있다고. 2024년 한국 땅에서 느닷없이 계엄을 선포한 이가 대선 판에서 표를 얻기 위해 내세웠던 슬로건은 '공정'과 '상식'이었다. 『1984』의 전체주의 사회에서 선전을 담당하는 기관이 "전쟁은 평화/자유는 예속/무지는 힘"이라는 슬로건을 내거는 것과 다를 바가 전혀 없다(더구나 이 기관의 이름은 "진실"부다). 이대로 간다면 우리는 전쟁이 나도 평화인 줄 알고, 노예가 되어도 자유로운 줄 알고, 모르는 게 자랑인 줄 알며 살게 될 것이다. 하물며 비판은 못할지언정 "변호할 수 없는 것을 변호하는" 일에, 그런 타락에 곡학아세하며 동조해서야 되겠는가?

여기에 실린 31편의 에세이들은 오웰이 글을 써서 발표한 시기에 맞춰 순차적으로 배열했다. 자전적인 소설처럼 읽히는 작품들이 있는가 하면, 시대상을 반영하는 논평 같은 글들도 있으니 이 한 권의 에세이집은 오웰의 자서전 같은 역할을 할 수도 있으리라 본다. 오웰은 생전에 자신의 전기를 쓰지 말라는 부탁을 했고, 그래봤자 물론 사후에 많은 전기들이 쏟아져 나오고 말았는데, 실은 그의 작품들 곳곳에 자전적인 서술이 있으며 그것은 에세이의 경우에도 마찬가지인 것이다. 아울러 각주를 300개 이상 단 것은, 오웰의 글이 70여 년 세월이 흐른 지금도 오늘의 어떤 영미계 작가보다도 잘 읽히는 명쾌한 문체로 쓰였지만, 시간적으로나 지리적으로나 문화적으로나 오늘의 우리와 거리감이 있는 부분도 있기에 독자의 이해를 돕기 위해 불가피한 일이었다. 지난하지만 즐겁기도 했던 작업의 결과물이 2010년 출간부터 많은 독자들로부터 꾸준히 사랑을 받아오다가 이번에 새 단장까지 하게 되었으니 역자로서 보통 영예로운 일이 아니다. 역자의 능력에 부치는 벅찬 작업을 여러모로 도와주고 격려해준 한겨레출판 여러분께, 그리고 번역 초고를 꼼꼼히 읽고 많은 조언을 해준 서현아 씨께 다시 감사의 뜻을 전한다.

2025년 4월
이한중

인도 모티하리 출생 1903년 6월에 출생한 지 몇 달 뒤, 영국으로 떠나기 전 세례식에서 인도인 유모의 품에 안긴 에릭.

세 살 무렵의 오웰 세일러복을 입고 밧줄을 든 어린 시절의 오웰. 세 살 무렵으로 추정된다.

비교적 자유롭던 이튼 시절 1921년(18세) 이튼 '월 게임'(이튼 고유의 럭비 비슷한 게임) 팀원들과 함께(뒷줄 맨 왼쪽이 오웰). 왕립 장학생으로 학비를 면제받아 진학한 이튼에서는 예비학교 시절과는 달리 학과목 공부를 등한시하고서, 교지를 만들고 시나 단편소설을 쓰기도 하며 비교적 자유롭게 지낸다.

식민지 경찰이 되다 1923년경 버마 경찰학교에서 훈련받던 때(뒷줄 제일 키 큰 이가 오웰). 명문 사립학교 이튼을 졸업한 그는 주변의 기대를 저버리고 식민지 경찰에 지원하여 버마로 떠난다. 식민 통치의 앞잡이 노릇을 한다는 자괴감으로 괴로웠던 당시의 경험은 그의 작가 인생에 큰 자양분이 된다.

파시즘에 맞서 싸우다 1937년 3월 우에스카의 아라곤 전선에서(뒷줄 제일 키 큰 이가 오웰이고 그 아래 여성은 그의 아내 아일린). 파시스트의 쿠데타로부터 스페인 민주정권을 지키기 위해 국제 의용군으로 참전한 그는 총상을 입은 뒤 공산주의자들의 탄압에 아내와 함께 프랑스로 탈출한다.

"최고의 상병" 1937년 아라곤 전선에서(담배 들고 앉아 있는 이가 오웰이다). 파시스트 세력에 맞서 싸우기 위해 참전한 이 전쟁에서 부상과 배신을 당한 체험을 그린 르포 『카탈로니아 찬가』는 저명한 켄 로치 감독의 영화 「랜드 앤 프리덤」(1995)의 모태가 된다.

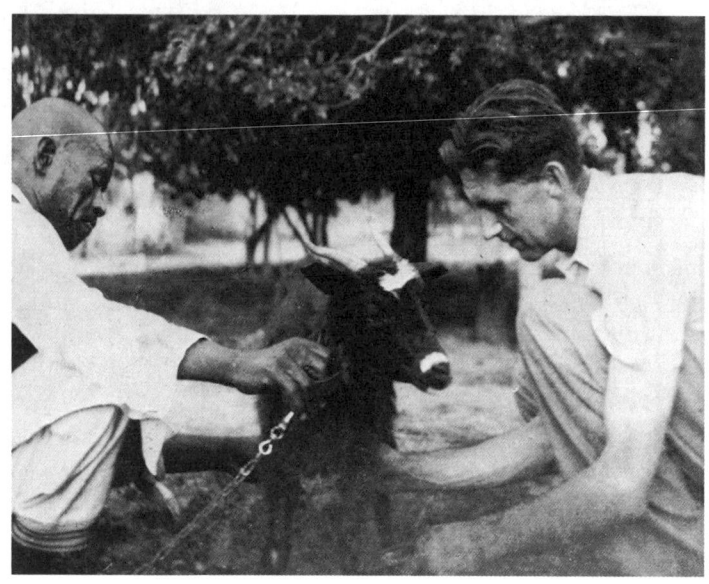

모로코의 마라케시에서 1938년 9월 폐병 요양차 아내와 함께 모로코로 간 오웰은 6개월 남짓 거주하는 동안 소설 『숨 쉬러 나가다』를 쓰기 시작하여 완성한 다음 영국으로 돌아온다.

"정치적 글쓰기를 예술로" 1938년 말쯤 모로코에서 집필 중인 오웰. 마라케시에서 6개월 남짓 머무르며 요양하는 동안 쓴 소설 『숨 쉬러 나가다』는 탈고 3개월 만에 출간된다.

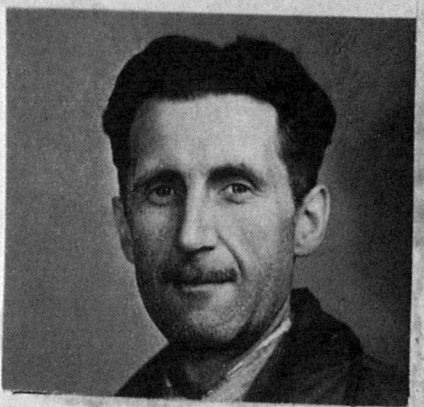

저널리스트 오웰 1943년 기자협회에서 발급한 오웰의 기자증. 그는 소설과 에세이를 쓴 작가일 뿐만 아니라 〈트리뷴〉·〈옵저버〉 등의 기자로 활동하며 칼럼과 기사와 르포를 쓴 저널리스트로서, 누구보다 언론의 자유 문제에 민감한 면모를 보인다.

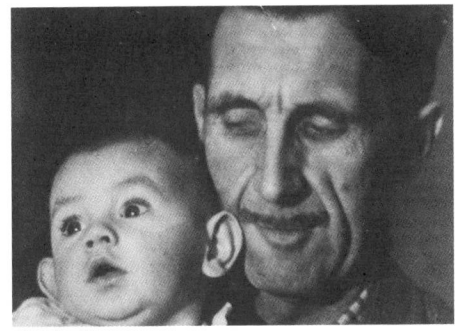

에릭과 리처드 아내의 사망 이후 입양한 아들을 포기할 것이라던 주변의 예상과 달리 아들 리처드를 헌신적으로 돌보던 오웰은, 육아에 대해 "어린 시절을 완전히 다시 겪는 기분이다"라고 쓰기도 한다.

에릭은 가고 오웰은 남다 1950년 1월에 만들어진 오웰의 묘에는 지금도 장미가 핀다.

나는 왜 쓰는가

초판 1쇄 발행 2010년 9월 15일
초판 24쇄 발행 2024년 8월 26일
개정판 1쇄 발행 2025년 5월 1일

지은이 조지 오웰
옮긴이 이한중
펴낸이 유강문
편집2팀 이윤주 김지하
마케팅 김한성 조재성 박신영 김애린 오민정
펴낸곳 (주)한겨레엔 www.hanibook.co.kr
등록 2006년 1월 4일 제313-2006-00003호
주소 서울시 마포구 창전로 70 (신수동) 화수목빌딩 5층
전화 02-6383-1602~3 **팩스** 02-6383-1610
대표메일 book@hanien.co.kr

ISBN 979-11-7213-239-2   04840
    979-11-7213-238-5 (세트)

- 값은 뒤표지에 있습니다.
- 파본은 구입하신 서점에서 바꾸어 드립니다.
- 이 책의 내용 일부 또는 전부를 재사용하려면 반드시 저작권자와 (주)한겨레엔 양측의 동의를 얻어야 합니다.